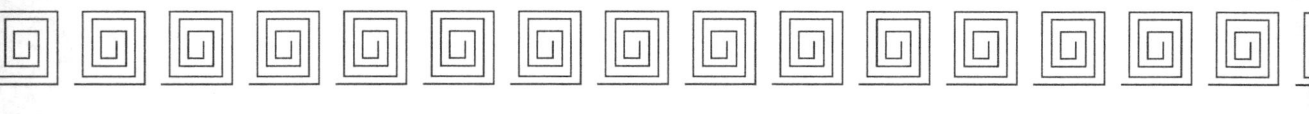

教育部普通高等教育精品教材
普通高等教育"十一五"国家级规划教材

汽车动力装置

第2版

常思勤 编著

机械工业出版社

汽车动力装置是汽车的重要组成部分，对实现车辆"节能、环保、安全"的要求起到关键作用。本书系统地介绍了汽车动力装置的基本工作原理、性能及新技术进展等，主要内容有：概论、发动机的工作循环和性能、柴油机混合气的形成和燃烧、汽油机混合气的形成和燃烧、发动机增压、换气过程、发动机的特性、汽车-变速系统和电驱动与混合驱动。

本书可作为高等学校车辆工程以及相近专业本科生汽车发动机原理课程的教材，也可作为硕士研究生选修课的教材和教学参考书，还可供从事汽车动力装置设计、制造等方面工作的研究人员与工程技术人员参考。

为方便教学，本书配有教学课件，采用本书作为教材的教师可登录 www.cmpedu.com 下载，或与编辑联系：88379126。

图书在版编目（CIP）数据

汽车动力装置/常思勤编著. —2 版. —北京：机械工业出版社，2015.10
（2024.1 重印）
教育部普通高等教育精品教材　普通高等教育"十一五"国家级规划教材
ISBN 978-7-111-51625-5

Ⅰ. ①汽… Ⅱ. ①常… Ⅲ. ①汽车—动力装置—高等学校—教材
Ⅳ. ①U464

中国版本图书馆 CIP 数据核字（2015）第 221960 号

机械工业出版社（北京市百万庄大街 22 号　邮政编码 100037）
策划编辑：宋学敏　责任编辑：宋学敏　李　然
版式设计：霍永明　责任校对：樊钟英
封面设计：张　静　责任印制：单爱军
北京虎彩文化传播有限公司印刷
2024 年 1 月第 2 版·第 5 次印刷
184mm×260mm·17 印张·400 千字
标准书号：ISBN 978-7-111-51625-5
定价：48.00 元

电话服务　　　　　　　　　网络服务
客服电话：010-88361066　　机　工　官　网：www.cmpbook.com
　　　　　010-88379833　　机　工　官　博：weibo.com/cmp1952
　　　　　010-68326294　　金　书　网：www.golden-book.com
封底无防伪标均为盗版　机工教育服务网：www.cmpedu.com

第2版前言

《汽车动力装置》于2006年由机械工业出版社出版后，被多所高校选用，被评为"普通高等教育'十一五'国家级规划教材"，并获教育部2007年度普通高等教育精品教材。

《汽车动力装置》自出版至今已有近十年时间，作者从2010年就开始着手准备教材的再版工作。但是，一方面由于受其他教学科研等工作的影响，难以有充裕的时间；另一方面也希望尽自己的最大努力，使教材能真正成为精品教材，让读者从中得到更大收获，因此直至今日才算完成，其中的有些内容已经是更新后又更新了。

目前国内高校车辆工程专业一般均开设发动机原理课程，南京理工大学于2004年开始对发动机原理课程进行教学改革。结合专业课的教学改革，教材内容和体系得以更新，体现了现代汽车动力装置的技术进步。针对节能与新能源汽车的发展趋势，不但大量补充、增强了发动机在节能环保等方面的新技术，还扩展了汽车变速系统以及电驱动与混合驱动等内容，有利于学生更全面地了解与掌握汽车动力方面的相关基础知识，这也是《汽车动力装置》一书的特色。

《汽车动力装置》（第2版）对原书的内容作了较大的更新。除了适当地删减和补充文字内容以外，还更新、补充了近70幅新的插图。此外，各章不仅增加了习题与思考题，还分别增加了1~2篇阅读材料，希望能起到拓展知识面和启发创新思路的作用。

作者教授本科生以及硕士研究生相关课程已近30年，也从事过多项相关科研项目。教材也融入了作者及我们的研究团队多年来在相关技术领域的教学、科研实践中所获得的经验与心得。同时也参考了大量的国外专业文献，尽力弥补教材内容滞后于新技术的差距。由于本人学识、时间与精力有限，本书仍会存在问题与不足之处，欢迎读者批评指正。

本书再版过程中得到机械工业出版社的支持与帮助，并作为南京理工大学"十二五"规划教材得到学校资助，同时也参考了大量的国内外专业文献，在此一并致以谢意。

作　者

第1版前言

本书是在《汽车拖拉机发动机》（第3版）的基础上完成的。《汽车拖拉机发动机》（第3版）从1996年出版至今将近10年了，在汽车技术日新月异的发展潮流中，编写更新该教材的想法也已有数年时间。本书在内容与体系上均有较大幅度的改变，在内容的更新与扩展方面，不但大量补充、增强了发动机在节能环保等方面的新技术，删去了部分陈旧内容，而且还增加了汽车变速系统以及电驱动与混合驱动等内容，书名的更新也反映了这一变化。

在教材编写中注重加强学生能力的培养，而不仅仅是知识的传授。内容上不强调动力装置的具体结构，而重在了解工作原理、要求等更深层次的内容，注重解决技术问题的新思路与探索客观规律的新认识。

本人教授本科生以及硕士研究生相关课程已有多年，同时车辆动力装置的模拟、设计与优化也是自己的主要科研方向之一。因此，在本书的编写中也融入了一些多年的教学、科研的体会与心得。由于本人学识、时间与精力有限，书中一定会存在问题与不足之处，欢迎批评指正。

本书在编写过程中得到了中国机械工业教育协会以及机械工业出版社的支持与帮助，同时也参考了大量的国内外专业文献，江苏大学蔡忆昔教授和武汉理工大学杜传进教授审阅了本书并提出了宝贵意见，在此一并致以谢意。

作　者

常用符号表

a——加速度

B——每小时耗油量

b_e——有效燃油消耗率

b_i——指示燃油消耗率

c——比热容

C_m——活塞平均速度

c_p——比定压热容

c_V——比定容热容

D——气缸直径

f——频率

h_u——燃料（低）热值

i——气缸数，传动比

κ——等熵指数

L_0——理论空燃比

m——质量

m_e——比质量

n——转速，多变指数

P_e——有效功率

P_i——指示功率

P_m——机械损失功率

P_L——升功率

p——压力

p_{me}——平均有效压力

p_{mi}——平均指示压力

p_{mm}——平均机械损失压力

p_z——最大爆发压力

Q——热量

q——比热量

R——气体常数

S——活塞行程

T——热力学温度

T_{tq}——有效转矩

V——容积

V_s——气缸工作容积

W——功

w——比功

W_e——有效功

W_i——指示功

α——过量空气系数

ε——压缩比

γ——残余废气系数

η_e——有效热效率

η_i——指示热效率

η_m——机械效率

η_v——充气效率

ω——角速度

φ——曲轴转角

λ——压升比

ρ——密度，预胀比

τ——行程数

目 录

第 2 版前言
第 1 版前言
常用符号表
第一章　概论 ······················· 1
　第一节　引言 ······················· 1
　第二节　对汽车动力装置的要求 ······· 5
　第三节　汽车能源 ··················· 9
　阅读材料　不同形式的内燃机 ······· 14
　习题与思考题 ····················· 15
第二章　发动机的工作循环和性能 ··· 16
　第一节　发动机理论循环 ··········· 16
　第二节　发动机实际循环 ··········· 21
　第三节　发动机的两类指标 ········· 26
　第四节　机械损失与热平衡 ········· 33
　阅读材料　Atkinson 循环和 Miller 循环 ··· 39
　习题与思考题 ····················· 41
第三章　柴油机混合气的形成和燃烧 ··· 42
　第一节　基础知识 ················· 42
　第二节　柴油机混合气的形成 ······· 46
　第三节　柴油机燃烧过程 ··········· 62
　第四节　柴油机的有害排放物与控制 ··· 70
　阅读材料　进入历史的分隔式燃烧室 ··· 79
　习题与思考题 ····················· 81
第四章　汽油机混合气的形成和燃烧 ··· 82
　第一节　汽油机混合气的形成 ······· 82
　第二节　汽油机燃烧过程 ··········· 94
　第三节　汽油机的有害排放物与控制 ··· 105
　第四节　汽油机的电控技术 ········· 112
　第五节　不同混合气形成和燃烧过程的比较 ··· 114
　阅读材料 1　HCCI 燃烧方式 ······· 115
　阅读材料 2　压缩比的变迁 ········· 117
　习题与思考题 ····················· 120
第五章　发动机增压 ··············· 121
　第一节　增压技术基础 ············· 121
　第二节　废气涡轮增压器 ··········· 123
　第三节　车用发动机的增压系统 ····· 132
　阅读材料　废气能量的利用途径 ····· 147
　习题与思考题 ····················· 149
第六章　换气过程 ················· 150
　第一节　四冲程发动机换气过程及评价 ··· 150
　第二节　改善换气过程的主要措施 ··· 157
　阅读材料　一种电磁驱动配气机构的研究 ··· 172
　习题与思考题 ····················· 174
第七章　发动机的特性 ············· 175
　第一节　发动机工况 ··············· 175
　第二节　发动机的万有特性 ········· 181
　第三节　发动机负荷特性与速度特性 ··· 184
　第四节　发动机选型及与车辆的匹配 ··· 189
　阅读材料 1　ADVISOR 软件简介 ··· 195
　阅读材料 2　快速起停技术 ········· 197
　习题与思考题 ····················· 199
第八章　汽车变速系统 ············· 200
　第一节　概述 ····················· 200
　第二节　自动变速与无级变速 ······· 204
　第三节　变速系统的匹配与控制 ····· 219
　阅读材料　一种功率分流式自动变速器 ··· 230
　习题与思考题 ····················· 232
第九章　电驱动与混合驱动 ········· 233
　第一节　电驱动 ··················· 233
　第二节　混合驱动 ················· 247
　阅读材料　Bosch 公司的汽车动力装置未来技术 ··· 261
　习题与思考题 ····················· 264
附录　英文缩写词简表 ············· 265
参考文献 ························· 266

第一章
概　　论

第一节　引　　言

　　汽车动力装置是指汽车中实现能量转换与传递功能的部件的集成，如对于内燃机动力汽车，通常将发动机与变速器的集成称为汽车动力装置，或称为汽车动力总成。按照汽车动力装置的不同，通常将汽车分为内燃机动力汽车和电动汽车两大类，内燃机动力汽车又分为柴油机动力、汽油机动力和其他燃料动力汽车等类型，电动汽车又分为蓄电池电动汽车、燃料电池电动汽车以及混合动力电动汽车等类型。

　　实际上，汽车动力装置还有着另一个附加功能，即能量的车载储存。内燃机动力汽车中，能量的储存主要由燃油箱来完成，这一功能的实现相对简单；而电动汽车中电能或氢气的储存由蓄电池或储氢容器等完成，但同时还存在着一些需要解决的技术问题与难点。

　　汽车动力装置是汽车的动力源和重要组成部分，又被称为汽车的"心脏"，其基本功能是完成汽车在各种工况下行驶所需能量的储存、转换和传递，对实现汽车"节能、环保、安全"的要求有着至关重要的影响，同时对汽车性能的提高起着决定性的作用。现代汽车技术日新月异的发展也反映在汽车动力装置的技术进步中。国外著名的一些汽车研究机构或制造厂商一般均将发动机和传动系统的研发工作放在作为一个整体的动力总成（Powertrain）部门中，这样可以统筹考虑从动力源经过传动系统到车轮的整个动力总成，而不再是分割开来的两个独立部分，有利于整车性能目标的确定及整体系统设计优化。同时，近年来发动机和传动系统的一体化控制也得到越来越广泛的应用，将车辆动力装置的所有控制参数由统一的电控单元来进行控制，统筹兼顾，更有利于车辆性能的提高。

　　汽车中所涉及的能量形式主要包括化学能、机械能以及电能。化学能是物质中可以通过某种化学反应释放出的能量；机械能是物体因宏观机械运动所具有的能量；电能是因电荷的流动或聚积而具有的做功能力。表1-1列出了汽车中实现各种能量之间转换与传递功能的主要部件,表中的箭头表示了能量转换与传递的方向。燃料中的化学能可在内燃机中转换为机械能输出或在燃料电池中转化为电能输出;电动机和发电机分别实现电能与机械能和机械能与电能之间的转换;变速器等可实现机械能的传递,蓄电池等可实现电能的传递和储存。

表1-1 汽车中实现能量转换与传递的部件

	化学能（→）	机械能（→）	电能（→）
机械能（←）	内燃机	变速器等	电动机
电能（←）	燃料电池	发电机	蓄电池等

常规汽车中应用往复式内燃机,即柴油机和汽油机,完成燃料的化学能到机械能的转换,这一部分是汽车动力装置的核心部分,也是本书的重点内容。对车辆高效节能、环境友好的要求使电驱动车辆和混合驱动车辆有望得到更大的发展,其应用的关键在于蓄电池等主要部件的技术突破、制造成本的降低（特别对于燃料电池电动汽车）,以及可与常规车辆竞争的车辆性能（特别是对于蓄电池电动汽车的一次充电的最大续驶里程等）。

以内燃机为动力的常规汽车目前占有绝对多数的市场份额,这一现状在今后数十年间得到根本改变的可能性不大。美国能源信息管理局在2013年发布的《年度能源展望》中预测"即使到2035年,车辆产品中99%以上仍将装用内燃机"。而到2014年发布的《年度能源展望》中,这一预测改为"即使到2040年,车辆产品中99%以上仍将装用内燃机"。所以在可以预见的将来,内燃机仍将是最主要的汽车动力。

将燃料的化学能在机器的内部通过燃烧转化为热能,再通过气体膨胀做功将其转化为机械能输出的机器称为内燃机（或通常就称为发动机）。内燃机因其具有热效率高、体积小、重量轻以及便于移动等优点,得到了广泛的应用。柴油机或汽油机都属于往复式内燃机中的一种,而往复式内燃机又是热机大家族中的重要组成部分（见图1-1）。

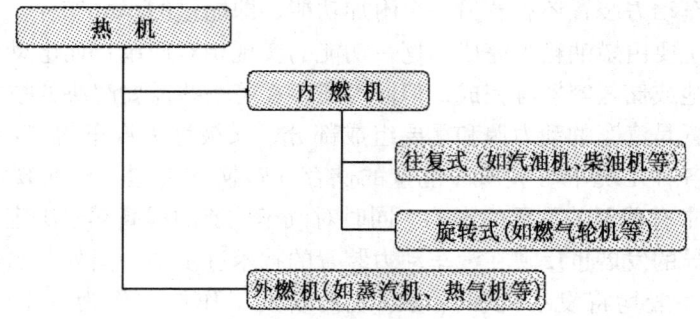

图1-1 热机的种类

热机是实现将燃料的化学能通过燃烧转化为热能并进一步转化为机械能输出这一功能的机器的总称。热机又可分为内燃机和外燃机。

内燃机可分为往复式内燃机与旋转式内燃机两类,柴油机和汽油机同属于往复式内燃机。柴油机与汽油机虽然有许多相似之处,但由于所使用的燃料特性的差别,使两者之间在发动机构成、工作过程以及性能等方面均有所不同。

旋转式内燃机的典型代表是燃气轮机。与往复式内燃机中的间歇燃烧不同，燃气轮机中是连续燃烧的运行方式。相对体积小、重量轻是燃气轮机的突出优点，但其经济性较差的缺点也较为明显。燃气轮机目前在一些特种车辆中仍有应用。此外，还有一类三角转子发动机（又称为 Wankel 发动机），与普通往复式活塞发动机相比，三角转子发动机体积更小、重量更轻、动力平顺、振动与噪声都更低，并具有超高转速的潜力，但由于其制造难度高以及较差的燃油经济性使其竞争力下降，难以得到更大的发展。日本 Mazda 公司是世界上最早将三角转子发动机应用于其乘用车产品中的公司，近年来，将三角转子发动机作为增程式电动汽车中驱动发电机动力的情况越来越多。

外燃机（蒸汽机、热气机等）的基本特征是燃烧不在机器的内部，而在其外部进行，也有可能不通过燃烧而通过其他方式获得热能，例如利用太阳能工作的热气机，而蒸汽轮机就是在锅炉内进行燃烧产生高温高压的水蒸气作为其工质的。外燃机主要由于体积和质量过大等原因而难以在汽车动力装置中得到应用。

发动机自其问世以来已有 100 多年的历史了。1886 年第一台奔驰车用汽油机问世，其基本技术参数与性能为：单缸；工作容积为 0.98L；压缩比为 2.68；最大功率为 0.65 kW，对应转速为 400r/min；升功率为 0.66kW/L；比质量为 168kg/kW；有效燃油消耗率为 1170g/(kW·h)。

在发动机早期发展的数十年时间内，主要目标是提高发动机强化程度，即以更轻的自重、更小的体积实现更大的功率输出，同时其经济性也逐步得到了一定程度的提高。20 世纪 70 年代以后，由于"石油危机"导致原油价格成倍上涨，引起了对于发动机经济性的更多重视，针对节能问题也进行了大量的研究与发动机改进。到了 20 世纪 80 年代以后，环境保护问题日益得到重视，发动机首先要考虑的就是要满足日益严格的有害排放与噪声控制法规，即使是在一定程度上牺牲发动机的动力性与经济性等性能也在所不惜。随着技术的进一步发展，对发动机的性能提出了更高和更全面的要求，相关内容将在下一节中加以讨论。

经过 100 多年的发展，发动机技术已达到了一个较为成熟的阶段，其性能也达到了很高的水平。但科学技术的发展是无止境的，发动机性能仍处在一个不断提高的过程之中。有人认为，发动机技术经过 100 多年的发展，在性能提高方面已接近极限，很难再有所进展，这无疑是一种错误的观点。

作为本节的结束，表 1-2 介绍了由《Ward's Auto World》杂志评出的 2014 年世界十佳汽车发动机。2014 年十佳发动机，分别为 6 款汽油机、3 款柴油机和 1 款电动机，其中涡轮增压机型占有 6 款，机械增压机型占有 1 款。另外，可变配气机构、停缸控制技术等新技术在发动机产品中也得到了更多的应用。

更值得注意的是，2014 年的评选结果中也出现了一台纯电动汽车的动力装置。在 2011 年的评选结果中曾首次出现过一台增程式电动汽车和一台纯电动汽车的动力装置，这表明了汽车动力装置向电动化方向发展的技术趋势。主办《Ward's Auto World》的杂志社曾有过将"十佳发动机"改为"十佳动力装置"的想法，但考虑到"十佳发动机"这一已有 17 年历史的评选活动所建立起的品牌效应而未付诸实施。

表 1-2 由《Ward's Auto World》杂志评出的 2014 年世界十佳汽车发动机

发动机型号及制造企业	应用车型	排量/L	缸径/mm	行程/mm	压缩比 ε	最大功率最大转矩	升功率/(kW·L^{-1})	汽车百公里油耗(EPA city/highway) L/100km	技术特点
Audi 3.0L TFSI Supercharged DOHC V-6	Audi S5 quattro	2.995	84.5	89.0	10.3	245kW@5500r/min 441N·m@2900~4500r/min	81.6	13.8 / 9.0 6速手动变速器	汽油机；机械增压；V形6缸；缸内直喷；连续5年的10佳发动机；多种车型装用
BMW 3.0L N57 Turbodiesel DOHC I-6	BMW 535d	2.993	84.0	90.0	16.5	188kW@4000r/min 560N·m@1500r/min	62.5	9.0 / 6.2 8速自动变速器	柴油机；涡轮增压（可变几何参数增压器）；直列6缸；制动能量回收
Chrysler 3.0L EcoDiesel DOHC V-6	Ram 1500 EcoDiese	2.998	83	92	16.5	177kW@3600r/min 570N·m@2000r/min	58.8	N/A	柴油机；涡轮增压；V形6缸；专门为Truck设计的发动机
Ford 1.0L EcoBoost DOHC DI I-3	Ford Fiesta SFE EcoBoost	0.999	71.8	82.0	10.0	90kW@6000r/min 169N·m@2500r/min	90.4	7.3 / 5.2	汽油机；涡轮增压；直列3缸；缸内高压（15MPa）喷射；可变配气机构
General Motors 6.2L LT1 OHV DI V-8	Chevrolet Corvotto Stingray	6.162	103.25	92	11.5	338kW@6000r/min 358N·m@2600r/min	54.4	13.8 / 8.1	汽油机；自然吸气；V形8缸；缸内直喷；2气门；可变配气机构
General Motors 2.0L Turbodiesel DOHC I-4	Chevrolet Cruze Diesel	1.956	83	90.4	16.5	111kW@6400r/min 510N·m@5000r/min	55.9	8.7 / 5.1	柴油机；涡轮增压；直列4缸；EGR + SCR + DPF
Honda 3.5L SOHC V-6	Honda Accord	3.471	89	93	10.5	204kW@6200r/min 342N·m@4900r/min	58.1	11.2 / 6.9 6速自动变速器	汽油机；自然吸气；V形6缸；气道顺序喷射；可变配气机构（i-VTEC）；停缸技术
Porsche 2.7L DOHC DI H-6	Porsche Cayman	2.706	89	72.5	12.5	202kW@7400r/min 289N·m@4500~6500r/min	75.0	11.8 / 7.8 6速手动变速器	汽油机；涡轮增压；可变配气机构；水平对置6缸；缸内直喷；制动能量回收
VW 1.8L TSI Turbocharged DOHC I-4	Volkswagen Jetta	1.798	82.5	84.1	9.6	125kW@4800r/min 250N·m@1500r/min	69.1	9.4 / 6.5	汽油机；涡轮增压；缸内直喷；缸盖-排气管集成为一体；多种车型装用
Chrysler Group 83-kW Electric Motor	Fiat 500e	24kW·h 锂离子蓄电池；最大续驶里程139km；（当量）汽车百公里油耗（EPA city/highway）：1.9 / 2.2L/100km							

第二节　对汽车动力装置的要求

良好的动力性能、经济性能和环保性能是对汽车动力装置的最基本的要求，此外还有可靠性与寿命、良好的维修性以及安全性等其他要求。下面分别进行简要的分析。

一、良好的动力性能

汽车行驶需要动力装置提供牵引力克服行驶阻力（包括滚动阻力、空气阻力、坡道阻力及加速阻力），汽车动力装置必须适应汽车在起步、加速、行驶以及克服各种道路障碍等不同行驶条件下对驱动车轮牵引力和车速的不同要求。

评价发动机动力性的指标，主要有额定有效功率和最大有效转矩，即发动机所能输出的最大功率和转矩。为了使各种发动机之间有一定的可比性，也常用平均有效压力、升功率和升转矩等来评价。同样重要的还有动力装置的强化，即以较小体积、较轻重量的动力装置来提供更好的动力性能。应用增压技术、多气门技术、采用轻量化材料以及提高最高转速等是提高发动机强化程度的常见措施，能够使较小体积、较轻重量的发动机发出较大的功率和转矩。

从获得尽可能高的平均行驶速度的观点出发，汽车的动力性可由三方面的指标评价。

（1）汽车的最高车速　汽车的最高车速是指汽车在平坦路面上行驶时，行驶阻力和驱动力相平衡时能达到的最高稳定车速。

（2）汽车的加速性能　汽车的加速性能又分为原地起步加速性能和超车加速性能，常用达到某一预定距离或车速的时间来表示。

（3）最大爬坡能力　最大爬坡能力是指满载时汽车在良好路面上等速行驶的最大爬坡度。

从整车的角度而言，汽车动力性能是各类汽车行驶性能中最基本、最重要的性能，它基本上就是由动力装置决定的。发动机若能够提供较高的功率和转矩且变速系统匹配合理，则汽车爬坡、加速性能会更好，可达到更高的最高车速并有更强的原地起步和超车的能力。

二、良好的经济性能

要求动力装置在能量转换与能量传递的过程中有较高的效率，可以将更多的能量用于克服汽车行驶阻力驱动汽车行驶，而不是消耗在能量转换与能量传递的过程中。

发动机的经济性能好坏可以通过有效效率和有效燃油消耗率来衡量，发动机在不同的转速和负荷下有着不同的有效效率和有效燃油消耗率。汽车的经济性能常用百公里油耗，即按一定行驶规范行驶100km所消耗的燃油量来衡量。2013年国家发布的《乘用车企业平均燃料消耗量核算办法》规定，实施乘用车企业平均燃料消耗量管理，逐步降低我国乘用车产品平均燃料消耗量，实现到2015年和2020年我国乘用车产品平均燃料消耗量分别降至6.9L/100km和5.0L/100km的目标。

因为经济性能与车辆运行工况有密切关联，在汽车燃油经济性以及排放的测试及评定中，必须规定相应的测试工况。图 1-2 所示为常规中档乘用车在市内交通工况和高速公路工况（括号内数值）下汽车能量利用的情况。从图中可见，真正用于克服行驶阻力的能量只占到总能量中的 6.8%（市内交通工况）和 18.0%（高速公路工况），由此可见汽车的节能应还有很大的潜力可挖。发动机和变速系统对于汽车动力装置的经济性能的提高都有着重要的关系。从图中可以看到，变速系统自身的损耗并不大，但这并不意味着在经济性能提高方面变速系统的重要性较低。变速系统更重要的作用是通过变速使发动机的工作区域移向或保持在经济性更好的运行区域，从而提高其效率。优化发动机的运行区域也是在混合动力中动力装置节能的主要原因之一。

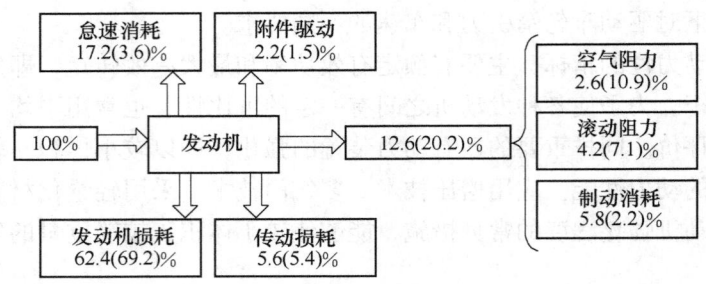

图 1-2　汽车能量利用的分析

在动力装置（特别是混合动力等新型动力装置）的系统设计中，注意尽可能简化能量转换和传递的环节，对提高效率和改善汽车经济性能将起到较好的效果。

以上所讨论的经济性能是指汽车使用过程中的经济性能，即所谓的"从加油站到车轮（Pump to Wheel）"的情况。从全局和系统的观点来看，应考虑能量转换的整个过程中的效率问题，即所谓的"从油井到车轮（Well to Wheel）"的全过程。这就还要包括燃料在生产与储运环节中，即所谓的"从油井到加油站（Well to Pump）"的效率。这一点在比较使用不同燃料的动力装置的经济性能时必须充分注意到，同时各种燃料在生产与储运环节中的效率也必须作为节约能源中的重要部分来加以考虑，即有

$$能源利用效率 = 生产储运效率 \times 使用效率$$

图 1-3 所示为一些燃料在生产与储运环节中，即"从油井到加油站（Well to Pump）"的效率的比较。可见，各种燃料在生产与储运环节中的效率相差极大，例如柴油和汽油的效率可达 80% 以上，而电能制氢的效率则不到 30%。

三、良好的环保性能

随着对环境保护的日益重视，各国均制定了相应的法规并不断提高限值，严格控制汽车的有害排放物与噪声。以电驱动和混合驱动为代表的新型动力装置的出现与发展的主要动力之一，就是对汽车动力装置环保性能的要求。

（1）满足严格的排放控制法规　汽车对大气环境的危害包括两层含义。其一是汽车排放污染物，包括一氧化碳（CO）、碳氢化合物（HC）、氮氧化合物（NO_x）以及颗粒物（PM）等，都是对人体健康十分有害的物质。汽车排放污染物的主要来源是发动机的排气

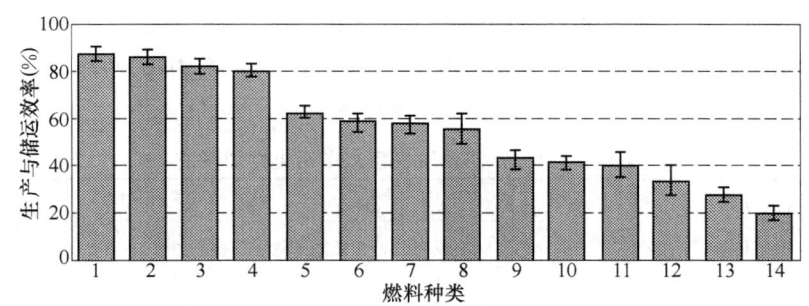

图 1-3 各种燃料的生产与储运（Well to Pump）效率
1—压缩天然气　2—粗挥发油（Crude Naphtha）　3—柴油　4—汽油　5—天然气制甲醇
6—天然气制粗挥发油　7—天然气制（气态）氢（集中）　8—天然气制（气态）氢（分散）
9—天然气制（液态）氢（集中）　10—电能　11—纤维素甲醇　12—天然气制（液态）氢（分散）
13—电能制（气态）氢　14—电能制（液态）氢

污染物，此外还有曲轴箱污染物[一]和蒸发污染物[二]等，所造成的局部空气污染（特别是城市空气污染）对人类和其他生物造成危害。其二是汽车排放的二氧化碳（CO_2）、氮氧化合物以及硫化合物等造成的温室效应、臭氧层破坏和酸雨等大气环境恶化。对于完全燃烧的 CO_2，虽然不会对人类的健康造成直接的伤害，过去也并不认为它是一种大气污染物，但由于化石燃料的大量使用，使地球大气中的 CO_2 含量有了明显的增长且有可能造成所谓的"温室效应"，影响全球气候，这一问题也正在引起人们越来越多的关注。欧洲已提出了将每辆乘用车的 CO_2 排放量从 2012 年平均 130g/100km 降至 2020 年平均 95g/100km、2025 年平均 70g/100km 的中长期目标。

我国目前基本等效采用了欧洲的相关法规来制定我国的排放控制法规，第四阶段汽车污染排放限值就是我们通常所称的欧Ⅳ标准，欧Ⅳ标准在欧洲于 2005 年开始实施，而我国从 2011 年开始实施，但由于油品等问题尚有部分推迟实施。欧洲从 2009 年开始已实施欧Ⅴ标准，并于 2014 开始实施欧Ⅵ标准。国家标准 GB 18352.3—2005《轻型汽车污染物排放限值及测量方法（中国三、四阶段）》适用于以点燃式发动机或压燃式发动机为动力、最大设计车速大于或等于 50km/h 的轻型汽车。表 1-3 给出了标准中规定的第三阶段和第四阶段轻型汽车污染排放限值。标准的计量是以汽车发动机单位行驶距离的排污量（g/km）来计算的，这对确定汽车对环境的污染程度比较合理。

表 1-3 中的第一类车指设计乘员不超过 6 人（包括驾驶人），且最大总质量≤2.5t 的 M_1 类车；第二类车指除第一类车以外的其他所有轻型汽车。基准质量（Rm）是指整车整备质量加 100kg 的质量。

各国的排放控制法规除了对上述的试验规范和排放限制做出规定外，一般还对汽车排气中有害污染物的取样装置、取样方法以及分析仪器的精度、种类等有明确的规定。我国目前采用的轻型汽车排放试验规范就是由欧洲的 ECE-15 和 EUDC 两部分构成的，如图 1-4 所示。第一部分的有效行驶时间为 195s；试验期间平均车速为 19km/h；每个循环理论行

[一] 曲轴箱污染物是指从发动机曲轴箱通气孔或润滑系统的开口处排放到大气中的物质。
[二] 蒸发污染物是指从汽车的燃料（汽油）系统损失的碳氢化合物蒸气。

驶距离为 1.013km；4 个循环的当量距离为 4.052km。第二部分的有效行驶时间为 400s；试验期间平均车速为 62.6km/h；每个循环理论行驶距离为 6.955km；最大车速为 120km/h；最大加速度为 $0.833 m/s^2$；最大减速度为 $-1.389 m/s^2$。

表 1-3 第三、四阶段轻型汽车污染排放限值

阶段	类别	级别	基准质量 Rm/kg	一氧化碳 (CO) L_1		碳氢化合物 (HC) L_2		氮氧化物 (NO_x) L_3		碳氢化合物和氮氧化物 (HC+NO_x) L_2+L_3		颗粒物 (PM) L_4
				汽油	柴油	汽油	柴油	汽油	柴油	汽油	柴油	柴油
III	第一类车	—	全部	2.30	0.64	0.20	—	0.15	0.50		0.56	0.050
III	第二类车	I	$Rm \leq 1305$	2.30	0.64	0.20	—	0.15	0.50		0.56	0.050
III	第二类车	II	$1305 < Rm \leq 1760$	4.17	0.80	0.25	—	0.18	0.65		0.72	0.070
III	第二类车	III	$Rm > 1760$	5.22	0.95	0.29	—	0.21	0.78		0.86	0.100
IV	第一类车	—	全部	1.00	0.50	0.10	—	0.08	0.25		0.30	0.025
IV	第二类车	I	$Rm \leq 1305$	1.00	0.50	0.10	—	0.08	0.25		0.30	0.025
IV	第二类车	II	$1305 < Rm \leq 1760$	1.81	0.63	0.13	—	0.10	0.33		0.39	0.040
IV	第二类车	III	$Rm > 1760$	2.27	0.74	0.16	—	0.11	0.39		0.46	0.060

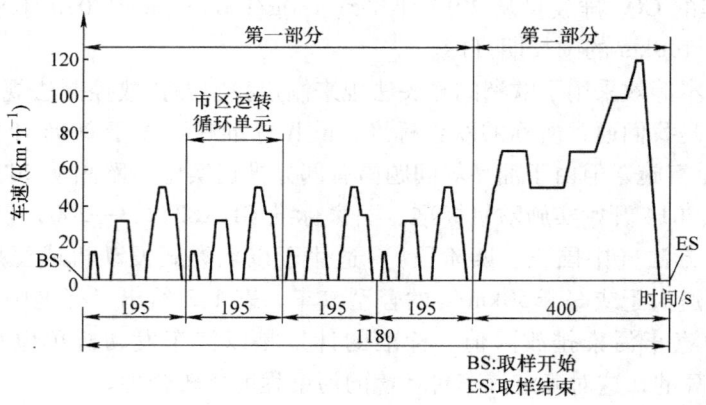

图 1-4 轻型汽车排放试验规范

（2）满足严格的噪声控制法规 噪声对人类健康也有着一定程度的危害，它不仅能引起人体的生理改变和损伤，而且能对人的心理、生活和工作产生不利的影响。各国也都有着严格的噪声控制法规。2014 年，欧洲议会全体会议通过一项决议草案，即从 2016 年下半年开始，在欧盟逐步实行新的汽车降噪标准。根据草案，在未来 12 年内，在欧盟销售的普通乘用车的噪声标准将从现在的 74dB 逐步降到 68dB，12t 以上重型货车从 81dB 降到 79dB。表 1-4 为目前国家标准规定的汽车加速行驶车外噪声限值，这一国家标准目前正在修订之中。

表 1-4　汽车加速行驶车外噪声限值

汽车分类		噪声限值/dB（A）	
		第一阶段	第二阶段
		2002.10.1～2004.12.31 期间生产的汽车	2005.1.1 以后生产的汽车
M_1		77	74
M_2（GVW≤3.5t） 或 N_1（GVW≤3.5t）	GVW≤2t	78	76
	2t＜GVW≤3.5t	79	77
M_2（3.5t＜GVW≤5t） 或 M_3（GVW＞5t）	P＜150kW	82	80
	P≥150kW	85	83
N_2（3.5t＜GVW≤12t） 或 N_3（GVW＞12t）	P＜75kW	83	81
	3.5t＜GVW≤5t	86	83
	P≥150kW	88	84

注：1. M_1、M_2（GVW≤3.5t）和 N_1 类汽车装用直喷式柴油机时，其限值增加 1dB（A）。
　　2. 对于越野汽车，其 GVW＞2t 时：如果 P＜150kW，其限值增加 1dB（A）；如果 P≥150kW，其限值增加 2dB（A）。
　　3. M_1 类汽车，若其变速器前进档多于 4 个，P≥140kW，P/GVW 之比大于 75kW/t，并且用第三档测试时其尾端出线的速度大于 61km/h，则其限值增加 1dB（A）。
　　4. GVW（Gross Vehicle Weigh）——车辆最大总质量；P——发动机额定功率（kW）。

动力装置是汽车最主要的振动与噪声源，其中发动机运转时所发出的噪声主要由燃烧噪声、气体动力噪声和机械噪声三部分构成，与发动机的工作过程有着十分密切的关系，而变速系统运转时所发出的噪声则主要是机械噪声。

四、其他性能

汽车动力装置的其他性能也同样不容忽视，其中包括：
1）使用的可靠性与耐久性、良好的维修性、可回收性以及安全性等。
2）燃料供应的便捷与安全问题，这一问题将在下一节中再加以讨论。
3）低的制造成本和高的性能价格比对于产品的市场竞争力是十分重要的。例如，据测算目前燃料电池的制造成本约为每千瓦 500 美元，作为汽车产品，显然距离消费者所能接受的水平还有很大差距。

第三节　汽 车 能 源

一、概述

图 1-5 所示为汽车能源的概貌。一次能源是指自然界中存在的天然能源，又分为化石能源（包括石油、天然气、煤和核燃料等）和可再生能源（包括水力、太阳能、风力和生物质能等）两大类。其中，化石能源是古代埋入地下的动植物等在一定的地质条件下形成的，是不能再生的能源。

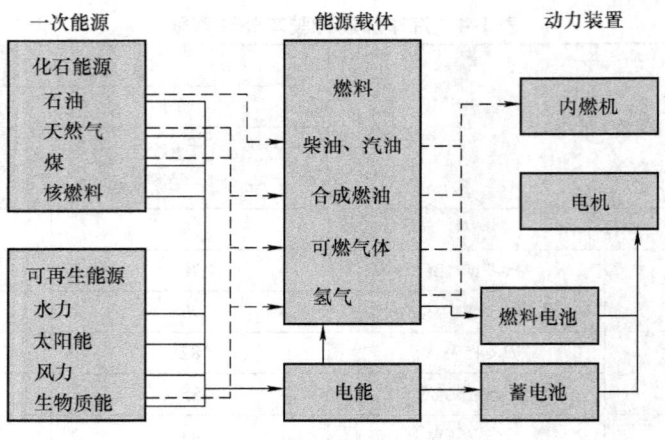

图1-5　汽车能源

能源载体又可称为二次能源，是由一次能源直接或间接加工、转换而成的人工能源，如各种燃油、电能、氢能等。

石油是目前世界上最主要的能源，由石油提炼得到的汽油和柴油也是目前汽车的主要能源。石油已在世界范围内得到了较为充分的开发，具有不可再生性，价格也呈现逐渐上升的趋势，石油资源有逐渐枯竭的趋势。一般预计到21世纪中叶之后石油将逐步转变为次要能源。因而在节约能源的同时，寻求新的能源来替代日益紧缺并将最终枯竭的石油能源，成为一项重要的任务。

随着石油资源的日益短缺，其他汽车能源（主要包括电能、氢能以及合成燃油等替代燃料）也逐步得到重视与应用。新的汽车能源对汽车能源的主要要求应包括：

（1）有利于汽车节能与环保性能的提高　例如在电动汽车中电能和氢能的应用能够实现废气和二氧化碳的"零排放"。用于内燃机的混合气形成与燃烧紧密相关的燃料性能主要是其蒸发性能与自燃性能，蒸发性能的好坏决定了混合气的形成方式（例如燃油是低压喷射还是高压喷射）；而自燃性能则决定了着火方式是采用点燃还是压燃。

（2）具有较高的能量密度和比能量　即在单位体积和单位质量的燃料中能具有更多的能量，从而有利于降低整车自重和增加汽车最大续驶里程。如图1-6所示，以汽油作为比较基准，对一些汽车能源的能量密度和比能量做了相对比较。

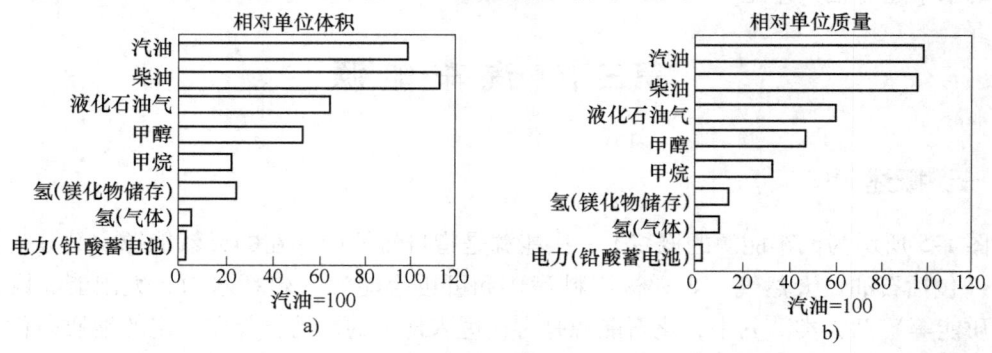

图1-6　一些汽车能源能量密度和比能量的相对比较
a) 能量密度　b) 比能量

（3）燃料供应的便捷与安全　目前供应汽油和柴油的加油站设施已较为完备，而在非常规能源的应用中，还有较多的问题需要解决。

（4）燃料在生产与储运环节中具有较高的效率　这一点在上一节中已作了讨论和分析。

二、汽油、柴油和合成燃油

目前，从石油中提炼而得到的汽油和柴油仍是常规汽车动力装置最主要的燃料。石油的主要成分是碳、氢两种元素，含量占97%~98%，其他还有少量的硫、氧、氮等。石油产品是以多种碳氢化合物的混合物的形式出现的，分子式可表示为C_nH_m，通常又称为烃。根据石油产品中碳原子的不同，可构成不同沸点、不同相对分子质量的物质，见表1-5，其理化性质也有所变化。随着石油产品中碳原子数的增长，石油产品的密度和黏性增大，挥发性变差，化学安定性变好，而且更易于自燃。石油经过不同的提炼过程制成汽油、煤油、柴油、润滑油、重油和渣油等石油产品，最简单的炼制方法就是利用沸点的不同直接进行分馏。此外，热裂法是在高温和高压的作用下将重分子烃分裂为轻分子烃，以增加轻油百分比。较先进的提炼方法是催化裂化法和加氢法，这两种方法可以生产出大量的高质量的汽油和柴油。

表 1-5　不同的石油产品

品种	碳原子数	沸点	相对分子质量
石油气	1~4	常温	16~58
汽油	5~11	50~200	95~120
煤油	11~19	180~300	100~180
（轻、重）柴油	16~23	250~360	180~200
渣油	23	360以上	220~280

石油资源枯竭的时刻终会到来，这是否意味着以汽油和柴油为燃料的内燃机也会随之终结，答案应是否定的，各类其他原料所生产出的合成燃油，特别是由生物质能转化得到的合成燃油，将是一种可能的替代燃料。

近年来，有人提出了"燃料设计"的概念，通过合成燃油的"定制"使其综合的理化性能能够更适合于某一类型的发动机并获得更好的发动机性能。这一思路将原有的发动机进行必要改造以适应某种燃油转变为燃油与发动机的双向相互适应，值得重视与进一步的研究与实践，目前已有了一些合成燃油成功应用的例子。

合成燃油可以由多种来源经不同的化学工艺获得。例如可以由煤、天然气等转换而得到，也可以由各类植物所具有的生物质能转换而得到。生物柴油被定义为"由植物油或动物脂肪中的长链脂肪酸的单烷基酯组成的燃料"，可通过多种途径制取，有可能具有比常规柴油更好的性能。各类植物油作为柴油机燃料直接应用存在不易自燃、黏度大等问题，需要对其进行一定的处理或作为生物柴油的原料使用。目前已有一些相对成熟的技术，而且相关研究仍在不断进展。合成燃油具有来源广泛、可利用现有发动机和加油站等基础设施等优势，在转化效率进一步提高、生产成本进一步降低的情况下，可能发展成为一类新

三、气体燃料和氢能

气体燃料目前应用较多的是压缩天然气（CNG）与液化石油气（LPG）。

天然气是由多种烃类物质和少量的其他物质组成的混合气体，储量较为丰富。天然气中最主要的成分是甲烷（Methane，化学分子式为 CH_4），其所占体积分数一般在 85%～97% 的范围内。天然气经压缩后装入天然气钢瓶（额定工作压力一般为 20MPa）中，并作为汽车发动机燃料使用。压缩天然气的自燃温度比汽油更高，为 630～730℃，因而不宜于压燃而宜于点燃。以压缩天然气为燃料的发动机既可以与汽油机相同的方式用电火花点燃，也可以用于柴油/压缩天然气双燃料发动机中，由柴油先压燃后再引燃天然气的方式工作。

液化石油气的主要成分为丙烷（C_3H_8）、丁烷（C_4H_{10}），还含有少量的丙烯（C_3H_6）、丁烯（C_4H_8）及其他烃类物质。在 15℃时液化石油气的密度约为 0.55kg/L。液化石油气的储运压力相对较低，一般为 1.6MPa。以液化石油气为燃料的发动机与以压缩天然气为燃料的发动机工作方式类似，但在进入发动机前有液态燃料蒸发的过程。

通常意义上的氢能是指氢气作为燃料所具有的化学能。氢能是一种清洁能源，也是唯一不含碳的燃料，与氧反应生成水而不会产生任何有害物质。氢气也是一种气体燃料，可以通过多种不同的途径获得，例如可从天然气、煤炭、渣油等中制取，也可用电能通过电解水的方法制取氢，但效率极低，只在某一些特殊情况下才可能应用。氢气的储运也有压缩、液化以及利用储氢材料等多种方式。

氢能可以通过两种途径作为汽车能源得到应用，一种是通过燃料电池中的化学反应直接转化为电能的途径；另一种则是作为燃料通过在发动机内的燃烧而转变为机械能的途径。氢气发动机可以部分利用成熟的发动机技术，在制造成本方面具有较大优势。但从效率方面来看，氢气发动机要略低于燃料电池，同时由于高温燃烧还会产生氮氧化合物有害排放。氢能的进一步应用还有待于在低成本、大批量的制取技术和安全、低耗的储运技术等方面的突破。

气体燃料本身为气体，易于形成可燃混合气并组织较完善的燃烧，同时气体燃料一般碳原子数较少，如氢气则完全不含碳，因此在二氧化碳排放和其他有害排放方面要优于常规液体燃料，可以认为是一种清洁燃料。

气体燃料应用的主要困难在于储运环节。一方面需要设置气体燃料供应设施，另一方面需要通过加压、低温等手段处理后装入特殊的高压或绝热容器，最大续驶里程会受到一定影响。同时，由于气体燃料所占体积较大，使得进入燃烧室的混合气中的空气量相对减少，会导致发动机动力性有所下降，需要采用增压、提高压缩比等方法加以弥补。

日本丰田公司于 2014 年 12 月将首款燃料电池车（FCV）"MIRAI" 推向市场并公布了 2015 年底之前在日本销售 400 辆的目标，销售价格定为 723.6 万日元。MIRAI 为 4 座（采用独立座椅）乘用车，配备的燃料电池组最高输出功率为 114kW，功率密度为 3.1kW/L，采用两个储氢罐储氢，最高压力为 70MPa，充氢 3min 左右可行驶约 650km（JC08 模式）。

四、电能

电能是一种二次能源,它可以通过任何一种其他能源的转换而获得,其来源是极其丰富的。电动汽车在运行过程中没有废气排出,而且噪声也较小。对车辆节能、环保等方面的要求,特别是环保方面的要求,推动了电动汽车的发展。电能被视作清洁能源而在汽车动力装置中得到应用。

但是,电能作为汽车能源的实际应用也仍然存在着一些障碍,主要包括:

(1) 能量密度和比能量低　为了保证必要的续驶里程,就要装备较多、较重的蓄电池,对车辆性能造成不利的影响;而若减少蓄电池,必然会使续驶里程缩短,也影响车辆的动力性。高能量密度的蓄电池技术尚有待突破。

(2) 充电时间相对较长　蓄电池的充电一般需要数小时,当然可以利用夜间车辆不用时进行充电,但毕竟也有不方便之处。

(3) 成本与寿命的问题　成本与寿命与前两个问题是紧密相连的。一般能量密度较高的蓄电池,其制造成本也较高,而快速充电一般可能会影响蓄电池的寿命。

五、其他能源

醇类燃料也是目前得到研究和应用的一类汽车能源。乙醇和汽油混合后构成的乙醇汽油也已是一种较为成熟、实用的代用燃料。我国已颁布了"变性燃料乙醇"的国家标准,并在一些地区应用。变性燃料乙醇是以淀粉质(玉米、小麦等)、纤维素(树叶、秸秆等)、糖质(甜菜、薯类等)为原料,经发酵、蒸馏制得乙醇,脱水后再添加1.96%~4.76%(体积百分比)的变性剂后的燃料乙醇。车用乙醇汽油一般含有10%的变性燃料乙醇。

煤炭作为固体燃料,在发动机中是无法直接应用的,但可以制成甲醇(CH_3OH)等作为燃料使用。甲醇作为汽车燃料应用的研究已延续多年,但仍存在毒性、腐蚀性较大等问题。煤炭也有可能转化为汽油或柴油来应用,目前虽然技术可行但成本偏高,同时也存在从能量转换全过程的角度来考虑的技术合理性的争论。

二甲醚(Dimethyl Ether,DME)也是一类近年来得到较多关注与研究的燃料。二甲醚的化学分子式为CH_3OCH_3,可由煤炭或天然气制成,在常温常压下,为无色气体,加压后易于液化。二甲醚毒性低,自燃性能好,是一种较理想的柴油的代用燃料。

太阳能是一种有利于生态环境、清洁的能源。对太阳能的直接利用,代表了人类文明发展的新水平,有利于人类社会的可持续发展。太阳电池是利用光伏效应将太阳辐射直接转换成电能的装置。主要动力源来自太阳能的汽车称为太阳能电动汽车,其工作原理是:太阳电池收集太阳能并将其转换为电能,电能再输入电动机驱动汽车运动,多余的电能则储存在蓄电池内,在需要时(例如汽车加速、上坡等工况),蓄电池也同时提供部分电能。太阳能电动汽车因利用太阳电池提供的电能来驱动车辆而被誉为"绿色汽车"和"未来汽车"。但由于太阳电池的转化效率较低、成本较高等方面的原因,至今为止除了一些概念车与比赛车外,太阳能电动汽车在世界上还未作为产品得到实际应用。

阅读材料

不同形式的内燃机

在内燃机一百多年的发展历史中,除了应用曲柄连杆机构实现直线运动到旋转运动转换的往复式内燃机以外,还出现过其他多种不同形式的内燃机,例如这里介绍的燃气轮机、三角转子发动机和自由活塞发动机。

1. 燃气轮机

燃气轮机主要由压气机、涡轮、燃烧室等部件组成,还包括燃油供给等一些辅助系统,其工作原理如图1-7所示。压气机吸入空气并压缩后送入燃烧室,燃烧室内空气与喷入的燃油混合燃烧,生成的高温高压燃气再进入涡轮中膨胀做功。所做的膨胀功除去一部分驱动压气机外其余的对外输出。

压气机与驱动压气机涡轮安装在一根轴上,压气机连续不断地从外界大气中吸入空气并增压,被压缩的空气通过热交换器吸收部分废气中的热量,再进入燃烧室燃烧。高温、高压的燃气从燃烧室出口流出,在涡轮中膨胀做功,推动涡轮高速旋转。

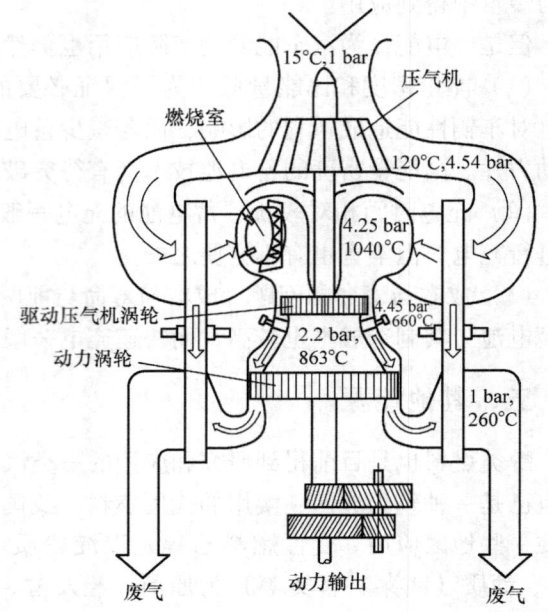

图1-7 燃气轮机
注:$1\,bar = 10^5\,Pa$

涡轮一般分为两部分,一部分用于驱动压气机旋转并提供压缩空气的能量,另一部分经过减速以后对外输出动力。两部分的转轴是相互独立的,燃气能量的分配比例可在一定范围内调节。在涡轮中膨胀做功后的燃气经过热交换器,将一部分热量传给压缩空气,温度进一步下降,并最终排入外界大气中。

与往复式内燃机周期性的间歇燃烧不同,燃气轮机中工质的流动和燃烧以及能量传递与转换过程均是连续进行的。这一特点给燃气轮机带来高速大功率、体积小重量轻、工作平稳等优势,但也限制了燃烧的最高温度,从而导致经济性相对较差。

2. 三角转子发动机

图1-8所示为三角转子发动机的工作原理。三角转子发动机工作中只有旋转运动而没有往复直线运动,输

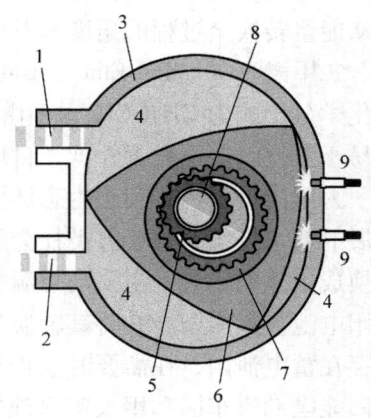

图1-8 三角转子发动机
1—进气口 2—排气口 3—缸体
4—工作腔室 5—内齿轮 6—三角转子
7—齿圈 8—输出轴 9—火花塞

出轴为偏心轴，两轴线分别与内齿轮和三角转子或齿圈同轴线，这使得三角转子转动时工作腔室体积上产生变化。内齿轮固定在缸体上不转动，以三角转子中心为中心的齿圈与以输出轴中心为中心的内齿轮啮合，使三角转子绕输出轴中心公转的同时本身又绕其中心自转。齿圈与内齿轮的齿数之比为3∶2时，转子自转速度与公转速度之比为1∶3，即输出轴的转速为三角转子的自转速度的三倍，当三角转子的转速为1000 r/min时，发动机转速为3000 r/min。三角转子把缸体内部分成三个独立的工作腔室，在其三个角顶安装有径向密封装置。在三角转子的转动过程中，三个工作腔室各自独立的依次完成进气、压缩、燃烧、膨胀做功和排气的工作过程，三角转子自转一周，发动机点火做功三次。

三角转子发动机同样可采用废气涡轮增压、电控燃油喷射、排气净化等技术。与应用曲柄连杆机构的往复式内燃机不同，三角转子发动机直接将混合气燃烧产生的膨胀力转化为驱动转矩，因而同样功率的三角转子发动机尺寸较小，重量较轻，而且振动和噪声较低，具有一定的优势，但三角转子发动机的制造成本较高，密封和润滑等问题较难解决，进一步提高经济性的潜力不大。

3. 自由活塞发动机

与三角转子发动机的旋转运动完全不同，自由活塞发动机只有往复直线运动，结构上保留了往复式内燃机的活塞在内的燃烧室部分，去除了曲轴等做旋转运动的部分。动力的输出则有通过直线电机直接输出电能，及通过液压柱塞泵直接输出液压能等方式。自由活塞发动机可按照二冲程或四冲程的方式工作。其中二冲程两缸对置方式最为常见，但其性能并不具有特别大的优势。而四冲程虽然有可能实现更好的性能，但其实现需要解决配气机构、除膨胀行程外的其他行程的活塞驱动能量等问题。图1-9所示的一种四冲程自由活塞发动机和动圈式直线电机相结合构成了集成发电系统，配气机构采用了电磁直线执行器驱动进、排气门，活塞与直线电机的动圈直接连接为一体，而直线电机可以通过发电（电能输出）和电动（驱动活塞运动）两种工作模式运行。自由活塞发动机具有能量传递与转换环节得以简化，摩擦损失明显降低，可通过控制活塞运动规律优化内燃机热力循环，应用多种不同燃料、燃烧方式的可能性等优点，也有着控制要求很高，工作频率的提高相对困难等问题有待进一步研究。

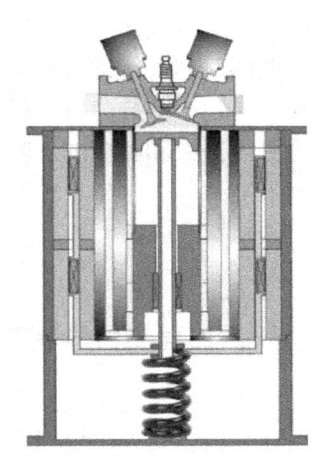

图1-9　四冲程自由活塞发动机

习题与思考题

1. 你希望通过本课程的学习得到些什么收获？
2. 分析对汽车动力装置的主要要求。
3. 你认为未来汽车能源会如何发展，说明理由。
4. 比较液体燃料和气体燃料的异同。

第二章 发动机的工作循环和性能

通常所称的发动机即指内燃机,是将燃料所具有的化学能在机器内部通过燃烧转化为热能,再通过气体工质的膨胀做功将其转化为机械能并输出的机器。发动机的工作过程与实际循环对其性能优劣起到了决定性的作用。本章分两个部分来讨论发动机内部的能量转换与传递,一部分为发动机的理论循环和实际循环以及评价实际循环的指示指标,另一部分为机械损失和相应的反映整机经济性和动力性的有效指标。

第一节 发动机理论循环

一、工程热力学基础

工程热力学是研究发动机工作过程与实际循环的重要理论基础之一。在讨论发动机理论循环之前,首先简要回顾一些工程热力学的基础知识。

1. 状态

状态,是指某一时刻用以表示工质物理特性的总标志。工质,是指实现热能与机械能相互转化的媒介物质。

在给定的状态下,表明物理特性所用的各个量,称为状态参数,例如温度 T、压力 p 以及比内能 u 等。状态参数的全部或一部分发生变化,即表明物质所处的状态起了变化。而物质的状态变化,也必然由参数的变化所标志出来。

状态可以用状态图来表示,状态图中的任意一点就表示了一个确定的状态。常用的状态图有 p-v 图(或 p-V 图)等。p-v 图的横坐标为比体积 v,纵坐标为压力 p。本章中,同一变量分别用大、小写字母表示的区别是前者代表总量,而后者代表的是单位质量的量,例如工质的内能,用 U 来表示工质所具有的总内能,而用 u 来表示 1kg 工质所具有的内能，又可称为比内能，类似地还有比体积、比热量和比功等。

理想气体的状态参数之间满足理想气体状态方程

$$pv = RT$$

2. 过程

过程是指一个状态到另一个状态之间的过渡，热能和机械能的相互转化必须通过工质的状态变化过程才能完成。平衡过程是实际过程的理想化，是实际过程进行得非常缓慢的一个极限。实际过程都不是绝对平衡的，但在适当条件下可以近似地当作平衡过程研究。

过程可以用状态图上两个不同状态之间的一段曲线来表示。

为分析方便，常将实际过程视为多变过程，多变过程满足下列的多变过程关系式

$$pv^n = C$$

式中，n 为多变指数。当多变指数 n 分别等于 κ（通常称为等熵指数）、1、0 和 ∞ 时，就可以得到绝热过程、定温过程、定压过程和定容过程。

绝热过程、定温过程、定压过程和定容过程都是典型的热力过程。

3. 循环

工质在经过了一系列的状态变化过程后又再次回到原来状态，称为完成了一个热力循环，简称为循环。工质只有完成了热力循环，才有可能连续不断地运行并做功。

循环在状态图上表示为封闭曲线，在 p-v 图上，封闭曲线所围成的面积就是循环所做的比功，即有

$$w = \oint p dv \tag{2-1}$$

根据循环功的正负，循环分为热机循环和制冷循环两类。热机循环也称为正向循环，沿顺时针方向进行，循环功为正，即工质对外界做功；而制冷循环也称为逆向循环，沿逆时针方向进行，循环功为负，即外界消耗功。

4. 热机的工作

无论哪一种热机，总是用一种媒介物质从某一个能源获取热能，使它具有能量并进而对机器做功，最后又把余下的热能排向大气等。我们把实现热能和机械能相互转换的媒介物质称为工质，把工质从之吸取热能的对象称为热源（或高温热源），把工质向其排出热能的对象称为冷源（或低温热源）。

在完成一个循环后，工质的状态复原，其内能也没有变化，产生的效果有：

1）高温热源放出了热量 Q_1。
2）低温热源获得了热量 Q_2。
3）部分热量（$Q_1 - Q_2$）转化为机械能而做功 W。

热机的工作可以概括为工质从高温热源吸取热能 Q_1，将其中的一部分转化为机械能做功 W，并把余下的一部分 Q_2 传给低温热源的过程。以汽油机为例，其工质为气体，在工作过程中经历了从空气到混合气再到燃气（废气）的转变过程，成分也有所变化。高温热源实际上就是混合气的燃烧，而大气环境则可视为低温热源。空气进入汽油机后先形成混合气，汽油所具有的化学能通过燃烧转化为热能，通过压缩和燃烧使工质温度、压力显著提高并对活塞膨胀做功，最终带有一定能量的燃气排入大气环境中。

二、三类典型的理论循环

为了分析发动机内部燃料热能转换为机械能整个过程的优劣及其主要影响因素,进而为提高能量利用率指明方向,通常将实际循环进行若干简化,忽略一些次要的影响因素,并对其中变化复杂、难于进行细致分析的实际工作过程进行简化处理,从而得到便于进行定量分析的假想循环,通常称之为发动机理论循环。通过对理论循环的研究,可以清楚地确定影响性能的某些重要因素,从而找到提高发动机性能的基本途径。最简单的理论循环是空气标准循环,其简化条件为:

1)假设以空气作为工作循环的工质,并视其为理想气体,在整个循环中的物理化学性质保持不变。

2)假设工质是在与外界无质量交换的系统中作封闭循环,不考虑实际存在的工质更换以及泄漏,工质的总质量不变。

3)假设循环由典型热力过程组成,工质的压缩及膨胀是绝热等熵过程。假设燃烧是外界无数个高温热源定容或定压向工质加热,将排气过程抽象为工质放热并视为定容放热过程。

混合加热理论循环是发动机理论循环的一种,图2-1a所示为混合加热理论循环的 p-V 图。图中,$a-c$ 为绝热压缩过程;$c-z'$ 为定容加热过程,在此过程中工质吸收热量 Q_1';$z'-z$ 为定压加热过程,在此过程中工质吸收热量 Q_1'',循环总的加热量 $Q_1 = Q_1' + Q_1''$;$z-b$ 为绝热膨胀过程,$b-a$ 为定容放热过程,在此过程中工质放出热量 Q_2。

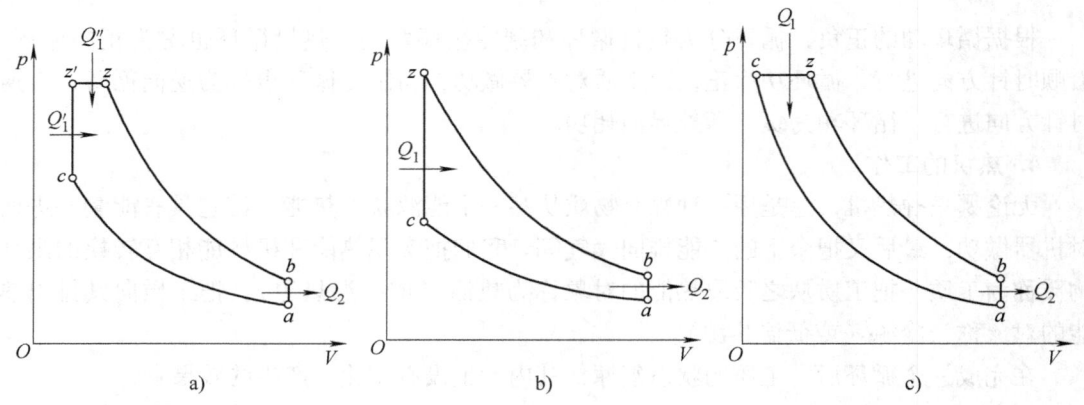

图2-1 三类典型的理论循环
a)混合加热理论循环 b)定容加热理论循环 c)定压加热理论循环

为了便于对理论循环进行定量分析,定义下列参数:

压缩比
$$\varepsilon = V_a/V_c \tag{2-2}$$

压缩比是发动机的一个重要参数,定义为活塞在下止点时的气缸容积 V_a 与在上止点时的气缸容积 V_c 之比,它反映了气体受压缩的程度。

压升比定义为循环最高压力 p_z 与压缩终点压力 p_c 的比值,即

$$\lambda = p_z/p_c \tag{2-3}$$

预胀比定义为加热终点容积 V_z 与压缩终点容积 V 的比值，即

$$\rho = V_z/V \tag{2-4}$$

对于混合加热理论循环，当加热量 Q_1 一定时，定容加热量 Q_1' 和定压加热量 Q_1'' 的分配可以有不同的比例。在两种极端情况下，当定压加热量 Q_1'' 为零，预胀比 ρ 等于 1 时，可以得到定容加热理论循环，如图 2-1b 所示；而当定容加热量 Q_1' 为零，压升比 λ 等于 1 时，可以得到定压加热理论循环，如图 2-1c 所示。

通常认为：汽油机燃烧迅速，实际工作循环可以近似为定容加热循环；大型低速柴油机的实际工作循环可以近似为定压加热理论循环；小型高速柴油机（车用柴油机）介于两者之间，其燃烧过程视为定容、定压加热的组合，实际工作循环可以近似为混合加热循环。

三、发动机理论循环分析

发动机理论循环的好坏可以用循环热效率和循环平均压力来评价。

1. 循环热效率

循环热效率 η_t 为循环功 W（J）与循环加热量 Q_1（J）的比值，反映了循环的完善程度，即

$$\eta_t = \frac{W}{Q_1} = \frac{Q_1 - Q_2}{Q_1} = 1 - \frac{Q_2}{Q_1} \tag{2-5}$$

式中，Q_2 为循环放热量（J）。

循环热效率越高，意味着加入的热量有更多的部分转换为功，循环的经济性也越好。
由工程热力学的基本公式，可以导出混合加热理论循环的循环热效率为

$$\eta_t = 1 - \left(\frac{1}{\varepsilon^{\kappa-1}}\right)\frac{\lambda\rho^\kappa - 1}{(\lambda - 1) + \kappa\lambda(\rho - 1)} \tag{2-6}$$

在式（2-6）中，分别令预胀比 $\rho = 1$ 和压升比 $\lambda = 1$，就可以得到定容加热理论循环和定压加热理论循环的循环热效率相应计算式。

定容加热理论循环的循环热效率为

$$\eta_t = 1 - \frac{1}{\varepsilon^{\kappa-1}} \tag{2-7}$$

定压加热理论循环的循环热效率为

$$\eta_t = 1 - \left(\frac{1}{\varepsilon^{\kappa-1}}\right)\frac{\rho^\kappa - 1}{\kappa(\rho - 1)} \tag{2-8}$$

2. 循环平均压力

循环平均压力 p_t 为单位气缸工作容积所做的循环功，用来评价循环的做功能力。

$$p_t = \frac{W}{V_s} \tag{2-9}$$

式中，W 为循环功（J）；V_s 为气缸工作容积（L）。

循环平均压力越高，意味着循环的做功能力越强，对于一定的气缸工作容积，可以将

更多的燃料转换为循环功输出。

由工程热力学的基本公式，可以导出混合加热理论循环的循环平均压力为

$$p_t = \frac{\varepsilon^\kappa}{\varepsilon - 1}\left(\frac{p_a}{\kappa - 1}\right)\left[(\lambda - 1) + \kappa\lambda(\rho - 1)\right]\eta_t \tag{2-10}$$

式中，p_a 为缸内压缩始点的压力（MPa）。

同样在式（2-10）中，分别令预胀比 $\rho = 1$ 和压升比 $\lambda = 1$，就可以得到定容加热理论循环和定压加热理论循环相应的计算式。

定容加热理论循环的循环平均压力为

$$p_t = \frac{\varepsilon^\kappa}{\varepsilon - 1}\left(\frac{p_a}{\kappa - 1}\right)(\lambda - 1)\eta_t \tag{2-11}$$

定压加热理论循环的循环平均压力为

$$p_t = \frac{\varepsilon^\kappa}{\varepsilon - 1}\left(\frac{p_a}{\kappa - 1}\right)\kappa(\rho - 1)\eta_t \tag{2-12}$$

发动机理论循环遵循工程热力学的基本理论，对实际的发动机循环进行理想化和抽象化，主要是为了分析影响发动机工作循环的影响因素，从而找出提高发动机循环热效率和做功能力的途径，用于指导实际发动机工作循环的改进与优化。通过对理论循环的循环热效率和循环平均压力计算式的分析和计算，主要可以得到如下结论：

（1）应尽可能地提高压缩比　热力学理论可以证明，较大的压缩比对于提高发动机的动力性和经济性都是十分有益的。

图2-2表明了压缩比 ε 对循环热效率的影响，是根据定容加热理论循环的式（2-7）计算得到的，图中的两条曲线分别对应工质为空气（$\kappa = 1.4$）和工质为混合气（$\kappa = 1.265$）的情况。设想若能够将车用汽油机的压缩比从现在的 10～11 提升至 14～15，则其循环热效率还可相对提高 10% 以上。

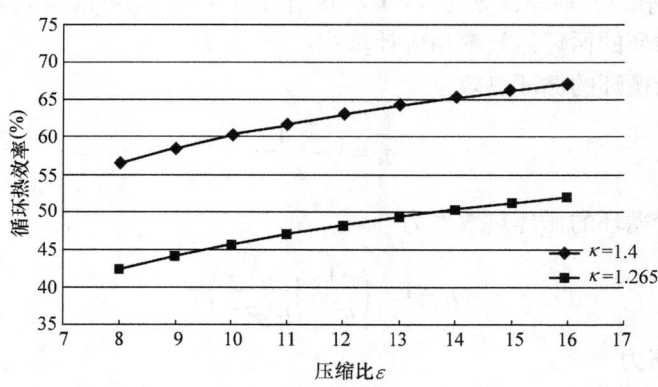

图2-2　压缩比 ε 对循环热效率的影响

从图中可以看到，随着压缩比 ε 的提高，循环热效率呈上升趋势，但到一定范围后，这种上升趋势变缓。循环平均压力也同样随着压缩比 ε 的增大而提高。

实际中压缩比的提高会受到种种因素的限制，例如汽油机中对控制爆燃燃烧的需要，以及发动机机械负荷与热负荷的限制等。汽油机的压缩比 ε 为 10~11，随着使用汽油的性能、汽油机的缸径等而有所不同，一般缸径较小，自然吸气或增压程度不高的汽油机压缩比可以较大，汽油机采用缸内直喷后压缩比也可提高；而柴油机的压缩比 ε 则为 16~18，其大小主要与增压强化程度等有关。

(2) 燃烧过程应尽可能地接近上止点进行　理论循环的循环热效率和循环平均压力计算式表明，增大压升比 λ，减小预胀比 ρ 有利于提高循环热效率和循环平均压力。显而易见的是，只有当燃料在上止点附近及时燃烧，才有可能在随后的膨胀过程中更有效地做功输出。延续到膨胀过程中的燃烧则会影响燃烧热量的利用率。设想这样一种极端的情况，在下止点才进行的燃烧放热可以认为其燃烧热量的利用率为零，因为这时的燃烧热量已不可能再加以利用膨胀做功。

在实际发动机中，"燃烧过程应尽可能地接近上止点进行"也会受到一些因素的制约。一方面燃烧是不可能瞬时完成的，总需要一个持续过程；另一方面过高的放热速率也可能会使发动机的机械负荷和热负荷过高，燃烧噪声与振动加剧。计算表明，在压缩比为 16 和加入热量不变的条件下，把压升比 λ 从 1.75 提高到 2.25，把预胀比 ρ 从 1.5 降低为 1.3，混合加热理论循环的循环热效率 η_t 和循环平均压力 p_t 可增加约 2%，而缸内最高爆发压力 p_z 却会骤增 28%。

(3) 理论循环的循环平均压力与气缸内压缩始点的压力成正比　通过提高进气压力可以提高发动机工作循环的做功能力，将更多的燃料热量转换为对外输出的循环功，这也是采用增压技术的理论依据。

第二节　发动机实际循环

一、概述

发动机的工作过程就是实际循环不断重复进行的过程。实际循环通常用气缸内的工质压力 p 随气缸工作容积 V（或曲轴转角 φ）而变化的图形表示，如图 2-3 所示。图 2-3a 为 $p-V$ 图，图 2-3b 为 $p-\varphi$ 图。$p-V$ 图上曲线所包围的面积表示工质完成一个实际循环所做的有用功，该图又称为示功图。$p-\varphi$ 图则又称为展开示功图。示功图是研究实际循环的依据，一般通过安装压力传感器由专门的仪器在发动机工作时直接测得。

发动机实际循环是由进气、压缩、燃烧、膨胀和排气五个过程所组成，较之理论循环复杂得多。图 2-4 所示为四冲程发动机示功图，图 2-4a 为非增压机型，图 2-4b 为废气涡轮增压机型。两者在形状上的主要差别在于换气过程部分。

1. 进气过程

为了使发动机连续运转，必须不断吸入新鲜工质，并把膨胀后的废气排出。进气过程中进气门开启，排气门关闭，活塞由上止点向下止点移动。首先是上一循环留在气缸中的残余废气膨胀，压力由排气终点的压力 p_r 降到压力 $p_{r'}$，然后新鲜工质才被吸入气缸。由于进气系统的阻力，进气终点压力 p_a 一般小于大气压力 p_0 或增压压力 p_c，压力差 p_0-p_a 或 p_c-p_a

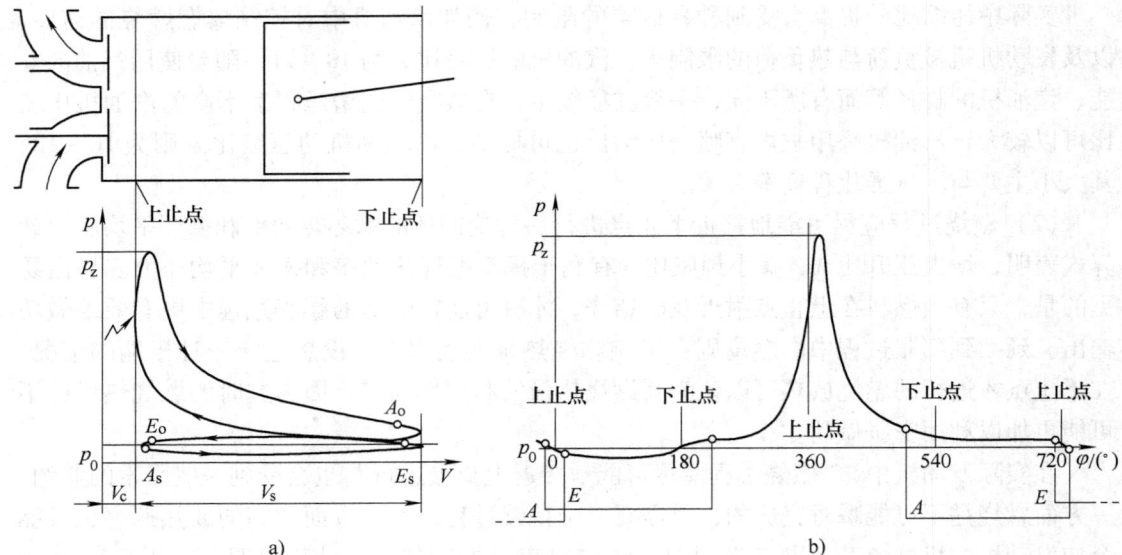

图 2-3 发动机的 $p-V$ 图及 $p-\varphi$ 图

E_o—进气始点　E_s—进气终点　A_o—排气始点　A_s—排气终点
V_c—压缩终点气缸容积　V_s—气缸工作容积　p_0—大气压力　p_z—最高爆发压力

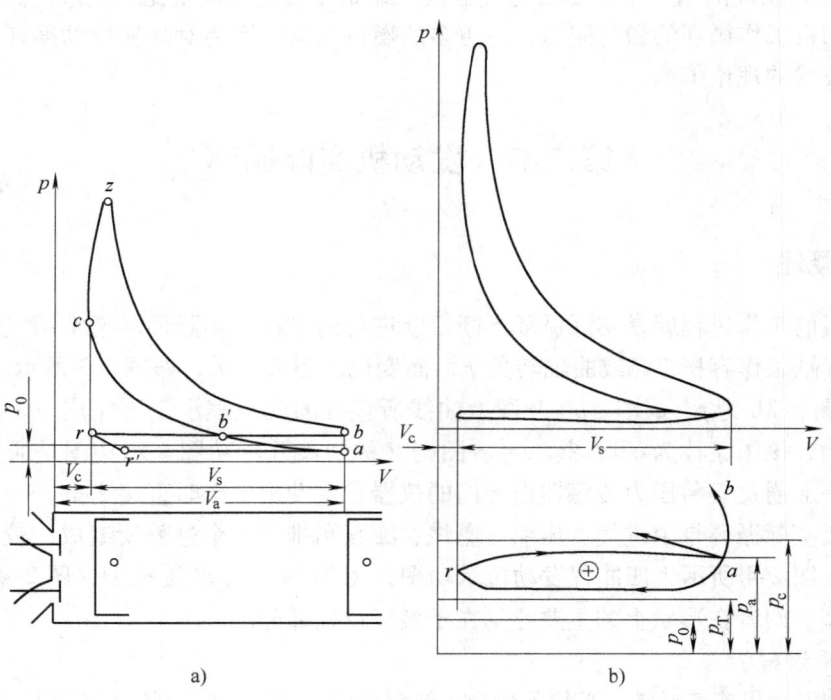

图 2-4 四冲程发动机示功图

a) 非增压　b) 增压

V_c—压缩终点气缸容积　V_s—气缸工作容积　V_a—气缸总容积
p_c—增压压力　p_T—排气压力　p_0—大气压力

用来克服进气系统阻力。因为气流受到发动机高温零件及残余废气的加热,进气终点的温度 T_a 也总是高于大气温度 T_0 或增压器出口温度 T_c。

2. 压缩过程

压缩过程中进排气门均关闭,活塞由下止点向上止点移动,缸内工质受到压缩,温度、压力不断上升。压缩过程(见图2-4a中的 $a-c$ 线)的作用是增大工作过程的温差,以获得最大限度的膨胀比,提高热功转换效率,同时也为燃烧过程创造有利的条件。在柴油机中,压缩后气体的高温还是保证燃料着火的必要条件。

在理论循环中,假设压缩过程是绝热的。实际上,发动机的压缩过程是一个复杂的多变过程。压缩开始,新鲜工质的温度较低,受缸壁加热,随着工质温度上升,到某一瞬间其与缸壁温度相等,此后,由于工质温度高于缸壁温度,工质向缸壁传热。

在使用中,对压缩过程而言,主要应注意气缸的密封。如果密封不良,将使压缩终点的工质温度、压力下降,以致起动困难,功率减小。因此,在实际工作中,常以实测的压缩压力来检查发动机的技术状况,发现压缩压力降低时,应查明原因,及时检修。

3. 燃烧过程

燃烧过程中进排气门均关闭,活塞处在上止点前后。燃烧过程的作用是将燃料的化学能转变为热能,使工质的压力、温度升高。放出的热量越多,放热时越靠近上止点,热效率就越高。

由于燃料燃烧不是瞬时完成的,因此,在汽油机中,汽油与空气形成的可燃混合气是在上止点前由电火花点火而燃烧,火焰迅速传播到整个燃烧室,工质的压力、温度剧烈上升,整个燃烧接近于定容加热。

同理,柴油机应在上止点前就开始喷油,柴油微粒迅速蒸发而与空气混合,并借助于空气的热量而自燃。开始时,燃烧速度很快,而气缸容积变化很小,所以工质的压力、温度剧增,接近于定容加热,接着是一边喷油一边燃烧,燃烧速度缓慢下来,且随着活塞向下止点移动,气缸容积增大,所以气缸压力变化不大,而温度继续上升。该过程接近于定压加热。

柴油机因压缩比高,燃烧的最高爆发压力 p_z 很高,一般达到 $13\sim15\text{MPa}$,但因相对于燃油的空气量大,所以最高燃烧温度 T_z 值反而比汽油机低,一般为2000K左右。与柴油机相比较,汽油机的最高爆发压力峰值仅为其一半左右,而最高燃烧温度则要高出50%,达到3000K左右。

4. 膨胀过程

膨胀过程中进排气门均关闭,高温、高压的工质推动活塞由上止点向下止点移动而膨胀做功,气体的压力、温度迅速降低。

膨胀过程比压缩过程更为复杂,除有热交换和漏气损失外,还有补燃(即一些燃料不能及时燃烧,在膨胀冲程中继续燃烧)等现象。因此,膨胀过程也是一个多变指数不断变化的多变过程。膨胀过程初期,由于补燃,工质被加热;到某一瞬时,对工质的加热量与工质向缸壁等的散热量相等;此后,工质向缸壁散热。由于柴油机膨胀比大,转化为有用功的热量多,热效率高,所以膨胀终了的温度和压力均比汽油机低。

5. 排气过程

当膨胀过程结束时，排气门打开，活塞由下止点返回上止点移动，将气缸内的废气排出。

排气过程中，由于排气系统有阻力，排气终了的压力 p_r 大于大气压力 p_0，压力差 $p_r - p_0$ 用来克服排气系统的阻力。阻力越大，排气终了的压力 p_r 越大，残留在气缸中的废气就越多。

排气温度随着工况不同而变化，例如汽油机的排气温度可在从怠速时的 300~400℃ 到全负荷时的 900℃ 左右的范围内变化，常用工况的排气温度则为 400~600℃，柴油机的排气温度要明显低于汽油机的排气温度。排气温度可以作为检查发动机工作状况的一个参数。因为排气温度低，说明燃料燃烧后，转变为有用功的热量多，工作过程进行得好。如果发现排温偏高，应立即查明原因。

实际循环由上述五个过程组成。如图 2-4 所示 $p-V$ 示功图中，闭合曲线 $bb'czb$ 所包围的面积 A_i，代表工质对活塞所做的功，故是正功。曲线 $rb'ar'r$ 所包围的面积 A_1 称为泵气损失或泵气功，对非增压发动机是负功；对于增压发动机，当进气压力高于排气压力时为正功。$A_i \pm A_1$ 为实际循环有用功。

二、实际循环与理论循环的差别

发动机的实际循环与理论循环存在着一定的差别，这些差别主要包括：

1. 实际工质

理论循环中假设工质比热容是定值，而实际工质比热容是随温度上升而增大的，且燃烧后生成 CO_2、H_2O 等气体，这些多原子气体的比热容又大于空气，因而使实际循环的最高温度降低。此外，实际循环还存在泄漏，使工质数量减少。因此，由于实际工质的差别，实际循环与理论循环相比较循环热效率与平均循环压力均有所下降，如图 2-5 中 W_k 所示。

2. 换气损失

为了使循环重复进行，必须更换工质，这是通过换气过程来完成的。发动机理论循环中换气过程耗功与实际循环中换气过程耗功的差值称为换气损失，如图中 W_r 所示。其中，因工质流动时需要克服进、排气系统阻力所消耗的功，称为泵气损失，如图 2-5a 中曲线 $rab'r$ 所包围的面积。因排气门在下止点前提前开启而产生的损失，如图 2-5 中 W 所示。

3. 燃烧损失

1) 实际循环中燃料燃烧需要一定的时间，所以喷油或点火在上止点前，并且燃烧还会延续到膨胀冲程，由此形成非瞬时燃烧损失和补燃损失，如图 2-5 中 W_z 所示。

2) 实际循环中会有部分燃料由于氧气不足产生不完全燃烧损失。在解决这一问题时应注意这种"缺氧"在汽油机和柴油机中的产生原因是不同的。汽油机中主要是混合气过浓所致，而在柴油机中则主要是混合气均匀程度较差所致。此外，还有由于温度过低而产生的不完全燃烧损失。

3) 在高温下部分燃烧产物离解而吸热使循环的最高温度下降。有

$$2CO_2 + 热 \Longleftrightarrow 2CO + O_2$$

$$2H_2O + 热 \Longleftrightarrow 2H_2 + O_2$$

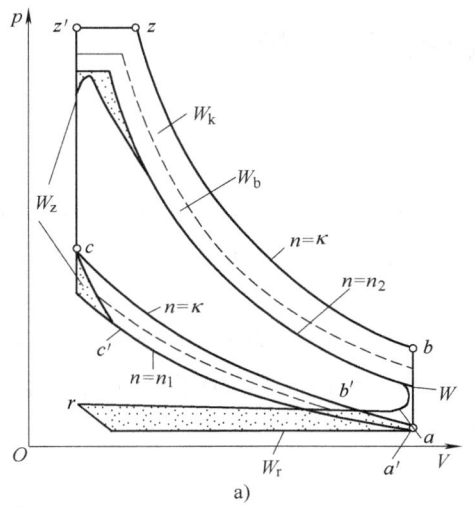 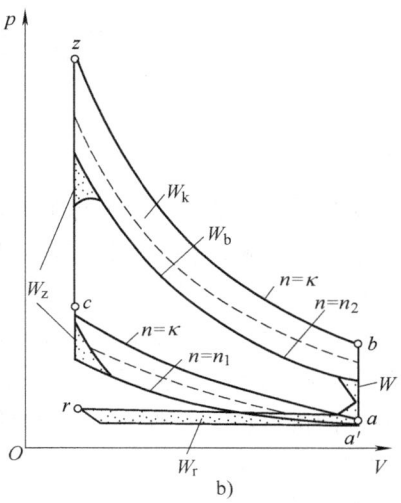

图 2-5　发动机实际循环与理论循环的比较
a）柴油机　b）汽油机
W_k—实际工质影响引起的损失　W_z—非瞬时燃烧和补燃损失　W_r—换气损失
W_b—传热、流动损失　W—提前排气损失　n—多变指数

这种高温离解的程度与燃烧过程中的缸内压力、温度有关，压力越低和温度越高，高温离解越严重。汽油机与柴油机相比较，高温离解现象较为明显。

随着燃烧过程的进行和温度的降低，会进行高温离解的逆过程，被工质吸收的热量又在随后的复合过程中又被放出并用于膨胀做功。从能量守恒的角度来看似乎并未产生损失，但实际上的效果与燃烧过程未能及时进行是类似的，热量的利用率还是受到了影响。

4. 传热损失

实际循环中，燃烧室周围零部件（包括气缸套、气缸盖、活塞、活塞环、气门、喷油器等）和工质间自始至终存在着热交换，从温度较高的一侧向温度较低的一侧传热，除了在进气过程的开始阶段是工质吸热外，在进气过程后期以及膨胀过程中一般是工质向燃烧室周围零部件放热。这使实际循环的压缩、膨胀线均脱离理论循环的绝热压缩、膨胀线，造成损失，如图 2-5 中 W_b 所示。

发动机传热是一个非常复杂的现象。首先，导热（气缸壁等燃烧室零部件中）、对流（燃烧室内工质运动和冷却系统中冷却液的流动）和辐射（主要是高温碳微粒的热辐射）这三种传热的形式在发动机传热中同时存在，缸内气体流动和温度分布等是不均匀的，并且，燃烧室形状通常也是不规则的；其次，发动机传热是一个动态过程，在发动机工作循环中，燃烧室内的热力学参数和工质运动状况等都在迅速变化，这些都为深入理解、分析以至降低传热损失带来困难。传热损失通常可采用一些传热半经验公式进行工程估算获得，但其准确程度不高，或通过实机测试的方法获得。

第三节 发动机的两类指标

一、指示指标

一个实际循环工质对活塞所做的有用功称为指示功,用 W_i(kJ) 表示。指示功可以通过发动机示功图的测定获得。指示指标是以工质对活塞做功(即指示功)为基础的,用于评价发动机实际循环的好坏。

指示指标通常用于对发动机内部工作过程的研究中,它可以分为两类,即实际循环做功能力的评价指标和实际循环完善程度的评价指标。前者包括平均指示压力和指示功率等;后者包括指示热效率和指示燃油消耗率等。

1. 平均指示压力

为了比较气缸工作容积不同的发动机的做功能力,需要排除尺寸的影响,而引入平均指示压力 p_{mi} 的概念。平均指示压力 p_{mi}(MPa)定义为发动机单位气缸工作容积的指示功,即

$$p_{mi} = \frac{W_i}{V_s} \tag{2-13}$$

式中,W_i 为指示功(kJ);V_s 为气缸工作容积(L)。

循环指示功 W_i(kJ) 可以写成

$$W_i = p_{mi} V_s = p_{mi} \frac{\pi D^2}{4} S \times 10^{-3} \tag{2-14}$$

式中,D 为活塞直径(cm);S 为活塞行程(cm)。

由式(2-14)可以引出,假如以一个假想的、大小不变的压力 p_{mi} 作用在活塞上,使活塞移动一个行程,其所做的功等于循环功,则此假想的压力即为平均指示压力(见图 2-6)。但 p_{mi} 的物理意义是单位气缸工作容积的指示功,p_{mi} 值越高,则同样大小的气缸所做的指示功越多,气缸工作容积的利用程度就越佳。因此,p_{mi} 是衡量实际循环的一个重要指标。

p_{mi} 的一般范围是:
汽油机　　　0.8~1.5MPa
柴油机　　　1~2.5MPa

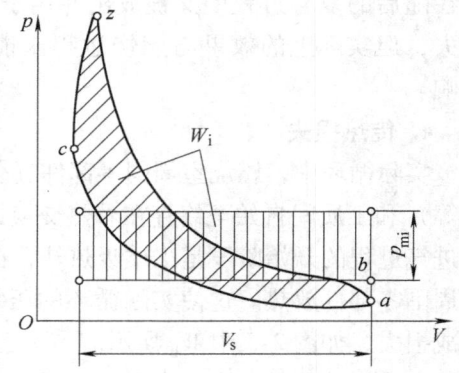

图 2-6 指示功与平均指示压力

2. 指示功率

发动机单位时间所做的指示功,称为指示功率 P_i。

设发动机的气缸数为 i,缸径为 D(cm),行程为 S(cm),每缸工作容积为 V_s(L),转速为 n(r/min),平均指示压力为 p_{mi}(MPa),则每缸、每循环工质所做的指示功 W_i(kJ)为

$$W_i = p_{mi}V_s = p_{mi}\frac{\pi D^2}{4}S \times 10^{-3} \tag{2-15}$$

发动机指示功率 P_i （kW）（每秒所做指示功）为

$$P_i = W_i \frac{n}{60}\frac{2}{\tau}i = \frac{p_{mi}V_s in}{30\tau} \tag{2-16}$$

式中，τ 为冲程数。对四冲程发动机 $\tau=4$，对二冲程发动机 $\tau=2$。

对于四冲程发动机，有 $P_i = \frac{p_{mi}V_s in}{120}$。

3. 指示热效率

指示热效率 η_i 是实际循环指示功与所消耗的燃料热量之比值，可表示为

$$\eta_i = \frac{W_i}{Q_1} \tag{2-17}$$

式中，Q_1 为得到指示功 W_i 所消耗燃料的热量（kJ）。

目前在车用发动机领域，指示热效率最高的是重型车用柴油机，大约可以达到接近 50%，而轻型车用柴油机的最高指示热效率大约为 45%。

4. 指示燃油消耗率

指示燃料消耗率简称指示比油耗，是指单位指示功的耗油量，通常以每千瓦小时的耗油量表示。当已知发动机指示功率 P_i（kW）以及每小时耗油量 B（kg/h）时，指示比油耗 b_i [g/(kW·h)] 为

$$b_i = \frac{B}{P_i} \times 10^3 \tag{2-18}$$

为了建立指示热效率和指示燃油消耗率之间的定量关系，引入燃料低热值 h_u 这一参数。单位质量燃料完全燃烧所放出的热量称为燃料的热值。在高温的燃烧产物中，水以蒸汽形式存在，只有在排入大气并冷却后水的汽化潜热才释放出来，显然在汽车发动机中这一部分水的汽化潜热是无法利用的。燃料低热值定义为扣除了水的汽化潜热这一部分之后的燃料热值，也是汽车发动机中实际应用的燃料热值。柴油的低热值 h_u 为 42.9~43.1MJ/kg，要比汽油的低热值 h_u（40.1~41.9MJ/kg）略高。

与燃料热值相联系的还有可燃混合气热值的概念。可燃混合气热值是指单位体积的可燃混合气完全燃烧所放出的热量。当气缸工作容积和进气条件等一定时，每个循环加给工质的热量取决于可燃混合气热值，而不是燃料热值。设 1kg 燃料形成的可燃混合气体积为 V_G，它所产生的热量为燃料低热值，则可燃混合气热值可表示为

$$Q_{mix} = h_u/V_G \text{（kJ/m}^3\text{）} \tag{2-19}$$

在热功转换中，1kW·h = 3.6×10³kJ，而 1kW·h 的功需要消耗的热量是 $b_i h_u/1000$（kJ），h_u 为燃料的低热值（kJ/kg），则按 η_i 的定义，得

$$\eta_i = \frac{3.6}{b_i h_u} \times 10^6 \tag{2-20}$$

b_i、η_i 是评定发动机实际循环经济性的重要指标。它们目前所能达到的最大值的大致范围是：

	η_i	$b_i[g/(kW \cdot h)]$
汽油机	0.35~0.4	260~320
柴油机	0.45~0.5	185~205

二、有效指标

有效指标是以发动机曲轴对外输出功（即有效功）为基础的，用于评价发动机整机的经济性和动力性。有效指标被广泛地应用于发动机制造和使用的各个环节中。

1. 发动机整机的动力性

（1）有效功率 P_e　发动机的指示功率 P_i 并不能完全对外输出，指示功在发动机内部的传递过程中，不可避免会有损失，这些损失包括：

1）发动机内部运动零件的摩擦损失，如活塞、活塞环对缸壁的摩擦，曲柄连杆机构轴承的摩擦，配气机构的摩擦等。这部分损失所占比例最大。

2）驱动附属机构的损失，如驱动水泵、机油泵、喷油泵、风扇和电动机等。

3）泵气损失，指进排气过程所消耗的功。在实际测定时，常将泵气损失与其他损失一起测得。

上述损失所消耗的功率称为机械损失功率 P_m。指示功率减去机械损失功率，才是发动机对外输出的功率，称为有效功率 P_e，所以 $P_e = P_i - P_m$。发动机有效功率 P_e 可通过台架试验测得。

（2）有效转矩 T_{tq}　发动机工作时，由功率输出轴输出的转矩称为有效转矩 T_{tq}。它与有效功率 P_e(kW) 之间的关系是

$$P_e = \frac{2\pi n T_{tq}}{60 \times 1000} = \frac{T_{tq} n}{9550} = 0.1047 T_{tq} n \times 10^{-3} \tag{2-21}$$

式中，T_{tq} 为有效转矩（N·m）；n 为发动机转速（r/min）。

在功率保持不变的条件下，转矩与发动机转速成反比关系，转速越高转矩越小，反之越大，它反映了汽车在一定范围内克服负载的能力。

（3）平均有效压力 p_{me}　平均有效压力 p_{me}(MPa) 是发动机单位气缸工作容积输出的有效功。它与有效功率 P_e(kW) 之间的关系是

$$P_e = \frac{p_{me} V_s i n}{30 \tau} \tag{2-22}$$

对四冲程发动机（$\tau = 4$）

$$P_e = \frac{p_{me} V_s i n}{120} \tag{2-23}$$

对二冲程发动机（$\tau = 2$）

$$P_e = \frac{p_{me} V_s i n}{60} \tag{2-24}$$

由式（2-22）得

$$p_{me} = \frac{30 P_e \tau}{i V_s n}$$

将式（2-21）代入上式得

$$p_{me} = 0.1047 \frac{T_{tq}\tau}{iV_s} \times 30 \times 10^{-3} = 3.14 \frac{T_{tq}\tau}{iV_s} \times 10^{-3} \tag{2-25}$$

即工作容积一定的发动机，$p_{me} \propto T_{tq}$。p_{me}值大，说明单位气缸工作容积对外输出的功多，做功能力强。它是评定发动机动力性的重要指标。

2. 发动机的强化

发动机的强化是指同样重量、体积的发动机能够提供更高的动力性能，这对汽车发动机是十分重要的。

（1）发动机转速 n 和活塞平均速度 C_m　　发动机转速 n(r/min) 在汽车发动机运行中经常处于变化之中。作为强化指标之一的发动机转速 n 应是指发动机的最高转速。提高发动机转速，即增加单位时间的做功次数，从而可使发动机体积小、重量轻和功率大。发动机的气缸工作容积越小，可达到的最高转速也越高，一般乘用车汽油机的最高转速可达到 6000～7000r/min。

发动机转速 n 增加，活塞平均速度 C_m 也增加，n 与 C_m 的关系为

$$C_m = \frac{Sn}{30}$$

式中，S 为活塞行程（m）。

C_m 大，则活塞组的热负荷和曲柄连杆机构的惯性力均增大，磨损加剧，寿命下降。C_m 已成为表征发动机强化程度的参数，一般汽油机不超过 18m/s，柴油机不超过 13m/s。活塞平均速度 C_m 的取值与发动机的缸径有一定的关系，缸径越小，运动件的惯性质量越小，相应也就可以取较高的活塞平均速度。

为了提高转速又不能使 C_m 过大，由 n 与 C_m 的关系知，可以减小行程 S，即对于高速发动机，在结构上采用较小的行程缸径比（S/D）值。但 S/D 值过小也会造成燃烧室高度减小，使其表面积与容积的比 A/V 值增大，混合气形成条件变差，不利于燃烧。当 $S/D<1$ 时，常称为短行程发动机。

（2）升功率 P_L 和比质量 m_e　　升功率 P_L(kW/L) 通常是评价发动机强化程度最常用的指标，其定义是发动机每升气缸工作容积所发出的有效功率，这里的有效功率是指额定有效功率，即

$$P_L = \frac{P_e}{V_s i} = \frac{p_{me} V_s in}{30\tau V_s i} = \frac{p_{me} n}{30\tau} \tag{2-26}$$

升功率用来衡量发动机气缸工作容积利用的程度。由式（2-26）可知，提高 P_L 的主要措施是提高平均有效压力 p_{me} 和发动机转速 n。

汽车发动机发展的方向之一是继续提高其升功率。与柴油机相比较，一般认为汽油机具有较高的强化程度。汽车汽油机升功率的大致范围为：

　　自然吸气汽油机　　　　50～70kW/L
　　增压汽油机　　　　　　60～100kW/L

在增压技术得到应用之前，柴油机的升功率较长时间保持在 20～30kW/L 的范围内，明显低于汽油机的强化程度。但在增压技术，特别是增压中冷技术得到应用之后，目前汽

车柴油机的升功率可以达到 50~60kW/L，可以认为柴油机的强化程度接近或相当于自然吸气汽油机的水平。图 2-7 所示为根据 2011 年至 2012 年世界范围内的汽车发动机产品所统计的发动机有效功率与排量的关系。只有极个别的增压汽油机位于图中的双点画线之上，即升功率达到 100kW/L 以上。梅赛德斯－奔驰公司于 2014 年量产的 SUV（多功能运动车）"GLA45"装用了 2.0L 直列四缸直喷涡轮增压汽油机最高输出功率可达到 265kW，最大转矩为 450N·m，升功率达到了 133kW/L，这些数值在目前全球已量产的四缸发动机中均为最高。

比质量 m_e（kg/kW）是发动机的干质量 m（不包括润滑油、冷却液等的发动机质量）与所给出的标定功率之比。它表征质量利用程度和结构紧凑性，即

$$m_e = \frac{m}{P_e} \quad (2\text{-}27)$$

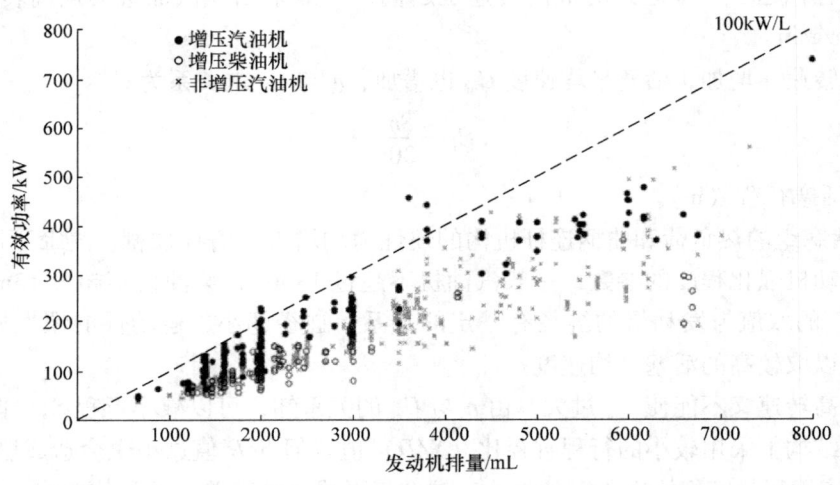

图 2-7 发动机有效功率与排量的关系

图 2-8 所示为汽车汽油机有效功率与质量的关系的统计数据，根据统计数据拟合了关系式，有

$$y = 0.77P_e + 62.79 \quad (2\text{-}28)$$

式中，y 为发动机质量（kg）；P_e 为发动机有效功率（kW）。

对应汽车柴油机的关系式有

$$y = 0.8P_e + 85.8 \quad (2\text{-}29)$$

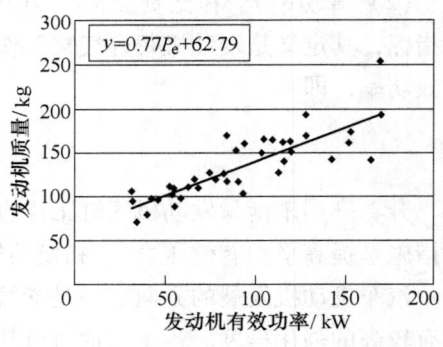

图 2-8 汽车汽油机有效功率与质量的关系

（3）强化系数 $p_{me}C_m$ 平均有效压力 p_{me} 与活塞平均速度 C_m 的乘积称为强化系数，它与活塞单位面积的功率成正比。对于确定行程 S 的发动机，强化系数与升功率也成正比。强化系数越大，一般发动机的热负荷和机械负荷越高。由于发动机的发展趋势是强化程度不断提高，所以 $p_{me}C_m$ 值的提高，也是技术进步

3. 发动机整机的经济性

（1）有效热效率 η_e　有效热效率 η_e 定义为发动机的有效功 W_e 与所消耗燃料热量 Q_1 之比值，即

$$\eta_e = \frac{W_e}{Q_1} \tag{2-30}$$

有效热效率又可简称为有效效率。

（2）有效燃料消耗率 b_e

b_e 是单位有效功的耗油量（简称耗油率），通常以每千瓦小时的耗油量表示，即

$$b_e = \frac{B}{P_e} \times 1000 \, [\text{g/(kW} \cdot \text{h)}] \tag{2-31}$$

式中，B 为每小时的耗油量（kg/h）；P_e 为有效功率（kW）。

有效热效率 η_e、有效燃料消耗率 b_e 均表征发动机经济性。b_e 是根据实测的 P_e 和 B 计算而得，实际应用也相对较多。

与前述 η_i 推导方式相同，可以得到有效热效率和有效燃料消耗率之间的关系为

$$\eta_e = \frac{3.6}{b_e h_\mu} \times 10^6$$

可见，有效热效率与有效燃料消耗率成反比关系。有效热效率越高，则有效燃料消耗率越低，发动机的经济性也越好。

乘用车用的汽油机和柴油机的最高有效热效率目前大约分别为35%和43%，但在使用中由于工况的变化，有效热效率在15%~20%的范围内。车用柴油机最低有效燃油消耗率可以达到低于200g/(kW·h)的水平，一般缸径越大，有效燃油消耗率越低；而车用汽油机最低有效燃油消耗率大约为240g/(kW·h)，一般压缩比越高，有效燃油消耗率越低。

发动机的主要性能除了上述的动力性能、经济性能以外，还应包括环保性能（排气品质与噪声）以及冷起动性能、可靠性与寿命等。

三、两类指标的测量

发动机两类指标的测量通常在专用的发动机测试台架上完成，要获得发动机指示指标的各参数，需要测量发动机示功图，即发动机气缸内压力随曲轴转角的变化规律，同时还需要测量发动机转速、耗油量等。要获得发动机有效指标的各参数，需要测量发动机有效转矩，同时也需要测量发动机转速、耗油量等。

1. 发动机示功图的测量

发动机示功图的测量不仅是发动机指示指标的计算基础，也是分析发动机燃烧过程等的基本手段。测量装置通常由压电传感器、电荷放大器以及高速数据采集、处理和分析系统组成。压电传感器是利用石英晶体的压电效应工作的，其安装位置对测试精度有一定影响，必须在气缸盖上专门打安装孔进行安装，也有为方便安装而与火花塞做成一体的结构。电荷放大器用于将压电传感器输出的微小电荷量进行放大，再传递至数据采集系统。进一步就可应用计算机对所采集的数据进行处理和分析。也有集成了一些专用分析软件

（例如燃烧放热规律计算等）的所谓燃烧分析仪可供应用。发动机示功图的测量中另一个重要的问题是上止点位置的确定，对测试精度有着很大的影响，必须要进行专门的标定。

实际发动机的缸内工作过程即使在同一工况下各工作循环也是不完全相同的，单一循环的示功图不能代表某一工况，一般需要取多个循环（一般为50～100个循环）的示功图作平均化、光顺等处理。

2. 发动机有效转矩和发动机转速的测量

测功机是发动机输出转矩的测量设备，同时也是发动机试验中加载的设备。为此，测功机本身应具有吸收能量或传递动力的功能，并具有测量转矩以及控制发动机运行工况的装置。

电涡流测功器是目前应用最多的一种测功设备，具有精度较高且动态性能好、便于控制与调节、结构紧凑等特点，但不能反拖发动机且能量不可回收。电涡流测功器的工作原理是利用电涡流的制动作用，将被测功率产生的电涡流变为热能，再用循环水带走热量。

水力测功器具有价廉、结构简单、可靠性好等优点，但也有精度不高、动态性能差的缺点，因而目前主要用于产品出厂试验等场合。水力测功器的工作原理是利用测功机内部转子上的叶片搅动水流，发动机输出的机械能被水吸收最终变为热能被循环水带走，转矩靠摩擦力传递到测功器外壳，使外壳偏转一定角度，再由测力机构测出。

电力测功器根据交流电机和直流电机的不同可制成交流电力测功器和直流电力测功器，它们都是利用转子与定子间的磁通作为工质来传递转矩的。电力测功器与一般电机的主要区别是将定子外壳制成摇摆式结构，加有力臂并连接着精密拉压力传感器。电力测功器的优点是既可作发电机运行，吸收发动机转矩，也可加一换向机构作电动机运行而拖动发动机，从而测量发动机的摩擦功率和机械损失，还可起动、磨合发动机。

此外，利用转轴传递转矩时产生扭转变形这一效应的转矩传感器（或称为转矩仪）也可用于发动机输出转矩的测量，但还需要与另外的加载设备共同使用。

一般测功机均附有转速测量装置，用于测量发动机的转速。转速传感器通常采用磁电式，具有结构简单，测试精度高且范围大的优点。

3. 发动机耗油量的测量

耗油率的测量通常应用专用的油耗仪，测量方法可分为容积法和质量法两种。

（1）容积法　容积法是通过测定消耗一定容积 V_T（mL）的燃油所需的时间 t（s），然后按下式算出每小时耗油量 B 为

$$B = 3.6 \frac{V_T \rho_f}{t} (\text{kg/h}) \tag{2-32}$$

式中，ρ_f 为燃油密度（g/mL）。

容积法多用于汽油机耗油量的测量。汽油喷射汽油机由于需压力供油且有一定的回油量，因此在测量油路的连接上需特别注意或采用专用的油耗仪。

（2）质量法　质量法是通过测量消耗一定质量 m 的燃油所花费的时间 t，然后按下式计算算出每小时耗油量 B 为

$$B = 3.6 \frac{m}{t} (\text{kg/h}) \tag{2-33}$$

质量法多用于柴油机耗油量的测量。

第四节　机械损失与热平衡

发动机内的热功转换与能量传递可以划分成两个主要的环节（见图 2-9），即从燃烧放热量 Q_1 到指示功 W_i 的转换与传递环节和从指示功 W_i 到有效功 W_e 的传递环节。

一、机械损失功率与机械效率

发动机的机械损失就是在"传递环节"中所产生的损失。机械损失消耗了一部分指示功率，从而

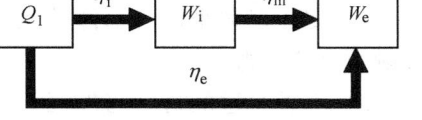

图 2-9　发动机中的能量转换与传递

使对外输出的有效功率减少。降低机械损失，使发动机实际循环得到的功尽可能转变成对外输出的有效功，是提高发动机性能的一个重要方面。

机械损失的大小可以用机械损失功率 P_m（kW）来表示。指示功率与有效功率的差值就是机械损失功率，即

$$P_m = P_i - P_e \quad (\text{kW}) \tag{2-34}$$

此外，还可以采用单位气缸工作容积的机械损失功——平均机械损失压力 p_{mm}（MPa）这一参数来表示，有关系式 $P_m = \dfrac{p_{mm} V_s i n}{30 \tau}$（kW），以及 $p_{mm} = p_{mi} - p_{me}$。

同样，为了比较各种不同发动机机械损失所占比例的大小，进一步引入机械效率的概念。

机械效率 η_m 定义为有效功率和指示功率的比值，即

$$\eta_m = \frac{P_e}{P_i} = \frac{p_{me}}{p_{mi}} = 1 - \frac{P_m}{P_i} = 1 - \frac{p_{mm}}{p_{mi}} \tag{2-35}$$

机械效率 η_m 值越接近于 1，即有效功率 P_e 更接近于指示功率 P_i，说明用于机械损失功的比例小，发动机性能好。

全负荷下发动机的机械效率 η_m 的大致范围是：

汽油机　　　　　　　　0.7~0.9
柴油机　　　　　　　　0.7~0.85

二、机械损失的组成

机械损失主要由下述三个部分组成。

1. 摩擦损失

摩擦损失是机械损失中的主要部分，约占整个机械损失的 2/3。

摩擦损失主要包括活塞、活塞环与气缸套间的摩擦，滑动轴承（主轴承、连杆轴承等）处的摩擦。

此外，还有一部分流体摩擦损失，即高速运动的部件引起周围的空气、油雾等的扰动引起损失，这一部分损失是较小的。

降低摩擦损失的主要措施包括：

1）尽可能减小相对运动的接触面积，例如减小活塞环厚度、滑动轴承宽度等，以发动机活塞为例，活塞的高度直径比从传统的大于1到约等于1，再发展到小于1（见图2-10）。但接触面积的减小应注意首先必须保证能够满足相关零部件有足够的承载能力、密封能力等基本要求。

2）尽可能减小运动部件的质量，从而减小惯性力以及接触面上的压力。

3）选择合适的材料与加工技术，包括选择合适的配对材料以及采用特殊的表面加工技术等。

图2-10　发动机活塞

4）润滑的改善，在润滑油中使用以减小摩擦与磨损为目的的添加剂等。其主要机理是在摩擦表面形成低剪切膜，它可以是固体润滑膜、由润滑剂生成的表面吸附膜或化学反应膜，以有效地降低摩擦系数。

2. 驱动附件损失

为保证发动机能正常工作，有多种附件需要通过消耗发动机一部分功率来驱动，这些附件包括：配气机构、冷却水泵、润滑油泵以及燃油泵等。驱动附件损失占整个机械损失的10%～20%。

在汽车上，还有一部分需要消耗发动机功率来驱动的附件，例如冷却风扇、压缩空气泵（制动用）、液压油泵（助力转向用）以及汽车空调等，这一部分通常不计入发动机机械损失，但在发动机与整车的匹配、提高整车经济性等场合下，则必须予以考虑。

为满足进一步挖掘节能潜力的要求，近年来也有由电动机驱动附件并采用电控技术来降低驱动附件损失的发展趋势。以冷却水泵为例，汽车发动机中的冷却水泵用于保证冷却液的循环，理想情况应根据冷却系统的冷却液温度或发动机的负荷来调节其转速的高低，而目前常规的发动机中冷却水泵均由发动机曲轴通过带传动或齿轮传动驱动，其转速与发动机转速成正比，这与实际需求往往并不相符，不利于节能与汽车性能的提高。一种可能的改进方案是，冷却水泵由电动机驱动，由电控单元根据发动机冷却系统的冷却液温度自动控制水泵转速。

上述消耗发动机功率来驱动的附件原则上都可以改为由电动机驱动并根据需要加以电控调节，但在具体应用场合还要考虑系统整体匹配与优化、电源供给以及制造成本等问题。

3. 泵气损失

泵气损失占整个机械损失的10%～20%。发动机换气过程中，由于需要克服流动阻力，因而进气过程中气缸内压力低于大气压力，排气过程中气缸内压力高于大气压力，形成了示功图底部由进、排气过程所围成的面积，即泵气损失。

从理论上来看，泵气损失应归入实际循环而在指示指标中计及，即在指示功的计算中就应扣除掉泵气损失这一部分。但实际上由于在机械损失的测定中，很难将泵气损失与其他机械损失区分开来，因而通常为了测试的方便而将泵气损失作为机械损失的一部分。

作为示例，表2-1给出了一台气缸工作容积为1.5L的四冲程汽油机在4000r/min时各部分机械损失的具体分配,数据是通过实际测量得到的。

表 2-1 机械损失的组成

摩擦损失	67%	活塞	23%
		活塞环	20%
		连杆轴承	13%
		主轴承	11%
驱动附件损失	16%	配气机构	7%
		冷却水泵	6%
		润滑油泵	3%
泵气损失	17%	泵气损失	17%

需要指出的是,在增压发动机中,特别是在负荷率较高的情况下,由于进气压力的提高,完全有可能出现进气压力高于排气压力的情况,这时,泵气损失就变成了泵气正功。不但不消耗发动机功率造成损失,反而会为发动机增加一部分额外的功率。这也是增压发动机机械效率一般较高,经济性也较好的主要原因之一。

三、机械损失随工况的变化

1. 转速 n(或活塞平均速度 C_m)

发动机转速 n 上升(C_m 随之加大),致使:

1)各摩擦副间相对速度增加,摩擦损失增加。
2)曲柄连杆机构的惯性力加大,活塞侧压力和轴承负荷均增高,摩擦损失增加。
3)泵气损失加大。
4)驱动附件消耗的功增加。

因此,随着发动机转速 n 上升,机械损失功率增加,机械效率下降(见图 2-11)。根据实测统计资料,一般平均机械损失压力 p_{mm} 大致与转速 n 成正比关系。

发动机转速对机械损失有如此重要的影响,以致在用提高转速的手段来强化发动机性能时,机械效率 η_m 的降低也成为重要障碍之一。

2. 负荷

由式(2-35)可知,当负荷为零时,机械效率也为零,当负荷逐步增加时,机械效率也随之增长(见图 2-12)。

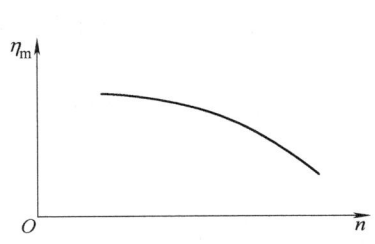

图 2-11 机械效率随发动机转速的变化规律

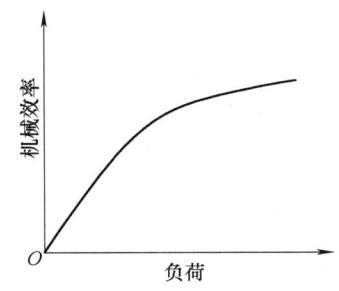

图 2-12 机械效率随发动机负荷的变化规律

在柴油机中,机械损失功率基本上不随负荷的变化而变化。而在汽油机中,由于在部分负荷工况时节气门不是全开的状态,这也会使气缸内进气压力有不同程度的降低,从而使泵气损失增加,即机械损失功率增加,这也影响到汽油机在部分负荷工况下的经济性。

图 2-13 所示为机械效率随工况的变化规律以及不同工况下的机械效率。在城市工况下,由于负荷较低使机械损失所占的相对比重较大,机械效率也较低。这提示我们,对于常工作在中、小负荷工况的汽车发动机,采取措施降低其机械损失有着更为重要的意义,值得引起重视。

3. 润滑油品质和冷却液温度

在机械损失中,摩擦损失所占的比例最大,而润滑油的黏度对摩擦损失的大小有重要影响。

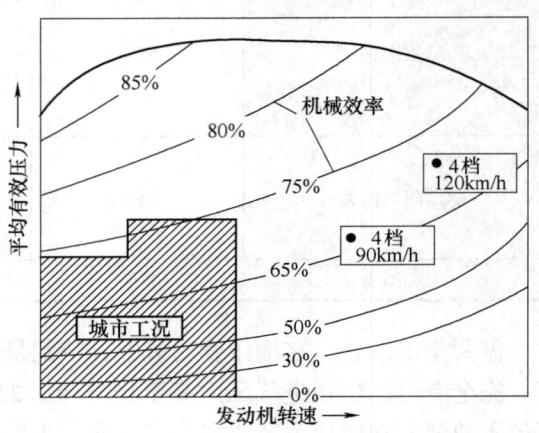

图 2-13 机械损失随工况的变化规律

润滑油黏度即稠稀程度,它表示了流体分子之间内摩擦力的大小。黏度大,润滑油内摩擦力大,流动性差,使摩擦损失增加,但它的承载能力强,易于保持液体润滑状态。反之,润滑油黏度小,流动性好,消耗的摩擦功少,但承载能力差,油膜易破裂而失去完全润滑作用。

润滑油黏度主要受油的品种和温度的影响。黏度随温度的变化程度常用黏度比,即 50℃和 100℃时润滑油运动黏度的比值 v_{50}/v_{100} 来表示。黏度比越大,黏度随温度变化越大。在实际中希望黏度随温度变化小,以保证发动机在各种热状态下都能工作良好。

选用润滑油黏度的基本原则是在保证发动机正常工作时有可靠润滑条件的前提下,尽量选用黏度较小的润滑油,以减小摩擦损失,改善起动性能。一般说来,当发动机强化程度高,轴承负荷大时,要选用黏度较大的润滑油;当转速高,配合间隙小时,需要润滑油流动性好,宜选用黏度较小的润滑油。经过长期使用,轴承间隙较大,应选用较高黏度的润滑油。

冷却液温度直接影响燃烧过程和传热损失,同时与润滑油温度也密切相关,因此就关系到润滑油黏度和摩擦损失的大小。在发动机使用过程中,应严格保持一定的油温和冷却液温度,即限制在一定热力状态下工作。提高冷却液温度,对性能有益,但受冷却液的沸点限制,一般水冷式发动机,冷却液温度多在 80~95℃范围内。

发动机摩擦副之间间隙较小,润滑油中任何杂质都可能使零件表面损坏而增加摩擦损失,故在使用中要特别注意润滑油滤清器的保养,按时更换滤清器滤芯和润滑油,保证发动机良好的工作状态。

此外,低摩擦润滑剂的应用对降低发动机的摩擦损失功率也有着一定的效果。

四、机械损失的测定

机械损失的测定对于发动机性能的分析与提高有着十分重要的意义。

机械效率和机械损失功率可以通过实际发动机的试验来测定。常用的测试方法有倒拖法、停缸法和油耗线法。

1. 倒拖法

发动机与平衡式电力测功器相连。首先让发动机在给定的工况下稳定运转，当冷却液和机油温度到达正常值时，立即切断供油（柴油机）或停止点火（汽油机），同时将电力测功器转换为电动机，以给定转速倒拖发动机，并尽可能维持冷却液和机油温度不变。电力测功器所测得的倒拖功率，即为发动机在该工况下的机械损失功率。

我国汽车发动机试验标准中规定，应优先采用倒拖法测量机械效率和机械损失功率。

应用倒拖法的一个优点是有可能通过分解发动机测量某一部分的摩擦损失功率，为了解发动机摩擦损失的根源和降低摩擦损失提供依据。这种方法的缺点是必须使用电力测功器，而且由于缸内压力、温度与实际有差别，测量结果往往略偏大。

2. 停缸法

停缸法仅适用于多缸发动机。首先将发动机调整到给定工况稳定工作，测定其有效功率 P_e；然后停止向一个气缸（例如第一缸）供油，并调整测功机，使发动机恢复到原来的转速，再测定发动机的有效功率 $P_{e(1)}$。由于有一个气缸不工作，第二次测得的有效功率比第一次测得的小，两者之差即为未工作气缸的指示功率。同样，依次使各缸熄火，即可测得对应的有效功率 $P_{e(2)}$，$P_{e(3)}$，…。于是可得各缸的指示功率为

$$P_{i1} = P_e - P_{e(1)}$$
$$P_{i2} = P_e - P_{e(2)}$$
$$\vdots$$

将上式各式相加得整机的指示功率为

$$P_i = P_{i1} + P_{i2} + \cdots = iP_e - (P_{e(1)} + P_{e(2)} + \cdots)$$

式中，i 为气缸数。

因此，整机的机械损失功率为

$$P_m = (i-1)P_e - (P_{e(1)} + P_{e(2)} + \cdots)$$

停缸法的测量误差，对于柴油机，在较好情况下可以达到5%；但对汽油机，由于停缸会使进气情况改变，往往得不到正确结果。同样，它也不能用于废气涡轮增压发动机及单缸机。

3. 油耗线法（又称负荷特性法）（见图2-14）

油耗线法应用的前提条件是，设转速不变时机械损失功率和指示热效率都不随负荷增减而变化。

保持发动机转速不变，逐渐改变柴油机供油齿条的位置，测出每小时耗油量 B 随负荷 p_{me} 变化的关系，绘制成如图2-14所示的曲线，此曲线称为负荷特性曲线。在曲线中找出接近直线的线段，并顺此线段作延长线，直至与横坐标相交，则交点到坐标原点的长

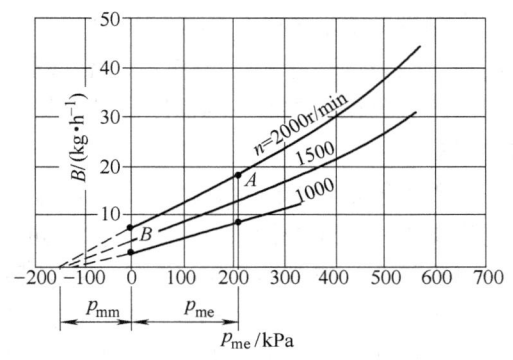

图2-14 测定机械损失的油耗线法

度即为该机的平均机械损失压力 p_{mm} 的数值。

根据式（2-18）和式（2-20），得到图 2-14 中 A、B 两工况的关系式为

$$B_A h_\mu \eta_i = 3.6 \times 10^3 P_i = 3.6 \times 10^3 (P_e + P_m)$$

$$B_B h_\mu \eta_i = 3.6 \times 10^3 P_m$$

两式相除，得

$$\frac{B_A}{B_B} = \frac{P_e + P_m}{P_m} = \frac{p_{me} + p_{mm}}{p_{mm}}$$

柴油机与油耗线法应用的前提条件较为接近，故油耗线法适用于柴油机，但不适用于汽油机。

五、发动机的热平衡

发动机的热平衡表示发动机在热功转换中，所消耗燃油具有的热量的分配情况。通过同类发动机热平衡的比较，可以找到发动机需要改进完善之处，热平衡分析可以为发动机性能的提高提供思路，指明方向。

发动机的热平衡关系可表示为

$$Q_T = Q_E + Q_S + Q_R + Q_B + Q_L \tag{2-36}$$

即发动机所消耗燃油具有的热量 Q_T 最终转化为有效功 Q_E，传递给冷却介质的热量 Q_S，废气带走的热量 Q_R，不完全燃烧热损失 Q_B 和其他热量损失 Q_L 这五个部分。通常不完全燃烧热损失 Q_B 和其他热量损失 Q_L 所占百分比均较小，而前三项是最主要的部分。

热平衡也可以用所消耗燃油具有的热量 Q_T 的相对百分数表示，即

$$q_E = \frac{Q_E}{Q_T} \times 100\% \quad q_S = \frac{Q_S}{Q_T} \times 100\% \quad q_R = \frac{Q_R}{Q_T} \times 100\% \quad q_B = \frac{Q_B}{Q_T} \times 100\% \quad q_L = \frac{Q_L}{Q_T} \times 100\%$$

有

$$q_E + q_S + q_R + q_B + q_L = 100\% \tag{2-37}$$

发动机的热平衡通常通过试验及工程估算确定，其精确测定是较困难的。

图 2-15 所示为发动机的热平衡图。由图可一目了然地了解发动机中的热量流动情况以及各项损失是如何纳入热平衡的各个项目中去的。

在发动机所消耗燃油具有的热量 Q_T 中，仅有一小部分的热量转变为有效功，其余的大部分都损失掉了。其中主要由废气带走，其次传给冷却液。

在对发动机散失热量的再利用时，应注意不同温度的热量再利用的可能性和百分比是不同的。热力学理论表明，当工质温度越接近环境温度其所具有的热能的"质"就越差，可利用的百分比就越低。因而废气带走热量的利用相对于冷却介质带走热量的利用显然要重要得多。

对于废气带走的热量，汽车发动机与一些固定式的动力装置不同，由于体积和重量的限制很难进一步地进行余热利用。除了进一步加大膨胀比，使工质能更充分地膨胀做功外，对废气可用能量的利用最为有效的就是废气涡轮增压技术。

对于冷却介质带走的热量，首先应注意到这是一种为了降低发动机热负荷并保证发动机能正常运转的"必要"的损失。但应保证适度，一旦超过了必要的冷却程度，就会带来额外不必要的损失。对于发动机的冷却，近年来已提出了"精确冷却"的概念，即通过优

化冷却水腔的布置、优化冷却介质流场以及冷却水泵和冷却风扇随发动机工况变化的电控调节等技术措施来实现冷却介质带走热量的最小化。

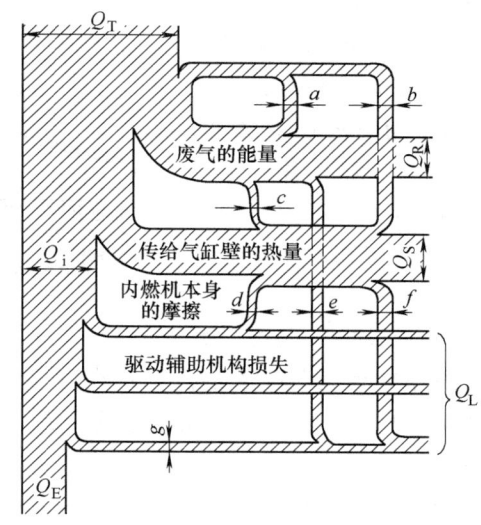

图 2-15　发动机的热平衡图

a—从残余废气和排气中回收的热量　b—由气缸壁传给进气的热量
c—排出废气传给冷却液的热量　d—在摩擦中传给冷却液的部分热量
e—从排气系统辐射的热量　f—从冷却系统和水套壁辐射的热量
g—从曲轴箱壁和其他不冷却部分辐射的热量

发动机热平衡的试验或估算结果也可在其他一些方面得到应用。例如热平衡可作为发动机冷却系统设计的原始依据加以应用，也可用于对发动机燃烧室周围高温零部件热负荷的估算等。

阅读材料

Atkinson 循环和 Miller 循环

对三类理论循环的分析可以得到结论，较大的压缩比对于提高发动机的动力性和经济性都是十分有益的。我们定义膨胀比为工质膨胀后达到下止点时的容积与燃烧室容积的比值，实际上更确切地说，应是较大的膨胀比对于提高发动机的动力性和经济性都是十分有益的，因为工质可以更充分地膨胀做功。不过对于常规内燃机，压缩比和膨胀比是相等的，两种说法没有差别。

阿特金森（James Atkinson）1882 年发明了一种可提高循环效率的内燃机（见图 2-16）。在他设计的内燃机中，吸气和压缩行程比做功和排气行程要短，该内燃机是通过活塞和飞轮之间的特殊的曲轴和连杆系统来实现的，这就是 Atkinson 循环。膨胀比大于压缩比是 Atkinson 循环的主要特点，更长的膨胀行程可以让工质更充分地膨胀做功从而提高效率。Atkinson 循环设计很巧妙，只转一圈就能完成一个工作循环的四个冲程且有不一样的最大行程，但体积偏大以及运动部件受力状况不理想是其缺陷。

1947年，米勒（Ralph Miller）发明了一种实现高效率的Atkinson循环的方法。他舍弃了复杂的连杆结构，在常规汽油机的结构基础上采用对进气配气定时的调整来实现Atkinson循环，将进气门的实际关闭定时从下止点向前或向后错开，只降低实际压缩比，这样一来，膨胀比便大于压缩比。通过可变配气定时和提高几何压缩比的方法可以显著降低泵气损失、提高膨胀效率，从而实现发动机经济性的提高。

由于Atkinson循环在压缩行程中，进气门关闭延迟，使得部分混合气体被推回到进气歧管中，这样每次进入燃烧室的理论空燃比的混合气体量便相对减少了，而做功行程又相对增加了做功量，所以燃油经济性得到了提高。

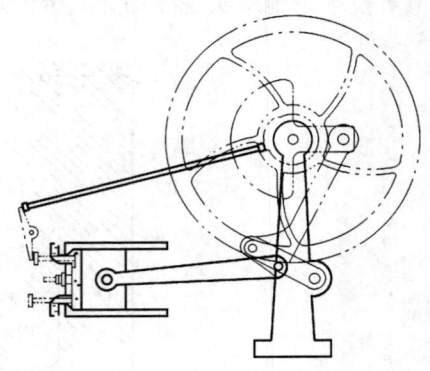

图2-16 实现Atkinson循环的发动机

图2-17所示为一四缸汽油机应用Atkinson循环改善有效效率的结果。汽油机的缸径为88.5mm；行程为96mm；压缩比为13；试验工况的发动机转速为2000r/min。从图中可以看到，应用Atkinson循环改善有效效率的效果是显著的，特别是结合了冷却废气再循环技术，可取得更好的效果。

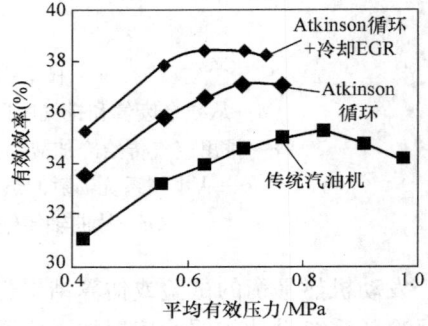

图2-17 应用Atkinson循环改善有效效率

但从图2-17中也可看到，应用Atkinson循环后，由于进气量的减少，汽油机所能提供的最大平均有效压力（有效转矩）下降了，动力性有所损失。这也是Atkinson循环发动机并没有在常规汽车上大规模得到应用的主要原因。但作为混合动力车辆动力的发动机通常只工作在燃油经济性较高的特定区域内，一般对峰值功率输出的要求降低，更注重高的效率，因而通过进气定时的改变实现Atkinson循环的发动机在混合动力车辆中得到了较多的应用。例如，丰田汽车公司早在第1代混合动力车Prius上就已开始采用Atkinson循环，不仅能提高最高热效率，即便在低负荷区域，也因高膨胀比效果及泵气损失降低效果而使热效率得到提高。Atkinson循环发动机应是一种在混合动力车辆中使用的较理想的动力。

对于应用Atkinson循环后动力性有所损失的问题，一种可能的解决方法是提高进气压力来保证更多的进气量，一般将按这种方式工作的发动机工作循环称为Miller循环。对于自然吸气发动机可以通过增压获得进气压力的提高，而增压发动机也可通过重新匹配提高增压比或采用二级增压等方式提高进气压力。

据报道，日产汽车公司开发的HR12DDR汽油机配装小型乘用车后，在欧洲行驶循环下的二氧化碳排放量已减少到95g/100km，其燃油经济性达到了混合动力车的水平。HR12DDR汽油机为汽油直接喷射、机械增压，并应用了Miller循环。

在该汽油机中，进气过程中活塞即使越过下止点返回上行，进气门依然是打开的，即所谓的"延迟关闭"。进入气缸内的空气在活塞上行的同时通过进气门又流出气缸。随后，当活塞到达某一点后，进气门关闭并开始压缩过程。这样，实际压缩比被减小为10，而膨胀比则维持为13。这一实例表明应用 Miller 循环将压缩比控制在不发生爆燃的水平，通过加大膨胀比提高热效率是可能的。

汽油机的实际排量从1.2L被降至0.9L，通过机械增压器进行补偿，可增加吸入空气来燃烧更多的燃油。机械增压器由发动机曲轴输出的动力来驱动，通过电磁离合器来控制运行或停止的切换，根据行驶工况选择低燃油耗行驶模式或高动力输出行驶模式。

习题与思考题

1. 收集、了解汽车发动机的主要参数（排量、压缩比、功率、转速等）的大致范围。
2. 如何理解从发动机理论循环的分析中得到的结论？
3. 简述发动机内部从燃料输入到有效转矩输出的能量转化和传递过程并分析各个环节的损耗。
4. 如何通过测试得到实际发动机的两类指标？
5. 平均有效压力和升功率都是用于评价发动机动力性的，两者有何区别？
6. 从机械损失的构成来思考其降低措施。
7. 可否通过测量示功图和有效转矩来求得机械损失？说明理由。

第三章

柴油机混合气的形成和燃烧

不同类型的发动机中所应用燃料的性质决定了发动机在混合气形成、着火和燃烧等方面存在的差异。无论是柴油机还是汽油机，混合气形成和燃烧的好坏对其动力性、经济性和排放性能都有着十分重要的影响，因而混合气形成和燃烧的优化一直也是发动机技术发展的核心内容。第三章和第四章中将分别讨论柴油机和汽油机的混合气形成和燃烧。

第一节 基 础 知 识

一、燃料与混合气形成

燃料燃烧前需要燃料和空气的混合，形成可燃混合气。发动机混合气形成方式从原理上来分，有空间雾化混合和油膜蒸发混合两种。

空间雾化混合是指在燃烧室空间中利用燃油与空气的相对运动形成较均匀的混合气。燃油与空气的相对运动速度是起主要作用的因素，相对运动速度越高，油粒与空气的摩擦和碰撞越激烈，分散后的油粒也越细小，混合气也越均匀。混合气在这一过程中混有尚未蒸发汽化的液态油粒，不完全是气相的。

油膜蒸发混合是指喷在燃烧室壁面上的燃油形成油膜后，利用受热蒸发和空气相对运动的作用形成较均匀的混合气。这一混合方式中起主要作用的因素是燃烧室壁面温度、空气相对运动速度和油膜厚度。混合气在这一过程中完全是气相的。

目前无论是柴油机还是汽油机，其中的混合气形成方式均是以空间雾化混合为主，但或多或少仍存在油膜蒸发混合的混合气形成方式。

混合气浓度是指混合气中燃料和空气的相对比例。燃料相对较多，即混合气较浓；反之燃料相对较少，即混合气较稀。与混合气浓度相关的几个重要参数简介如下：

1. 1kg 燃油完全燃烧所需的理论空气量 L_0

燃油的完全燃烧，即设燃油（C_nH_m）与氧气（O_2）进行反应生成二氧化碳（CO_2）和水蒸气（H_2O），而空气中的氮气（N_2）不参加化学反应，其化学方程式可表示为

$$C + O_2 = CO_2$$
$$2H_2 + O_2 = 2H_2O$$

根据化学反应的当量关系，可以求出1kg燃油完全燃烧所需的理论空气量 L_0。

燃油中的主要成分是碳（C）、氢（H）和氧（O），其他成分在计算中可忽略不计，若以质量成分表示1kg燃油中各成分的含量，w_C、w_H 和 w_O 分别为碳（C）、氢（H）和氧（O）的质量成分，则有

$$w_C + w_H + w_O = 1$$

空气中的主要成分为氧（O）和氮（N），按质量计分别占23%和77%，其他成分在计算中可以忽略不计。

根据化学反应的当量关系，有

$$L_0 = \frac{1}{0.23}\left(\frac{8}{3}w_C + 8w_H - w_O\right) \quad \text{（kg 空气/kg 燃油）}$$

据统计，一般柴油中 C、H、O 三种元素的质量成分分别为 0.870、0.126 和 0.004，而汽油中 C、H、O 三种元素的质量成分分别为 0.855、0.145 和 0。

计算可得，对于上述质量成分的柴油和汽油，1kg燃油完全燃烧所需的理论空气量 L_0 分别约为 14.2kg/kg 和 14.8kg/kg。

2. 空燃比（A/F）

混合气浓度一般可用混合气中所含空气与燃油的质量比——空燃比（A/F）来表示。

定义混合气中空气与燃油的质量比等于1kg燃油完全燃烧所需的理论空气量 L_0 时的空燃比为理论空燃比，又称为化学当量空燃比。当具有理论空燃比的混合气完全燃烧时，理论上空气既不会不足，也不会过剩，而是刚好。例如，1kg汽油的完全燃烧需要14.8kg空气，即汽油的理论空燃比为14.8。当可燃混合气的空燃比大于理论空燃比时，意味着其中空气有余而燃油不足，可称为稀混合气；而当可燃混合气的空燃比小于理论空燃比时，可称为浓混合气。

在一些专业文献中，还有采用空燃比的倒数，称为当量比，来表征混合气的浓度。

3. 过量空气系数 α

在发动机中，还常用过量空气系数 α 来表征混合气浓度。过量空气系数 α 定义为燃烧单位质量的燃料实际提供的空气量 L 与理论上所需的空气量 L_0 之比，即

$$\alpha = L / L_0$$

1kg燃油完全燃烧所需的理论空气量 L_0、空燃比（A/F）和过量空气系数 α 这三个参数之间存在如下关系：(A/F) $= \alpha L_0$。

此外值得注意的是，在很多情况下混合气都是不均匀的，即在燃烧室内局部的过量空气系数 α 并不相同。混合气的不均匀可能是受混合气形成的条件所限，例如在柴油机中，也可能是主动控制形成的"分层"，例如在一些缸内直喷汽油机中。

发动机中混合气的形成受到多方面因素的影响，这些将在后续章节中详细讨论的主要

影响因素包括：

（1）发动机运转参数　包括发动机的转速、发动机的负荷或循环喷油量、环境温度和冷却液温度等。

（2）燃油性质　包括燃油的成分、蒸发性、黏度、密度、比热容和表面张力等理化特性。

（3）工质的热力学状态和工质运动　包括进气温度和压力、工质宏观运动的形态（绕气缸中心线旋转的涡流和绕与曲轴轴线平行的中心线旋转的滚流）、工质宏观和微观的运动强度以及燃烧室及气道的形状（对工质运动的形态和强度有着重要的影响）。

（4）燃油喷射和雾化　包括喷射压力、喷油器几何参数（喷孔直径、长度和角度等）及喷孔数等，喷油器位置以及喷油规律等。

二、预混燃烧与扩散燃烧

燃烧过程是将燃料的化学能转变为热能的过程。发动机的燃烧过程不仅是一种伴随有发热发光现象的迅速的化学反应，而且还同时还进行着湍流扩散、热量扩散等物理过程，这些物理过程反过来对燃烧又有着重要的影响。发动机燃烧过程极为短促，设发动机转速为5000r/min，燃烧过程所对应的曲轴转角为45°，则换算的燃烧持续时间仅为1.5ms。对于燃烧过程，不仅要求燃料能够完全燃烧，而且要求有合适的燃烧始点和优化的燃烧速率。进入气缸的燃料燃烧完全的程度，直接影响到热量产生的多少和排出废气的成分，而燃烧时间或燃烧过程所对应的曲轴转角位置，又关系到热量的利用和气缸压力的变化，所以燃烧过程是影响发动机经济性、动力性和排气污染的主要过程，与噪声、振动、起动性能和使用寿命也有着密切的关系。

理论上，内燃机中的燃烧可分为预混燃烧与扩散燃烧两类。

预混燃烧是指在燃烧开始之前已形成可燃混合气，燃烧速率主要由化学反应速率决定的燃烧。化学反应速率与燃烧室内的温度、压力和参与燃烧的工质的多少都有着密切关系。判定预混燃烧过程是一种化学反应，而在一般化学反应中，反应物质的浓度越高，温度越高，化学反应速率就越快，这一规律在预混燃烧过程中同样适用。在温度不变的情况下，反应物的浓度越高，分子的碰撞机会越多，化学反应速率就越快。质量作用定律阐明了对于均相反应，在一定温度下，化学反应速率与参加反应的各反应物浓度的乘积成正比的规律。在反应容积不变的情况下，反应系统压力增高，就意味着反应物浓度增加，化学反应速率增加。

扩散燃烧是指在燃烧开始之前并未形成可燃混合气，燃烧速率主要由可燃混合气形成速率决定的燃烧。在许多实际燃烧设备中，常常由于燃料性质限制而不容易预先形成混合气。此时，通常是将燃料和氧气（或空气）分别供入燃烧空间内，燃料和空气的混合过程和化学反应过程是同时进行的。在通常燃烧室高温环境下，化学反应过程进行很快，而燃料和空气的混合过程要慢得多。因此决定燃烧速率的是混合过程的快慢，这就是扩散燃烧的基本性质。

汽油机中的燃烧属于预混燃烧，而柴油机的燃烧则要更为复杂，燃烧前期有部分为预混燃烧，而燃烧后期则主要是扩散燃烧。

三、燃烧放热规律

将发动机燃烧室视为一热力学系统，其与外界有着能量交换和质量交换（不考虑进、排气过程时仅有柴油机喷入燃烧室的燃油）。由能量守恒定律可以得到，单位曲轴转角（或单位时间）内燃烧放出的热量等于单位曲轴转角（或单位时间）内缸内工质内能、工质对活塞做的功和通过燃烧室壁向外传播的热量之和，有关系式

$$\frac{dQ_B}{d\varphi} = \frac{dU}{d\varphi} + \frac{dW}{d\varphi} + \frac{dQ_W}{d\varphi} \tag{3-1}$$

式中，Q_B、U、W、Q_W 分别为燃烧放出的热量、缸内工质内能、工质对活塞的功和通过燃烧室壁向外传递的热量；φ 为曲轴转角。

累积放热百分比，是指从燃烧过程开始至某一时刻为止已经燃烧的燃油与循环喷油量 g_c 的相对比值，用 X 表示。瞬时放热速率 $\left(\dfrac{dQ_B}{d\varphi}\right)$ 是指在燃烧过程中的某一时刻，单位曲轴转角内（或单位时间内）燃烧的燃油所放出的热量。通常为了计算方便，常用相对值 $\dfrac{dX}{d\varphi}$ 来表示瞬时放热速率。两者有关系式

$$\frac{dQ_B}{d\varphi} = g_c \frac{dX}{d\varphi} \tag{3-2}$$

累积放热百分比和瞬时放热速率随曲轴转角的变化关系，称为燃烧放热规律。燃烧放热规律影响到燃烧过程中缸内压力、温度的变化，进而影响到柴油机的性能，对了解、分析和改进燃烧过程有着特别重要的作用。

有了实测的示功图，在式（3-1）的基础上通过数值计算就可以求得燃烧放热规律。

燃烧起点、燃烧放热规律曲线形状和燃烧持续时间被认为是燃烧放热规律的三要素。一般来说，较理想的燃烧放热规律要求有一合适的燃烧起点，同时燃烧应该是先缓后急。在开始放热阶段，不希望燃烧放热速率上升得过快，以降低压力升高率，使发动机的工作粗暴得到控制；然后燃烧应加速进行，使绝大部分燃油在尽可能靠近上止点处完成燃烧，以提高经济性。燃烧过程的持续时间不宜过长。

对于燃烧过程有着多种从简单到详尽的计算模型，各类燃烧模型有着各自的特点和应用范围，应根据计算的目的来选用。一种相对简单，在工程实际应用广泛的燃烧模型是 Vibe 燃烧函数。Vibe 燃烧函数是一种零维模型（不考虑燃烧室内物理量的空间分布的模型），是在化学反应动力学理论公式的基础上得到的半经验公式。该模型中，燃烧过程中在曲轴转角为 φ 时的累积放热百分比 X 由燃烧品质指数 m、燃烧起点对应曲轴转角 φ_{VB} 和燃烧持续曲轴转角 $\Delta\varphi$ 三个参数决定。

$$X = 1 - \exp\left[-6.908\left(\frac{\varphi - \varphi_{VB}}{\Delta\varphi}\right)^{m+1}\right] \tag{3-3}$$

对式（3-3）求导，即可得到瞬时放热速率 $dX/d\varphi$ 的计算式。

作为示例，图 3-1 给出了实测和用 Vibe 燃烧函数模拟的燃烧放热规律。

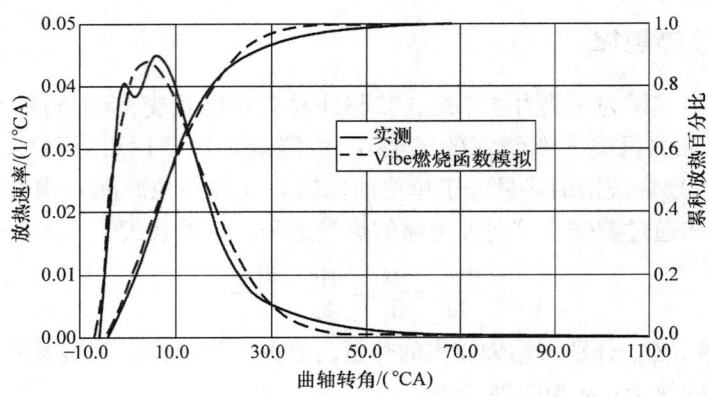

图 3-1 燃烧放热规律

第二节 柴油机混合气的形成

一、柴油机混合气形成的基本特征

柴油机使用的燃料是较难挥发和较易自燃的柴油。柴油机喷射系统通常是在压缩行程接近终了时开始将高压柴油直接喷入燃烧室内，供混合气形成的时间极短，很难形成均匀的混合气。这种不均匀的混合气是在高温、高压下多点自燃后着火燃烧的。燃烧室内的工质成分随时间和地点而迅速变化。柴油机混合气形成的基本特征主要包括：

（1）混合气的均匀性较差　柴油机在进气过程中进入燃烧室的是纯空气，在压缩过程接近终了时柴油才被喷入，经短促的混合时间后即自行着火燃烧。由于柴油机的混合气形成的时间比汽油机要短得多，而且柴油的蒸发性和流动性都较汽油差，使得柴油难以在燃烧前彻底雾化、蒸发并与空气均匀混合，因而柴油机可燃混合气的质量较差。因此，柴油机不得不采用较大的过量空气系数，使喷入燃烧室内的柴油能够燃烧得比较完全。

（2）良好的混合气形成要求燃油喷射、空气运动以及燃烧室形状三者的良好配合　与汽油机中的情况相比较，柴油机中良好的混合气形成更为困难与复杂。通常依靠的是燃油喷射、空气运动以及燃烧室形状三者的良好配合。随着技术的发展，近年来燃油喷射在这三者之中的相对重要性越来越高，即主要依靠提高喷射压力、控制喷射规律来改善混合气形成是技术发展的趋势。

（3）负荷调节为"质调节"　柴油机运转中只调节循环喷油量，而一般不对空气量进行人为的调节，空气量基本上不随负荷变化。柴油机混合气的浓度随着负荷的调节而变化，这也就是所谓的"质调节"。随着循环喷油量的增大，柴油机提供的有效功率增加，过量空气系数相应减小，混合气逐渐由稀变浓。当柴油机达到最大负荷工况时，过量空气系数也达到最小值（大约为 1.3），即混合气最浓的情况。

本节将分别对燃油喷射、空气运动以及燃烧室形状三方面及其配合分别加以详细分析。

二、燃油喷射

1. 对燃油喷射系统的要求

喷射系统对柴油机混合气形成和燃烧的质量，进而对柴油机性能的好坏有着重要的作用。特别是直喷式柴油机对喷射系统的要求较高，一般应尽可能地满足下述一些要求：

1）避免出现不正常喷射现象和穴蚀破坏，这是对喷射系统最基本的要求。车用柴油机在很大的转速和负荷工况范围内工作，传统的喷射系统要保证在任一工况下都不出现不正常喷射现象往往是较为困难的，而且值得注意的是，一些消除不正常喷射现象的措施往往会促成穴蚀破坏的产生。这就需要在喷射系统的调整和匹配过程中，考虑到各种工况，同时兼顾各方面的要求。

2）可以根据不同转速和负荷的工况要求，在最佳的喷油时刻，准确提供所需的燃油量。为此，需要实现喷油提前角随不同转速和负荷进行调整。对多缸柴油机，应保证各缸的均匀一致性，为此希望各缸的高压油管长度尽可能一致。

3）为改善柴油机的经济性、动力性、有害排放和噪声水平等，应尽可能实现理想的喷油规律。一方面，更高的喷射压力和喷油速率以及更短的喷油持续时间已是技术发展的一个明显趋势。例如，对中、小型高速直喷式柴油机，希望将喷油持续时间控制在25°CA或1ms内。此外，特别希望在低速工况下能有较高的喷射压力和喷油速率，以利于改善雾化质量。另一方面，为避免柴油机工作过于粗暴，又希望实现"先缓后急"的喷油规律。也可采用所谓的"先导喷射（pilot injection）"（或称为"预喷射"）的方法来保证"先缓后急"的喷油规律，即第一次先行喷入少量燃油，第二次再喷入其余大部分燃油。

图3-2所示为对于柴油机在不同转速和负荷下较为理想的喷油规律的示意图。由图可见：

希望喷油速率在喷射初期（即滞燃期内）较小，然后迅速加大。随着转速的增大，这一转变更为迅速，这主要是为避免高转速时过长的喷射持续时间。

随着负荷的下降，喷射持续时间相应缩短，这主要是喷油量减少的原因。随着转速的下降，希望通过提高喷射压力来使喷油速率提高，喷射持续时间也相应缩短，这是要保证低转速时的雾化质量。

此外，在所有的工况下都希望在喷射结束阶段能尽可能迅速地结束喷射，以避免低的喷射压力或低的喷油速率使雾化质量变差。

实际上，这样较为理想的喷油规律用传统的喷射系统是难以实现的，而只可能通过电控喷射系统来实现。

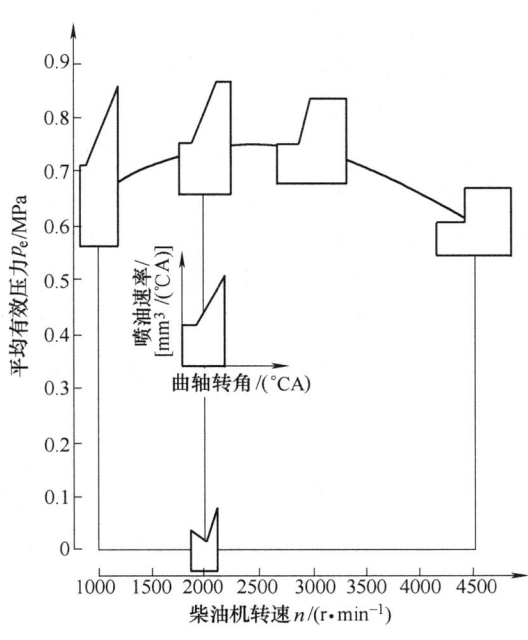

图3-2 理想的喷油规律

4) 良好的油束特性能满足具体燃烧室的要求，油束的几何形状和雾化质量能使燃油喷射、气流运动与燃烧室形状间的配合达到最佳。特别是直喷式柴油机，对喷射系统要求较高，希望有合适的贯穿率，油粒细小，分布尽可能均匀等。

5) 对于喷射系统的强化，应采取相应的措施保证有关零部件的强度和刚度，提高系统的工作可靠性和使用寿命，同时注意降低喷射系统的噪声与振动。

在直喷式柴油机的混合气形成与燃烧中，喷射系统起到了十分重要的作用。对车用柴油机喷射系统，需要满足如下的基本要求：

① 转速范围：600～6000r/min。

② 喷油速率：4～65mm³/行程。

③ 喷射压力：较理想的情况下应实现高的喷射压力且不受转速的影响，至少应满足60MPa（1000 r/min 时）和 150MPa（最大功率对应转速时）。

④ 最大喷射持续期：控制在 25°CA 以内。

⑤ 喷油规律形状：喷射初期小的喷油速率（或实现先导喷射），喷射迅速、干脆地结束。

⑥ 小的循环间差异：对喷油提前角和循环供油量，各缸分别实现准确电控。

为了很好地满足这些要求，必须采用电控燃油喷射系统。

为进一步满足更严格的排放法规要求和提高柴油机的经济性，未来的燃油喷射系统成为柴油机研究与改进的重点之一。进一步的要求包括：

① "柔性"、可控的喷油规律，不但能实现多次喷射，还能控制喷油规律的形状。

② 更高的喷射压力并应能随工况的变化进行调节。

③ 更小的喷油器喷孔直径并进一步实现节流几何参数可变。

④ 优化对燃油喷射系统的闭环控制。

2. 燃油的雾化和油束特性

燃油在喷油泵中被压缩后，经高压油管在极高压力（20～160MPa）的作用下以极大的速度（100～400m/s）及在高度紊流状态下从喷油器的喷孔喷射入燃烧室内。燃油在高速流动中，在与燃烧室内高压空气的相对运动中及紊流的作用下，被逐步粉碎分散为直径约 2～50μm 的液滴，由大小不同的液滴组成了油束。

图 3-3 所示为在静止的高压空气中喷射过程某一时刻的油束结构示意图。油束核心部分油滴非常密集且油滴直径较大，油滴运动速度较高，空气极少；油束外围部分则与之相反，油滴稀少且油滴直径小，油滴运动速度也较低。

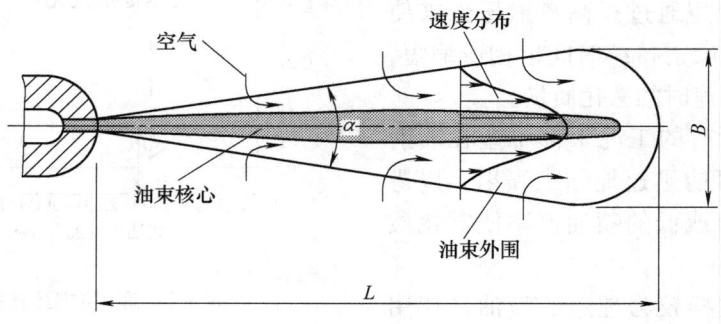

图 3-3　油束的几何形状

（1）燃油的雾化　燃油的雾化是指燃油喷入燃烧室内后被粉碎分散为细小油滴的过程。燃油的雾化可以大大增加燃油与周围空气接触的蒸发表面积，加速从空气中的吸热过程和油滴的汽化过程，对混合气的形成起到重要的作用。例如，对于1mL的燃油，若假设为一个球体，则其表面积约为483.6mm^2，若雾化为直径40μm的均匀球状油滴，可产生油滴约3×10^7个，其总的表面积约为1.5×10^5mm^2，约增加了310倍。

（2）油束特性　可以从几何形状和雾化质量两个方面来描述油束特性。

1）油束的几何形状主要包括油束射程（又称为贯穿距离）L和喷雾锥角α或油束的最大宽度B（见图3-3）。此外，贯穿率是常用的参数之一。贯穿率可理解为贯穿距离的相对值，是指油束的贯穿距离与喷孔口沿喷孔轴线到燃烧室壁距离的比值。贯穿率若大于1，则意味着有一部分燃油喷射到了燃烧室的壁面上。影响油束几何形状的主要因素有：喷射压力、喷油器喷孔的长度直径比和空气与燃油密度比等。

2）油束的雾化质量一般是指油束中油滴的细度和均匀度。

油束中油滴的细度常用索特平均直径（SMD）来表示。设x为液滴直径，$f(x)$为其概率密度函数，则索特平均直径定义为

$$SMD = \frac{\int_{x_m}^{x_M} x^3 f(x) \mathrm{d}x}{\int_{x_m}^{x_M} x^2 f(x) \mathrm{d}x} \tag{3-4}$$

式中，x_M和x_m分别为最大和最小的液滴直径。索特平均直径（SMD）是一种假想的油滴直径，由这种直径的油滴所构成的油束，其总的表面面积和总的体积与实际喷雾油束中油滴总的表面面积和总的体积是相等的。索特平均直径值越小，意味着油束雾化得越细。

索特平均直径的大小受到多种因素的影响，减小喷油器喷孔直径、增大燃油喷入时的流速、空气密度的增大以及燃油黏度和表面张力的减小，都会使索特平均直径减小。

均匀度是指油束中油滴大小相同的程度以及油滴在油束内分布的均匀程度。

喷射压力的高低对油束的雾化质量有着重要的影响。图3-4所示为不同喷射压力时油束的雾化质量。由图可见，喷射压力较高时，油束雾化得较细，也较均匀。

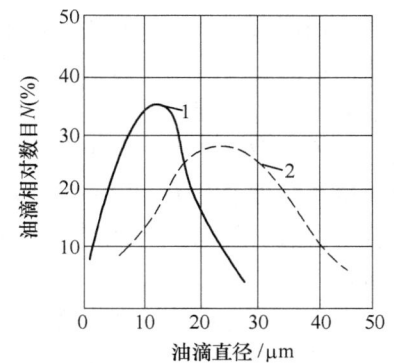

图3-4　油束的雾化质量
1—喷射压力为34MPa
2—喷射压力为15MPa

3. 传统的燃油喷射系统

传统的柴油机供油系统（见图3-5）一般由油箱1、输油泵4、柴油滤清器8、喷油泵3和喷油器7等组成，另外还包括调速器5和供油提前角调节装置2等。其中的喷油泵、喷油器和连接其间的高压油管等组成了高压油路，又称为喷射系统，是整个柴油机供油系统的关键部分。

喷油泵的主要作用是定时、定量地经高压油管向各缸的喷油器周期性地供给高压燃油，常见的有直列式喷油泵和分配式喷油泵两种类型。直列式喷油泵一般以柱塞行程、泵缸中心距和结构特征为基础成为系列，每个系列可以改变柱塞直径和缸数，以适应不同柴油机的需要。分配式喷油泵主要应用于乘用车和轻型车用柴油机中，与直列式喷油泵相比，分配式喷油泵具有结构紧凑、体积小、重量轻、能在较高转速下工作的优点，但达到较高的供油压力较困难，在使用中对燃油的质量要求较高。对于柱塞式喷油泵，当喷油泵柱塞向上运动中柱塞上端面还未完全关闭油孔时，由于流通截面很小且时间极短，被柱塞挤压的燃油来不及通过油孔流出，泵油就已经开始，结果使出油阀相对提早开启；同样，在油孔刚刚开启时，柱塞上部的燃油

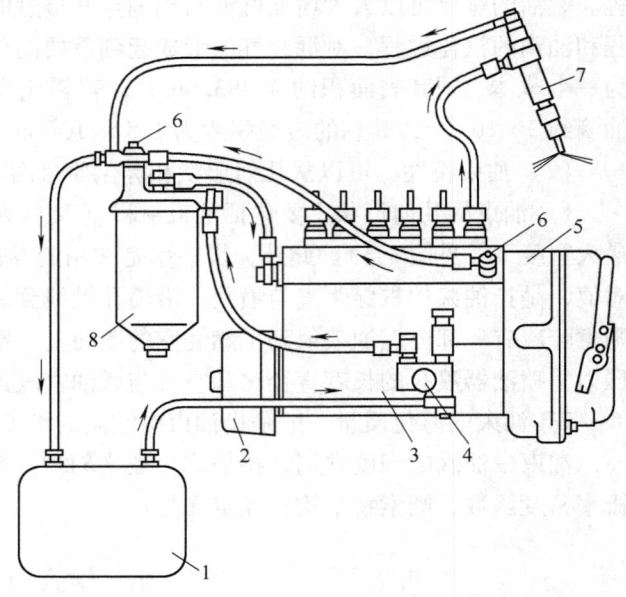

图 3-5　柴油机的供油系统
1—油箱　2—供油提前角调节装置　3—喷油泵　4—输油泵
5—调速器　6—溢流阀　7—喷油器　8—柴油滤清器

不能立即通过油孔流出，使出油阀相对滞后关闭，这就是油孔的节流作用。转速越高，油孔节流作用的影响也越大，因此，一般随着转速的上升，循环供油量和系统压力呈略有增大的趋势。喷油泵油量控制机构（齿条或拉杆）位置固定，循环供油量随喷油泵转速变化的关系称为喷油泵速度特性。喷油泵所固有的速度特性通常并不理想，特别对于车用柴油机，因此还需要对其进行必要的校正。

喷油器的主要作用是将喷油泵供给的高压燃油喷入柴油机燃烧室内，使燃油雾化成微细的油粒，并按一定的要求适当地分布在燃烧室内。喷油器有孔式喷油器和轴针式喷油器两类。直喷式燃烧室中均采用孔式喷油器，喷孔的数目、直径及角度与具体的燃烧室形状和空气运动等因素有关，同一喷油器各喷孔的直径及角度也不一定相同。较小的喷孔，一方面容易积炭引起堵塞等故障，另一方面对加工要求高、难度大，孔径目前可达 0.11 ~ 0.13mm 甚至更小。

图 3-6 所示为在传统燃油喷射系统的喷射过程中喷油泵端燃油压力 p_H、喷油器端燃油压力 p_n 以及针阀升程 h 的变化情况。喷射过程是指从喷油泵开始供油直至喷油器停止喷油的过程，在全负荷工况下整个喷射过程约 15° ~ 40°CA。为便于分析，整个喷射过程可以分为三个阶段，即喷射延迟阶段、主喷射阶段和喷射结束阶段。

（1）喷射延迟阶段　该阶段从喷油泵上的出油阀开始升起（供油始点）直到喷油器的针阀开始升起（喷油始点）为止。出油阀升起后，受压缩的燃油进入高压油管，使喷油泵端的燃油压力上升，压力波以声速沿高压油管向喷油器端传播。当传播到喷油器端的压力超过喷油器针阀开启压力（又称喷射压力）时，喷油器的针阀即升起，开始喷油。

供油始点和喷油始点通常分别用供油提前角和喷油提前角来表示，喷射延迟阶段所对应的曲轴转角也就是供油提前角和喷油提前角之间的差值，又称为喷油延迟角。一般柴油机转速升高，喷油延迟角会加大，而高压油管较长，喷油延迟角也会较大。

（2）主喷射阶段　该阶段从喷油始点直到喷油器端的压力开始急剧下降为止。在针阀升起过程中，由于针阀上升让出的容积以及一部分燃油喷入燃烧室内，喷油器端的压力有一短暂下降。当油孔刚刚开启时，最初因开度小有节流作用，喷油泵端压力并不立即下降；随着油孔逐渐打开，并由于出油阀落座过程中出油阀减压容积的作用，压力才急剧下降。由于压力波传播的原因，喷油器端压力的下降有一滞后。

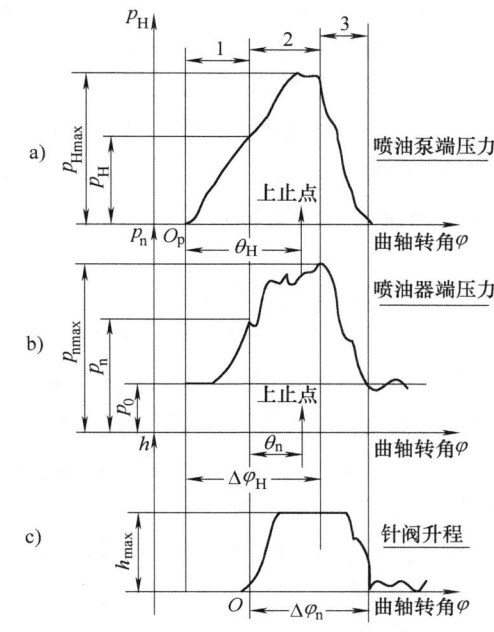

图 3-6　喷射过程
a) 喷油泵端压力　b) 喷油器端压力　c) 喷油器针阀升程

绝大部分燃油是在主喷射阶段内喷入燃烧室内的，这一阶段的持续时间主要随喷油泵柱塞的有效行程，即随柴油机负荷的变化而变化。

（3）喷射结束阶段　该阶段从喷油器端的压力开始急剧下降直到喷油器针阀完全落座停止喷油为止，这一阶段内还有少量燃油从喷孔喷出。由于压力下降，燃油雾化变差，故应尽可能地缩短这一阶段，即喷射过程的结束应干脆迅速。

非喷射过程中，喷射系统内存在着一定的压力波动，其平均压力称为残余压力 p_0，残余压力的大小也会影响喷射过程的进行，可通过出油阀等控制其大小。

图 3-7 所示为柴油机的供油规律和喷油规律。供油规律是指单位时间内（或 1°喷油泵凸轮轴转角内）喷油泵供油量随时间（或喷油泵凸轮轴转角）的变化关系。它纯粹是由喷油泵柱塞的几何尺寸和运动规律确定的。喷油规律则是指喷油速率，即单位时间内（或1°喷油泵凸轮轴转角内）喷油器喷入燃烧室内的燃油量随时间（或喷油泵凸轮轴转角）的变化关系。

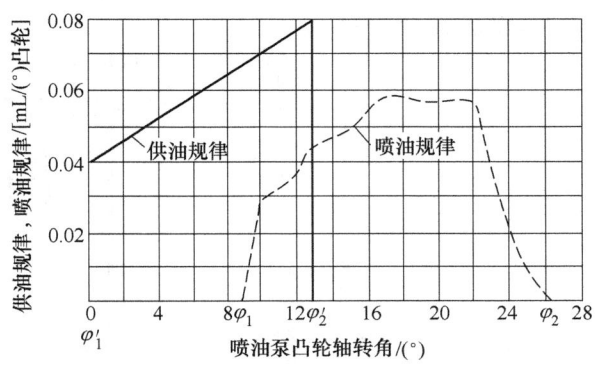

图 3-7　供油规律和喷油规律

从图 3-7 中可以看到，供油规律和喷油规律之间存在着明显的不同，除了供油始点和喷油始点的差别外，喷油持续时间较供油持续时间长,最大喷油速率较最大供油速率低,曲线的形状也有一定的变化。

燃油的可压缩性在高压下变得较为明显,使系统内产生压力波的传播,高压油管的弹性变形引起高压容积的变化,再加上压力波的往复反射和叠加的作用,是引起柴油机供油规律和喷油规律不一致的主要原因。

值得注意的是,供油规律和喷油规律之间的差异不仅随工况变化而不同,而且由于系统内压力波动的影响没有一定的规律性可言,这为循环喷油量的准确控制带来极大的困难。

4. 电控高压共轨燃油喷射系统(Electronically controlled high pressure common rail fuel injection system)

由于周期性的燃油喷射使传统的燃油喷射系统内产生了压力波动,这一现象在燃油喷射压力提高以后更为明显。这种压力波动与进、排气系统中的压力波动不同,不但无法加以利用,而且造成在宽广的柴油机运转范围内准确控制喷油规律的困难,特别是在喷射压力需要进一步提高的情况下。这是传统的燃油喷射系统的固有缺陷。正是这种固有缺陷的存在,决定了传统的燃油喷射系统最终将被新型燃油喷射系统——电控高压共轨燃油喷射系统所取代。

电控高压共轨燃油喷射系统从20世纪90年代研制成功以来得到迅速的发展,并已显示出其巨大的优越性与应用潜力。电控高压共轨燃油喷射系统可以从根本上克服传统的柴油机燃油喷射系统所存在的固有缺陷,在车用柴油机宽广的工作范围内实现喷油规律的准确控制,同时为燃油喷射压力的进一步提高提供了条件。电控高压共轨燃油喷射系统已经发展到较为成熟的阶段并在汽车柴油机中得到越来越广泛的应用。

一般认为,为了达到国家第四阶段排放水平(国四标准),柴油机中必须采用电控高压共轨燃油喷射系统。与在汽油机中汽油喷射取代化油器的情况类似,柴油机中电控高压共轨燃油喷射系统也在国内逐步得到普遍应用,而传统的燃油喷射系统将最终被淘汰。

图3-8所示为电控高压共轨燃油喷射系统的基本构成,低压的输油泵将经过滤清的柴油输入高压油泵,高压油泵将柴油加压后供入蓄压器(通常又称为共轨,即common rail),蓄压器的燃油压力由压力传感器测得并传送至电控单元,电控单元根据发动机实际工况确定并通过溢流阀来实时调节燃油压力。同时,电控单元确定最优的喷油规律并通过电控喷油器将燃油喷入燃烧室内。

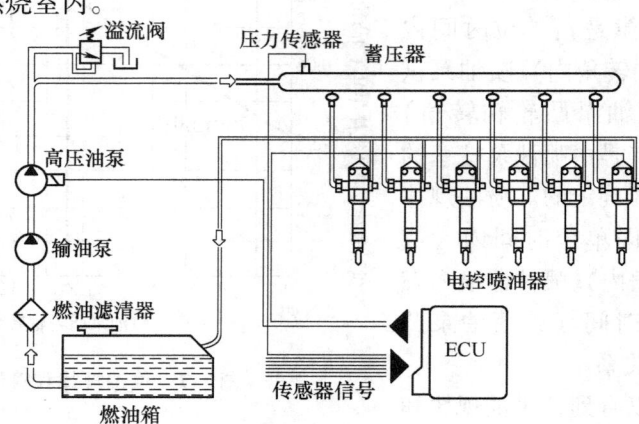

图3-8 高压共轨燃油喷射系统

电控高压共轨燃油喷射系统中的主要部件包括：

（1）电控喷油器　传统喷油器是靠喷射系统压力的高低来决定喷油器的开启和关闭的，电控喷油器则是由电控系统主动控制喷射规律。电控喷油器是系统中的关键部件，特别是其中的驱动元件，不仅要求有极短的动态响应时间以及很大的驱动力，还要求体积小、重量轻以及成本低。目前应用的高速电磁阀多数采用高速电磁铁作为驱动元件，动态响应时间可达到1ms或更短。

近年来以压电材料作为驱动元件的电控喷油器也得到应用，其动态响应更好但成本较高。由图3-9可见，压电驱动元件被认为有希望取代或部分取代高速电磁铁而成为下一代高压共轨系统中电控喷油器的驱动元件，并得到越来越多的应用。压电材料是一种受力即产生应变，在其表面出现与外力成比例的电荷的材料。反过来，把一电场加到压电材料上，则压电材料产生应变，输出力或位移。有关系式

$$U = \delta \frac{\Delta x}{x} \quad (V) \tag{3-5}$$

式中，U 为加载电压；δ 为压电系数，其值范围为 107～109（V/mm）；$\Delta x/x$ 为压电材料压缩或者伸长时的相对位移。利用这一特性可以制成压电驱动元件。压电驱动元件具有响应速度快、稳定性和精度高等优点，但存在输出位移小的缺陷，实际应用中常制成多层串联的形式应用，称为积层压电驱动元件。

（2）高压油泵　高压油泵通常采用多缸柱塞泵的形式。在所有的工况下，高压油泵向高压共轨提供所需要的高压燃油。与传统喷射系统不同的是，系统压力与发动机工况无关，也与每一具体的燃油喷射过程无关。为了减小高压油泵的驱动损耗，一般还对输送给高压共轨的燃油量进行控制和调节。例如，一种预行程控制方式通过对电磁阀关闭时刻的调节来控制供油开始时间，从而调节输送给高压共轨的燃油量。

（3）高压共轨（蓄压器）　高压共轨是一种存贮高压燃油的容积。在高压共轨中，燃油被分配至各自独立的电控喷油器中。由于高压燃油具有一定的压缩性以及高压共轨有一定的容积，高压共轨中的燃油压力是基本保持恒定的。但必须注意到，一方面高压共轨的容积必须足够大，能够消除高压油泵传入的压力波动和燃油喷射引起的压力波动；另一方面高压共轨的容积必须足够小，以保证发动机起动时燃油压力能够快速上升到足够高的水平。

（4）压力限制阀　压力限制阀通过电磁铁的通断来控制针阀的开关，从而实现限制高压共轨中压力的功能。

与传统的燃油喷射系统在发动机低速下喷射压力也相对较低不同，电控高压共轨燃油喷射系统较高的喷射压力不受柴油机工况变化的影响并可以进行适当的调节。控制的自由度大大地增加，各缸的喷油始点、循环喷油量甚至于喷油规律等均可进行相对独立的准确控制与调节。

电控高压共轨燃油喷射系统的显著特征是将喷射系统产生一定高压的燃油和控制喷油规律的功能分开，分别由不同的部件来完成，体现了一种将复杂问题通过分解简化后再加以解决的思路。喷油泵不受转速和负荷的影响，只负责提供高压燃油至蓄压器，蓄压器内的压力可根据发动机的转速与功率进行调节并保持稳定，喷油器中的针阀运动由高速电磁

阀直接控制，便于实现对喷油规律灵活、准确的调节（不仅是喷油始点与终点，而且是喷油规律曲线形状的调节）。

此外，电控高压共轨燃油喷射系统由于消除了压力波动的影响和各缸高压油管长短不一的影响，还可以改善各缸之间燃烧的均匀性。

1995年日本DENSO公司开始生产名为ECD-U2的电控高压共轨燃油喷射系统，并最先实际用于商品化的车用柴油机中。该系统所采用的高压喷油泵为往复柱塞式，双缸，柱塞分别由具有三个凸起部分的凸轮驱动（对六缸发动机）。而对四缸发动机，则采用单缸，凸轮具有四个凸起部分的方案。蓄压器内的压力根据发动机的转速与功率按照预置的数据进行调节，而喷油速率、喷油量以及喷油定时则根据发动机的工况和蓄压器内的压力来确定。在常规喷油器的基础上增加了电子控制部分，其中的关键部件为一电磁三通阀，这一电磁三通阀应用电脉冲来控制喷嘴后部由蓄压器供给的很小数量的燃油（约为50 mm^3/行程）的压力。应用该系统的车用柴油机为日本日野公司的J08C发动机，该六缸直列式发动机的主要技术参数为

缸径×行程　114×130 mm　　　　工作容积　7.96 L
压缩比　19.2　　　　　　　　　　最大功率　147 kW（2900 r/min）
最大转矩　530N·m（1700 r/min）　最低有效燃油消耗率　211 g/（kW·h）

在一增压中冷柴油机上采用电控高压共轨燃油喷射系统的试验研究结果表明，通过采用电控高压共轨燃油喷射系统可实现高压与分阶段喷射，对于提高发动机的各方面的性能取得了良好的效果：

1）在全负荷工况下，烟度有明显下降。
2）在部分负荷工况下，有害排放减少，减少程度与负荷的大小和先导喷射时间有关。
3）先导喷射可在各工况下降低噪声。
4）系统有效地提高了发动机低速转矩，并降低了有害排放和噪声。

图3-9所示为德国Bosch公司的高压共轨燃油喷射系统的技术发展历史。电控高压共轨燃油喷射系统最高喷射压力目前为160～200MPa，并有逐步提高的趋势。对喷油规律的控制将进一步向准确、快速的方向发展，从最初的先导喷射加主喷射的方式发展到目前在一个工作循环内的喷射次数最高可达到5次、最小稳定喷射量达到1 mm^3以下，其中，也包括了以提高催化转化器的温度从而提高其转换效率为目的的后喷射。不久后将进一步实现根据工况需要在一个工作循环内实现7～9次喷射，喷射之间的间隔将进一步缩短。

电控高压共轨燃油喷射系统目前已发展到第四代，主要的技术进步表现在喷射压力的提高和喷油规律的精确控制。

提高燃油喷射压力是目前促进燃油雾化及其与空气的混合以改善柴油机混合气均匀性的主要技术措施，预计喷射压力将不断提高并达到250MPa（乘用车）和300MPa（商用车）。喷射压力的提高，除了需要解决不断增加的机械负荷的难题外，还要应对减少燃油泄漏量和控制最小喷油量等挑战。

喷射系统内压力的提高将带来燃油泄漏量的增加。高压的燃油泄漏时，压力能会转化为热能，提高了周围部件的温度，再影响到燃油温度和黏度，进一步加剧燃油泄漏，造成恶性循环。可以采用改进结构、增加冷却等技术措施来降低高压燃油泄漏。同时，目前柴

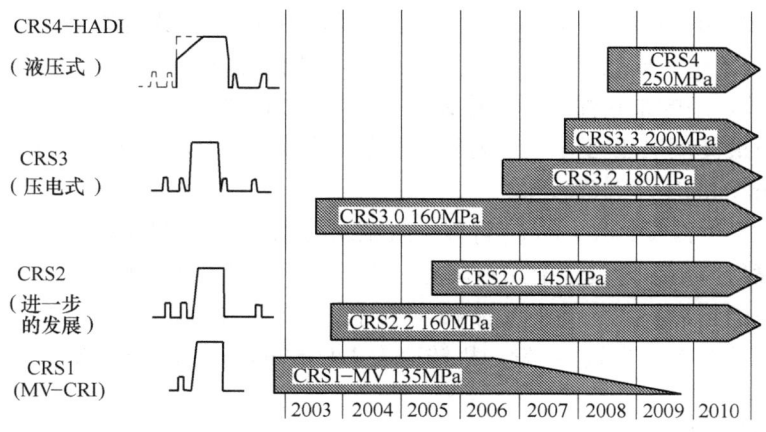

图 3-9　高压共轨燃油喷射系统的发展（德国 Bosch 公司）

油机最小喷油量约为 0.5mg，未来要求在 200MPa 和更高的压力下，最小喷油量要控制在 0.2~0.3mg 范围内。

通过喷油器内置压力传感器检测实际的喷油速率，并实现喷射速率的闭环控制，有效地抑制了喷油器的个体差异及在间隔极短的多次喷射中的喷油量波动，以满足对喷射精度所提出的更高要求。日本 DENSO 公司研发了 i-Art（intelligent-Accuracy Refinement Technology）技术，就是将内置的压力传感器与高压油路相连，可以在喷油过程中检测喷油压力的变化并将监测到的喷油率反馈到发动机电控单元，与喷油率模型值相比较。每个喷油器都有 1 个内存芯片，用于储存每个喷油器的个体差异，对喷油率模型进行修正。因此，这种系统结构可以在发动机整个寿命期内具有高精度喷油量补偿功能。

5. 泵喷油器（Unit Injector）

近年来另一类所谓的泵喷油器（Unit Injector）也得到了一定程度的发展与重视，不仅在重型车用柴油机而且在乘用车柴油机中都有应用的实例，例如德国 Volkswagen 公司开发的"3L 乘用车（百公里油耗为 3L）"Lopo 就是应用了泵喷油器这种喷射系统，最高喷射压力达到了 200MPa。泵喷油器把喷油泵和喷油器集成为一体，置于气缸盖上，省去了高压油管，同样也可以从根本上克服常规的柴油机燃油喷射系统所存在的固有缺陷。喷油泵集成在喷油器的上部，用类似于驱动配气机构的方法由凸轮来直接驱动喷油泵，只在喷射过程附近才需要提供驱动功率，易于实现较高的喷油压力，减小了不正常喷射现象产生的可能性。同时，泵喷油器也较易于实现电控喷射。图 3-10 所示即为一种较新的泵喷油器结构，它的上部为喷油泵的柱塞部分，下部为喷油器，中间有用压

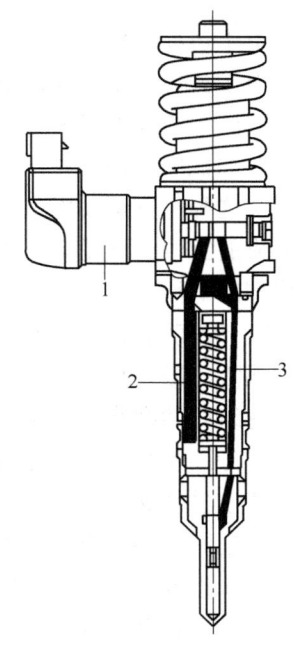

图 3-10　泵喷油器
1—压电晶体调节阀　2—进油油路
3—高压油路

电驱动元件构成由电控单元控制的调节阀,用于调节喷油量和喷油规律。泵喷油器的主要缺点是传动较为复杂,而且可能会使柴油机的总高度有所增加。

乘用车柴油机用的泵喷油器所能达到的指标参数如下所示。

1) 全负荷最高喷射压力(主喷射):发动机转速为4200r/min时大于220MPa,发动机转速为1000r/min时大于60MPa。

2) 最小循环供油量:1.5 mm^3/行程,直至发动机转速为1000r/min。

3) 先导喷射与后喷射的喷射始点间隔:大于6°CA时,可自由确定。

4) 后喷射的延迟:大于上止点后40°CA时,可自由确定。

5) 所需驱动功率(每缸):发动机转速为4200r/min时,小于0.8 kW。

三、空气运动

发动机中的空气运动都属于紊流,而紊流是一种极为复杂的非稳态的三维流动,从物理结构上说,可以把紊流看成是由各种不同尺度的涡旋叠合而成的流动,这些涡旋的大小及旋转轴的方向分布是随机的。大尺度的涡旋主要由流动的边界条件以及流动区域的几何形状所决定,其尺寸可以与流场的大小相比拟,是引起低频脉动的原因;小尺度的涡旋主要由黏性力所决定,其尺寸可能只有流场尺度的千分之一的量级,是引起高频脉动的原因。大尺度的涡旋破裂后形成小尺度的涡旋,较小尺度的涡旋破裂后形成更小尺度的涡旋,因而在充分发展的紊流区域内,流体涡旋的尺寸可在相当宽的范围内连续地变化。大尺度的涡旋不断地从主流获得能量,通过涡旋间的相互作用,能量逐渐向小尺寸的涡旋传递。最后由于流体黏性的作用,小尺度的涡旋不断消失,动能就耗散为流体的热能。同时,由于边界的作用、扰动及速度梯度的作用,新的涡旋又不断产生,这就构成了紊流运动。由于流体内不同尺度涡旋的随机运动造成了紊流的一个重要特点——物理量的脉动,即在紊流中流体的各种物理参数,如速度、压力等都随时间与空间发生随机的变化。

柴油机中,由各种不同尺度的涡旋叠合而成的空气运动在混合气形成中可起到重要的作用。这种空气运动大致可分为在缸外由进气道形成的进气涡流以及在缸内依靠燃烧室形状形成的缸内空气运动,例如,由活塞凹坑形状形成的挤压流动以及分隔式燃烧室中主副燃烧室间的流动。

1. 进气涡流(Swirl)

涡流一般是指工质绕气缸轴线的大尺度的旋流,进气涡流则是指在进气过程中形成的、有组织的和绕气缸轴线的气流运动。这种进气涡流在随后的压缩过程中会有所衰减,但大部分还是会保留到燃烧过程开始以后,在混合气形成过程中可起到重要作用。

产生进气涡流的方法一般是采用螺旋(Helical)进气道。螺旋进气道如图3-11所示,一方面把气阀座上方的气道内腔做成螺旋形,使空气在气道内就形成绕气阀中心的旋转运动,并在进入气缸后继续保持旋转;另一方面,由于气阀中心与气缸中心的不重合,会产生空气沿气缸壁绕气缸中心的旋转运动。产生的进气涡流,可视为两部分(即气道本身的形状和气阀中心相对于气缸中心的位置)共同作用的结果。

螺旋进气道的主要结构参数(如气阀座上方的螺旋室高度、气道最小截面积等)以及气道安装位置等,都会影响气道的特性。好的螺旋进气道应在首先保证所要求涡流强度的前提条件下，尽可能地提高流通性能，降低流动阻力，这往往需要进行仔细调试和反复改进。但保证一定的涡流强度往往是以进气阻力的提高为代价的，故采用螺旋进气道的柴油机，其充气效率会受到不同程度的影响，一般相对稍低。

采用切向（Tangential）进气道也是产生进气涡流的方法之一。如图 3-12 所示，切向进气道形状比较平直，在气阀座前做强烈收缩，使气流运动加速，并引导气流以单边切线方向进入缸内，造成阀入口处气流速度分布的不均匀，从而使缸内空气产生旋转运动。切向进气道结构简单，但对气道位置较为敏感。因涡流较强时，切向气道的流动阻力将很快增加，故仅在涡流强度要求较低的柴油机中应用。

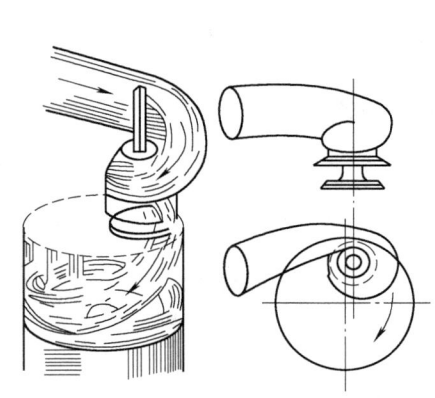
图 3-11 螺旋进气道

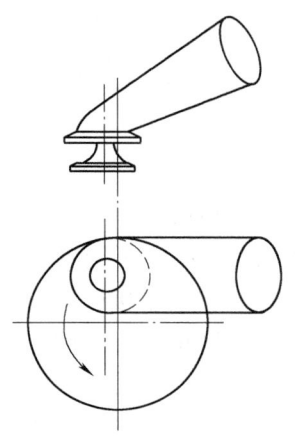
图 3-12 切向进气道

此外，还有在进气阀或缸盖上加遮蔽屏来产生进气涡流的方法。通过在进气阀或缸盖上加遮蔽屏，强制空气从遮蔽屏前流出，再加上气缸壁面的约束，使进入气缸的空气产生旋转运动。这种方法目前已基本不再采用。

随着多气门技术应用的日益广泛，在双进气道的布置上也有了更大的自由度（不同的气道类型和气阀位置等），同时由于两个进气道之间会存在着一定程度的相互干扰，对其设计提出了更高的要求。双进气道有着多种不同的组合方案，例如图 3-13 中 A 类的两气阀直列方案、B 类的两气阀并列方案和 C 类的两进气道的进口部分结合在一起的方案，显然其性能也有所不同。图 3-14 所示为各种气道单独与组合在一起以后的性能参数比较，这些性能参数是通过气道稳流试验得到的。图中的横坐标是表征气道流通能力的平均流量系数，而纵坐标是表征气道涡流强度的平均涡流比。

在应用多气门技术的情况下，可以在保证所需的进气涡流强度的前提条件下尽可能地减小进气阻力以提高气道流通能力，通常需要对多种方案通过模型试验与计算机仿真计算等方法来进行比较，最终确定最佳的组合方案。

研究表明，由于较小的黏性耗散，进气涡流可以维持较长的时间直至压缩行程后期。同时进气涡流的强度受发动机转速影响很大，随发动机转速的升高，进气涡流的强度也增强。这一特征通常不一定能够满足不同工况下为形成良好混合气而对工质运动所提出的要求。

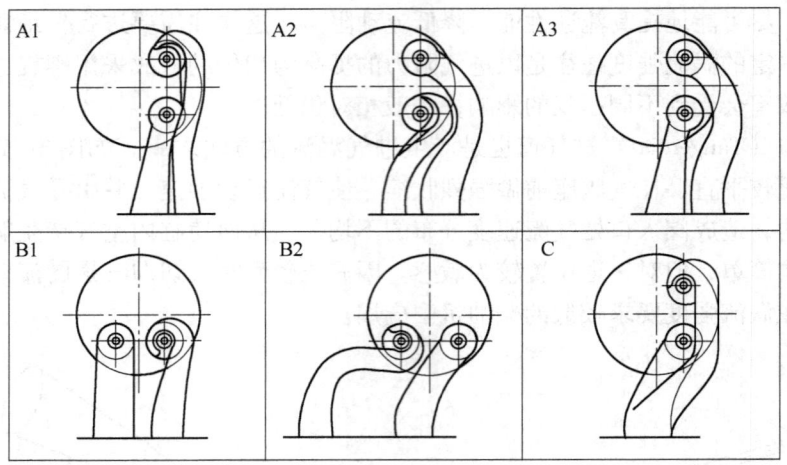

图 3-13 双进气道的不同组合方案

2. 缸内空气运动

挤压流动（Squish）如图 3-15 所示，在压缩过程期间，当活塞接近上止点时，活塞顶部外围的环形空间中的空气被挤入活塞顶部的凹坑内，由此产生的流动就是挤压流动，简称挤流。当活塞下行时，活塞顶部凹坑内的气体又向外流到活塞顶部外围的环形空间，这种流动又称为逆挤压流动，简称逆挤流。

挤流（包括逆挤流）不会影响充气系数，但却有助于改善和帮助混合气的形成。其持续的时间较短（仅在上止点附近），强度与进气涡流相比一般也较小，在柴油机的混合气形成和燃烧中起到配合的作用。挤流的强度与活塞顶部凹坑喉口直径以及活塞顶间隙有密切关系。活塞顶部凹坑喉口直径小或呈缩口状以及活塞顶间隙越小，则挤流的强度越大。

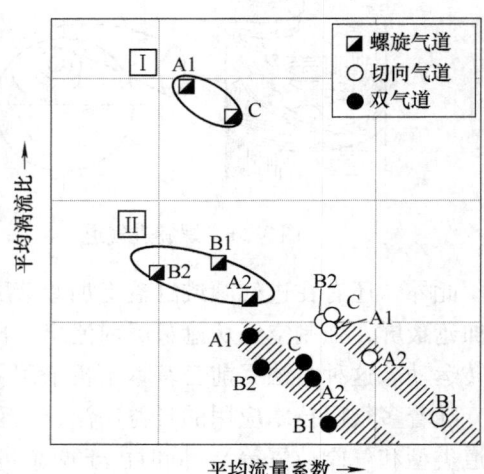

图 3-14 进气道的性能

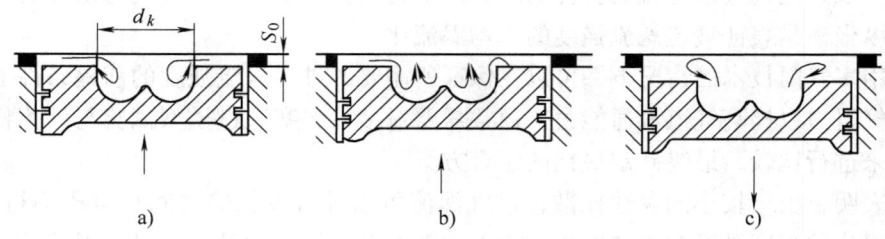

图 3-15 挤流和逆挤流

a）无进气涡流或涡流不强时的挤流 b）进气涡流强时的挤流 c）逆挤流

四、燃烧室

目前柴油机一般均采用直喷式燃烧室，直喷式燃烧室可根据活塞顶部凹坑的口径大小与深浅分为开式燃烧室与半开式燃烧室两类，这两类燃烧室也可更形象地分别称为浅盆形和深坑形燃烧室。

1. 开式燃烧室

开式燃烧室（见图 3-16）的结构较简单，活塞顶部的凹坑较浅，凹坑的底部有中心略有凸起的浅 ω 形和平底的浅盆形。凹坑口径与活塞直径之比一般大于 0.7。

在开式燃烧室的混合气形成中，空气运动的作用相对不大，一般不组织或只有很弱的空气涡流运动。混合气形成主要依靠燃油的喷射雾化，通过油束与燃烧室形状的配合，使柴油尽可能均匀、细微地分布到整个燃烧室的空间中，通常避免油束直接喷到燃烧室的壁面上，油束贯穿率要求小于或约等于 1。因而对雾化质量有很高的要求。

在开式燃烧室柴油机的喷射系统中，采用较多喷孔数（一般为 7~12 孔）的孔式喷油器，同时有着较高的喷射压力，最大喷射压力达到 100MPa 以上。

开式燃烧室的空气利用率相对较低，为实现完全的燃烧，一般均采用增压来保证较大的过量空气系数，α_{min} 为 1.5~2.2。

开式燃烧室适用于缸径较大（≥140mm），转速较低（≤2000r/min）的柴油机中。

2. 半开式燃烧室

若将开式燃烧室应用于占车用柴油机大部分的小缸径高速柴油机中，会遇到很大的困难。由于转速高，混合气形成和燃烧的时间极短，单靠燃油的喷散雾化，则不但喷孔直径要很小，喷射压力要很高，使制造困难，使用可靠性下降，而且也不能实现在较小的过量空气系数下有较好的混合气形成和燃烧。这种情况下，就可以应用半开式燃烧室（见图 3-17）。

半开式燃烧室的活塞顶部有较深的凹坑，形状有很多种，常见的有中心凸起的 ω 形和平底的深坑形，凹坑有缩口的，也有不缩口的，凹坑口径与活塞上径之比一般在 0.35~0.7 之间。

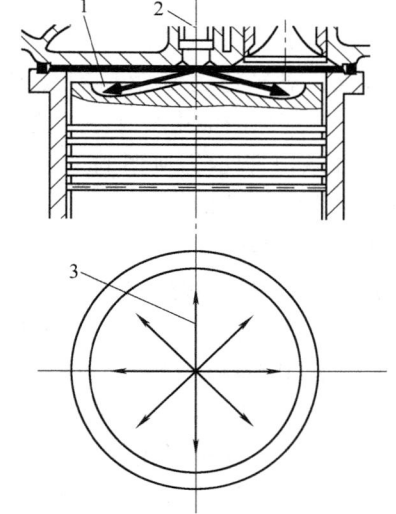

图 3-16 开式燃烧室
1—凹坑 2—喷油器 3—油束

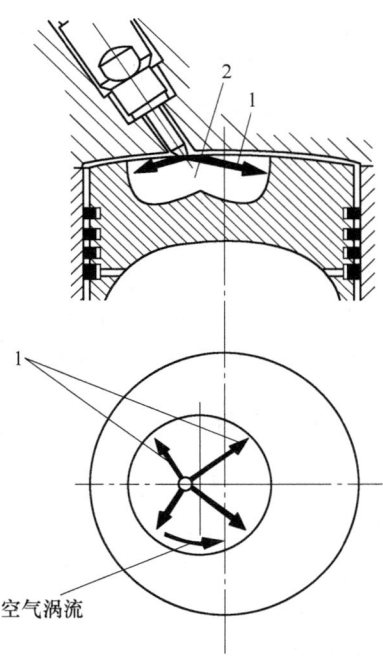

图 3-17 半开式燃烧室
1—油束 2—凹坑

半开式燃烧室中混合气的形成依靠燃油的喷散雾化和空气运动两方面的作用。它采用孔式喷油器，常见的喷孔数目为 4~6 孔，并有较高的喷射压力，对喷射系统有较高的要求。此外，利用以进气涡流为主，挤压涡流为辅的空气运动，来帮助和加强混合气形成，对气道也有较高的要求。一般认为，比较理想的油束贯穿率约为 1.05。

图 3-18 所示为典型的采用四气门的半开式燃烧室，此时除了充气效率得到提高以外，喷油器也可布置在燃烧室中间位置，对混合气形成与燃烧十分有利。

与开式燃烧室相比，半开式燃烧室中的空气利用率有所提高，在过量空气系数为 1.3~1.5 时，可以实现完全的燃烧。

因一般空气运动的强度随着转速的提高而增大，而涡流强度过强或过弱会造成油束贯穿不足或过度，均会影响混合气形成和燃烧，故半开式燃烧室对转速的变化较为敏感。

半开式燃烧室一般适用于缸径 80~140mm 的柴油机中。若半开式燃烧室应用于更小缸径的柴油机中，则在燃油喷射、

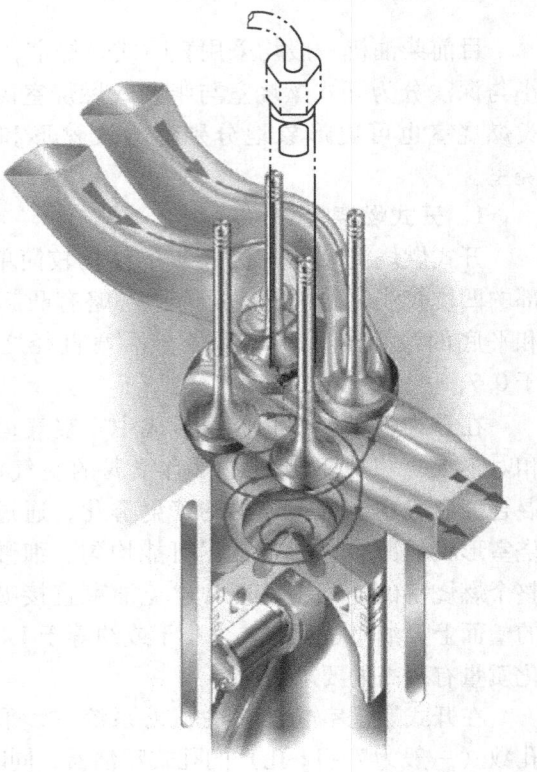

图 3-18 典型的四气门半开式燃烧室

气流运动与燃烧室形状间的配合上会有很大困难；同时，喷孔直径过小和喷油压力过高，也给制造和使用提出更高的要求。但是尽管如此，半开式燃烧室的应用范围仍在向着小缸径方向发展，目前已有缸径为 64mm 的产品。

由于开式燃烧室与半开式燃烧室相比，具有经济性更好、颗粒物排放量较低的突出优点，使近年来在缸径相对较大的半开式燃烧室中出现了向开式燃烧室方向发展的趋势，即提高喷射压力，缩小喷孔直径，增多喷孔数目，增大活塞顶部凹坑喉口直径并减弱空气涡流强度。当然，这是以制造技术水平的提高以及增压技术的采用作为其前提条件的。

五、燃油喷射、空气运动与燃烧室形状的配合

实际上对柴油机燃烧过程的要求是多方面的，而且往往相互之间是矛盾的。例如，为提高柴油机经济性，应使燃油完全燃烧，希望有较大的过量空气系数，但这将导致气缸工作容积利用率，即升功率降低，动力性变差。要保证在上止点附近的迅速燃烧以提高动力性和经济性，但这又可能会使压力升高率和最大爆发压力都较高，工作平稳性变差，燃烧噪声增大，也会降低工作的可靠性和使用寿命。此外，降低柴油机废气中的有害排放量往往是以柴油机经济性的降低、制造成本的提高作为代价的。降低柴油机废气中的各种有害排放量的要求，特别是柴油机废气中的两种主要有害排放物（颗粒物和 NO_x）的控制，往

往也会产生矛盾。同时，针对车用柴油机工作范围宽广的特点，希望不仅是在某一工况，而是在各种转速、负荷的工况下，都能有较好的性能。

燃油喷射、气流运动与燃烧室形状间的良好配合，是满意的柴油机混合气形成和燃烧过程的基本保证。在燃油喷射、气流运动与燃烧室形状间的配合中，一般应兼顾各方面的要求，并根据具体使用情况有所侧重，寻求一个较理想的折中方案。

例如，半开式燃烧室的活塞顶部凹坑喉口直径的大小要与油束射程、涡流强度互相配合，如凹坑喉口直径过小、油束射程过大而涡流强度较弱时，就会有过多的燃油直接喷到燃烧室壁上，难以很好地形成混合气与燃烧，这一般称为"穿透过度"；反之，如凹坑喉口直径过大、油束射程过小而涡流强度较强时，就会使喷到燃烧室壁上的燃油过少甚至没有，则燃烧室外围的空气就得不到充分地利用，这一般称为"穿透不足"。

较小的喷孔直径对提高雾化质量有利，但却可能影响油束贯穿度，为解决这一矛盾研发了图 3-19 所示的分组喷孔喷油器。由于采用了更小的喷孔直径，可获得更微细的油滴，即更小的索特平均直径，与较大的喷孔直径相比提高了雾化质量。而与按常规布置的喷孔相比较，通过两个或更多个喷孔组合在一起可获得更高的贯穿度和范围更广的油束。实际试验表明，这种分组喷孔喷油器的应用可以取得同时降低颗粒物和氮氧化合物的良好效果。

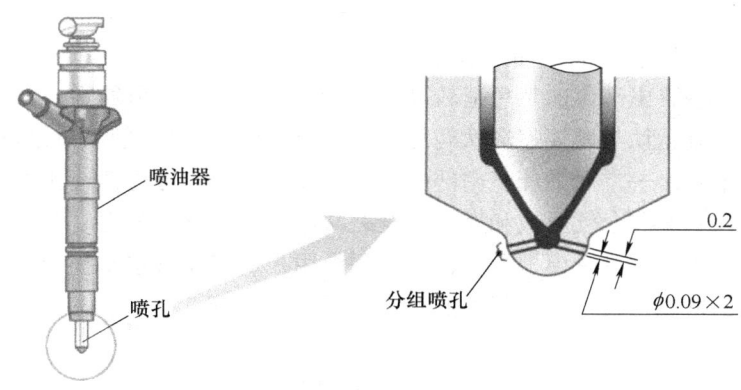

图 3-19 分组喷孔喷油器

不论是半开式燃烧室还是开式燃烧室，都应尽量避免燃烧室内不能很好地形成混合气的死角，例如，活塞顶部的让阀坑、第一道活塞环上部活塞与缸套间的容积等部位，还包括孔式喷油器头部的压力室等。

非回转体燃烧室也可以认为是半开式燃烧室的变形，也可看成是为满足良好的混合气形成的要求，实现燃油喷射、空气运动以及燃烧室形状三者的良好配合时，更多地发挥燃烧室形状作用的实例。

自 20 世纪 70 年代以来，已发展了多种类型的非回转体燃烧室，以进一步提高柴油机各方面的性能。例如日本五十铃公司于 20 世纪 70 年代研发的四角形燃烧室，活塞顶凹坑从纵剖面看与传统的 ω 形燃烧室相同，俯视为四角带圆弧的正方形。此外，还有加缩口增强挤流作用的四角形燃烧室。

非回转体燃烧室形状各异,但是其基本特点是相同的。

1)在半开式燃烧室的基础之上,利用燃烧室形状的设计来产生微涡流,改善混合气形成和燃烧。除大尺度的涡流(如进气涡流和挤压涡流)以外,小尺度的涡流,又称为微涡流或紊流,对混合气的形成和燃烧的促进作用已得到公认。微涡流主要是利用大尺度的涡流在燃烧室内不同位置造成的速度差以及流经一些特殊设计的边角、凹凸时产生的气流扰动所形成的。

2)一些特殊设计的边角、凹凸对空气涡流有衰减作用,而且这种衰减作用随着空气涡流的增强而增大,这对提高柴油机的转速适应性,解决半开式燃烧室中存在的低速涡流太弱、高速涡流太强的问题是有利的,也特别适合于车用柴油机在宽广的转速范围内工作的情况。但是另一方面,由于这种衰减作用的存在,就需要相对较强的进气涡流而有可能影响充气效率,进而影响柴油机的动力性。

3)如图3-20所示,燃烧室形状的设计还可能控制喷在燃烧室壁面上的那一部分燃油的反射,即使燃油反射到空气涡流的下游而不是上游,从而改善燃烧室内的燃油分布,有利于形成较为均匀的混合气。

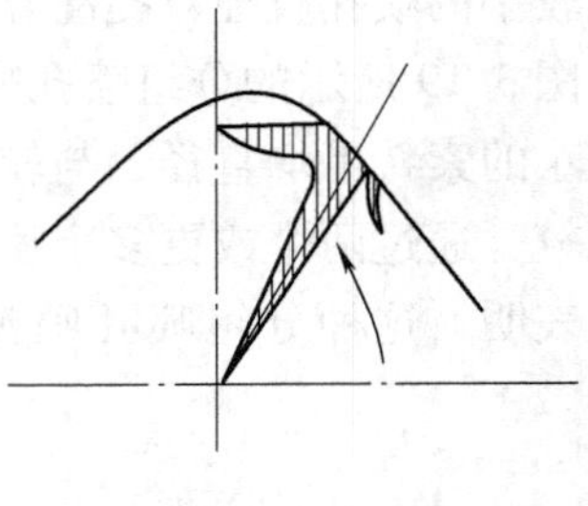

非回转体燃烧室具有较多的优点:着火延迟期较短使压力升高率相对较低,燃烧比较完善,有害排放量较小,对转速变化不太敏感,油耗曲线较平坦等,但加工相对较为复杂,一些突出部位的热负荷较高,可能会影响工作的可靠性。

图3-20 燃烧室内燃油分布的改善

燃油喷射、气流运动与燃烧室形状间的配合,目前仍以大量试验、反复改进为主要手段来进行的。近年来,一方面燃烧室内部的测试有较大发展,通过激光测量、高速摄影和缸内取样等,深入了解混合气形成和燃烧过程,从而寻求最佳的配合;另一方面,应用计算机对柴油机的工作过程进行模拟计算也已得到应用,燃烧模型也从简单的零维模型发展为三维模型,这也将成为设计改进工作的有力工具。

第三节 柴油机燃烧过程

一、正常燃烧过程

燃烧过程是柴油机工作过程的核心部分,为便于分析,可根据缸内工质的状态变化将其人为地划分为四个阶段,即着火延迟期、速燃期、缓燃期和补燃期,如图3-21所示。

1. 着火延迟期

着火延迟期又称为滞燃期,(见图3-21中的A—B段),从柴油开始喷入燃烧室内(A点)直至压力明显脱离压缩线而开始急剧上升(B点),燃烧的开始导致了燃烧室内压力的升高。

在着火延迟期内,燃烧室内进行着混合气准备燃烧的物理过程和化学过程。物理过程包括了柴油的粉碎分散、蒸发汽化以及与空气的混合,直至在某些局部区域形成了可燃混合气。化学过程是指可燃混合气自燃开始以前的先期化学反应。对于燃烧室内的一个局部而言，物理过程和化学过程是相继进行的，但对于整体而言，物理过程和化学过程是重叠在一起的，即在着火延迟期内的某一个时刻，物理过程和化学过程在不同的局部区域进行着。

影响着火延迟期长短的主要因素是这时燃烧室内工质的状态。图 3-22 所示为对于十六烷值为 56 的柴油，温度与压力对着火延迟期的影响。由图可见，温度越高或压力越高，则着火延迟期越短。柴油的自燃性较好（十六烷值较高），着火延迟期也较短。其他影响着火延迟期长短的因素还有燃烧室的形式和壁温等。

2. 速燃期

速燃期为图 3-21 中的 $B—C$ 段，即从压力脱离压缩线开始急剧上升（B 点）至达到最大压力（C 点）。速燃期内的燃烧带有一定的预混燃烧的特征，在着火延迟期内准备好的混合气几乎同时开始燃烧，使燃烧室内的压力、温度急剧上升。燃烧室内的最大压力（又称为最大爆发压力）有可能达到 13MPa 以上，最大爆发压力的高低除了受燃烧过程的直接影响外，还主要与压缩比 ε、压缩始点的压力等因素有关。一般用平均压力升高率 $\Delta p/\Delta \varphi$ [（MPa/（°CA）]以及最大压力升高率 $(dp/d\varphi)_{max}$ 来表示压力急剧上升的程度。

平均压力升高率表示了速燃期压力变化的急剧程度，定义为

$$\frac{\Delta p}{\Delta \varphi} = \frac{p_3 - p_2}{\varphi_3 - \varphi_2} \qquad (3-6)$$

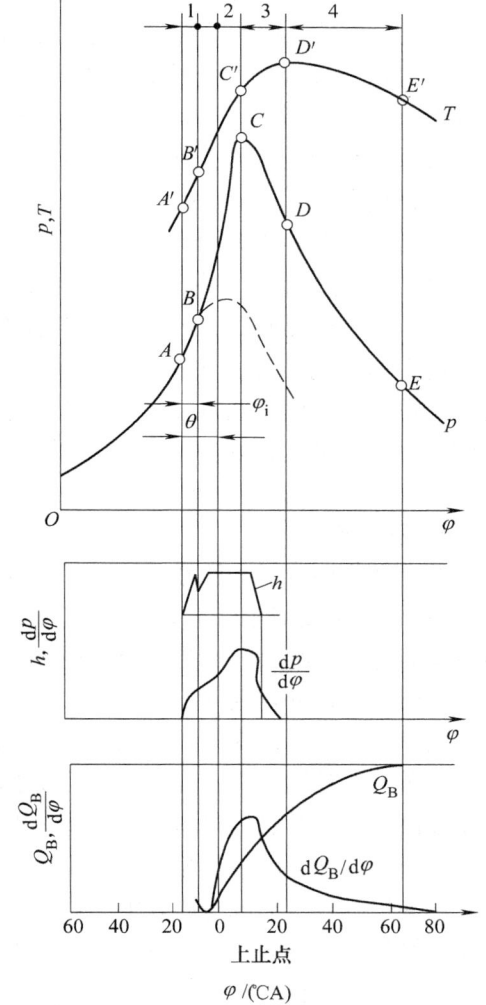

图 3-21　柴油机的燃烧过程

式中，p_3、p_2 分别为速燃期终点与起点的压力（MPa）；φ_3、φ_2 分别为速燃期终点与起点的曲轴转角（°CA）。

压力升高率决定了柴油机运转的平稳性，若压力升高率过大，则柴油机工作粗暴，燃烧噪声大；同时运动零件承受较大的冲击负荷，影响其工作可靠性和使用寿命；但由于燃烧迅速进行，柴油机的经济性和动力性会较好。压力升高率应限制在一定的范围之内，柴油机的平均压力升高率 $\Delta p/\Delta \varphi$ 一般应不大于 0.4~0.5MPa/（°CA）。与汽油机相比，柴油机的平均压力升高率较大。

为控制压力升高率，应减少在着火延迟期内准备好的可燃混合气的量。

3. 缓燃期

缓燃期为图 3-21 中的 $C—D$ 段，即从最大压力点（C 点）至最高温度点（D 点）。一般喷射过程在缓燃期都已结束，随着燃烧过程的进行，空气逐渐减少而燃烧产物不断增

多，燃烧的进行也渐趋缓慢。缓燃期的燃烧明显具有扩散燃烧的特征，混合气形成的速度和质量起着十分重要的作用。在这一阶段内，采取措施使后期喷入的燃油能及时得到足够的空气，尽可能地加速混合气的形成，才能保证迅速而完全的燃烧，从而提高柴油机的经济性和动力性。柴油机燃烧室内的最高温度可达2000K左右，一般在上止点后20°~35°CA处出现。

由于不可能形成完全均匀的混合气，所以使柴油机必须在过量空气系数大于1的条件下工作，保证基本上完全燃烧的最小过量空气系数的大小随燃烧室的不同而异，在直喷式柴油机中最小可达1.3左右。与汽油机相比，柴油机的空气利用率较低，这也是其升功率和比质量的指标较汽油机差的主要原因之一。

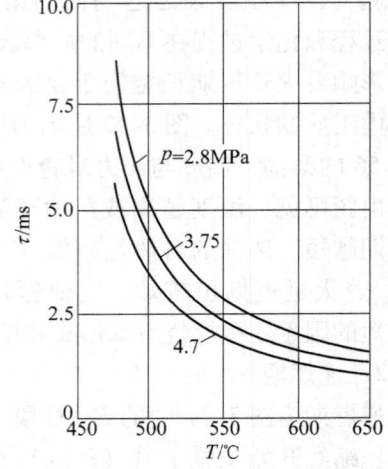

图3-22 温度和压力对着火延迟期的影响

4. 补燃期

补燃期为图3-21中的$D—E$段，即从最高温度点（D点）至燃油基本燃烧完（E点）。补燃期的终点很难准确地确定，一般当放热量达到循环总热量的95%~99%时，就可以认为补燃期结束，也是整个燃烧过程的结束。补燃期内燃油的燃烧可称为后燃，由于燃烧时间短促，混合气又不太均匀，总有少量燃油拖延到膨胀行程中继续燃烧。特别在高速、高负荷工况下，因过量空气系数小，混合气形成和燃烧的时间更短，这种后燃现象就更为严重。在补燃期中，缸内压力不断下降，燃烧放出的热量得不到有效利用，还使排气温度提高，导致散热损失增大，对柴油机的经济性不利。此外，后燃还增加了有关零部件的热负荷。因此，应尽量缩短补燃期，减少补燃期内燃烧的燃油量。

柴油机混合气形成与燃烧中的关键是解决好保证燃烧的完全、及时与控制燃烧导致的工作粗暴的矛盾。进一步还应考虑尽可能地控制有害排放物的生成，毕竟后处理技术的采用多少还是要付出一定代价的。

对柴油机燃烧过程最基本的要求是应保证燃烧的完全与及时。完全的燃烧需要有足够的空气，柴油机中从总体上看，过量空气系数大于1说明空气是足够的。但由于混合气的不均匀性，使得在一些局部出现空气不足。这不仅会影响柴油机的经济性，也影响到颗粒物等有害排放物的生成控制。采取措施加速混合气的形成，改善混合气的不均匀性是十分重要的，这也是柴油机混合气形成与燃烧技术发展的主要方向。另一方面，及时的燃烧意味着燃烧应尽可能地接近上止点进行以提高燃烧放热量的利用率，这不仅要有合适的起点，同时要缩短燃烧过程。

燃烧放热速率过大将导致工作粗暴，使柴油机机械负荷、振动噪声等均增大，氮氧化合物的生成量也可能增多，是需要引起重视的另一个方面。在柴油机燃烧过程的组织与优化中，如何解决好提高经济性与控制工作粗暴的矛盾是十分重要的，燃烧过程前期应以控制燃烧导致的工作粗暴为主，而燃烧过程后期应以加速混合气形成为主。可控的柔性化的喷油规律在其中将起到重要的作用。

考虑问题的思路可集中在两个方面：

1）燃烧过程前期的主要问题是控制工作粗暴与燃烧噪声，为此应尽可能减少在着火延迟期内形成的可燃混合气的数量。一般来说，这可以从两个方面来考虑，一方面可采取措施缩短着火延迟期的时间；另一方面可减少着火延迟期内喷入的燃油或可能形成可燃混合气的燃油数量。

2）燃烧过程后期的主要问题是要采取技术措施加速混合气的形成，以保证燃烧的迅速与完全并提高经济性与动力性。通常采取的技术措施可能包括适当地组织工质运动、优化控制喷油规律等。

二、燃烧过程的影响因素

1. 喷油提前角

喷油提前角对柴油机的燃烧过程，进而对其性能都有很大的影响。喷油提前角过大，燃油将喷入温度和压力相对较低的空气中，着火延迟期增长，同时在着火燃烧后，活塞仍在上行，使压力升高率和最大爆发压力都较高，工作较粗暴，NO_x的排放量也会由于燃烧温度的升高而增加。过早燃烧还会增加压缩负功，降低柴油机的经济性和动力性。喷油提前角过小，则会使燃油不能在上止点附近及时燃烧，也对柴油机的经济性和动力性不利，颗粒物的排放量也会增加。过迟燃烧还会使排气温度升高，散热损失增加。对于每一种工况，均有一个最佳的喷油提前角，使有效燃油消耗率达到最低值。但为了兼顾降低NO_x的排放量和燃烧噪声的需要，一般调节喷油提前角略小于最佳的喷油提前角。图3-23所示为一直喷式柴油机在不变的中等转速和中等负荷下，喷油提前角变化所产生的影响。由图可见，NO_x的排放量和燃烧噪声随喷油提前角变小而下降，故实际中常将推迟喷油作为减小NO_x的排放量和燃烧噪声的有效措施加以采用，但这往往也是以有效燃油消耗率和颗粒物的排放量上升为代价的。

在不同转速和负荷下，最佳的喷油提前角也不同。当转速增加时，由于喷油延迟角增大以及燃烧过程所占的曲转转角可能增大，为保证燃油在上止点附近及时燃烧，需要适当加大喷油提前角，提早喷油。当负荷增加时，由于循环供油量增大以及燃烧过程变长，也需要适当加大喷油提前角。对于最佳喷油提前角随负荷的变化调节，靠机械方式较难实现，只有在柴油机电控喷射系统中，才能真正实现最佳喷油提前角随各种工况变化的准确调节（见图3-24）。

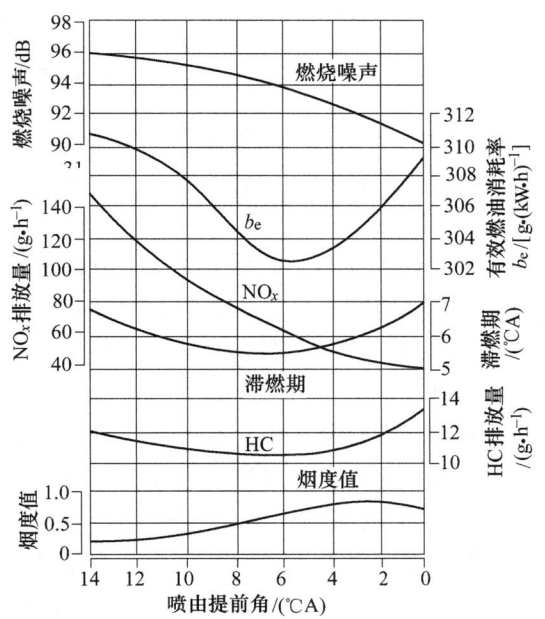

图3-23 喷油提前角的影响

2. 高压共轨电控喷射系统中的多次喷射与喷油规律的控制

高压共轨电控喷射系统可以实现更精确的喷油规律的控制，如图3-25所示，喷油过程被分割为多次喷射（包括先导喷射、主喷射和后喷射），根据具体工况的需要决定合适的喷油规律。高压共轨电控喷射系统中的多次喷射与喷油规律的控制也已成为柴油机燃烧过程的主要控制手段。

在喷射过程前期，可以有1~2次先导喷射。先导喷射保证少量燃油先期喷入燃烧室内。由于燃烧开始时参与燃烧的燃油较少，对于克服传统的柴油机在燃烧初期由于燃烧放热速率过大导致工作粗暴的缺陷起到了关键的作用。

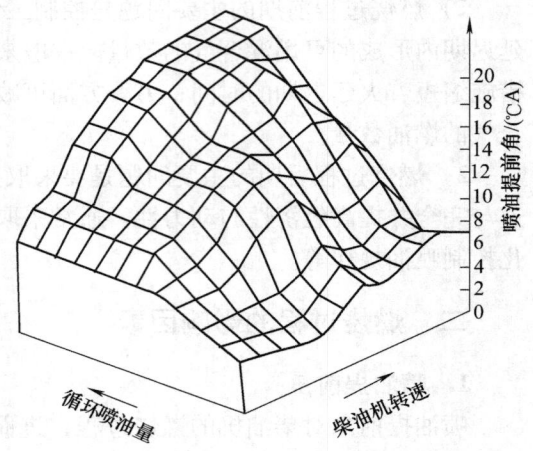

图3-24 最佳喷油提前角

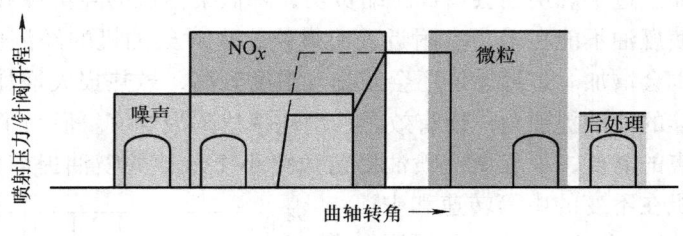

图3-25 多次喷射

主喷射中喷入循环喷油量的绝大部分，为了抑制燃烧的最高温度从而抑制氮氧化合物的生成，还可以控制其喷油规律，实现先缓后急的喷油。

图3-26所示为Daimler公司满足欧Ⅵ和美国第4阶段排放标准的10.7L商用车柴油机的主喷射的控制规律。低速工况下采用靴形的喷油规律，而在高速工况下采用斜坡形的喷油规律，而矩形的喷油规律应用工况区域较小，主要为高速低负荷工况。

后喷射的主要作用是保持足够的燃烧室内温度和排气温度，虽然此时的燃烧效率已下降，但有利于燃烧室内微粒在燃烧后期的氧化反应，或在后处理中可以提高废气温度以有利于催化反应的进行。

此外，在燃烧过程结束以后，出于有害排放后处理（氮氧化合物还原反应）的需要，还可再额外喷入部分燃油。

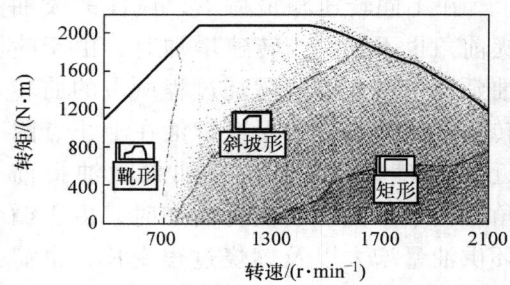

图3-26 一商用车柴油机主喷射的控制

3. 柴油机转速

转速升高时，由于散热损失和活塞环的漏气损失减小，使压缩终点的温度和压力增高；转速升高也会使喷油压力提高，改善燃油的雾化，这些都使得以秒为单位的着火延迟期缩短，而以曲轴转角为单位的着火延迟期则有可能缩短也有可能延长，图 3-27 所示为转速对着火延迟期影响的变化情况。

一般来说，转速过低或过高时，都会使燃烧效率降低。转速过低时，空气运动减弱，喷油压力下降，使混合气质量变差；转速过高时，燃烧过程所占的曲轴转角加大，充气效率下降，也会给燃烧效率带来不利的影响。

4. 柴油机负荷

前已提及，柴油机的负荷调节方法是"质调节"，即空气量基本上不随负荷变化，而只调节循环供油量。负荷增大，循环供油量也增大，过量空气系数减小，单位容积内混合气燃烧放出的热量增加，引起燃烧室周围零部件的温度上升，这对缩短着火延迟期，进而降低柴油机的工作粗暴有利。图 3-28 所示为负荷对着火延迟期影响的变化情况。

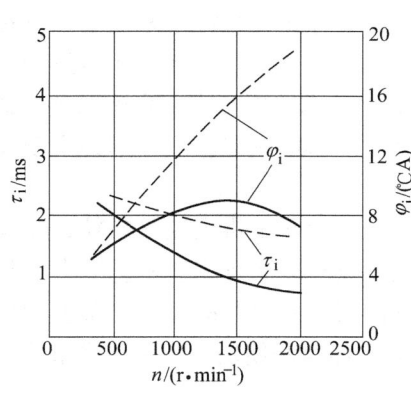

图 3-27 转速对着火延迟期的影响
－－－直喷式燃烧室　———涡流室燃烧室

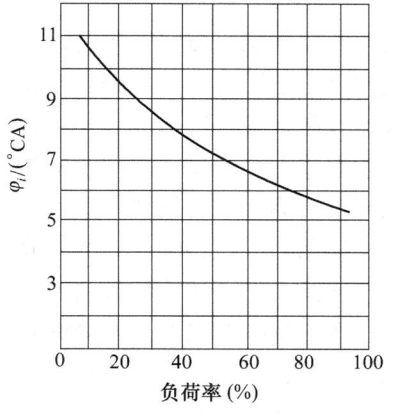

图 3-28 负荷对着火延迟期的影响

在中、小负荷工况下，燃烧效率的变化一般不大，但随着循环供油量的加大，过量空气系数变小，燃烧过程延长，都可能使燃烧效率有一定程度的下降。

5. 燃油性质

影响柴油机混合气形成和燃烧的燃料性质主要是指柴油的自燃性能和蒸发性能，此外还有与储运和使用有关的低温流动性等。

柴油的十六烷值是衡量柴油自燃性能的指标，对燃烧过程，特别是着火延迟期的长短，有着一定影响。十六烷值较高意味着柴油自燃性能相对较好，即较易于着火自燃，着火延迟期较短，因此柴油机的工作粗暴问题可有所改善，对提高冷起动性也较有利。

图 3-29 所示为不同十六烷值的柴油对燃

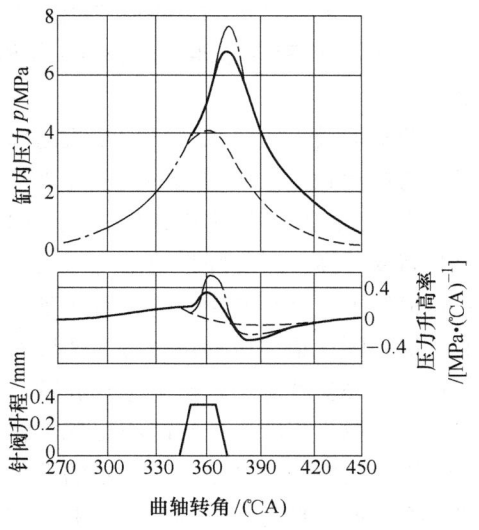

图 3-29 十六烷值对燃烧过程的影响
—·—·—十六烷值为 45　———十六烷值为 55

烧过程影响的一个示例。在同样喷油规律的条件下进行比较，使用十六烷值为 55 的燃油时，压力升高率和缸内最大爆发压力都明显较低，从而使燃烧噪声和 NO_x 的排放量也都可降低。

测定燃料的十六烷值是在专用的试验发动机上按特定的规程进行的。测定时，用易自燃的十六烷（十六烷值为 100）和不易自燃的 α-甲基萘（十六烷值为 0）的混合液体与被测定的燃料进行比较，当混合液体与被测定燃料的自燃性能相同时，则混合液体中十六烷含量的体积百分数就是被测定燃料的十六烷值。

柴油的十六烷值与燃料的分子结构及分子量均有密切关系，可以通过选择原油种类、炼制方法和应用添加剂等来加以控制。柴油的十六烷值一般在 40～50 之间，过高的十六烷值可能使燃料分子量加大，蒸发性变差和黏度增加，对混合气形成与燃烧反而带来不利的影响。

柴油的蒸发性能用馏程来评价，用柴油馏出某一百分比时的温度来表示，可在专门的试验装置中测定不同百分比的柴油馏出的馏出温度。50% 馏出温度低，说明轻馏分较多，蒸发较快，有利于混合气形成。90% 和 95% 馏出温度标志着柴油中所含难以蒸发的重馏分的数量。如果重馏分过多，在高速柴油机中来不及蒸发与形成混合气，不易实现及时与完全的燃烧，也可能会产生较多积炭。

当温度降低时，燃料中含有的高分子烷烃和水分开始逐步析出结晶颗粒，使柴油变成混浊状，并逐步丧失流动性。柴油的低温流动性用凝点和冷滤点来表示。凝点是指柴油开始失去流动性并凝结的温度。而冷滤点则是柴油滤清器开始堵塞的温度。柴油的标号是其凝点，例如，0 号柴油的凝点为 0℃，冷滤点为 4℃。储运和使用中应考虑季节或地区的最低环境温度来选择合适标号的柴油。

三、发动机振动、噪声的控制

汽车、摩托车等机动车辆是城市中的主要噪声源之一，而机动车辆噪声中的主要部分又与其发动机有关。柴油机的噪声和振动问题较汽油机更为突出，在此一并加以讨论。

发动机的噪声主要来自于发动机内部的燃烧噪声、进排气系统的气体动力噪声以及由于部件的振动和撞击所引起的机械噪声等，通常是多个噪声源共同作用的结果。

燃烧噪声主要是因为迅速地燃烧引起燃烧室内压力急剧变化所致，燃烧速率过大导致压力升高率过高，燃烧噪声也随之增大，它导致缸套、机体、缸盖等零部件的强烈振动并向外界辐射中、高频噪声。若在着火延迟期内形成的可燃混合气过多且同时燃烧或过早地喷油燃烧，则在柴油机燃烧过程的速燃期内，会引起燃烧室内的压力过分急剧地上升，使缸套和活塞等受到冲击，产生振动和特有的金属敲击声，这是柴油机工作粗暴较为突出时的表现，也称为敲缸，严重时将出现运转不稳定，功率下降的情况。

近年来电控燃油高压喷射技术的发展使柴油机燃烧噪声大、工作粗暴的问题得到了明显的改善。通过喷射前期的先导喷射（先喷入少量燃油），可以有效地控制燃烧前期的燃烧放热速率和压力升高率，从而降低燃烧噪声及振动。

气体动力噪声是指由于进、排气系统及冷却风扇工作时气流压力脉动而产生的噪声，通常其中的排气噪声占主要部分。适当推迟开启排气门，对降低排气噪声是有益的。气体动力噪声除高速气流流经进、排气阀变化着的最小流通截面时产生高频噪声外，一般呈中、低频特性。

机械噪声主要是由曲轴连杆活塞机构、配气机构、齿轮系、喷油泵及其他附属机构等部分的高速运动并与其相邻零部件发生频繁的机械撞击，激励结构振动而产生的噪声。

发动机振动的危害也越来越受到人们的重视，它不仅会通过其振动表面向外界辐射出强烈的噪声，而且也会给机器本身带来损害，例如，曲轴、凸轮轴的断裂，传动齿轮的磨损，有关零部件、附件以及车辆其他部分的破坏等。

关于控制噪声与振动的措施，可以从降低噪声源自身的声辐射和屏蔽、吸收噪声源的声辐射两方面来考虑。对于降低作为噪声源的发动机的声辐射，主要措施简述如下：

1) 控制燃烧过程来降低燃烧噪声。例如，减小喷油提前角以适当推迟燃烧，减少在着火延迟期内形成的可燃混合气，调整喷油规律，在着火延迟期内喷入较少燃油等。

2) 改进机体等有关零部件的结构。通过试验和计算分析的方法，在尽可能不增加重量的前提下，提高有关部位的刚度，降低结构振动的振幅和提高共振频率。

3) 为减小撞击力，尽可能减小缸套与活塞之间、轴承、传动齿轮等处的间隙。为减小惯性力，应减小运动件的质量，并在可能的情况下，适当降低活塞平均速度。

4) 应用吸振减振材料制造薄板零件，如油底壳、缸盖罩等。在缸体与油底壳之间、缸盖与缸盖罩之间采用较"软"的垫片，对振动起到阻尼作用。

5) 改进排气消声器的结构、材料；改进空气滤清器、冷却风扇等的设计以及适当调节配气相位，以降低气体动力噪声。

另一方面，对于屏蔽、吸收噪声源的声辐射，可采用对作为主要噪声源的发动机的局部或整体加隔声罩或吸声材料等方法，但在屏蔽、吸收噪声源的声辐射时通常会遇到影响散热、布置不便等问题。

主噪声源识别工作是降噪的基础工作，必须对此有足够的重视。由于多噪声源对总噪声的贡献是遵循以能量为基础的相加法则，采取措施对非主要噪声源的控制并不能取得明显的降噪效果。例如（见表3-1），两声级分别为90dB（噪声源 A）与80dB（噪声源 B）的噪声源合成后的总噪声为90.41dB。若采取措施使主要噪声源 A 从90dB 降低5dB，则总噪声将降低为86.19dB，而若采取措施使次要噪声源 B 从80dB 降低5dB，则总噪声将降低为90.14dB，并没有明显的效果。同样是降低5dB，而取得的效果是完全不同的。因此，只有确定了主要噪声源，才有可能避免盲目性与局限性，真正做到"有的放矢"，有针对性地采取最有效的降噪措施，取得理想的效果。

表3-1 噪声源的合成效果 （单位：dB）

噪声源 A	噪声源 B	合成效果
90	80	90.41
90	75	90.14
85	80	86.19

第四节 柴油机的有害排放物与控制

一、柴油机有害排放物的生成机理

柴油机废气中的有害排放物主要为氮氧化物（NO_x）和颗粒物（PM）。由于是过量空气系数大于1的富氧燃烧，除了冷起动等特殊工况，柴油机废气中的一氧化碳（CO）以及碳氢化合物（HC）与汽油机相比含量极少。

1. 氮氧化物的生成机理

氮氧化物是所有高温燃烧过程都会产生的有害排放物，不仅是柴油机和汽油机，其他类型的热机也会在热功转换的同时排放氮氧化物。柴油机废气中的氮氧化物主要为一氧化氮（NO）以及少量的二氧化氮（NO_2），通常统称为NO_x。柴油机废气中的NO_x成分中NO_2约占10%，这一比例与过量空气系数有一定关系。

NO是一种无色无味的气体，在空气中会逐渐转化为NO_2。纯NO_2是有毒的橙黄色气体，带有刺鼻的气味。氮氧化物在排气以及严重污染的空气中达到一定浓度时，会刺激黏膜组织。

氮的氧化反应发生在燃料燃烧反应所形成的环境中，其主导反应过程是：

$$O + N_2 \leftrightarrow NO + N$$
$$N + O_2 \leftrightarrow NO + O$$
$$N + OH \leftrightarrow NO + H$$

促使上述反应正向进行而生成NO的因素有三个：

（1）温度 高温时，NO的平衡浓度高，生成速率也大。在氧充足时，温度是影响NO生成的重要因素。

（2）氧的浓度 在高温条件下，氧的浓度是影响NO生成的重要因素。在氧浓度低时，即使温度高，NO的生成也受到抑制。

（3）反应滞留时间 由于NO的生成反应比燃烧反应慢，所以即使在高温下，如果反应停留的时间短，则NO的生成量也受到限制。

在实际发动机中，因为燃烧过程经历的时间极短（ms级），温度上升和下降都很迅速，尽管NO的生成（正向反应）没有达到平衡浓度，可是NO分解（逆向反应）所需的时间也不足，从而使缸内NO的实际浓度由于逆向反应速率太低而几乎没有下降。这种反应"冻结"使实际排出NO的浓度大大高于排气温度相对应的平衡浓度。

综上所述，在燃烧温度较高、混合气浓度较稀以及高温持续时间较长时，可能生成较多的氮氧化物。

2. 颗粒物的生成机理

颗粒物（PM）是指温度在52℃以下时，排气中除水以外的固态和液态物质，颗粒物直径分布在一个较宽的范围之内，一般在20nm至10μm内。柴油机废气中的颗粒物成分包括约占50%的炭烟粒子（Soot）和吸附与凝聚其上的碳氢化合物（未燃的燃油和润滑油），还有少量的灰分杂质、水分等。其中的碳氢化合物部分，可以通过溶解或加热的方法分离开，又称为颗粒物的可溶性有机成分。柴油机颗粒物排放物中的一些物质具有致癌的潜在危险，对人体有较大的危害。

颗粒物的排放是柴油机中非均质混合气所带来的特有问题。炭烟粒子主要是在局部高温、极度缺氧的条件下生成的，图 3-30 所示表明了燃烧室内局部的温度和过量空气系数在一定范围内时，有利于柴油机颗粒物的生成。颗粒物的生成是一个十分复杂的过程，一般认为这一过程经历了颗粒物成核、表面增长、凝聚、集聚、吸附等阶段。在随后的燃烧过程中，若有足够高的温度，已生成的颗粒物还会有部分被氧化。

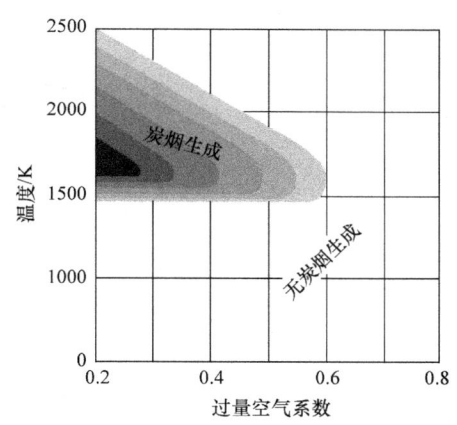

图 3-30 柴油机颗粒物的生成

二、柴油机有害排放物与工况的关系

柴油机工况的不同，会有不同的混合气形成和燃烧过程，有害排放物的排放量也有所不同。

图 3-31 所示为在一直喷式柴油机中，有害排放物的浓度随过量空气系数 α 变化的情况。

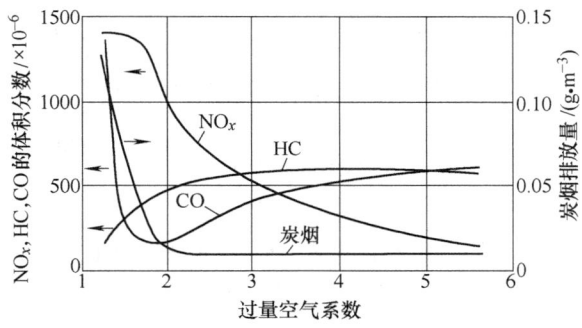

图 3-31 柴油机有害排放物的浓度随过量空气系数 α 的变化规律

当过量空气系数 α 在一定范围内时，NO_x 的排放量随 α 的下降较较快地增长；而当 α 过大或过小时，NO_x 的排放量变化都很小。当过量空气系数 α 减小至一定程度后，颗粒物的排放量随 α 的下降而较快地增长。

仅在接近全负荷附近，即过量空气系数 α 过小时，CO 的排放量才有所上升。柴油机废气中的 HC 主要是在混合气过稀的情况下产生的。特别在低负荷时过量空气系数 α 过大或低温冷起动时燃油不能及时蒸发混合，由于温度过低，反应不能及时进行，从而使 HC 的排放量有所增大。

图 3-32 所示为一排量为 1.7L 的汽车柴油机的实测 NO_x 和 PM 排放量随发动机转速和

负荷变化的特性。图中依次分别绘出了 NO_x 和 PM 排放量的等值线。从图中可以看到，NO_x 排放量在低速高负荷区域为最高，而 PM 排放量则在高速高负荷区域为最高。

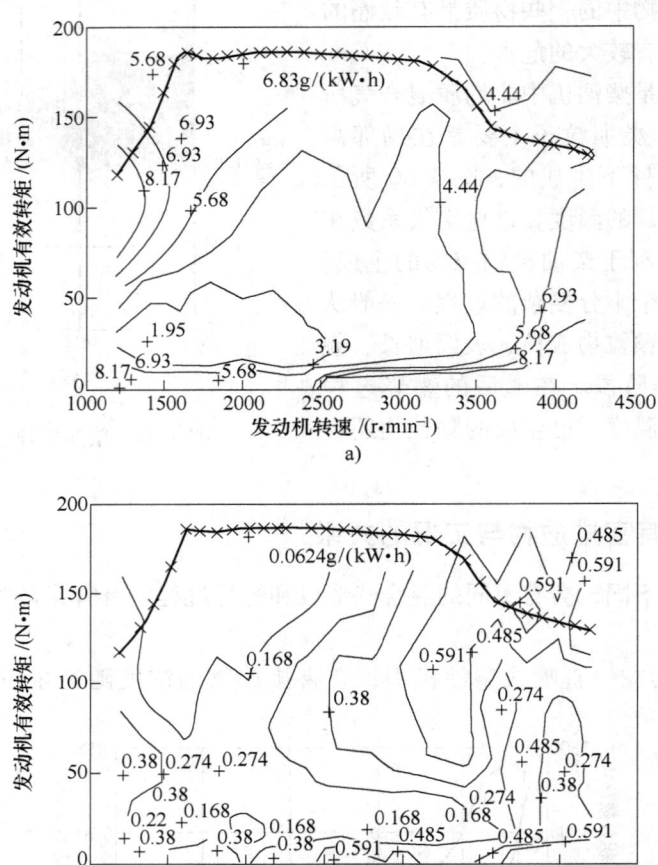

图 3-32　柴油机随工况变化的排放特性
a）NO_x 排放　b）PM 排放

三、柴油机有害排放物的控制措施

1. 机内净化

（1）NO_x 的控制　高温、富氧以及反应物在高温下的滞留时间是决定柴油机燃烧过程中 NO_x 生成率大小的三要素。从发动机自身的角度考虑降低柴油机 NO_x 排放的问题，基本思路就是重点控制最高燃烧温度。除了在设计中考虑适度降低压缩比和充分冷却增压空气，在发动机运行中通过实时调节（减小）喷油提前角来适度推迟燃烧过程外，采用废气再循环（EGR），特别是冷却式废气再循环，是降低 NO_x 排放的最常用的有效技术措施。

废气再循环（EGR）是使一定量的废气再次进入柴油机燃烧室内（或保留在燃烧室内）参与下一工作循环的燃烧。废气与空气相比，具有较大的比热容。比热容是使单位质量工质改变单位温度时吸收或释放的内能。例如在1000K温度下，作为空气主要成分的氧气的比定压热容为1.090 kJ/（kg·K），而作为废气主要成分的水蒸气与二氧化碳的比定压热容则分别为2.288 kJ/（kg·K）和1.234 kJ/（kg·K）。在参与燃烧的空气中加入一定量的废气后，使得经再循环废气稀释的混合气的比热容增高，假设燃烧放出同样热量的情况下，能够达到的最高燃烧温度会下降。

同时EGR的稀释作用也降低了混合气的氧浓度。混合气中氧气的浓度降低，使化学反应速度降低、燃烧滞后、反应物在高温下滞留时间缩短，从而破坏了高温NO_x的生成条件，有效地抑制了NO_x的生成。

废气再循环一般会对完全、及时的燃烧产生不利的影响，从而也会使颗粒物排放量增多，柴油机经济性变差，特别是在高速、高负荷的工况下更是如此。

废气再循环有内部废气再循环和外部废气再循环两类，外部再循环又有低压回路方式和高压回路方式。内部废气再循环通常通过可变配气相位实施，燃烧结束后废气不全部排出，有一部分仍保留在燃烧室内。因为无法对其进行进一步的冷却，内部废气再循环的效果也十分有限。

外部废气再循环对参与再循环的废气进行进一步的冷却，也称为冷却式废气再循环。在暖机运行时，EGR冷却器的出口处的废气温度可达到略微高于120℃。对参与再循环废气的冷却可降低燃烧室内工质温度，对降低最高燃烧温度从而控制NO_x的生成也会起到有益的作用。

外部废气再循环的低压回路方式如图3-33所示。从涡轮出口引部分废气经冷却后进入压气机进口，采用通用的EGR阀进行控制容易获得一个适当的流通面积和压力差，因此在发动机较大的运转范围内比较容易实现EGR和所需要的EGR率。其不足之处是，压气机部分承受高温，进气系统中的流道会受到废气污染，会由于油污沉积使中冷器的压力损失增加和冷却能力降低。

外部废气再循环的高压回路方式如图3-34所示。从涡轮前端取再循环废气，将再循环废气冷却后直接送入压气机出口以后的进气管内。这种情况下，废气不经过压气机和中冷器，压气机和中冷器不会出现废气污染。实现废气再循环的前提条件是排气压力大于进气压力，为了获得所需要的压力差，必须使涡轮上游的压力高于压气机下游的压

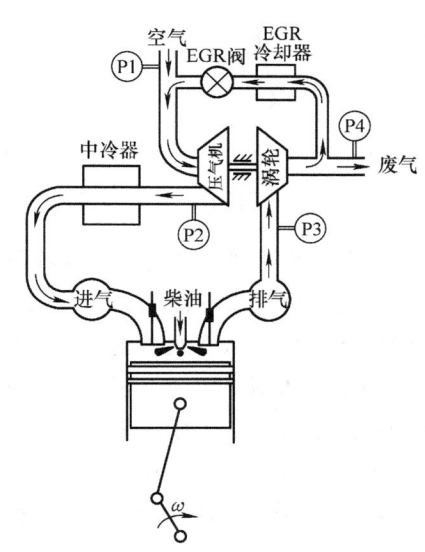

图3-33 外部废气再循环的低压回路方式

力，需考虑采用文丘里管、应用可变几何面积涡轮增压器（VGT）减小流通截面积提高排气侧的压力或进气节流降低进气侧的压力等手段。

废气再循环目前一般均由电控单元通过废气再循环阀来调节加入废气的比例。进一步发展还出现了闭环控制废气再循环等，可取得更为理想的效果。闭环控制废气再循环在废气再循环阀上加装位置传感器，将阀的开度作为反馈信号，实现对参加再循环废气比例更

准确、快速的控制。

图 3-35 所示为一乘用车柴油机在不同转速、负荷的工况下,通过电控来实现的废气再循环量的控制特性。由图可见,随着转速、负荷的增长,废气再循环量逐渐减少,直至废气再循环控制阀完全关闭;在高速、高负荷工况下不再有废气参加燃烧,但目前也有一些柴油机产品在满负荷工况下也有一定的废气再循环量。由废气再循环量的控制特性得到的基本量,还要根据不同的大气压力、温度以及冷却液温度进行修正,在过渡工况时也还要进行特别的动力预先调节,以保证过量空气系数不至于过小,避免过多的颗粒物排放量,实现完全、及时的燃烧。

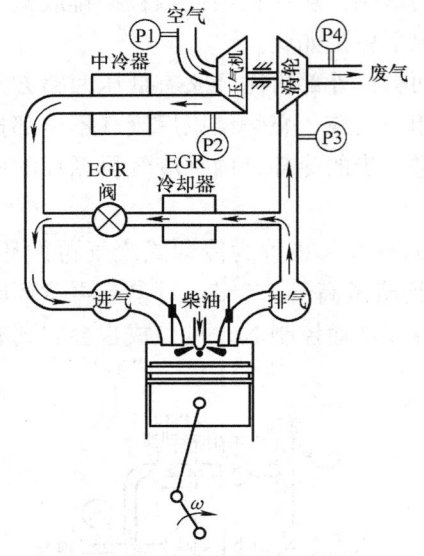

图 3-34 外部废气再循环的高压回路方式　　图 3-35 废气再循环量的控制特性

(2) PM 的控制　机内净化对颗粒物控制的基本思路就是加强混合气的均匀化。

通过提高燃油喷射压力、增加喷油器喷孔数和喷油规律的电控等措施使燃油喷射更趋于均匀化和细化,从而改善混合气的均匀性,是降低颗粒物排放的有效措施。

提高燃油的喷射压力,可以改善燃油雾化,细化油雾微粒及提高油气混合的均匀性,是减少炭烟最有效的手段。表 3-2 是一排量为 0.55L、压缩比为 18 的单缸柴油试验机燃油喷射压力分别为 200MPa 和 250MPa 的对比测试结果。测试工况为柴油机转速为 4000r/min,全负荷工况,增压压力为 0.24MPa,缸内最高爆发压力为 16MPa;循环喷油量保持不变,过量空气系数为 1.35。

表 3-2　柴油机不同喷射压力的测试结果比较

	喷射压力为 200 MPa	喷射压力为 250 MPa
喷射始点 / (°CA) BTDC	20.7	17.6
着火延迟期 / (°CA)	9.4	7.3
已燃燃料 10% 曲轴转角 / (°CA)	351.8	353.1
已燃燃料 50% 曲轴转角 / (°CA)	373.9	372.7

(续)

	喷射压力为 200 MPa	喷射压力为 250 MPa
已燃燃料 90% 曲轴转角/(°CA)	422.9	419.9
主燃烧期/(°CA)	71.1	66.8
微粒排放相对值（%）	100	81.3
排气温度/K	811	805

表 3-2 中的主燃烧期是按从已燃燃料 10% 起始至已燃燃料 90% 终止计算的燃烧区间。

测试结果表明，燃油喷射压力的提高使得喷射的油粒更趋于细化和均匀化，有利于混合气形成和燃烧，使得着火延迟期和主燃烧期均有所缩短，不仅微粒排放相对减少近 20%，而且提高了柴油机的动力性与经济性。

此外，应用燃油后喷射技术还可以实现在燃烧过程后期喷入少量燃油，以提高缸内温度，使已产生的颗粒物能进一步氧化，从而起到减少颗粒物排放的作用。

控制 PM 生成的另一技术措施是提高增压度，保证发动机在中、高负荷下运行时有充足的空气量。

2. 机外净化

（1）氧化催化转化器（DOC）　在很多情况下，柴油机排气后处理系统中都装有一级氧化催化转化器，且一般位于后处理系统的最前端。DOC 的氧化能力受到废气温度限制，要求的最低温度约为 180℃。氧化催化转化器主要可以起到以下作用：

1）氧化催化转化器可以使废气中的 CO 和 HC 通过氧化反应转化为 H_2O 和 CO_2。

2）氧化催化转化器中，颗粒物上所吸附的 HC 等也可以产生氧化反应，使颗粒物的排放量有所降低。

3）氧化催化转化器可以使废气中的 NO 氧化为 NO_2，使随后的还原反应更易于顺利进行。

4）在氧化反应中，产生的热量加热了废气，使废气的温度升高，有利于后续的有害排放物的转化。

（2）NO_x 的后处理　由于稀混合气导致以降低 NO_x 排放量为目的的还原反应较难进行，反应效率与速率都相对很低，无法直接应用。因而应用于稀混合气（不仅在柴油机中，也在稀燃汽油机中）的降低 NO_x 排放的还原型催化转化技术是一难题，目前较为成熟并得到产品应用的是选择性催化还原（Selective Catalytic Reduction，SCR）技术和稀混合气氮氧化物捕集（Lean NO_x Trap，LNT）催化转化技术。

1）选择性催化还原（SCR）。经过多年研究，目前一般认为以尿素作为还原剂的选择性催化还原技术是较为有效与相对成熟的，SCR 催化转化器也已得到较为广泛的应用。

图 3-36 所示为选择性催化还原的工作原理。在排气系统中喷入尿素的水溶液，欧洲目前已有称之为 AdBlue 的专用添加剂，尿素水溶液在高于 200℃ 的温度下即产生氨并在进入催化转化器之前与废气相混合，并在催化转化器中作为还原剂使氮氧化合物 NO_x 的还原反应得以进行。其化学反应可表示为

$$4NO + 4NH_3 + O_2 \rightarrow 4N_2 + 6H_2O$$
$$NO + NO_2 + 2NH_3 \rightarrow 2N_2 + 3H_2O$$
$$6NO_2 + 8NH_3 \rightarrow 7N_2 + 12H_2O$$

SCR 催化转化器具有降低尾气中 90% 左右的 NO_x 或将 NO_x 控制在满足欧洲V排放控制水平范围内的潜力。实际喷入的尿素水溶液越多，则排出废气中的 NO_x 也越少。当然，喷入的尿素水溶液过多不仅会增加消耗，还会产生使人不舒服的异味。完整的 SCR 催化转化器应包括尿素水溶液喷射量的反馈控制，使其仅在需要的时刻喷入适当数量的尿素水溶液，从而在满足排放法规要求的前提下降低消耗与成本。

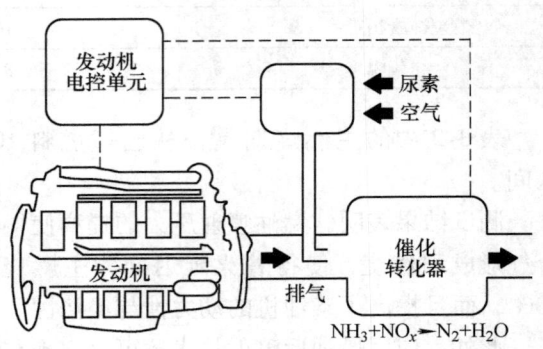

图 3-36 氮氧化物选择性催化还原技术

一般认为，选择性催化还原技术更适合在对后处理装置体积限制较小的货车等大型车辆中应用。

2）稀混合气氮氧化物捕集（LNT）催化转化技术。稀混合气氮氧化物捕集催化转化技术又称为氮氧化物储存型后处理（NO_x Storage and Reduction，NSR）技术，也已有较多产品应用的实例。其基本思路是先行在稀混合气状态将氮氧化物捕捉、储存，然后再通过喷入还原剂（燃料）造成浓混合气状态以利于氮氧化物的还原反应的进行。

图 3-37 所示为 LNT 后处理技术的工作原理。

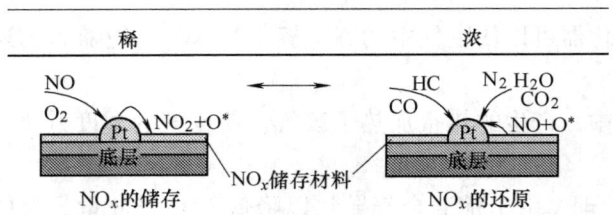

图 3-37 LNT 后处理技术

在稀混合气中，首先 NO 在催化剂的作用下被氧化后转化为 NO_2，而 NO_2 与 HC 的化学反应具有较高的反应速度。然后 NO_2 进一步转化并以钡基硝酸盐的形式被吸附于钡基氧化物表面。

其化学反应可表示为

氧化：$2NO + O_2 \rightarrow 2NO_2$

储存：$2BaCO_3 + 4NO_2 + O_2 \rightarrow 2Ba(NO_3)_2 + 2CO_2$

上述化学反应可合成为：$2BaCO_3 + 4NO + 3O_2 \rightarrow 2Ba(NO_3)_2 + 2CO_2$

浓混合气是通过喷入一定量的燃料来形成的。吸附的钡基硝酸盐首先被分解，NO_2 被释出，随后与作为还原剂的燃料（下述化学反应式中以 C_3H_6 作为其代表）进行还原反应，NO_2 被还原为无害的氮气与氧气。

分解与释出：$2Ba(NO_3)_2 \rightarrow 2BaO + 4NO_2 + O_2$

还原：　　　$CO + 0.5NO_2 \rightarrow CO_2 + 0.25N_2$

　　　　　　$C_3H_6 + 7.5NO_2 \rightarrow 3CO_2 + 3H_2O + 3O_2 + 3.75N_2$

　　　　　　$BaO + CO_2 \rightarrow BaCO_3$

上述化学反应可合成为：$4Ba(NO_3)_2 + C_3H_6 + CO \rightarrow 4BaCO_3 + 3H_2O + 4N_2 + 5O_2$

在 LNT 催化转化器中，稀混合气中与浓混合气周期性的转换是通过电控的燃料附加喷射来实现的，柴油机正常工作在稀混合气状态下直至催化转化器存贮的氮氧化物达到饱和，其时间大约在 1min 的数量级上，然后短时间的向催化转化器入口处喷入燃油使混合气浓度瞬时达到理论空燃比，而其时间大约在 1s 的数量级上，以利于氮氧化物还原反应的顺利进行。储存型后处理技术更适合在乘用车等小型车辆中应用。

氮氧化物储存型后处理技术可使氮氧化物的转换效率达到 80% 以上，但需要付出额外的燃油消耗（至少为百分之几）是其主要缺陷，此外附加喷射还可能对颗粒物排放生成的控制不利。

柴油中硫含量的降低对柴油机有害排放物的控制十分重要，柴油中硫不仅影响颗粒物生成，更重要的是会对大多数的机外净化用催化剂起到"毒害作用"，使其效率降低直至失效。例如在 LNT 催化转化器中，燃油中的硫几乎全部以二氧化硫（SO_2）的形式进入排气催化转化器，在催化转化器内 SO_2 的直接积聚或是氧化生成的三氧化硫（SO_3）的吸附造成催化转化器的活性中心的堵塞，显著降低排气后处理的性能。

（3）PM 的后处理　采用柴油机颗粒物过滤器（Diesel Particulate Filter，DPF）来降低柴油机颗粒物排放，是满足严格排放法规的有效措施之一。

图 3-38 所示为颗粒物过滤器的基本结构与工作原理。颗粒物过滤器主要由滤芯以及再生装置构成，滤芯为多孔陶瓷材料，收集排气中的颗粒物，颗粒物在流过过滤器的过程中沉积在滤芯的多孔性壁面上。

再生装置的工作原理可分为热再生和催化再生两类。

热再生是周期性地由外界提供热量（通常采用电加热）提高滤芯的温度将滤芯中积存的颗粒物烧掉或氧化掉，转换为 CO_2 随排气一起排入大气。较为困难的是，既要用合适的外源加热方法清除颗粒物，又要保证滤芯在高温下不

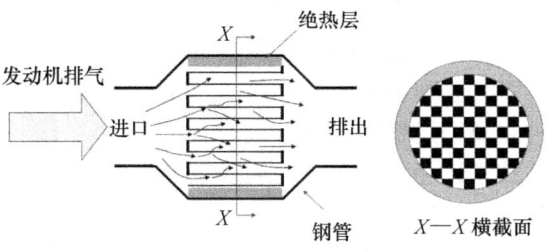
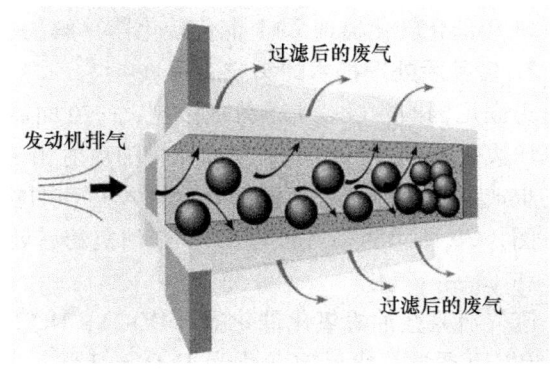

图 3-38　颗粒物过滤器

损坏。

催化再生的特征是其连续地利用涂覆于滤芯表面的催化剂的作用提高颗粒物的氧化速率，使颗粒物过滤器在柴油机实际运行过程中具有足够的再生效率。周期性地通过燃油后喷射提高废气温度，使积存的颗粒物迅速氧化，是近年来 DPF 再生中应用最多的一类方法。其关键技术是 PM 沉积量推断以及控制废气温度在适当的范围之内。再生温度过低，则影响再生效率；而再生温度过高，则可能造成颗粒物过滤器的损坏。

四、柴油机污染物排放控制技术的应用

柴油机中有害排放物控制的难点在于，不仅有害排放物的控制大多会影响柴油机的经济性，而且颗粒物排放的控制和 NO_x 排放的控制也存在矛盾。这里，可能只有增压中冷技术的应用是一个例外（增加了空气量的同时控制了进气温度）。一般而言，降低颗粒物排放的措施会使 NO_x 排放增加，反之亦然。例如，废气再循环可以有效地控制 NO_x 的排放量，但由于缸内工质氧含量的减少会有利于颗粒物的生成。而高压喷射可改善混合气的均匀性，减少颗粒物的排放量，但由于促进了混合气的形成使燃烧温度上升，从而促使更多的 NO_x 生成。因而在应用一些控制排放的技术措施时，需要细致地调整与权衡。例如减小喷油提前角显然可使燃烧过程滞后并使缸内的最高燃烧温度下降，从而降低 NO_x 的排放量。有研究表明，可在推迟喷油的同时采用增加燃油喷射压力等措施来调整柴油机的燃烧过程，以保证在降低 NO_x 排放量的同时不降低柴油机的经济性。

结合电控技术优化混合气形成与燃烧过程，应用增压中冷技术等也会对柴油机有害排放物的控制起到很好的效果。

1. 机内净化和机外净化相结合的技术途径

为满足国四阶段的排放标准，一般必须采用机内净化和机外净化相结合的技术途径。对于 NO_x 和颗粒物这两种主要的有害排放物，可以采取一种主要通过机内净化解决，而另一种主要通过机外净化解决的方法。

技术途径之一是机内通过废气再循环等主要降低 NO_x 排放，而颗粒物留待后处理系统（颗粒物过滤器）解决。

另一技术途径是机内通过高压燃油喷射等主要降低颗粒物排放，而 NO_x 留待后处理系统（SCR 催化转化器或 LNT 催化转化器）解决。

2. 多种后处理技术的集成应用

为满足国四阶段以上的排放法规，一方面需要对柴油机燃烧过程全面优化，采用冷却的高压废气再循环（EGR）与高压燃油喷射相结合的技术，同时还必须考虑多种后处理技术的集成应用。即在后处理系统中对 NO_x 和颗粒物均进行净化。

图 3-39 所示为福特公司 6.7L 柴油机的后处理系统及其处理步骤。

步骤一：氧化

废气流入柴油机氧化催化器（DOC），DOC 的作用是双重的。第一，它可以将 HC 在约 250℃下通过氧化反应转化为 H_2O 和 CO_2。其次，应用特定的发动机热管理策略，使 DOC 用于产生并提供热量，以增加下游子系统的转换效率，减少有害排放。

步骤二：选择性催化还原

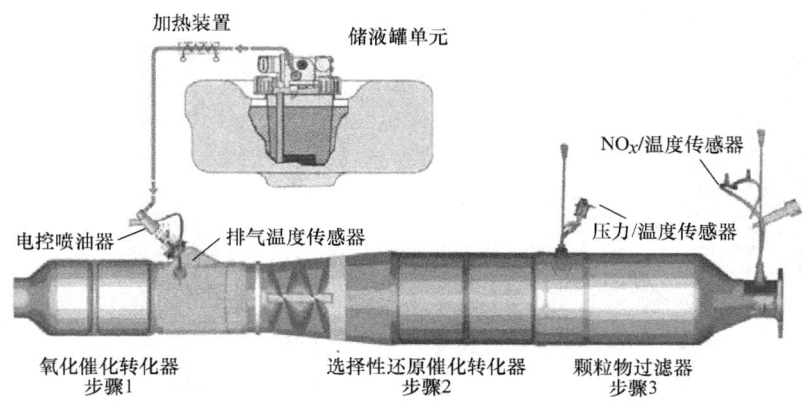

图 3-39　福特公司 6.7L 柴油机的后处理系统

在排气系统中喷入尿素的水溶液（质量分数约为 32.5% 的纯尿素和质量分数约为 67.5% 的水），加热后的尿素水溶液（温度一般在 200℃ 至 500℃ 之间）分解并汽化成氨和二氧化碳进入类似螺旋槽的混合器，与废气充分混合。在进入催化转化器后进行还原反应，氮氧化物和氨转换成无害的氮气和水蒸气。

步骤三：颗粒物过滤

废气通过柴油机颗粒物过滤器的过程中颗粒物沉积下来，当检测到过滤器中颗粒物沉积到一定量后，配合发动机的运行条件自动控制温度，以适当的燃烧速度使过滤器再生。再生过程中废气温度超过 600℃，以烧掉沉积下来的颗粒物。

📖 阅读材料

进入历史的分隔式燃烧室

分隔式燃烧室又称为非直喷式燃烧室，其结构特点是除位于活塞顶部的主燃烧室外，还有位于气缸盖内的副燃烧室，主燃烧室与副燃烧室之间有通道相连。分隔式燃烧室又可分为涡流室和预燃室两类，其结构上的差异主要是副燃烧室容积和连接通道截面积的大小以及通道的布置不同。相对涡流室来说，预燃室的容积和连接通道的截面积都较小，通道无特定方向的要求，而涡流室燃烧室的通道设计成一定的倾斜角度，使流入涡流室的空气在涡流室内形成强烈的回转运动。图 3-40 和图 3-41 所示分别为典型的柴油机涡流室燃烧室和预燃室燃烧室。

分隔式燃烧室柴油机中燃油不直接喷入主燃烧室内，而是喷入副燃烧室内，通常应用轴针式喷油器，喷射压力相对较低。

轴针式喷油器的针阀喷孔头部的轴针有圆锥体和圆柱体等不同的形状，轴针在喷孔内上下运动（其间的环状间隙为 0.05~0.25mm），可起到自洁作用。图 3-42 所示为两类喷油器不同的开启特性，即喷油器有效流通截面积 $\alpha_D A$ 与针阀升程 h 的关系。由图可见，孔式喷油器的有效流通截面积随针阀的上升增长得较快，而轴针式喷油器由于针阀头部轴针的影响，在开启初期有效流通截面积的增长较慢，这意味着在喷射初期的喷油量会较小，从而对柴油机工作的平稳性是有利的。

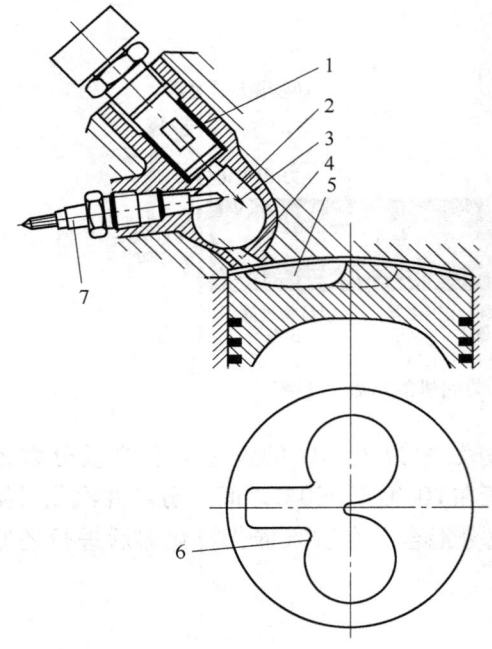

图3-40 涡流室燃烧室
1—涡流室 2—通道 3—喷油器 4—油束
5—主燃烧室 6—导流槽 7—电预热塞

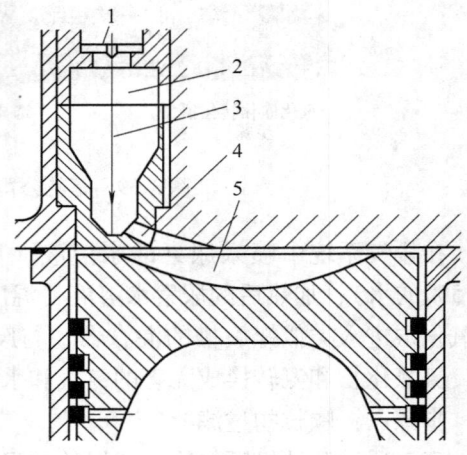

图3-41 预燃室燃烧室
1—预燃室 2—通道 3—主燃烧室
4—喷油器 5—油束

在压缩过程中，空气从主燃烧室经通道流入副燃烧室，截面积较小的通道形成了较高的气体流速，有利于混合气形成。副燃烧室形成了较浓的混合气，在着火燃烧后压力和温度迅速升高，燃气与未燃的燃油（大部分已转变为气态）、空气一起流入主燃烧室内，继续燃油与空气的混合以及燃烧过程。

分隔式燃烧室柴油机中主要靠强烈的空气运动来保证较好的混合气质量，空气利用率较高，最小的过量空气系数 α 可达1.2左右。由于空气运动的强度随转速提高而增大，保证了高速下也有较好的性能。对喷射系统的要求较低，可以使用轴针式喷油器，喷射压力较低，使喷射系统的制造要求降低，工作可靠性和使用寿命提高。

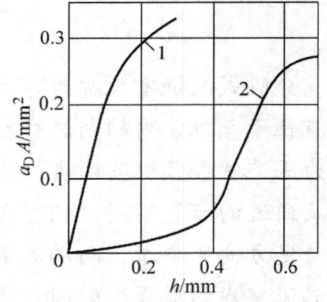

图3-42 两类喷油器的开启特性
1—孔式喷油器 2—轴针式喷油器

分隔式燃烧室柴油机的着火燃烧首先在副燃烧室开始，由于通道的节流作用，主燃烧室的压力上升较缓慢，整个燃烧过程也相对较长，因此带来的益处是工作较为平稳，燃烧噪声较小，但另一方面对经济性有不利的影响。分隔式柴油机比直喷式柴油机的有效燃油消耗率一般高10%～20%。

分隔式燃烧室柴油机的燃烧室结构较为复杂，表面积与容积之比较大，加上强烈的空气运动的影响，致使散热损失较大，通常节流作用引起的流动损失也较大。这也是分隔式燃烧室柴油机较直喷式燃烧室柴油机热效率低、经济性差的原因之一。同时，散热损失较大使分隔式燃烧室柴油机的冷起动性也较差，一般用较高的压缩比（大多 ε 为 20 以上）来改善冷起动性，在要求较高时（如乘用车柴油机）一般都要安装电预热塞，用于在冷起动时提高燃烧室内的温度，保证顺利起动。

分隔式燃烧室柴油机发源于欧洲，曾是柴油机的主流类型。但由于节能环保的迫切需求促使电控高压共轨燃油喷射系统的技术发展，使得直喷式燃烧室柴油机内的燃油喷射规律得到有效控制，燃烧初期压力升高率过高使得柴油机振动和燃烧噪声较大的缺陷得到显著改善，在各方面的性能均优于分隔式燃烧室，具有了更强的市场竞争力，最终使分隔式燃烧室被市场所淘汰。

习题与思考题

1. 简述高压共轨燃油喷射系统的工作原理及特点。
2. 柴油机的燃烧过程可划分为几个阶段？是如何划分的（要求画图说明）？小结各阶段对性能的影响及其原因。
3. 理想的放热规律是什么？如何去实现？
4. 分析柴油机混合气形成与燃烧中如何解决动力性、经济性与工作平稳性之间的矛盾。
5. 柴油机性能测试中，分别出现：(1) 缸内最大爆发压力过高；(2) 排气温度过高的问题，试分析其原因，并提出可能的改善措施。
6. 分析图 3-43 中柴油机电控喷射控制策略的原理并总结其规律性。（图中所示的 A + B + C，A、B、C 分别表示先导喷射、主喷射和后喷射的次数）

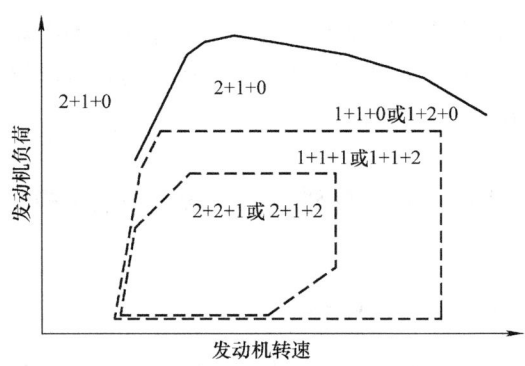

图 3-43　柴油机电控喷射控制策略

第四章 汽油机混合气的形成和燃烧

汽车汽油机中,传统的化油器被汽油喷射所取代,而目前主要应用的进气道喷射很有可能在未来逐步地再被缸内直接喷射所取代,准确、快速地实现汽油机混合气浓度调节的需求是技术进步主要的推动力。

汽油机燃烧,看似比柴油机燃烧简单,是均质混合气的预混燃烧,在有害排放控制方面也有着技术成熟的三元催化转化器,但存在的特殊问题是爆燃燃烧,这一问题在一定程度上也限制了汽油机性能的进一步提高。

第一节 汽油机混合气的形成

一、汽油机混合气形成的基本特征

化油器在传统的汽油机中对混合气形成有着重要的作用,而为满足更严格的排放法规和提高汽油机性能,在汽车汽油机中化油器已经被汽油喷射系统取代多年。从系统构成等方面来看,化油器和汽油喷射[⊖]存在着一定的差别,但从汽油机混合气形成的基本特征来看,两者并没有本质上的差异,主要是在调节与控制的准确性和快速性方面,汽油喷射较化油器有了较大的改善与提高。

汽油机混合气形成的基本特征主要包括:

(1)均质混合气 油气混合形成混合气的过程始于进气过程,汽油通过喷油器进入气缸外部的进气道内,空气和燃油混合的过程从进气管内一直延续到气缸内,较充分的混合

⊖ 汽油喷射,这里是指目前普遍应用的进气道内的汽油喷射。

时间使混合气的均匀化程度较高。到压缩行程终了时气缸内已基本形成了均质混合气，再经电火花点火开始进行燃烧。

（2）负荷调节为混合气的"量调节"　作为负荷调节的手段，采用节气门调节进入气缸的混合气的多少来调节负荷的大小，一般称之为"量调节"，而混合气的浓度变化不大。

继续提高升功率的同时还要重视全面节油和限制有害排放的要求，推动汽油机技术的不断发展。汽油机的混合气形成方面也出现了有异于传统方式的通过缸内汽油直接喷射实现的分层燃烧以及非均质混合气燃烧等。

二、工况与混合气浓度

汽油机在不同的工况下，对混合气浓度有着不同的要求：

（1）起动工况　发动机起动时转速很低，进气管内的空气流速也较低，难以使汽油得到良好的雾化，部分油粒附在进气管壁上，不能及时进入气缸内，这种情况特别是在冷态起动时更为严重。为此，要求供给极浓的混合气以保证进入气缸的混合气中有足够的汽油蒸气，使汽油机得以顺利起动。

（2）怠速与小负荷工况　怠速与小负荷工况节气门开度很小，与起动工况有类似之处，总的来说仍需要较浓的混合气。随着负荷的增加（节气门开度的增加）和温度的升高，空燃比可逐渐增加，即混合气逐渐变稀。

（3）中等负荷工况　当混合气的空燃比为 17 左右时，可使汽油机的经济性最好，在这样的混合气（也被称为经济混合气）中有适量富裕的空气，正好能使汽油完全燃烧而燃烧速度又不至于过低。当汽油机在中等负荷工况下（即节气门部分开启时）运行，从保证最好的经济性角度出发，混合气的空燃比应尽可能接近经济混合气的空燃比。

（4）大负荷与全负荷工况　当混合气的空燃比为 13 左右时，可使汽油机的输出功率最大，这样的混合气也被称为功率混合气，这主要是因为这一条件下的燃烧速度最高且热损失相对较小。汽油机在全负荷工况下（即节气门全开时），应首先保证能发出最大的功率，这时的混合气应为功率混合气。接近全负荷时，应随着负荷的加大逐渐增加混合气浓度。图 4-1 所示为一车用汽油机实际采用的加浓控制情况。为满足提高节能环保性能的要求，近年来有全负荷工况附近加浓的区域缩小以及混合气浓度更接近理论空燃比的趋势，例如大众开发的 1L 直喷 3 缸汽油机，混合气浓度全负荷工况附近的过量空气系数的最小值达到了 0.9。

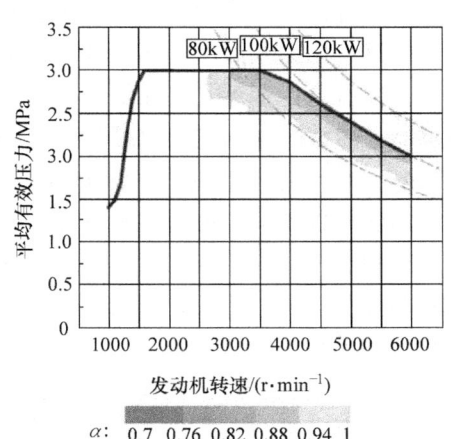

图 4-1　高负荷下的加浓

（5）急加速与急减速工况　在急加速与急减速工况下，理想的情况应是油气能够做到同步变化。实际汽车发动机大多数时间工作在不稳定工况下，一般而言，不稳定工况下的发动机性能比较稳定工况下的差，其主要原因就是由于混合气浓度等参数难以快速、实时地调节到最佳值。

三、进气道喷射

汽油喷射可按喷射位置分为进气道喷射和缸内喷射两类。进气道喷射（见图4-2）是目前常用的喷射方式，喷油器安装在进气道内，每缸一个喷油器，由电控单元控制喷油定时和与循环喷油量相关的喷油脉宽，喷射压力相对较低，为300~500kPa。

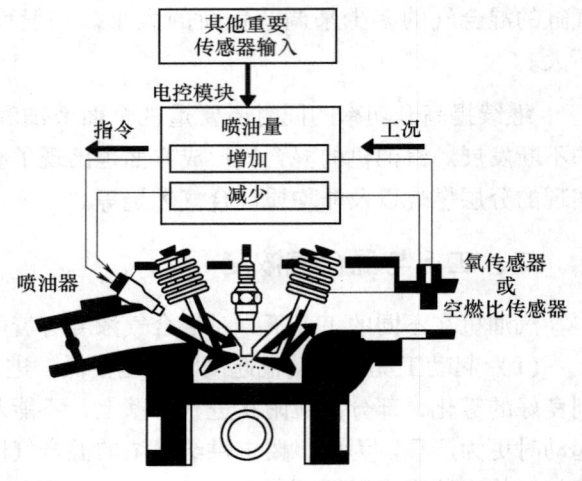

图4-2　进气道喷射

汽油喷射发展早期存在的单点喷射方式，只用一个喷油器将燃油喷入进气总管内，对汽油机各缸间的均匀性不利，进而影响到汽油机的性能，目前已基本不再采用。

汽油喷射系统和一般的电控系统一样可分为传感、控制和执行三个部分。

1. 汽油喷射系统的传感部分

传感部分用于感知发动机工作时一些重要参数的变化情况，包括了空气流量、节气门开度、排气中氧浓度、转速以及爆燃等传感器。其中比较有特色的有：

（1）空气流量的测定　空气流量是汽油机电控系统所需的重要参数，其测定有不同的方法。一种是直接采用空气流量传感器；另一种采用间接测定方式，即根据测定的发动机转速、进气压力及温度间接计算得到空气流量。一般认为，前者精度较高但成本也较高。

空气流量传感器安装在发动机的进气系统中，用于检测进气流量，最常见的空气流量传感器是热线式。其测量原理为：在进气通道内设置一发热体——由电流加热的铂金属丝（热线），由于空气的流动可带走热量，对热线起到冷却作用，而通过的空气流量越多，被带走的热量也越多，利用这种发热体与空气之间的热传导现象就可进行进气流量的测定。通过控制加热热线的电流大小来保证热线的温度与由进气空气温度传感器测得的空气温度之间的温度差为一定值，就可以得到空气流量与电流或电压（加热电流与热线电阻的乘积）之间的单一函数关系。

（2）混合气浓度的测定　氧传感器安装在发动机的排气系统中，用于检测排气中氧的浓度，从而间接测定混合气浓度，是实现混合气浓度闭环控制的关键部件。显然，排气中氧的浓度与混合气的过量空气系数有关，过量空气系数小于1时，氧将在燃烧过程中完全耗尽，不会再出现于排气中；过量空气系数大于1时，排气中将含有氧，混合气越稀，氧的浓度也越大。

目前应用较为广泛的氧传感器为二氧化锆（ZrO_2）氧传感器，图4-3所示为其结构示意图。氧传感器实质上是一种氧离子浓度电池，利用高温时大气和排气中氧离子的浓度差工作。

在起保护作用的金属保护套内部有一二氧化锆管（多孔性二氧化锆固熔体传感元件），管外侧与排气相接触，而管内侧与大气相连通。传感元件内部，氧离子从大气侧向排气侧扩散，在二氧化锆管内外壁面产生电动势。当汽油机混合气过浓时，排气中氧离子的浓度减小，二氧化锆管两侧的氧离子浓度差增大，产生较高的电动势；而当混合气过稀时，二氧化锆管两侧的电动势就较低。

在理论空燃比附近，排气中含极低浓度的 CO 和 O_2，这时产生的电动势较小且变化不明显。为了增强这一效应，通过在传感器外表面镀上氧化反应催化剂（铂）镀层的方法，使排气中的 CO 与可能存在的 O_2 进行氧化反应生成 CO_2，这样，传感器表面在 CO 过剩、不存在 O_2（浓混合气）与 O_2 过剩、不存在 CO

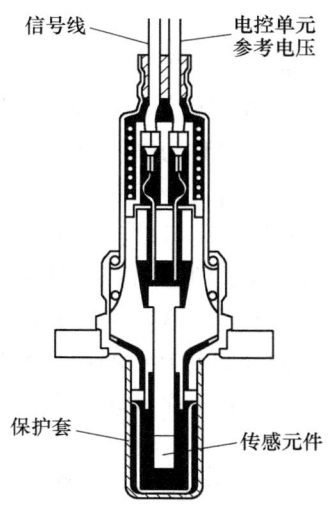

图 4-3 氧传感器的结构

（稀混合气）这两种情况之间变化，因而也使二氧化锆管两侧的浓度差与电动势能有急剧、明显的改变（见图 4-4）。对于以将混合气浓度保持在理论空燃比处为目的的闭环控制，氧传感器这种在理论空燃比附近电压阶跃变化的输出特性是有利的。当传感器输出低位电压（低于 200mV）时，电控单元便得知混合气偏稀并实时采取措施增加喷油量；而当传感器输出高位电压（高于 800mV）时，电控单元便得知混合气偏浓并减少喷油量。

氧传感器只有当温度达到一定值（约 300℃）后才能正常工作。当氧传感器不能正常工作时，电控单元将忽略所接受的信息，这时整个系统将开环运行。另一种处理方法是采用加热型的氧传感器，通过在二氧化锆管内侧增加陶瓷加热元件，通过加热使氧传感器达到所需的工作温度。

（3）爆燃传感器　爆燃传感器提供点火提前角闭环控制时所需的反馈信号，用以检测爆燃燃烧的发生及强度，从而根据需要调整点火提前角。从工作原理上来看，爆燃传感器就是一个振动加速度传感器，通常为压电式。爆燃燃烧将引起气缸内局部压力剧烈的

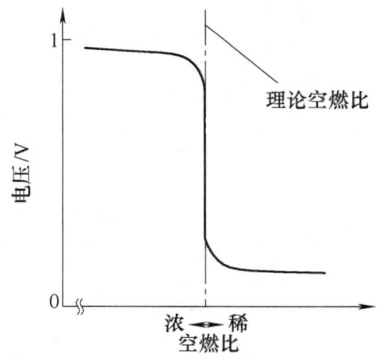

图 4-4 氧传感器的输出特性

高频振荡，这一压力振荡向外传递到机体，引起机体的机械振动。爆燃传感器一般就安装在气缸外一侧的机体上，利用压电晶体的压电效应，将机械振动转化为电压信号输出。

2. 汽油喷射系统的执行部分

执行部分主要是指喷油器，电控系统控制喷油器的喷油定时以及与循环喷油量相关的喷油脉宽，由电磁阀的通断来实现汽油喷射。

与柴油机不同，汽油机即使采用了汽油喷射，它也不是主要依靠喷射来形成混合气的，而更多的是依靠汽油本身的高蒸发性、气流运动、燃烧室周围零部件的高温等，因而

汽油喷射的喷射压力相对较低,为 300～500kPa。汽油喷射的索特平均直径的典型值约为 120μm。

汽油喷射通常为间歇喷射,按控制的复杂程度又分为同时喷射、分组喷射和顺序喷射三类(见图4-5)。同时喷射(图4-5a)的控制最为简单,在发动机的一个工作循环内各缸的喷油器同时动作喷射一次,它不需要上止点识别信号和各缸喷油器的独立驱动、控制。顺序喷射(Sequential Fuel Injection,SFI)(图4-5c)方式是目前应用较为普遍的一种方式,顺序喷射可以获得更好的性能。它根据气缸发火顺序独立地对每一喷油器进行控制,在最合适的时刻(一般在进气行程开始附近)喷入燃油。而分组喷射(图4-5b)则是一种介于同时喷射和顺序喷射之间的折中方案。

3. 汽油喷射系统的控制部分

控制部分又称为电控单元,它接收传感器的输入信息,经过处理后输出信息控制执行机构的动作。

汽油喷射系统中有开环控制与闭环控制两种控制方式,图4-6所示为两类控制系统的系统构成框图。

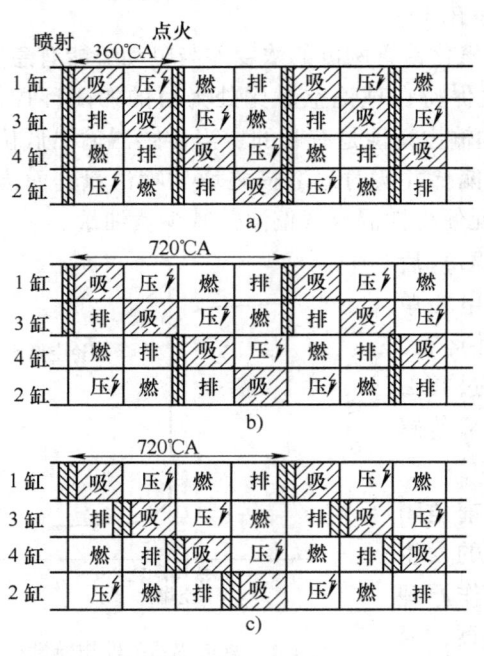

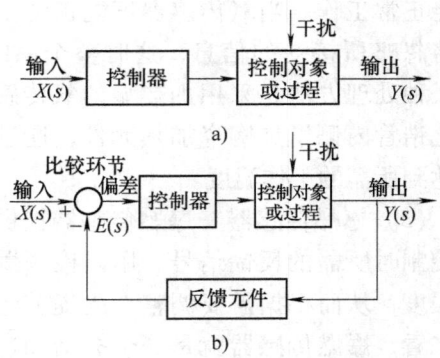

图4-5 三类喷射方式
a)同时喷射 b)分组喷射 c)顺序喷射

图4-6 两类控制系统
a)开环控制系统 b)闭环控制系统

开环控制系统只按给定的控制量进行控制,被控量在整个控制过程中对控制量不产生任何影响,即无反馈。其控制精度取决于系统中各元件的精度,一般系统较简单且不存在稳定性的问题,但精度也较低。

当系统的被控量与干扰无法事先预计时,应采用闭环控制系统。闭环控制系统是将被控量反馈到系统的输入端与控制量进行比较,得出误差信号,作为控制执行元件动作的依据,以消除由于各种干扰使被控量偏离期望值的偏差,提高了控制精度。同时,也提供了采用精度相对不太高的元件构成控制精度较高系统的可能性，但应解决好系统的稳定性。

在汽油机正常工作情况下，对混合气浓度进行闭环控制，即根据反馈的氧传感器信号对循环喷油量进行实时的修正调节。考虑到燃油的物理性能和喷油压力都为常量，喷油量就仅仅取决于喷油器的开启时间，即喷油脉宽。

利用氧传感器在理论空燃比附近输出电压的阶跃变化就可以对混合器浓度进行闭环控制。当混合气由稀变浓时，氧传感器输出电压阶跃上升，电控单元接收信号后发出反馈修正信号，通过缩短喷油持续时间来减少喷油量。为了提高反馈修正的动态响应，反馈修正系数可先减小某一定值再逐渐按阶梯形减小，直至混合气由浓变稀使氧传感器输出电压阶跃下降时，再由电控单元发出反馈修正信号，实现向反方向的调节。

在一些特殊的工况下，汽油喷射系统中则采用开环控制。例如，汽油机低温起动工况以及高速满负荷时需要较浓混合气的情况等。

发动机中的控制策略需要考虑各种不同的工况，这也是汽油喷射系统中的核心技术。作为示例，下面简介怠速工况控制与断油控制的基本控制策略。

（1）怠速工况控制　在怠速工况下，节气门完全关闭，这时汽油机需要一定的功率用于克服摩擦、驱动附件等，特别还有可能出现还有其他附加载荷的情况，例如，为提高转化效率而对催化转化器的加热等。为了使汽油机稳定运转，就必须对汽油机怠速工况下的混合气数量（空气量和喷油量）以及点火提前角进行控制与调节，这种混合气数量的调节相对于负荷调节是微小精细的。

图4-7所示为一种怠速工况控制的实例。在怠速工况下，汽油机除了通过节气门吸入一部分空气外，还通过与节气门并联的旁通管路吸取一部分空气，通过改变旁通管路的节流程度来调节吸入空气量的大小。实现调节的执行元件为一步进电动机驱动的节流锥。

怠速工况控制实质上是汽油机转速变化的反馈控制，当外部载荷增加时汽油机转速下降，这时通过将旁通

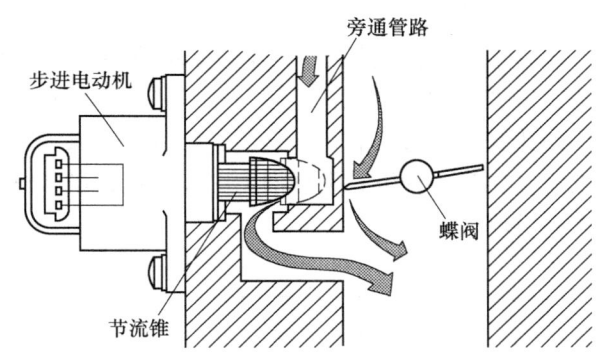

图4-7　怠速工况控制

管路的流通截面积调大来增加吸入的空气量，同时也增加相应量的燃油并对点火提前角作相应地调整，使汽油机的转速回升。在冷却液温度较低的暖机工况下，还须对汽油机转速进行校正，适当提高转速，即适当增加混合气的数量。

（2）断油控制　在某些工况下需要进行断油控制，这些工况包括：

在发动机减速时或在下坡道上行驶而不需要发动机输出功率（节气门全闭）同时发动机转速又超过一定值时，可切断燃油供给，再在发动机到达怠速工况之前恢复燃油供给。

在一些情况下，节气门并未完全关闭但燃油喷射量小于所设定的最小值时，停止向燃烧室内喷油，实行断油控制。还可以根据空燃比的反馈控制状态，设定或改变断油延迟时间、导入断油控制和重新恢复喷射等与燃油喷射有关的控制量。

有可能出现的一种情况是，断油控制后，发动机处于输出转矩为零的减速工况，之后如果断油控制实施条件的某一项不成立时又恢复燃油喷射，使发动机变成加速运行状态。若断油控制与恢复喷射交互相继进行，造成发动机转矩突变，会影响汽车行驶的平稳。为了改善这一现象，可采用各缸独立的断油控制方法，各缸分别控制断油以消除突变。

4. 汽油喷射的性能特点

从汽油机混合气形成的基本特征来看，无论是均质混合气还是负荷的量调节，汽油喷射和化油器并没有本质上的差异，只是在调节的准确性和快速性方面汽油喷射较化油器有了较大的改善。改善的主要原因一方面是原先由化油器承担的油量调节任务直接由电控的喷油器来完成，使燃油计量更准确；另一方面则是通过多个传感器实时了解发动机的运转情况，再由电控单元按照确定的控制策略实施调节。

与传统的化油器相比较，采用汽油喷射的特点主要包括：

1）混合气浓度的准确控制。
2）满负荷时由于取消了化油器喉管而提高了充气效率。
3）低速雾化性能的改进。
4）多点喷射改善了多缸均匀性。
5）过渡工况性能的提高。
6）制造成本提高，使用、维修要求高。

四、缸内直接喷射

20世纪90年代开始，科学技术的进步（特别是电子控制技术、计算流体力学等方面的快速发展）促成了缸内直喷汽油机的产品问世。图4-8所示为缸内直喷汽油机与常规汽油机的比较的示意图。有人认为，缸内直喷汽油机最终将完全取代目前常规的汽油喷射式汽油机。作为一种极具发展潜力的发动机，虽然已有多种产品问世并投入市场，但其技术仍处在发展之中。

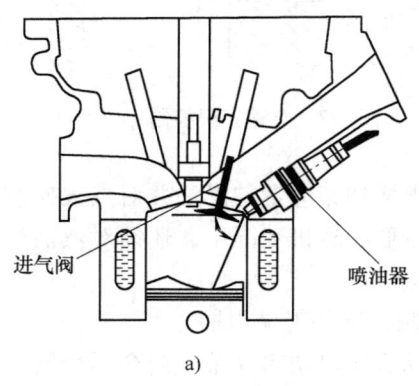
a)

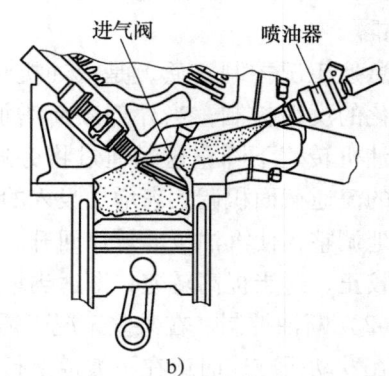
b)

图4-8 两类汽油机的比较
a) GDI – 汽油直接喷射 b) PFI – 进气道燃油喷射

缸内直接喷射需要较高的喷射压力，一般为5~10MPa，对喷油器的布置与燃烧室的配合也有较高要求。缸内直接喷射早期得到发展的是非均质混合气的分层燃烧，但目前，采用缸内直接喷射的均质混合气的预混燃烧也已在车用汽油机产品中有较多应用。

1. 稀薄燃烧与分层燃烧

汽油机与柴油机相比较，一般经济性是较差的，特别是在部分负荷工况下，其主要原因有：

1) 受爆燃燃烧的限制，汽油机压缩比较低导致指示效率难以提高。

2) 采用量调节，节气门的存在增加了泵气损失，使部分负荷工况下的机械效率受影响。

3) 三元催化转化器的应用要求汽油机按理论空燃比运行，中低负荷时难以通过稀燃来改善经济性。

稀薄燃烧概念（见图4-9）的提出及研究已有较长的历史。其基本思路是希望通过稀薄燃烧在一定程度上克服汽油机的上述缺陷，特别是减小泵气损失和提高压缩比，从而能较大幅度地提高汽油机的经济性。为了在稀混合气中实现稳定的着火和稳定、快速的火焰传播而避免出现较大转矩变动现象，采取的技术措施除了提高压缩比以外，主要还包括提高点火能量，加强缸内工质的运动和设计结构更紧凑的燃烧室等。当然，稀薄燃烧的实现仅限于部分负荷工况下，为保证足够的动力输出而在全负荷工况下是不能采用稀薄燃烧的。

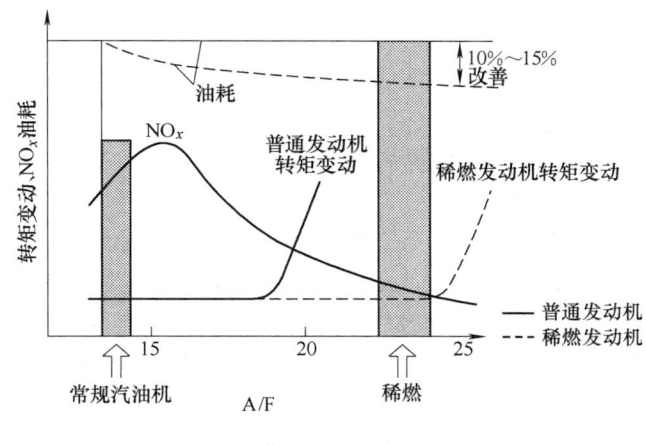

图 4-9 稀薄燃烧

研究表明，稀薄燃烧所碰到的主要问题还是稀混合气难以保证稳定地点燃着火，从而使发动机工作循环间的差异加大，影响其性能。为了解决这一问题，稀薄燃烧的进一步发展就是所谓的分层燃烧。

分层燃烧的基本思路是：在火花塞附近形成局部的浓混合气（空燃比 A/F 为 12 ~ 13），以保证良好的着火条件，而在缸内其他区域形成稀混合气（A/F > 20），以提高经济性并降低有害排放物的生成。

分层燃烧曾出现过多种不同的方案，其中一种如图4-10所示。图4-10所示为20世纪70年代出现的分层燃烧的方案，在主燃烧室的基础上增加了副燃烧室，并通过副进气阀向副燃烧室供入浓混合气，而主燃烧室内则供入稀混合气。火花塞首先点燃副燃烧室内的浓混合气，点燃的工质通过主、副燃烧室之间的狭窄通道喷入主燃烧室，再引燃主燃烧室内的稀混合气。虽然这种火焰束引燃的方式克服了稀混合气难以保证稳定点燃着火的问题，但也存在诸如传热损失和通道节流损失增加、全负荷输出功率受到影响等缺陷。

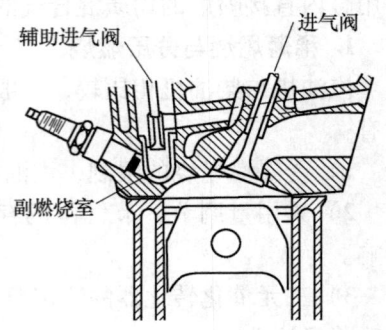

分层燃烧对燃油在缸内的分布要求很高，通常喷油时刻、点火提前角、空气运动、喷雾特性和燃烧室形状必须受到十分严格的控制，否则很容易出现燃烧不稳定等问题。而且，注意到汽车汽油机宽广的运转范围，转速、负荷都有大范围的变化，还有加速、减速等过渡工况，这种要求与控制的难度是很大的。这也是在缸内直喷汽油机出现之前，分层燃烧虽经过了大量的研究但始终未能走进市场的根本原因。

图4-10 一种分层燃烧的方案

2. 缸内直喷汽油机的混合气形成

在分层混合气的实现方式上（见图4-11），早期主要是以壁导向和工质运动导向为主的方式，壁导向方式一般以活塞顶部凹坑及以滚流为主的工质运动为主要特征。燃油喷入活塞顶部凹坑后，由活塞向上运动和气流的共同作用将燃油送至火花塞附近。工质运动导向方式即以涡流或滚流为主的工质运动在混合气形成中起主要作用，燃油一般喷向火花塞附近。

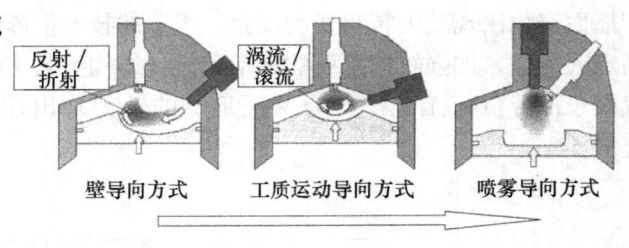

图4-11 分层混合气的实现方式

近年来以喷雾导向方式为主的"第二代"燃烧系统也已得到较快的发展，喷雾导向方式中喷油器一般安装在燃烧室中央，而火花塞安装应布置在喷油器附近，燃油喷射在混合气形成中起到主要作用。这就对燃油喷射系统提出了更高的要求，包括更高的喷射压力、更好的燃油雾化、油束射程的控制等。更准确、快速地控制油束特性可以获得更好的经济性与排放性能。

缸内直喷汽油机在气流运动的组织方面不仅要求有宏观的、可控的工质运动来满足生成分层混合气的需求，而且要求有微观的、较强的湍流来促进混合形成与燃烧。

图4-12所示为一些缸内直喷汽油机不同的混合气形成方式。图4-12a所示为喷油器位于燃烧室中央，气流运动主要为涡流的混合气形成方式；图4-12b所示为火花塞位于燃烧室中央，气流运动主要为涡流的混合气形成方式；图4-12c所示为气流运动以滚流为主的混合气形成方式；图4-12d所示为气流运动以挤流为主的混合气形成方式。

汽油喷射系统是缸内直喷汽油机的关键部件之一，油束与缸内流场之间的良好匹配十分重要，而且必须在汽油机的整个工作范围之内都能实现这种良好匹配。为保证良好的油束雾化以及克服压缩行程后期较高的缸内压力而保证一定的油束射程，需要较高的喷射压力。据统计，目前喷射系统压力在4.0~13.0MPa的范围内，并较多地集中在5~10MPa

的范围内,其索特平均直径的典型值约为 16μm。同时汽油喷射在混合气形成中起重要作用,不同工况下还有不同要求,燃油喷射系统至少有两种(部分负荷下实现分层燃烧的较晚喷油工作模式和全负荷下实现均质混合气燃烧的进气行程中喷油的工作模式)或更多的工作模式。

从汽油喷射系统来看,技术发展的趋势也与柴油机相似,集中在更高的喷射压力(7.0~10.0MPa 或更高)、更好的油束雾化、控制油束的射程以及喷射规律的柔性化等方面。

从所组织的缸内工质运动的形式来看,有着涡流、滚流和挤流等多种形式,研究表明,由活塞形状和运动所形成的挤流仅在上止点附近才较为明显,不能起到主要作用,一般作为一种辅助形式应用。不论是以涡流为主还是以滚流为主的缸内工质运动形式,都可以通过与喷射系统与燃烧室形状的匹配取得满意的效果。缸内工质运动的强度通常与发动机转速有一定的关系,但不一定能满足混合气形成的要求,因而在进气系统中可变进气涡流的控制也应用较多,在四气门汽油机中,通常通过在副进气道上增加蝶阀并控制其开启与关闭来实现。当然,对于缸内直喷汽油机更为重要的是系统的良好匹配和在各种工况下的性能优化。

图 4-13 所示为缸内直喷汽油机与常规汽油机燃烧过程的比较。缸内直喷汽油机与常规汽油机的空燃比分别为 27 和 14.7。从图中可以看到,与常规汽油机相比较,缸内直喷汽油机的压缩过程中的缸内压力和最大爆发压力有明显的提高,这主要应是由于进气量与压缩比提高的缘故。而且其燃烧放热规律更为理想,燃烧过程的持续时间有一定程度的缩短,燃烧较为迅速,点火提前角也可

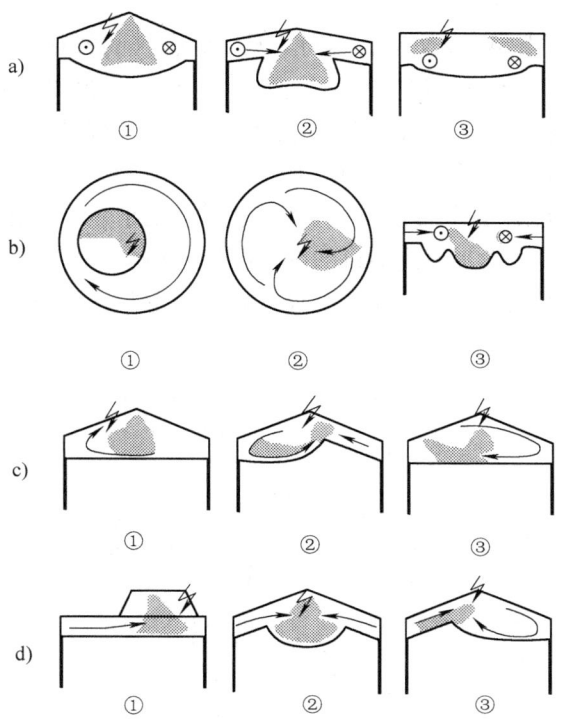

图 4-12 不同的混合气形成方式

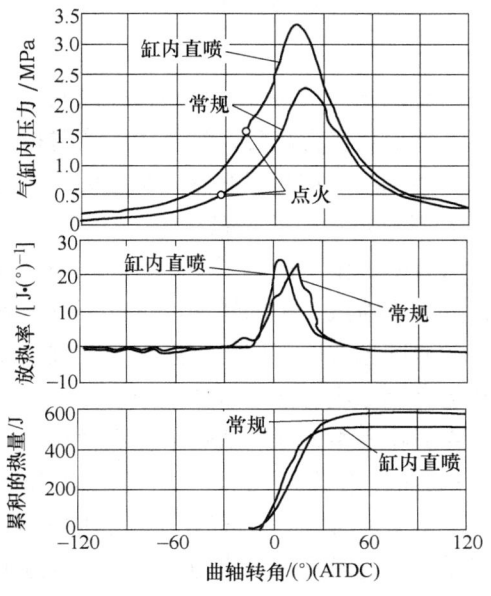

图 4-13 燃烧过程的比较

适当减小。

3. 缸内直喷汽油机的变工况控制

图 4-14 所示为不同工况下混合气的特征。部分负荷下在压缩行程后期喷油（较晚喷油），生成分层混合气，空燃比 A/F 可达 25 以上；接近满负荷时在进气行程早期喷油（较早喷油），生成均质混合气，空燃比保持在理论空燃比附近；而在两者之间有一混合气较稀的均质混合气的过渡区域。图 4-14 中还绘出了汽车变速器为五档时的发动机运行线，可见在常用工况下，汽油机基本上处于非均质混合气的分层燃烧工作模式。

缸内直喷汽油机的变工况控制通常还包括废气再循环的控制。图 4-15 所示为不同工况下混合气的特征。废气再循环的主要作用为控制氮氧化合物有害排放，此外对减小泵气损失也是有利的。

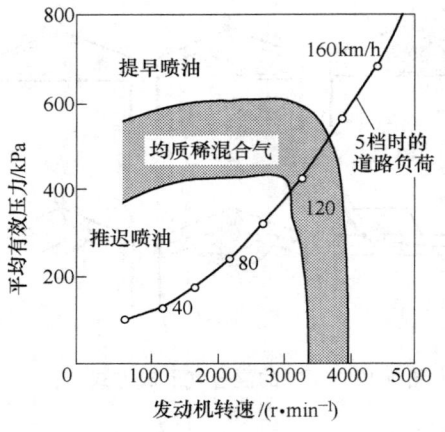

图 4-14　不同工况下混合气的特征

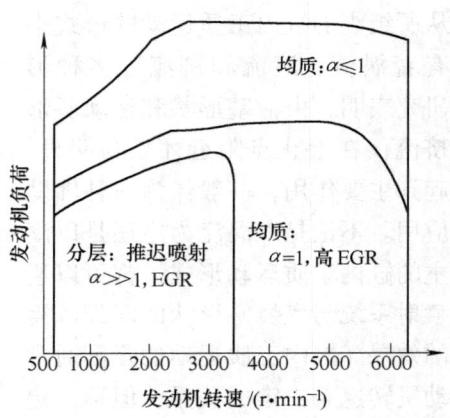

图 4-15　加入废气再循环时不同工况下混合气的特征

缸内直喷汽油机从设计到运行中的实时控制都是较为复杂的，在设计中一般均应用计算流体力学工具进行优化，运行中的实时控制包括了喷油时刻和涡流强度的控制，以使汽油机在不同工况下均能够有令人满意的性能。

4. 与常规汽油机的性能比较

实践表明，由于提高了压缩比，减小了泵气损失以及燃油在混合气形成过程中吸热等原因，缸内直喷汽油机的燃油经济性可以得到明显提高。根据具体工况的不同，燃油经济性提高的幅度也有所不同，一般认为，缸内直喷汽油机可以提高燃油经济性 15%~20%，并具有提高燃油经济性 25% 的潜力。

表 4-1 和表 4-2 分别从热平衡和耗功变化的角度表示了缸内直喷汽油机与常规汽油机进行比较的理论计算结果。计算工况为汽油机转速为 2000r/min，平均有效压力为 0.2MPa。计算中发动机的有效功率和摩擦损失功率不变，通过增大节气门开度来提高过量空气系数，此时充气效率与节气门开度近似成正比关系。当过量空气系数 α 为 1.3，燃油经济性的改善幅度为 5%，废气带走的热量和传递给冷却介质的热量分别下降了 6% 和 8%；当过量空气系数 α 为 3.4，燃油经济性的改善幅度为 23%，废气带走的热量和传递

给冷却介质的热量分别下降了 26% 和 42%，对燃油经济性改善的贡献分别为 10.8% 和 12.5%。

表 4-1 缸内直喷汽油机与常规汽油机的比较（热平衡）

	废气带走热量的变化	传递给冷却介质热量的变化		
		合　　计	换气过程部分	其余部分
$\alpha=1$	Basis	Basis	Basis	Basis
$\alpha=1.3$	-6%	-8%	-19%	-4%
$\alpha=3.4$	-26%	-42%	-92%	-23%

表 4-2 缸内直喷汽油机与常规汽油机的比较（耗功变化）

	缸内高压阶段耗功	泵气损失	燃油经济性改善
$\alpha=1$	Basis	Basis	Basis
$\alpha=1.3$	-6%	-30%	5%
$\alpha=3.4$	-20%	-95%	23%

常规汽油机通常在进气阀尚未打开时就开始将燃油喷入进气道内，在其附近的进气道以及进气阀等壁面上形成油膜，这将造成喷入燃油到其参与燃烧过程的延迟，也影响到喷油量以及混合气浓度的精确控制，特别是在汽油机冷起动、加速等过渡工况下这种现象尤为明显。缸内直喷汽油机由于避免了在进气管和进气道壁面上形成油膜，因而可以改善冷起动和加速性能，用于混合气加浓的燃油可以减少，排放特性改善，同时更精确的喷油量控制也有利于各缸均匀性的提高。图 4-16 所示为缸内直喷汽油机与常规汽油机冷起动过程的比较。从图中可以看到，缸内直喷汽油机的空燃比约为 14.5，而常规汽油机的混合气则要浓得多，空燃比不大于 13。与常规汽油机相比较，缸内直喷汽油机在冷起动过程中的未燃碳氢化合物的排放量也大大减少了。

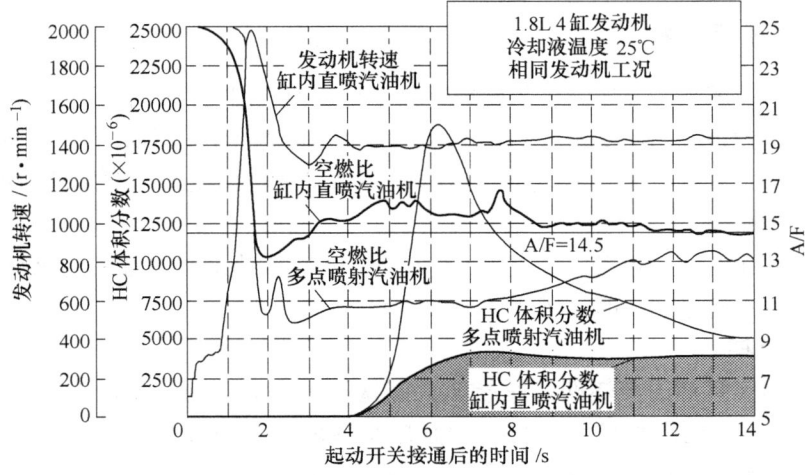

图 4-16　冷起动过程的比较

燃油在混合气形成过程中的吸热也对充气效率的提高有利。

由于在满负荷时缸内直喷汽油机也是形成均质混合气，因而其升功率与常规汽油机相当。

与常规汽油机相比，一般缸内直喷汽油机在低负荷工况下 HC 排放量会较高，而在高负荷工况下 NO_x 排放量会较高。更重要的是由于稀混合气的缘故，三元催化转化技术难以应用，NO_x 排放的控制成为难题，同时由于有非均质混合气的燃烧，因而还出现了微粒排放的问题。可以认为，能否更有效地满足日趋严格的排放法规是影响缸内直喷汽油机今后发展的决定性因素，目前采取的一些主要控制排放措施与柴油机类似，在第三章中已做讨论。

5. 采用均质混合气按理论空燃比工作的缸内直喷汽油机

另一类缸内直喷汽油机是采用均质混合气按理论空燃比工作的缸内直喷汽油机。与进气道喷射相似，在所有工况下均采用均质混合气，控制混合气按理论空燃比工作。一般为增加油滴蒸发和混合气形成的时间，在进气过程中就将燃油直接喷入缸内，同时要求喷雾油滴平均直径能达到 20μm 甚至 15μm 以下，以形成均质混合气。

采用均质混合气按理论空燃比工作的缸内直喷汽油机可以充分利用喷雾油滴蒸发从周围空气中吸热的效应，在一定程度上降低缸内工质的温度，从而有利于传热损失的降低、爆燃燃烧倾向的减小以及充气效率的提高，从而提高有效效率。

采用均质混合气按理论空燃比工作的缸内直喷汽油机可以实现更精确的燃油喷射，避免了进气道喷射中出现的由于燃油喷射到气道壁面上不能及时蒸发而产生进入气缸的喷油量滞后的问题，带来汽油机过渡工况的性能改善。

采用均质混合气按理论空燃比工作的缸内直喷汽油机虽然有效效率提高较小，并且成本有所提高，但仍能带来诸多好处，特别是避免了微粒的生成以及三元催化转化器技术难以应用的排放问题，可以看成是进气道喷射汽油机的改进。

第二节 汽油机燃烧过程

一、正常燃烧过程

利用实测示功图来研究发动机的燃烧过程，是一种实用、有效的方法。而在研究燃烧过程时通常采用的是展开示功图，即 p-φ 图，汽油机典型的 p-φ 图如图 4-17 所示。图中分别绘出了在燃烧（实线）和没有燃烧（虚线）的情况下缸内压力随曲轴转角的变化曲线，后者一般称为压缩线。

为研究方便起见，一般根据缸内压力变化的特点，人为地将汽油机的燃烧过程划分成三个阶段，即着火延迟期、明显燃烧期和后燃期。

1. 着火延迟期

着火延迟期（又称为滞燃期）是指从火花塞开始点火至燃烧室内形成明显的火焰核心，在 p-φ 图上着火延迟期的终点可认为是燃烧室内压力明显脱离压缩线开始上升的时刻。以秒和曲轴转角为单位的着火延迟期，一般分别用 τ_i 和 φ_i 表示。

在着火延迟期中，通过火花塞放电将外部能量加给局部的混合气，使其温度升高到足以产生连续的火焰传播过程。火花塞放电时最高电压为 25~40kV，击穿电极间隙的混合气，造成电极间电流的通过，最大电流约为 200A，持续时间极短，约为 10ns。电火花释放的能量多在 40~80mJ，局部温度可达 3000K，使电极附近的混合气立即点燃，形成火焰核心，火焰向四周传播，气缸压力开始脱离压缩线开始急剧上升。

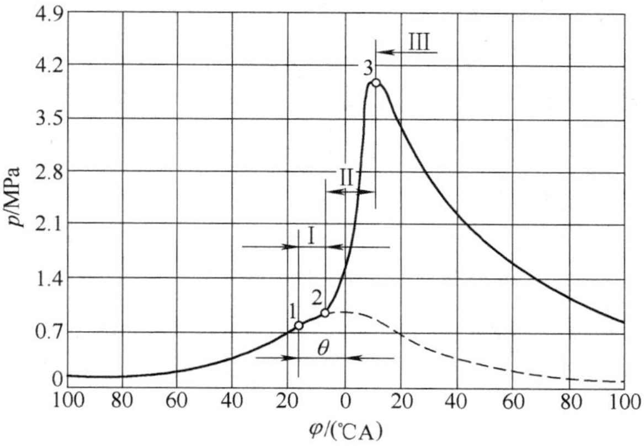

着火延迟期的长短与燃烧室内（特别是火花塞附近）混合气的浓度、残余废气量的多少、点火能量和气体的运动状况有关。开始点火时燃烧室内的压力与温度也有着一定的影响。

希望着火延迟期的长短能保持稳定（对汽油机循环间的燃烧差异现象有影响），并在可能的情况下尽量缩短。

图 4-17 汽油机的燃烧过程 p-φ 图
Ⅰ—着火延迟期　Ⅱ—明显燃烧期　Ⅲ—后燃期

2. 明显燃烧期

明显燃烧期（又称为火焰传播期）是指从燃烧室内形成明显的火焰核心直至火焰基本传遍整个燃烧室，是汽油机的主要燃烧阶段。在示功图上明显燃烧期的终点可认为是燃烧室内压力达到最大值的时刻。

图 4-18 所示为汽油机燃烧过程中的火焰传播情况。在均质混合气中，当火焰核心形成之后，火焰向四周传播，形成一个近似球面的火焰层，即火焰前锋，从火焰核心开始层层向四周的未燃混合气传播，直到连续不断的火焰前锋扫过整个燃烧室。火焰前锋相对于未燃混合气向前推进的速度称为火焰速度，用 U_T 表示。火焰速度 U_T 是决定明显燃烧期长短的主要因素，现代汽油机的 U_T 可高达 50~80m/s。U_T 的大小取决于层流火焰速度（约在每秒几十厘米到几米之间）和混合气湍流状态等。

汽油机中的燃烧，特别是明显燃烧期内的燃烧具有预混燃烧的显著特征，燃烧速率取决于燃烧的化学反应速率。因此，通过燃烧室中适度的工质湍流运动来提高火焰传播速度，在汽油机燃烧过程的优化中是十分重要的。

缸内的湍流运动一般由具有一定运动方向的涡流运动和无数小气团的无规则脉动所组成，这些由气体质点所组成的小气团大小不一，流动的速度、方向也不相同，但宏观流动

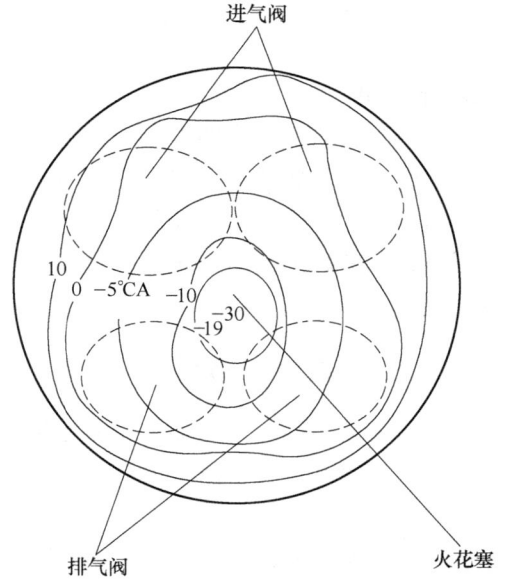

图 4-18 汽油机燃烧过程中的火焰传播

方向则是一致的。这种湍流运动使平整的火焰前锋表面严重扭曲，甚至分隔成许多燃烧中心，导致火焰前锋燃烧区的厚度 δ 增加，火焰速度加快。可见，加强燃烧室的湍流尤其是微涡流运动，会使火焰速度有效地增加，这是提高汽油机燃烧速度最重要的手段。图 4-19 所示为在不同的湍流强度下火焰前锋燃烧区的厚度 δ 的差别。

因为绝大部分燃料在这一阶段燃烧，此时活塞又靠近上止点，所以气缸压力迅速上升。与柴油机相同，一般用明显燃烧期的平均压力升高率 $\Delta p/\Delta \varphi$（MPa/°CA）以及最大压力升高率 $(dp/d\varphi)_{max}$ 来表示压力变化的急剧程度。

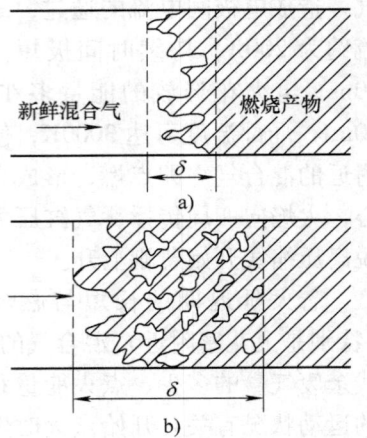

图 4-19 湍流强度对火焰前锋燃烧区厚度 δ 的影响
a) 低湍流强度 b) 高湍流强度

明显燃烧期是汽油机燃烧的主要阶段。明显燃烧期持续较短，意味着燃烧迅速且靠近上止点，将使汽油机有较好的动力性与经济性，但另一方面也会导致燃烧室内的压力上升速度较快，由此引起汽油机工作粗暴、噪声与振动较大等问题，所以应尽可能兼顾两方面的要求。

一般汽油机的明显燃烧期占 20°～30°CA，起点与终点基本对称于上止点，燃烧最高压力出现在上止点后 10°～15°CA，$\Delta p/\Delta \varphi = 0.175 \sim 0.25$ MPa/(°CA) 为宜。

增大未燃混合气密度，可以提高燃烧速度，因此增大压缩比和进气压力等均可加大燃烧速度。此外，混合气浓度、缸内的温度和压力等因素也都会影响到明显燃烧期的长短。

3. 后燃期

后燃期是指明显燃烧期以后的燃烧，难以确定明确的终点。有一小部分在火焰前锋面后未能及时燃烧的燃料以及壁面附近的燃料在后燃期内进行燃烧，同时还有高温分解的燃烧产物重新氧化，也放出一部分热量。

后燃期中的燃烧已离上止点相对较远，导致燃烧放出热量的利用率下降，因而应尽量缩短后燃期。

二、汽油机的爆燃燃烧

汽油机正常燃烧过程是唯一地由定时的火花点火开始，且火焰前锋以一定的正常速度传遍整个燃烧室的过程。而汽油机中还存在着不正常燃烧现象。不正常燃烧主要是指爆燃燃烧。

爆燃燃烧是汽油机中由于在火焰传播过程中末端混合气自燃而产生的非正常燃烧现象（见图 4-20）。

爆燃燃烧产生的机理是：在正常火焰传播的过程中，处在最后燃烧位置上的那部分未燃混合气（常称为末端混合气），受到压缩和辐射热的作用，加速了先期反应。在火焰前锋尚未到达之前，部分末端混合气已经自燃，使局部压力、温度急剧上升，并伴随有冲击波（见图 4-21）。

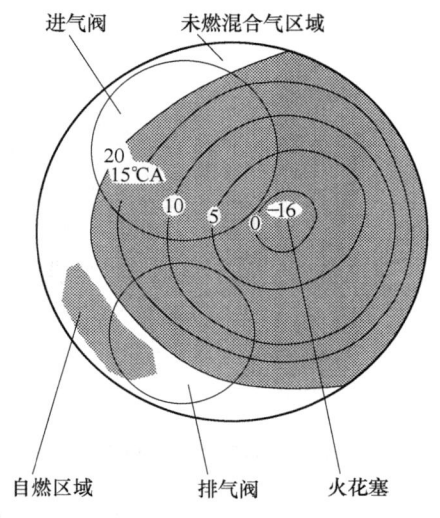

图 4-20 汽油机燃烧过程中的爆燃燃烧

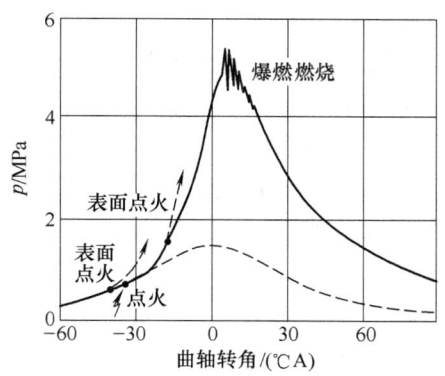

图 4-21 汽油机的爆燃燃烧

压力冲击波反复撞击缸壁，发出尖锐的敲缸声，严重时破坏缸壁表面的附面气膜和油膜，使传热增加，气缸盖和活塞顶温度升高，冷却系统过热，汽油机功率减少，耗油率增加，甚至造成活塞、气门烧坏，轴瓦破裂，火花塞绝缘体破坏，润滑油氧化成胶质及活塞环粘在槽内等故障，故汽油机不允许在严重爆燃燃烧的情况下工作。

汽油机发生爆燃燃烧时的外部特征是：气缸内发出特别尖锐的金属敲击声，也称为敲缸。轻微的爆燃燃烧（爆燃燃烧的燃油小于燃烧过程中全部燃烧燃油的5%）由于接近等容燃烧，发动机功率会有所上升，油耗有所下降。但严重时，会产生冷却液过热，发动机零部件损坏、功率下降和油耗上升等问题，成为一种极其有害的不正常燃烧。

由于汽油机中爆燃燃烧的存在，限制了压缩比的提高以及增压技术的应用，成为汽油机燃烧中的"难题"之一。

爆燃燃烧的控制措施可根据其产生机理从内因与外因两个方面来考虑：

（1）内因 爆燃燃烧是混合气自燃引起的，从内因方面考虑，就是要使混合气不易于产生自燃。其影响因素包括燃料性质，缸内的压力和温度等。

在燃料性质方面，可通过使用抗爆性能好，即辛烷值高的汽油来降低爆燃燃烧的倾向。

控制缸内压力和温度的升高可以降低爆燃倾向。最有效的措施是降低压缩比，这也是汽油机压缩比相对较低的根本原因，也使汽油机的性能受到一定的影响，特别是经济性方面。

适当减小点火提前角也是目前控制爆燃燃烧的常用方法，点火提前角的调节可以在汽油机运行时由电控系统根据爆燃传感器感知的信号进行闭环控制。

此外，气缸盖、活塞等使用铝合金等导热性较好的材料，也有利于减小爆燃燃烧倾向。

（2）外因 若缩短火焰传播到末端混合气的时间，使末端混合气在完成自燃准备之前就开始正常燃烧，就不会存在爆燃燃烧的问题了。而缩短火焰传播的时间，又可以从缩短火焰传播的"路程"和提高火焰传播的速度着手。

缩短火焰传播的"路程"有可能采取的措施与汽油机燃烧室布置有关，如燃烧室结构尽可能地紧凑，火花塞尽量布置在燃烧室中央位置，在实际产品中，还可以见到布置双火花塞的实例（见图4-22）。

显然，爆燃燃烧还限制了汽油机在大功率范围内的应用。气缸直径较大时，火焰传播距离增加，爆燃燃烧倾向增大，所以一般汽油机的缸径都不大于100mm。

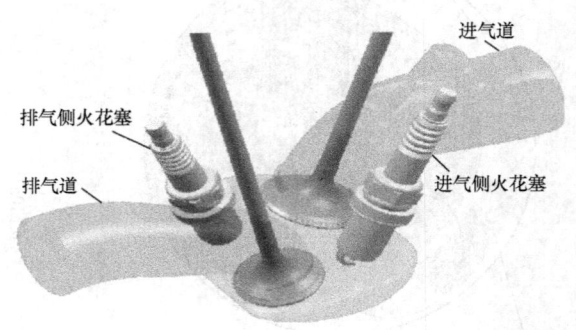

图4-22 双火花塞的汽油机燃烧室布置方案

同时，缸径较小的汽油机，由于相对不易于产生爆燃燃烧，因而压缩比一般也较高一些。

另一方面，提高火焰传播的速度主要与组织适当的混合气运动有关。

三、汽油机的燃烧差异现象

燃烧差异现象，是指汽油机中同一气缸不同工作循环之间的燃烧差异以及多缸汽油机中各缸之间的燃烧差异，这是汽油机燃烧过程的特征之一。下面分别加以讨论。

1. 工作循环之间的燃烧差异

工作循环之间的燃烧差异是指汽油机以某一工况稳定运转时，循环的燃烧过程不断变化，具体表现在缸内火焰传播情况、缸内压力变化情况以及汽油机输出有效功率等方面的循环间差异。

图4-23a所示为对一1L车用汽油机测试得到的100个工作循环中气缸压力的变化情况，汽油机的测试工况为转速3000r/min，50%的负荷率。图4-23b所示为通过计算分析得到的每一工作循环中燃料燃烧50%时所对应的曲轴转角。这一点又称为"燃烧中点"，一般认为应控制在上止点后8°CA左右为好。从图中可以见到，工作循环之间的燃烧差异是较明显的，燃烧中点在大约10°CA的范围内变动。这种工作循环之间的燃烧差异使汽油机点火提前角等参数的调整，对每一循环而言都难以调节到最佳状态，因而在不同程度上影响到汽油机的性能。

工作循环之间的燃烧差异主要是由于点火瞬间火花塞附近混合气性质（浓度、残余废气量）与状态的变化造成的。

由于工作循环之间的燃烧差异，每循环的示功图是不同的，任一循环的示功图都难以代表汽油机燃烧过程的实际情况。为了获得用来进行燃烧过程分析的示功图，通常采用多循环（可取数十个循环）采样测量，再平均化处理（对每一曲轴转角求压力平均值）的方法。

为减小工作循环之间的燃烧差异，可以考虑适当加大点火能量，改善缸内工质运动等技术措施。

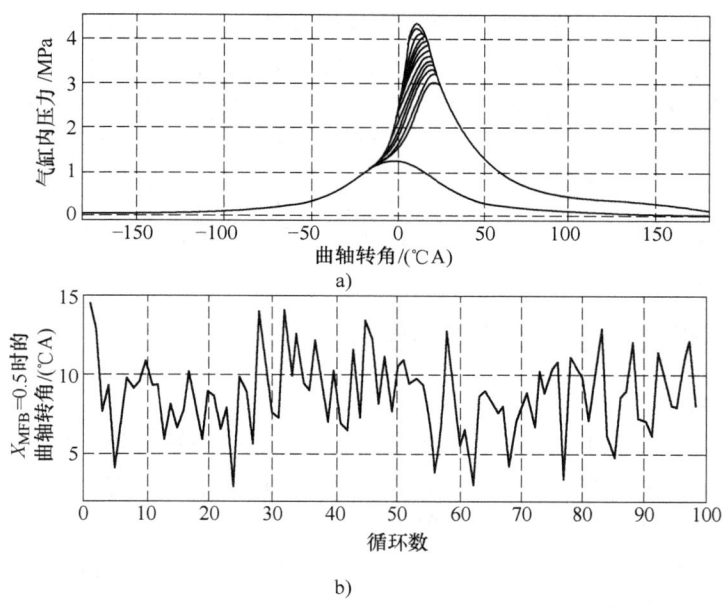

图 4-23 汽油机工作循环之间的燃烧差异

工作循环之间的燃烧差异的一种较严重的情况就是汽油机出现随机性断火（misfire）。在混合气过稀、缸内温度过低以及残余废气量过大等情况下，都有可能产生随机性断火。由于随机性断火不仅会使发动机性能下降和工作不稳定，还会显著增加 HC 有害排放，近年来得到重视，并在车载诊断系统中加以监测。

2. 各缸之间的燃烧差异

由于外部混合，在汽油机进气道（进气管）内存在着空气、燃料蒸气、各种比例的混合气，大小不一的雾化油粒以及沉积在进气管壁上厚薄不同的油膜，情况非常复杂，要想让它们均匀分配到各个气缸是很困难的。另外，各缸进气支管的差别（不对称、流动阻力、流动惯性等的不同），各缸间进气重叠引起的干涉等现象，均导致各气缸进气量、进气速度以及气流的湍流状态等不能完全一致。如果在同一发动机不同的气缸测取示功图，得到的结果在一定程度上也存在差异。这一情况，即各气缸之间的燃烧差异，特别在单点喷射或化油器式汽油机中较为明显。

各气缸之间的燃烧差异主要是由于进气充量在质量、数量两方面存在各缸之间的不均匀造成的，可通过图 4-24 的示例来加以说明。一四缸汽油机，发火顺序为 1—2—4—3，1、2 缸和 3、4 缸分别用一进气支管连接，再与进气总管连接，喷油器安装在进气总管上。由于在一根进气支管中，1、4 缸先于 2、3 缸进

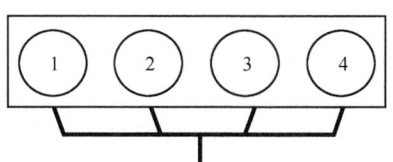

图 4-24 各气缸之间的燃烧差异

气，后进气的气缸有可能利用先进气的气缸在支管中的气流惯性，因而进气充量会较多，但部分液态燃料（特别是附于管壁上的）的蒸发、汽化时间较短促，会使混合气较稀。总而言之，同一进气支管连接的气缸，先进气的可能相对混合气较浓而进气充量较少，如实

例中的 1、4 缸，后进气的可能相对混合气较稀而进气充量较多，如实例中的 2、3 缸。

各缸混合气在质量、数量上的差异，使得各缸不可能在最佳状况下工作，会影响汽油机动力性、经济性及排放等方面的性能。采用电控多点汽油喷射对控制各缸之间的燃烧差异可以起到良好的作用，此外，进气系统的设计改进也是常考虑的技术措施之一，例如，在进气管的设计中尽可能消除不对称和流动阻力不同的情况，通过计算机仿真优化进气系统的管长、管径等几何参数，减小进气系统各零部件的制造误差以及减小进气系统各零部件对制造误差的敏感程度等。

四、汽油机燃烧过程的主要影响因素

1. 点火提前角

点火提前角是火花塞开始发出电火花时相对上止点的曲轴转角。点火提前角的大小实际上决定了燃烧过程进行的早晚，是影响汽油机燃烧过程最主要的因素之一，也是汽油机开始采用电控技术后首先考虑进行控制的参数。

当汽油机保持节气门开度、转速以及混合气浓度一定时，汽油机动力性和经济性指标随点火提前角改变而变化的关系，称为点火提前角调整特性，如图 4-25 所示。对应于每一工况都存在一个"最佳"的点火提前角 θ，这时汽油机具有最佳的动力性和经济性。

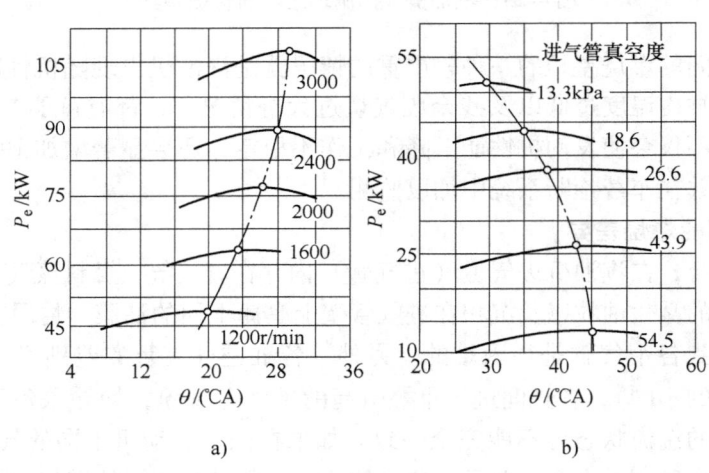

图 4-25 汽油机点火提前角调整特性
a）不同转速下调整 b）不同负荷下调整

不同点火提前角的 p-φ 图如图 4-26 所示。点火提前角过大，则燃烧过程提早进行，部分混合气在压缩行程中燃烧，活塞所消耗的压缩负功增加，而且会导致燃烧的最高压力与温度过高，使爆燃燃烧的倾向也加大。而点火提前角过小，则使燃烧过程拖延到膨胀行程中进行，燃烧放出热量的利用率下降，同样影响汽油机的动力性与经济性。未能得到充分利用，未能转化为活塞膨胀功的部分热量还会使燃烧室周围以及排气系统的温度上升，零部件的热负荷增大。

最佳点火提前角随着汽油机工况的不同而不同，一般调节的趋势是：随转速的上升应加大点火提前角；随负荷的增大应减小点火提前角。

转速的上升一般会使着火延迟期所占曲轴转角加大，以曲轴转角计算的燃烧过程也可能会延长，为保证燃烧过程的及时进行可加大点火提前角。

负荷增大时，伴随着节气门的开度增大，缸内新鲜充量相对增加与残余废气量相对减少均使着火延迟期缩短，因而可适当减小点火提前角。

此外，点火提前角的调整作为控制汽油机爆燃燃烧的有效手段得到广泛应用，适当减小点火提前角，可降低缸内的最高压力与温度，从而减小汽油机爆燃燃烧的倾向。

通过多个工况点火提前角调整特性的测定，得到在各个工况下最佳的点火提前角，通常称为"Map 图"，如图 4-27 所示。将其存入电控单元的存储器中，在汽油机运行中，可采用"查表"的方式求出给定工况下最佳的点火提前角，再根据冷却液温度等进行微量修正后对点火提前角进行实时调节。上述控制方法为开环控制，较为简单。随着电控技术的发展已有多种更有效、完善的控制方法。例如，可控制爆燃燃烧的闭环反馈控制，可根据爆燃传感器等信号的反馈实时地对点火提前角进行调节，保证在不出现爆燃燃烧的情况下使汽油机达到最佳的动力性与经济性。

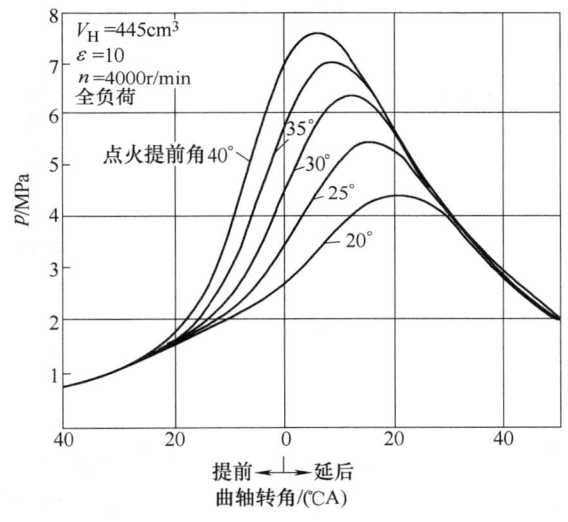

图 4-26　不同点火提前角的 $p\text{-}\varphi$ 图

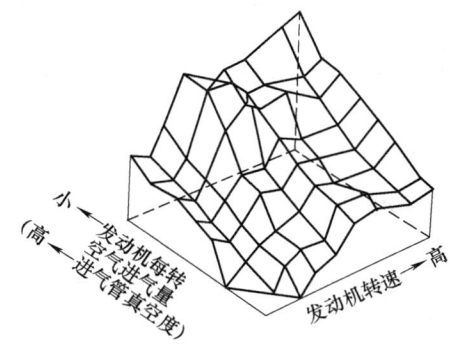

图 4-27　最佳的点火提前角（Map 图）

当然，在对点火提前角的控制中还应考虑对发动机有害排放方面的影响。

2. 燃料性质

影响汽油机混合气形成和燃烧的燃料性质主要是指汽油的抗爆性能和蒸发性能。

汽油的抗爆性能，即避免发生爆燃燃烧的能力，用辛烷值来评价。测定燃料的辛烷值是在专用的实验发动机上按特定的规程进行的。测定时，用容易爆燃的正庚烷（辛烷值为 0）和抗爆性好的异辛烷（辛烷值为 100）的混合液体与被测定的燃料作比较，当混合液体与被测定燃料的抗爆性相同时，则混合液体中异辛烷含量的体积百分数就是被测定燃料的辛烷值。汽油的辛烷值越高，则抗爆燃能力越强，国产汽油就是以辛烷值来标号的，例如 93 号汽油，其辛烷值就为 93，即其抗爆性能与 7% 正庚烷和 93% 异辛烷的混合液体相当。

根据测定辛烷值时的试验工况不同，测定方法有研究（Research）法与马达法（Motor）两种，测定的辛烷值分别记为 RON 和 MON。研究法所规定的实验发动机转速和可燃混合气温度较低，点火提前角不变。对于同样的燃料用不同的方法测定，测得的 RON 要较 MON 高。目前，我国的汽油辛烷值采用的是研究法辛烷值 RON。

汽油辛烷值的大小与汽油的组分、炼制流程以及添加剂等有关。一般辛烷值越高，其炼制成本也越高。四乙基铅等添加剂能有效地提高汽油的抗爆燃能力，但这又会排出有毒的含铅物质污染大气并影响催化剂的使用，我国和世界上大多数国家一样，已禁止含铅汽油的使用。

汽油的蒸发性能用馏程和饱和蒸气压来评价。汽油机其他石油产品是多种烃类的混合物，没有一定的沸点，随着温度的上升，按照馏分由轻到重逐次沸腾。汽油馏出温度的范围称为馏程。可在专门的实验装置（图4-28）中测定不同百分比汽油馏出的馏出温度。实验是将一定量的燃油放入容器内，加热产生蒸气，经冷凝器燃油蒸气凝结并滴入量筒内。随着温度的逐渐升高，馏出的燃油量也会不断增加。依次测定对应一定馏出燃油量的温度，可绘出温度与馏出燃油量百分数的变化关系曲线。

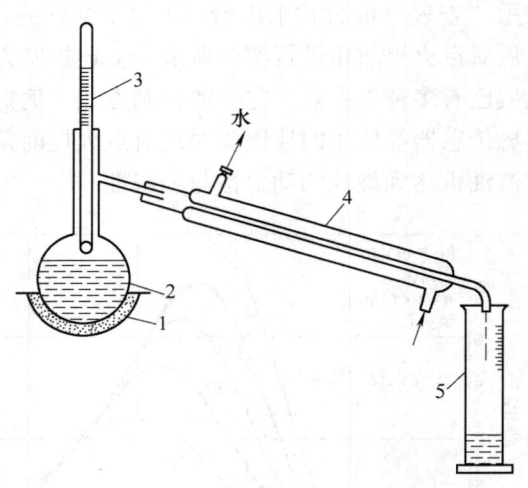

图4-28 汽油蒸发性能实验装置
1—加热器 2—试验燃油 3—温度计
4—冷凝器 5—量筒

为了全面评价汽油的蒸发性能，一般选取 10%、50% 和 90% 馏出温度作为有代表意义的评价参数。

10% 馏出温度主要与汽油机的起动性相关。10% 馏出温度较低，说明轻馏分较多，蒸发较快，有利于混合气形成，有利于发动机的冷起动。但 10% 馏出温度过低，燃油易在输送管路中受局部较高温度的影响而蒸发变成蒸气，在管路中形成"气阻"，会影响发动机的正常供油和正常运转。

50% 馏出温度标志着汽油的平均蒸发性能，它影响发动机的暖机时间、加速性能等。50% 馏出温度较低，说明燃油的蒸发性较好，在较低的温度下就可以有大量的燃油挥发而与空气混合，这样可以缩短发动机的暖机时间，而且从低负荷向高负荷过渡时能够及时供应所需的混合气。

90% 馏出温度标志着燃油中所含难以蒸发的重馏分的数量。90% 馏出温度较低，说明燃油所含重质成分较少，进入气缸后能够基本完全挥发，有利于实现及时与完全的燃烧，而不会形成较多积炭。

燃油饱和蒸气压的高低主要也是用于评价燃油是否易于形成"气阻"，燃油不应有过高的饱和蒸气压。

3. 混合气浓度

在均质混合气的燃烧中，混合气浓度对燃烧过程影响极大，必须严格加以控制。图 4-29 所示为混合气浓度对火焰传播速度的影响。从图中可见，在过量空气系数 α 约为 0.9 时，火焰传播速度达到极大值，过量空气系数大于或小于这一数值，火焰传播速度均呈下降趋势。

汽油机实际运行时，基本上应保持 $\alpha = 1$ 的混合气浓度，即使在负荷调节时也基本不变。使用 $\alpha < 1$ 的浓混合气工作，必然会产生不完全燃烧，使汽油机的经济性变差以及有害排放量上升。而 α 过大时，火焰传播速度下降，燃烧过程不能够及时完成，同样也使汽油机的经济性变差以及有害排放量上升。

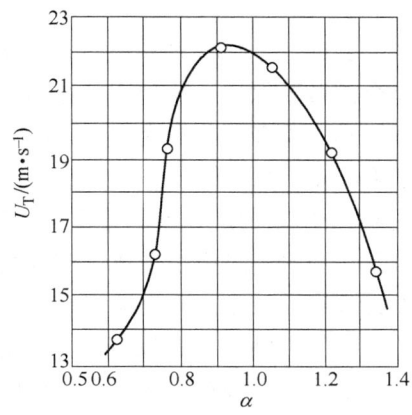

图 4-29　混合气浓度对火焰传播速度的影响

实践表明，在过浓或过稀的混合气中，火焰将不能传播。这一火焰传播的下限与上限一般分别为 $\alpha > 0.5$ 和 $\alpha < 1.3$，考虑到发动机实际运行时的情况，例如残余废气量的影响，这一范围将更窄，为 $\alpha > 0.6$ 和 $\alpha < 1.2$。应当注意，混合气火焰传播的界限并非一个常数，它是随条件而变化的，如混合气温度高，点火能量大，气体湍流强度高等，火焰传播界限就扩大；混合气中废气含量多，界限就变窄。

4. 汽油机转速

当转速变化时，可通过调节点火提前角来保持较为理想的燃烧过程。但当转速过高或过低时，燃烧过程将明显变差。转速过高时，工作循环周期缩短，燃烧过程对应的曲轴转角将增加，使指示效率下降，这也是汽油机通过提高转速来提高强化程度的主要障碍之一。而转速过低时，缸内工质运动强度减弱影响火焰传播速度，不仅影响到燃烧过程的及时完成，而且也较易于发生爆燃燃烧。

转速增加时，气缸中湍流增强，火焰传播速度大体与转速成正比增加，火焰传播速度的增加使爆燃倾向减小。

5. 汽油机负荷

由于汽油机负荷调节是量调节，当负荷增大时，进入气缸的混合气数量增加，残余废气量相对减少，将使燃烧过程有所改善，经济性有一定的提高。但当汽油机负荷接近最大值时，由于混合气加浓的缘故使汽油机的经济性与排放均变差，而且由于缸内压力、温度较高，使爆燃的倾向加大。

6. 燃烧室

汽油机燃烧室的形状对燃烧过程也有着重要的影响。例如，利用燃烧室几何形状及其与火花塞位置的配合，可以改变不同时期火焰前锋扫过的面积（图 4-30），以调整燃烧速度，进而影响到发动机动力性、经济性与工作平稳性之间的权衡。

燃烧室的设计与改进中通常应注意以下原则：

（1）结构紧凑　通常用面容比（A/V）来表示燃烧室结构紧凑的程度。面容比定义为

燃烧室周围表面积 A 与燃烧室容积 V 的比值，面容比小，则燃烧室结构较为紧凑，这将使得火焰传播距离较小，不易爆燃；相对散热损失小，热效率提高以及对降低 HC 有害排放也有利。

（2）组织适当的工质运动　前已提及，组织适当的工质运动是保证汽油机燃烧过程及时与完全的重要保证。这种工质运动可划分为两类：大尺度的工质宏观运动和小尺度的工质微观运动。前者可包括涡流、滚流和挤流等，而后者则是一种随机的无规则脉动，其强度与前者有密切关系。

图 4-31 所示为燃烧室内工质的宏观运动。涡流（Swirl）是利用进气口和进气道的形状和位置，在进气过程中造成气流绕气缸中心线的旋转运动。有组织的涡流可维持较长的时间而强度衰减较小。而滚流（Tumble）是指绕垂直于气缸轴线的有组织的工质运动，主要是依靠与气缸轴线布置成有一定夹角的气门、气道形状及与燃烧室形状的配合来形成的。研究表明，这种在进气过程中形成的滚流到压缩行程的末期可破碎成湍流，大大提高了上止点附近缸内的湍流强度，对提高火焰传播速度起到很好的作用。侧滚流则一般很少应用。

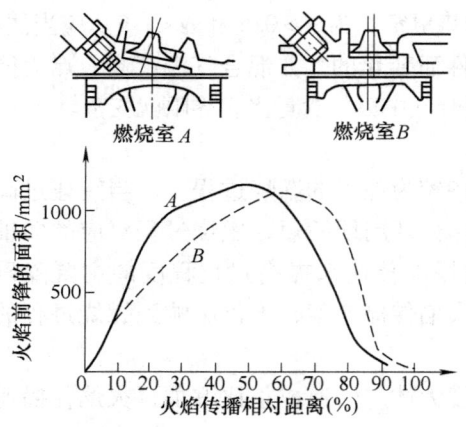

图 4-30　燃烧室形状对燃烧过程的影响

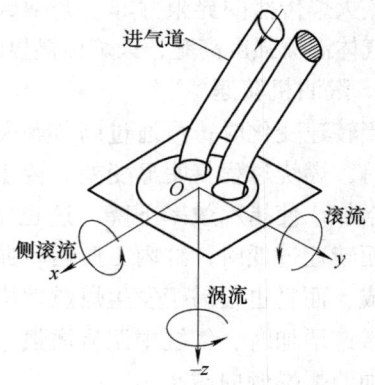

图 4-31　燃烧室内工质的宏观运动

然而，若工质运动过强，也可能会带来传热损失增加，着火困难，压力上升速度过大等问题。

（3）火花塞位置适中　火花塞位置适中可以缩短火焰传播距离，不仅有利于爆燃燃烧的控制，也有利于提高汽油机的性能。

（4）有利于充气效率的提高　对于充气性能的好坏，主要应考虑进气门、进气道的布置。应允许有较大的进气门直径或进气流通面积，适于多气门布置。应尽量保证进气流线短，转折小，使混合气尽可能平直、光顺地流入燃烧室。与柴油机不同，一般汽油机进、排气门相对气缸轴线有一定的倾斜，这对充气效率的提高是有利的。

常见的汽油机燃烧室示例见图 4-32 所示。

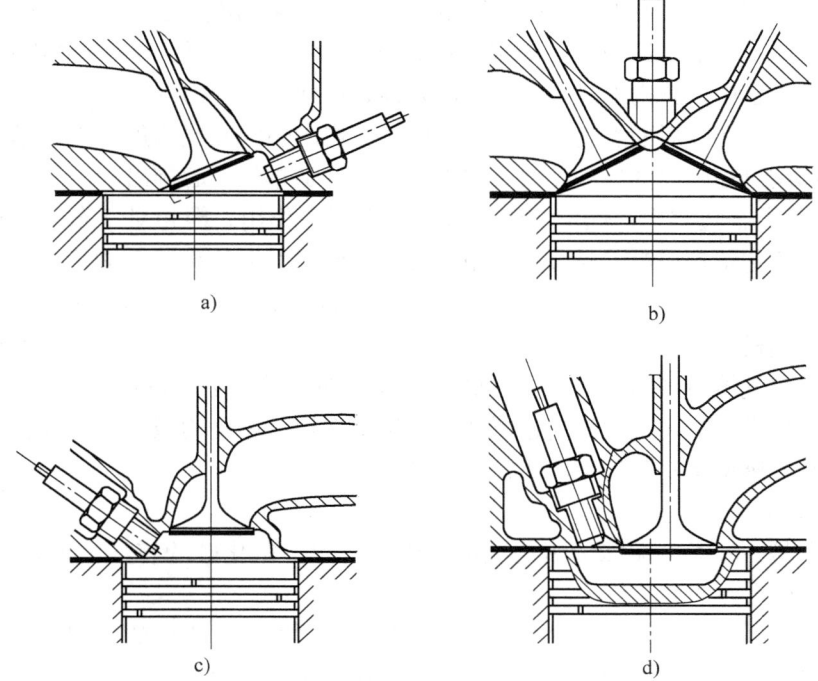

图 4-32 典型的汽油机燃烧室
a) 楔形燃烧室　b) 半球形燃烧室　c) 盆形燃烧室　d) 碗形燃烧室

第三节　汽油机的有害排放物与控制

一、汽油机有害排放物的生成机理

汽油机中的主要有害排放物为：碳氢化合物（HC）、一氧化碳（CO）和氮氧化物（NO_x）。

1. 碳氢化合物（HC）

碳氢化合物就是未燃的燃油，其生成与排放有三个主要的部分：其中占碳氢化合物排放的主要部分是随废气（尾气）排出的，与燃烧过程有着密切的关系；另两个部分是从曲轴箱逸出的碳氢化合物（称为曲轴箱污染物）和由燃油系统蒸发或渗漏到大气中的碳氢化合物（称为燃油蒸发污染物）。

排气中碳氢化合物的生成原因有多个方面，主要包括：燃烧室的缝隙效应和激冷效应；燃烧室壁面沉积物和润滑油膜对燃油蒸气的吸附和释出；发动机运行中的断火；一些特定工况下混合气过浓或燃烧温度过低等。

1) 在压缩与燃烧过程中，气缸内压力升高，把一部分未燃混合气压入与燃烧室相通的狭缝（例如：活塞顶环上面和气缸壁形成的狭缝）内。由于燃烧时火焰不能进入狭缝，因此狭缝中的混合气不能完全燃烧，在膨胀和排气行程中气缸压力降低后，以未燃 HC 的形式进入排气。这是生成 HC 的主要来源，被称为缝隙效应。

2) 发动机运转一段时间后在燃烧室内生成多孔性碳质沉积物（积炭）以及存在于气缸壁、活塞顶以及气缸盖底面上的润滑油膜，都有可能对燃油蒸气有吸附和释出的作用。在进气和压缩过程中，缸内的燃油蒸气浓度较高，因而燃烧室内的沉积物和润滑油膜都将吸收燃油蒸气，而在随后的燃烧及排气过程中，缸内的燃油蒸气浓度下降至基本为零，吸收在沉积物和润滑油膜内的燃油蒸气又被释放出来并随排气一起排出。

3) 在火焰传播过程中，燃烧室壁对火焰具有熄火作用，即相对冷态的气缸壁对火焰产生的热量与活化基物质起着吸收的作用，使紧靠壁面附近的火焰不能传播，这也称为激冷（quenching）效应。这样，在熄火区（小于 0.1mm 的薄层）内就存在一定数量未燃烧的烃，它是汽油机排气中 HC 的来源之一。一般解释缸壁熄火是由链反应中断和冷缸壁使接近缸壁的一层气体冷却所造成。根据试验研究得知，过量空气系数 $\alpha = 1$ 左右，在燃烧室温度、压力提高，缸内工质湍流运动加强等情况下熄火厚度均减小。此外，设计结构紧凑、面容比小的燃烧室对降低 HC 排放是有利的。

2. 一氧化碳（CO）

一氧化碳是一种无色无味无嗅的气体。当空气中一氧化碳的容积浓度达到 0.3% 时，在 30min 之内就会致人死亡。

CO 是碳氢燃料在燃烧过程中生成的重要的中间产物。CO 生成的机理比较复杂，但一般认为，燃料分子（RH）经高温氧化生成 CO 要经历如下步骤：

$$RH \rightarrow R \rightarrow RO_2 \rightarrow RCHO \rightarrow RCO \rightarrow CO$$

这里 R 代表碳氢根。CO 在火焰中及火焰后，以缓慢的速率氧化成 CO_2。

从化学当量的角度看，CO 的生成率主要受混合气浓度的影响。对于浓混合气（$\alpha < 1$）而言，没有足够的氧使燃油中的碳完全燃烧成 CO_2。不过，即使在稀混合气（$\alpha > 1$）中，由于燃烧产物 CO_2 及 H_2O 的高温离解反应，也可能生成一部分 CO。在膨胀过程后期，随着燃烧气体温度的降低，CO 的氧化过程也有冻结现象，不过 CO 的冻结温度比 NO 低。

发动机不允许在一个封闭的空间内运行。

3. 氮氧化物（NO_x）

氮氧化物是所有高温燃烧过程都会产生的有害排放物，汽油机排出的氮氧化物（NO_x）在生成机理上并无差异，同样在燃烧温度较高、混合气浓度较稀以及高温持续时间较长时，可能生成较多的氮氧化物。

但由于汽油机混合气相对较浓，无多余的空气，因而汽油机排出的 NO_x 主要是 NO，NO_2 排出量极少（1%~2%）。

二、汽油机有害排放物的影响因素

1. 混合气的浓度

图 4-33 所示为汽油机中三种主要有害排放物随混合气浓度的变化规律。

从图 4-33 中可以看到，HC 的变化趋势是两端高，中间低，与燃油消耗率的变化趋势基本一致。当浓混合气逐渐变稀，在缝隙容积与激冷层中混合气燃油比例减少，因此 HC 量减少。当处于最佳燃烧的混合气浓度范围内，HC 及燃油消耗率均为最低。但当混合气过稀，燃烧温度下降以及燃烧会出现不稳定现象，致使 HC 及燃油消耗率又重新回升。

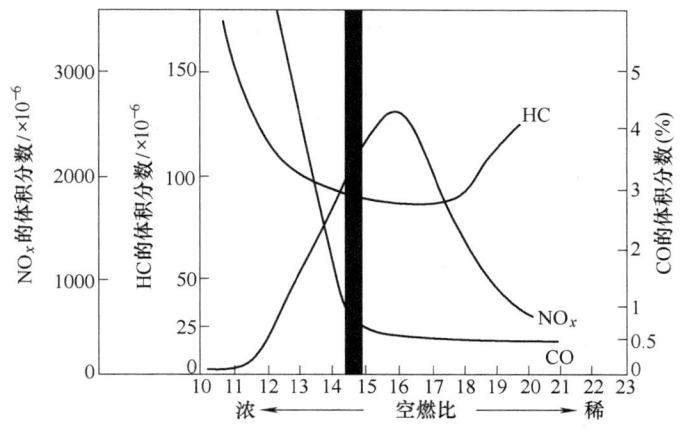

图 4-33 有害排放物随混合气浓度的变化规律

由于 CO 是一种缺氧条件下的不完全燃烧产物，随着空燃比的增加，CO 浓度逐渐下降；在大于理论空燃比以后，由于氧的增加，CO 浓度已经很低了。

NO_x 浓度呈现两端低、中间高的变化趋势，NO_x 浓度峰值出现在理论空燃比偏稀的一侧，反映出高的 NO_x 生成率必须兼具高温、富氧两个条件，缺一不可。

从图 4-33 中可以看到，不存在一种混合气浓度，能在同时降低三种有害排放物（HC、CO、NO_x）与节能方面均取得满意的效果。为了兼顾同时降低三种有害排放物与节能，一种有效的措施是组织好汽油机的稀薄燃烧（例如 A/F > 20），同时采取有效措施控制 HC 排放量的增长有可能获得较好的效果。组织稀薄燃烧当前还有些特定的困难，但这是当代汽油机燃烧技术发展的重要方向之一。

2. 发动机的运行工况

汽油机有害排放物的排放量与发动机的运行工况，也就是汽车的运行工况，有着十分密切的关系。为此各国的排放法规均详细地规定了有害排放物的测试工况。

一般而言，在冷起动工况和怠速工况下因为进气温度和燃烧室周围零部件温度低和燃油雾化不好等的缘故，会使 HC 和 CO 排放增高，而且这时三元催化转化器转化效率也不高，是其排放特性最差的工况。

图 4-34 所示为一排量为 1L 的汽车汽油机在不同转速和负荷工况下的排放特性，图中依次分别绘出了 HC、CO、NO_x 排放量的等值线（单位为 g/kW·h）。从图中可以看到，HC 排放量在整个低负荷区域均较高，这应是燃烧温度较低的缘故。而 CO 排放量在中等负荷区域较低，在高负荷区域（混合气加浓）和低负荷区域（燃烧温度较低）均有不同程度的升高。NO_x 排放量最高的高速低负荷工况是很少用到的工况。此外，NO_x 排放量较高的区域是接近满负荷的工况，这时混合气尚未加浓而燃烧温度又处于较高水平上。

另外，点火提前角的调节也会影响到有害排放物的排放量，减小点火提前角对降低 NO_x 及 HC 排放均较有利，但这是以牺牲发动机动力性和经济性为代价的。减少点火提前角，不仅降低燃烧最高温度，减少燃烧反应滞留时间，对降低 NO_x 十分有利，而且由于点火推迟，膨胀过程缸内温度及排气温度均上升，这对降低 HC 也很有利。

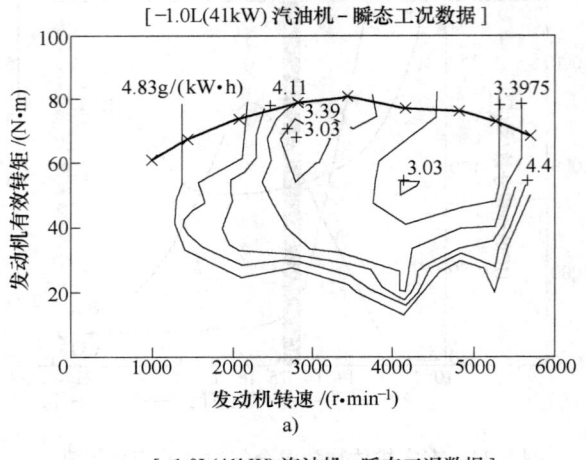

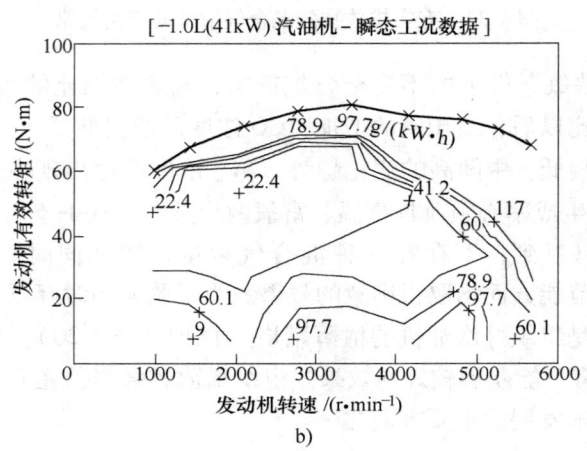

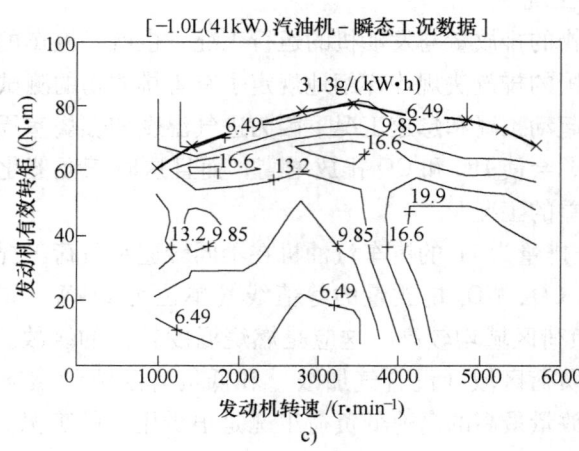

图 4-34 汽油机在不同工况下的排放特性
a) HC 排放　b) CO 排放　c) NO_x 排放

在发动机作急加速、急减速等瞬态工况运行时，点火提前角、空燃比以及废气再循环百分比等均很难实现及时调节到最佳值，有可能使燃烧品质恶化，使 HC 排放增加。

三、汽油机有害排放物的控制措施

需要指出的是，通常采用控制有害排放物的措施都是需要付出一定代价的，这不仅是指制造成本上的提高，还包括发动机动力性和经济性等方面的牺牲。例如，加装三元催化转化器后，排气背压肯定会有不同程度的提高，这会影响到发动机的换气损失，进而影响发动机的动力性与经济性。这也是控制有害排放物的措施的应用，通常只有在逐步严格的相关排放法规的推动下才能实现的根本原因。

1. 三元催化转化器

三元催化转化器是汽油机中目前使用最为广泛的，也是成熟、有效的有害排放物控制措施。

通过催化剂的作用，降低相关化学反应参加物质的活化能，促成并加速这些反应，使有害的 NO_x、CO 和 HC 转化为无害的 CO_2、H_2O 和 N_2。三元催化转化器中，在催化剂的作用下，通过同时进行的 CO 和 HC 的氧化反应和 NO_x 的还原反应，使三种主要的排放污染物同时得到大幅度的降低。

在三元催化转化器内部进行的化学反应主要包括：

氧化反应：

$$CO + 0.5O_2 \rightarrow CO_2$$
$$H_2 + 0.5O_2 \rightarrow H_2O$$
$$C_xH_y + (x + 0.25y)O_2 \rightarrow xCO_2 + 0.5yH_2O$$

NO_x 的还原反应：

$$2CO + 2NO \rightarrow 2CO_2 + N_2$$
$$C_xH_y + (2x + 0.5y)NO \rightarrow xCO_2 + 0.5yH_2O + (x + 0.25y)N_2$$
$$H_2 + NO \rightarrow H_2O + 0.5N_2$$

有关水蒸气的反应：

$$C_xH_y + xH_2O \rightarrow xCO + (x + 0.5y)H_2$$
$$CO + H_2O \rightarrow CO_2 + H_2$$

三元催化转化器中影响转化效率的两个主要因素为空燃比和排气温度。

（1）空燃比　混合气浓度，即空燃比，对三元催化转化器转化效率的高低有着决定性的影响。图 4-35 所示为混合气浓度与三元催化转化器中对三种有害排放物的转化效率的关系。由图中可见，只有在接近理论空燃比的窄狭范围内，对这三种有害排放物才有高的转化效率，表明使用三元催化转化器时，应将混合气浓度严格控制在理论空燃比附近（$\alpha = 1$）。而当混合气过稀时，NO_x 的转化效率下降；当混合气过浓时，CO 及 HC 的转化效率下降。

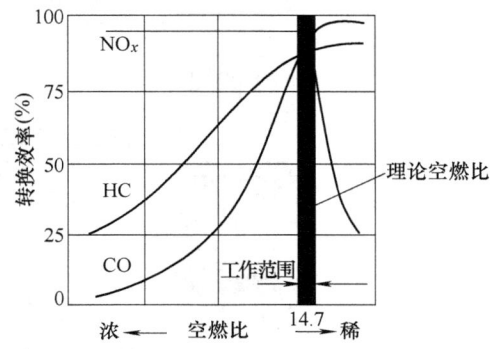

图 4-35　混合气浓度与转化效率的关系

由化学反应的基本常识表明，当化学反应生成物的浓度增加时，则不利于化学反应的进行，而当反应物的浓度增加时，则有利于化学反应的进行。而当混合气过稀时，由于排气中 O_2 含量较高，NO_x 的还原反应难以进行，当混合气过浓时，排气中严重缺氧，对 CO 及 HC 的氧化反应不利。

混合气浓度只有严格控制在理论空燃比附近，才能促使 CO 及 HC 的氧化反应和 NO_x 的还原反应同时顺利进行，生成 CO_2、H_2O 及 N_2，对三种有害排放物都有高的转化效率。

实际上，化油器正是由于无法很好地满足采用三元催化转化器后必须实现对空燃比的准确控制的要求，才最终被逐步淘汰的。

（2）排气温度　反应温度对化学反应的进行速度有着重要影响，在三元催化转化器中也正是如此。三元催化转化器中催化剂的活性温度（最佳的工作温度）是 400~800℃。较高的排气温度可以使 CO 及 HC 的氧化反应和 NO_x 的还原反应加速进行，对提高转化效率显然是有利的。仅从这一点来考虑，三元催化转化器的安装位置应尽量靠近排气管的入口，甚至可以装入排气道内，但实际情况并非如此，这主要是受催化剂及其载体（为金属或陶瓷材料）耐高温性能有关。排气温度相对过高，会使三元催化转化器的可靠性与寿命受到影响。当然，目前提高三元催化转化器的耐高温性能也是技术发展的趋势之一，随着材料科学的发展可能真会有一天能将三元催化转化器装入排气道内。

汽油机的起动和怠速工况是排放较差的工况，而这时的排气温度又较低，经过暖机的汽油机在怠速时的排气温度一般为 300~400℃。为满足严格的排放法规通常需要采用电加热的措施来提高排气温度，获得较高的转化效率。

图 4-36 列出了一些为保证较高排气温度以改善转化效率的可能措施。其中包括：将三元催化转化器安装位置前移；安装一较小的前置三元催化转化器；采用电加热以及采用喷入部分燃油等。

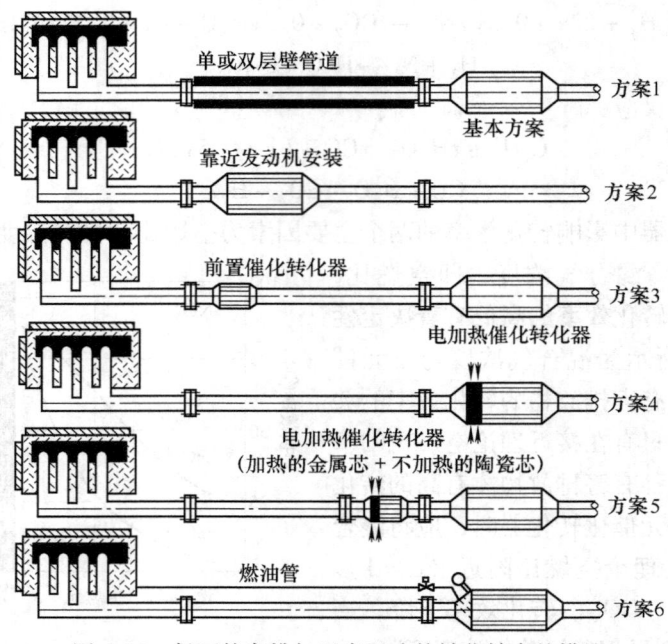

图 4-36　保证较高排气温度以改善转化效率的措施

汽油机电控系统的控制策略中，也包括调节三元催化转化器温度的因素在内。汽油机冷起动后，三元催化转化器需快速加热，使催化转化器开始工作，以减少有害排放物的排放。通常采用适度推迟点火提前角的方法加快加热进程。汽油机运转时，系统对三元催化转化器的工作温度进行预测，当预测温度高于保护温度时，开始计时，若在规定的时间内催化转化器工作温度始终高于保护温度，系统则控制燃油供给量，适度加大空燃比，以降低催化转化器的工作温度。一段时间后，系统预测催化转化器温度已降低后，恢复至先前空燃比，并继续预测催化转化器的工作温度，准备实施保护。

三元催化转化器的匹配一般通过试验确定，其体积一般为发动机排量的 50%～80%。需要处理好转化效率和流动阻力的矛盾。

2. 其他控制措施

（1）氧化型催化转化器　氧化型催化转化器是借助氧化催化剂的作用，通过氧化反应使排气中的 CO 及 HC 转化为 CO_2、H_2O。常用的氧化催化剂有铂、钯等贵金属以及稀土材料等。

（2）点火提前角的调节　适当减小点火提前角以推迟点火，可以降低燃烧室内的最高压力与温度，不仅对控制爆燃燃烧有利，也对控制 NO_x 的生成有利。

（3）废气再循环（EGR）　废气再循环就是将排出废气的一部分，再经进气管进入燃烧室参与后续的工作循环。废气再循环是控制 NO_x 的有效措施，一方面废气的引入降低了燃烧室中氧的浓度；同时由于废气的热容量较高而大量吸热，因而在相同燃料放热的条件下可降低燃烧室中的燃烧温度。

废气再循环的控制逐渐由开环控制发展到闭环控制。作为控制参数的废气再循环率，定义为进气管和排气管内 CO_2 的浓度之比。

3. 曲轴箱强制通风系统（Positive Crankcase Ventilation System，PCVS）

曲轴箱污染物定义为从发动机曲轴箱通气孔或润滑系统的开口处排放到大气中的物质。

发动机运转时（主要在压缩行程中以及缸内压力较高的情况下），少量工质会从燃烧室内泄漏到曲轴箱内并最终可能排入大气，而其中含有 HC 等有害成分。对于这种曲轴箱污染物，目前普遍采用曲轴箱强制通风封闭系统（PCV 系统）来加以控制。

如图 4-37 所示，PCV 阀一端连通进气总管，一端连通曲轴箱；而 PCV 通气管一端连通进气滤清器，一端连通曲轴箱，构成了曲轴箱强制通风系统。

曲轴箱强制通风系统的工作原理是，从空气滤清器引出一股新鲜空气进入曲轴箱，同时利用进气管内的真空度，再经 PCV 阀的调节，把窜入曲轴箱的气体和空气的混合气一起吸入缸内烧掉。

在一般情况下，漏气量在怠速以及低速小负荷时很少，而随着负荷的增大而增大。系统应保证曲轴箱通风流量与漏气量变化趋势一致，而且曲轴箱通风流量应始终大于漏气量才能确保曲轴箱内气体

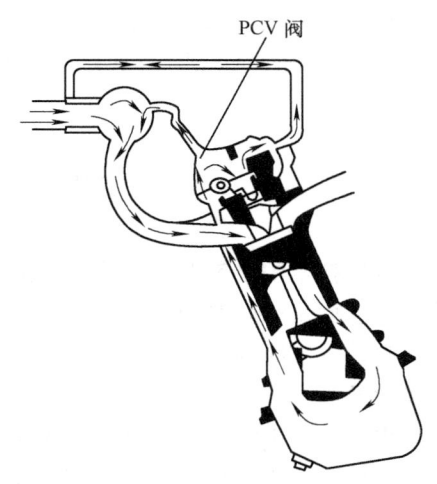

图 4-37　曲轴箱强制通风系统

不会进入大气，系统才具有良好的效果。这一功能是由PCV阀来完成的。

PCV阀可根据进气管真空度来调节流经阀的流量，真空度越高，流经阀的流量也越小，实质上起到流量调节作用。在怠速以及低速小负荷时，进气管真空度高，只有很少气体经阀进入缸内，可使发动机工作平稳，避免混合气过稀而造成失火。在节气门全开时，即进气管真空度低和气缸漏气量大时，提供足够的流量。

4. 燃油蒸发污染物的控制

汽车燃油蒸发污染物占汽车碳氢化合物（HC）总排放量的20%左右，主要来自汽油车中由汽油箱、喷油器、汽油泵、油管和汽油滤清器等组成的燃油系统。燃油蒸发污染物包括：

1) 燃油箱呼吸损失（昼间换气损失）：由于燃油箱内温度变化所排放的碳氢化合物（用 $C_1H_{2.33}$ 当量表示）。

2) 热浸损失：在汽车行驶一段时间以后，静置汽车的燃料系统排放的碳氢化合物（用 $C_1H_{2.20}$ 当量表示）。

尾气排放是汽车中最主要的污染源，历来受到汽车行业的高度重视，通过各种技术措施的应用使尾气排放值不断下降，满足了各国法规越来越苛刻的要求。曲轴箱污染物，则通过曲轴箱强制通风，PCV阀等措施获得了满意的解决。而燃油蒸发污染物的控制研究起步较晚，但现在已经出现了较成熟的控制方法，其基本工作原理简述如下：当燃油系统中的燃油蒸气压力大于炭罐吸附阀的开启压力后，燃油蒸气进入活性炭罐，由于炭罐内的活性炭对HC具有极强的吸附作用，将进入炭罐的蒸气中的绝大部分HC吸附在活性炭的表面，其他成分通过炭罐的通大气口直接排入大气。通过电控单元根据汽油机的工况等条件控制炭罐脱附阀的开启。脱附阀开启后，空气将通过炭罐的通大气口流经炭罐进入脱附管，最后通过进气管进入发动机参与燃烧。当空气流经炭罐的活性炭表面时，将活性炭表面吸附的HC脱附掉，这样就将存储在罐内的燃油蒸气重新利用。

按照相关国家标准，汽油蒸发污染物是通过汽油车的行车损失、热浸损失和昼夜损失来测定的。行车损失是指环境温度为25℃时，一定运转工况下、一定时间内的汽油蒸发量；热浸损失是指汽车在规定工况运转后静止1h内的汽油蒸发量；昼夜损失是指测量温度从按一定规律线性均匀加热时测得的汽油蒸发量，这三种损失之和为每次试验的蒸发量。

第四节　汽油机的电控技术

电控技术的发展对汽油机性能的提升起到了重要的作用。汽车汽油机工作在一个较大的工作区域（转速从怠速到最高转速；负荷率从0到100%）。结合电控实现喷油、点火等多参数的实时控制，使发动机在不同的工况下均能获得满意的性能，是混合气形成与燃烧优化的主要方向。

汽车各个电控子系统有向集成化方向发展的趋势，集成化不仅可以降低成本和提高工作可靠性，更重要的是可以从更高的层次上来优化系统性能。汽油喷射系统的控制通常是汽油机电控系统的一个组成部分。而且，目前在产品中也已出现了整个车辆动力装置的集成控制，即动力装置控制模块（Powertrain Control Module，PCM），实现不仅是汽油机，而且包括了变速器部分的控制功能。

作为示例，下面简介某一乘用车产品的汽油机电控系统。

电控系统应用传感器采集的信号，主要包括：发动机瞬时转速、每缸活塞相对于上止点的位置、进气温度与压力、节气门角度位置、发动机冷却液温度、实际混合气浓度（氧传感器）、进气压力、车速和加速踏板位置、蓄电池电压、爆燃信号以及空调压缩机的工作情况等。

系统没有直接测定进气流量，而是根据发动机转速、进气温度与压力间接计算出进气流量的。

系统的执行元件主要包括：喷油器、点火线圈、燃油泵、发动机怠速调节装置（步进电机）、其他继电器与电磁阀等。

系统电控单元的控制功能主要包括：

1. 调节喷油量

使混合气浓度能在负载、环境参数等变化的条件下始终保持在最佳值的范围之内。利用喷油器将燃油以 0.35MPa 左右的压力喷入靠近进气门的进气支管内。燃油喷射除在起动时应用同时喷射方式外，其余工况下均采用顺序喷射方式。

确定喷油脉宽的基本步骤为：

1）按照预先存贮在电控单元中的特性图，根据测得的实际发动机转速以及进气总管中的真空度通过"查表"的方式确定基本喷油脉宽。

2）根据实际的进气空气温度、蓄电池电压等对基本喷油脉宽进行校正。

3）根据氧传感器的反馈信号进行实时校正，以保持过量空气系数在 0.98~1.02 范围内变动。

4）确定相对上止点的喷油时刻。

2. 控制点火提前角

最佳点火提前角的控制与喷油量的调节基本步骤是一致的。按照预先存贮在电控单元中的特性图，根据测得的实际发动机转速以及进气总管中的真空度通过"查表"的方式确定基本点火提前角，再根据发动机冷却液温度、蓄电池电压、是否存在爆燃以及工况（怠速、急减速等）作进一步的校正。

3. 控制怠速工况

怠速工况控制是通过调节旁通管流通截面积来调整混合气数量，达到稳定怠速（在给定的怠速转速的 ±30r/min 之内）的目的。

4. 控制过渡工况

过渡工况的控制重要而又复杂，有多种控制策略。例如，在发动机急加速时（见图 4-38），将基本喷油脉宽乘以一大于 1 的系数，增加喷油量。如果在喷油器喷油刚结束不久后即出现喷油脉宽需要增加的情况，电控单元将控制重新打开喷油器（额外脉冲），以尽可能及时地满足发动机的要求。

5. 控制冷起动和暖机工况

由于温度低影响汽油蒸发，冷起动工况需要进行混合气加浓。图 4-39 所示为加浓系

数 k 值随时间 t 的变化情况。当起动电机开始拖动发动机曲轴转动时，基本喷油脉宽就增加一个加浓系数 k 值；而在发动机起动后，这一系数便开始逐渐减小直至消失。发动机暖机时温度上升越快，这一系数就减小得越快，即 α 角度越大。电控单元同时需根据进气温度和冷却液温度校正喷油量。

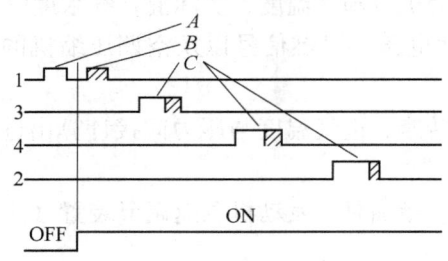

图 4-38　急加速时的喷油控制
A—正常喷油时间　B—喷油器重新打开额外喷油
C—包括加浓的喷油时间　OFF—发动机稳定转速状态
ON—发动机急加速状态

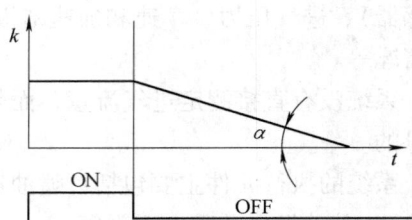

图 4-39　冷起动工况的混合气加浓
ON—起动电机拖动发动机状态
OFF—发动机自行运转状态

6. 控制满负荷工况

在汽油机满负荷工况下，要增加喷油量适当加浓混合气，使汽油机能输出最大功率。这时为开环控制，氧传感器反馈信号不起作用。

7. 限制最高转速

当发动机的实际转速超过规定的最高转速或在接近最高转速的转速下工作时间超过10s 时，即达到临界状态，喷油器立即停止工作，当发动机的实际转速降到临界状态以下后，喷油器恢复工作。

8. 爆燃控制

将爆燃传感器的信号不断地与一给定的阈值进行比较，当确认爆燃的存在后，立即减小点火提前角直至爆燃现象消失为止，随后点火提前角便逐渐恢复到最佳值或爆燃现象再次发生为止。当发动机加速时，系统考虑到加速时的振动噪声加大而自动将阈值调高。特别指出的是，点火提前角的增加是逐渐进行的，而减少是立即进行的，同时爆燃控制中还包含自适应特性。

9. 燃油关断控制

在节气门位于怠速位置而发动机转速高于1700r/min 时且发动机冷却液温度高于一定值时，使燃油关断以提高发动机经济性。在节气门重新打开或发动机转速降至低于1600r/min时，重新开始供油。

此外，还有燃油泵的控制，燃油蒸发污染物的控制，散热器风扇的控制，空调系统管理，发动机防盗装置管理，自适应与自诊断等功能。

第五节　不同混合气形成和燃烧过程的比较

汽油机与柴油机由于燃料性质的差别，导致了在混合气形成与燃烧以及性能等方面的

第四章 汽油机混合气的形成和燃烧

差异。在第三章与第四章中，我们分别对柴油机与汽油机的混合气形成与燃烧进行了分析，作为这两章（还包括第二章的部分内容）的小结，表4-3对汽油机与柴油机在混合气形成与燃烧过程中各个方面的特点进行了比较与归纳。

表4-3 汽油机与柴油机的比较

	汽 油 机	柴 油 机
燃料性质	蒸发性较好，黏度较小 90%馏出温度约为190℃ （采用低压喷射） 分子较小，活化能高，不易自燃 （采用点燃）	蒸发性较差，黏度较大 90%馏出温度约为350℃ （采用高压喷射） 分子较大，活化能低，易自燃 （采用压燃）
混合气形成	时间较长，从缸外到缸内 形成均质混合气 过量空气系数可较小，空气利用率高	时间短促，缸内形成混合气 不能形成均质混合气 过量空气系数要求较大，空气利用率较低
着火	单点点燃 高温单阶段着火	多点（带有随机性）压燃 低温多阶段着火
燃烧	具有预混燃烧特征 湍流火焰传播 燃烧过程可划分为三阶段	（前期）预混燃烧+（后期）扩散燃烧 以扩散燃烧为主 燃烧过程可划分为四阶段
对应理论循环	对应等容加热理论循环	对应混合加热理论循环
负荷调节	"量调节"，调节节气门开度 混合气数量变化，混合气浓度基本不变	"质调节"，调节循环喷油量 空气量基本不变，混合气浓度变化大
主要有害排放物	碳氢化合物（HC）、一氧化碳（CO）和氮氧化物（NO_x）	颗粒物（PM）、氮氧化物（NO_x）
工质运动	适度 主要为提高火焰传播速度	较强 主要为促进混合气形成
压缩比 ε	较小（约为10） 避免产生爆燃燃烧	较大（约为20） 有利提高经济性；有利自燃和提高起动性能

HCCI 燃烧方式

现代汽车发动机的技术发展中，一个有趣的现象是汽油机与柴油机在相互竞争中相互借鉴与学习（见图4-40），达到取长补短、提高性能的目的。例如，缸内直喷汽油机借鉴柴油机的非均质混合气的优点采用分层燃烧，以利于其经济性的提高；而柴油机则通过高压喷射等来向着接近均质混合气以降低其颗粒物排放的方向努力。近年来，一类均质混合气压燃，HCCI（Homogeneous Charge Compression Ignition）的燃烧方式迅速成为汽车发动机研究领域中的热点之一，也正是这一现象的体现。

HCCI燃烧方式被称为下一代内燃机的燃烧方式（见图4-41），与常规的汽油机相比，HCCI燃烧方式同样采用均质混合气，但用压燃着火代替火花塞点火；而与常规的柴油机相比，HCCI燃烧方式同样采用压燃着火，但混合气充量是均质的。研究表明这种燃烧方式具有以下较突出的优点：

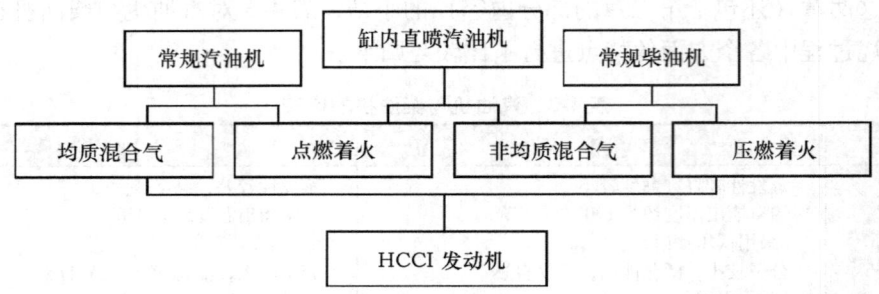

图 4-40　发动机的相互借鉴与学习

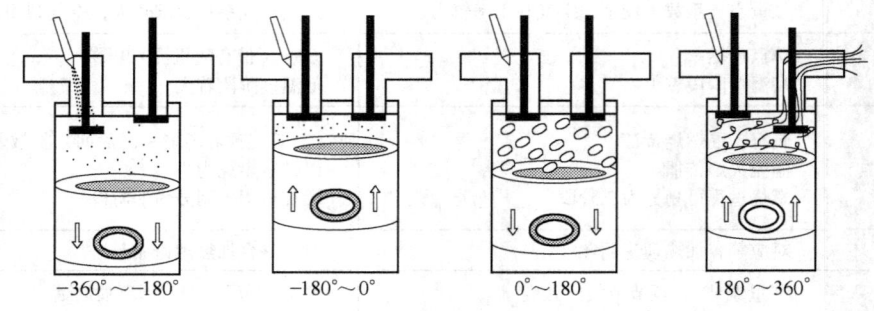

图 4-41　HCCI 燃烧方式

1) 由于燃烧迅速、完全而无节流损失，可获得和直喷式柴油机相当甚至更高的热效率。

2) 均布式的燃烧使最高燃烧温度降低，从而使 NO_x 和颗粒物排放特别低。

3) 可以应用多种不同的燃料，除汽油和柴油外，还包括多种代用燃料。

4) 可以应用低喷射压力的供油系统和节约催化转化器中的贵金属消耗，从而降低成本。

HCCI 燃烧方式既不同于汽油机中火焰传播型的燃烧机理，也不同于柴油机中的扩散燃烧型的燃烧机理，而与汽油机中爆燃燃烧的末端混合气自燃机理有几分相似之处。在发动机压缩末期，混合气中有多处达到自燃着火的压力、温度及混合气浓度，这些区域最先开始着火燃烧。整个燃烧过程决定于化学反应动力学机理，由于温度对化学反应速率的影响，缸内温度的变化对燃烧速率的影响很大。燃烧过程中没有明显的火焰传播，混合与紊流都不起到重要作用。

图 4-42 所示为燃烧温度、局部混合气浓度和颗粒物、NO_x 排放的关系。与常规的柴油机与汽

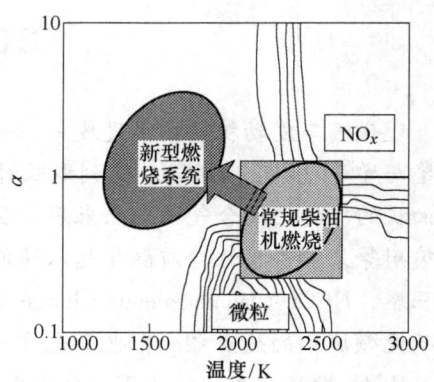

图 4-42　燃烧温度、局部混合气浓度和颗粒物、NO_x 排放

油机不同的是,燃烧在较为均匀的稀混合气中进行,使最高燃烧温度有了明显的降低,燃烧室内的燃烧相对均匀化使应用 HCCI 燃烧方式的发动机在燃烧过程中不存在局部的相对高温区域。由于最高燃烧温度较低以及均匀化导致局部混合气浓度变稀,同时造成了不利于生成氮氧化合物和颗粒物的条件,可使氮氧化合物和颗粒物的排放量较常规柴油机大大降低。

在应用 HCCI 燃烧方式的发动机中,虽然较低的燃烧温度也能导致 HC 和 CO 的排放量增加,但在稀混合气条件下 HC 和 CO 的氧化催化技术已很成熟,控制其排放量并不困难。

HCCI 燃烧方式在达到实际应用阶段之前仍有很多关键问题有待突破,主要包括:

1) 发动机变工况时燃烧过程的控制技术,包括着火时刻、放热速率及排放的有效控制途径。目前主要研究的重点集中在调节混合气温度变化规律以及研究燃料着火特性这两方面,可供考虑的方法包括进气温度与压力的调节,缸内喷油定时的调节,采用压缩比或配气相位的可变技术,采用废气再循环,研制特殊的燃料或燃料添加剂等。

2) 特别在发动机高负荷运行时,将燃烧速率控制在一定的范围之内以防止类似爆燃燃烧的不正常燃烧现象出现,并将发动机的机械负荷及振动噪声限制在一定范围之内。

3) 克服较低温度下压燃着火困难的问题,保证良好、可靠的冷起动性能。

一般认为,均质混合气压燃技术在发动机高负荷工况下的运行还难以实现,而最可能首先实现的实际应用是在柴油机或汽油机中应用双工作模式运行。中、低负荷工况下(最大有可能达到75%的负荷率)采用均质混合气压燃燃烧方式,而在大负荷工况以及冷起动工况下采用常规的燃烧方式。对于经常工作在中、低负荷工况下的汽车发动机而言,可以实现绝大部分时间采用均质混合气压燃燃烧方式,从而获得更好的经济性与排放特性。完全以均质混合气压燃燃烧方式工作的发动机可能需要专门研制的燃料或特制的添加剂,目前相关研究仍在进行之中。

HCCI 提供了高效率、低 PM 和 NO_x 排放的燃烧模式,但其对燃料特性较为敏感,被限制在低负荷工况运行,更重要的是没有直接的有效手段来控制燃烧过程的进行。一种被称为反应控制压缩点火(Reactivity Controlled Compression Ignition,RCCI)的技术方案也得到研究,其基本思路是与汽油机类似的进气道汽油喷射并与进气空气混合,并在压缩过程中在燃烧室内高压喷入柴油,通过改变进气道喷射的汽油($x\%$)和缸内喷射的柴油($y\%$)两种燃料的比例来实现燃料不同的反应活性,进而控制燃烧过程,实现控制反应速率的压燃。

阅读材料 2

压缩比的变迁

1. 压缩比的影响

压缩比被定义为活塞位于下止点(最大容积)和上止点(最小容积)时气缸容积的比值,是发动机的重要参数之一。热力学理论表明较大的压缩比对于提高发动机的动力性和经济性都是十分有益的,汽油机若能实现较高的压缩比,就能提高指示效率。据介绍,如果将压缩比从10.0提高到15.0,则有望实现约9%的热效率提升,但必须要解决压缩比过高会导致爆燃燃烧的问题,特别是在高负荷工况下。这也是限制汽油机经济性提高的主要障碍之一。

2. 提高汽油机压缩比的努力-"SKYACTIV"

2010年10月,日本Mazda公司公开了该公司新一代汽车动力装置技术"SKYACTIV"。SKYACTIV主要包括了新一代汽油机"SKYACTIV-G"、新一代柴油机"SKYACTIV-D"及新一代自动变速器"SKYACTIV-DRIVE"三项内容,是Mazda公司旨在实现2015年之前使车辆燃油经济性比2008年提高30%目标的核心技术。

2011年5月,作为首先配备SKYACTIV-G汽油机的车型"DEMIO"已经上市,其百公里油耗为3.3L。作为1.3L的缸内直喷、非增压汽油机,其异乎寻常之处是汽油机的压缩比提高到14。"SKYACTIV-G"的基本思路是重点关注通过减少高温的残余废气量来降低燃烧过程开始时的温度,从而避免爆燃燃烧的出现。如果不考虑扫气的话,对于压缩比为10.0的发动机,排气过程中当活塞到达上止点时,气缸内仍会有10%的废气残留。计算结果显示,当残留气体温度为750℃、新气温度为25℃时,如果残留气体占10%,那么压缩上止点的温度会上升160℃。相反,如果将残留气体的量从8%减少一半,降至4%,那么即使将压缩比从11.0提高到14.0,压缩上止点的温度也不会上升。

"SKYACTIV-G"通过排气管系的特殊设计,避免了某一气缸排气过程末期扫气时受到其他刚开始排气的气缸的干扰,使更多的废气被清扫出气缸,其原理如图4-43所示。采用了增加排气支管长度的4-2-1排气系统,通过首先将4条支管汇集成2条、然后再汇集成1条的方式,使各个气缸排气支管的长度保持相同,同时将加长的排气支管设计为环状以节省空间。

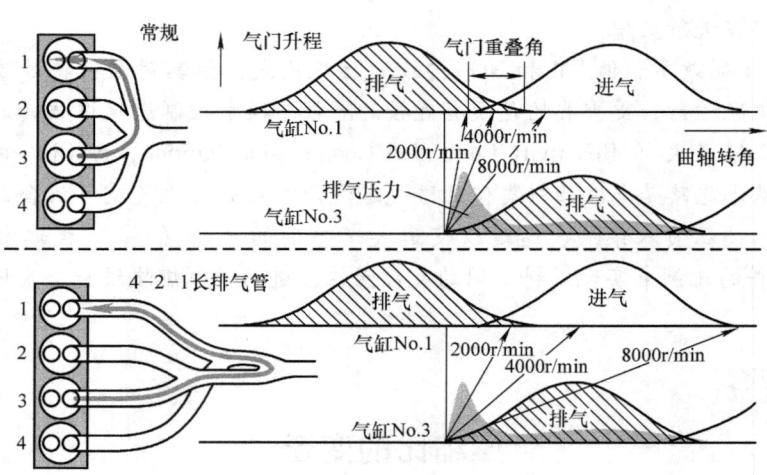

图4-43 "SKYACTIV-G"排气管系的特殊设计

同时,压缩比的提升本身就降低了余隙容积,也有着减少残余废气量的效果。此外,新汽油机还在活塞顶部设置凹坑以改进燃烧过程,降低发动机各部件的摩擦损失,取得了显著改善汽油机经济性和动力性的效果。

3. 可变压缩比技术

可变压缩比的实现是最理想的，使压缩比如图 4-44 所示，在低负荷工况下有较大的压缩比，提高发动机的指示效率，而在高负荷工况下有较小的压缩比，能够避免出现爆燃燃烧的情况。

但可变压缩比的实现也是最困难的。多年以来，众多研究人员为实现可变压缩比进行了不懈的努力，也产生了大量的技术方案和发明专利。图 4-45 归纳了实现可变压缩比的主要技术途径，包括了：

A：缸盖底部高度的变化。

B：活塞顶部高度的变化（通过液压或碟形弹簧等）。

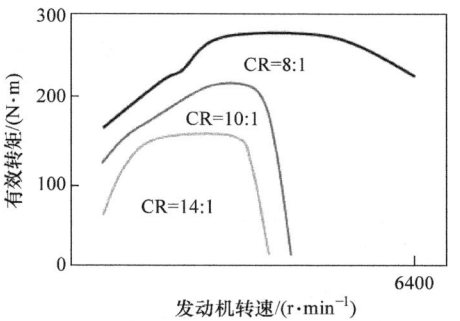

图 4-44 汽油机的可变压缩比

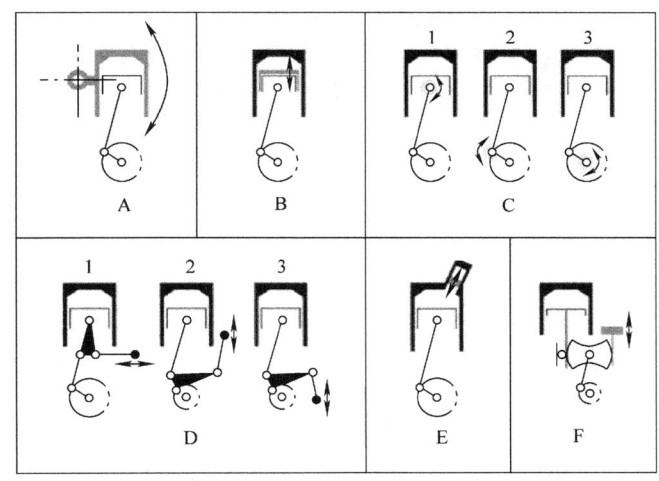

图 4-45 实现可变压缩比的主要技术途径

C：曲柄连杆机构铰接处的偏心变化。

D：曲柄连杆机构基础上变形的多杆机构。

E：附加的燃烧室容积调节部件。

F：附加齿轮传动副调节机构。

到目前为止，尚未见到有成熟的可变压缩比技术应用于汽油机产品中。具有实用性的可变压缩比技术仍有待于进一步的技术研发与创新。

4. 柴油机的压缩比

与汽油机提高压缩比的趋势相反，柴油机的压缩比近年来反而有下降的趋势。一种设想是未来不论是柴油机还是汽油机的压缩比都会趋近 15。

适当降低柴油机的压缩比的主要原因有：

柴油机采用增压强化后，机械负荷和热负荷均大幅提升，特别在高增压的情况下。同时，为降低氮氧化合物有害排放，柴油机中废气再循环的应用已越来越多，高比例的废气也带来缸内最大爆发压力的提高。适当降低柴油机的压缩比有利于降低柴油机的机械负荷和热负荷。

适当降低柴油机的压缩比也有利于控制缸内最高燃烧温度，从而抑制燃烧室内氮氧化合物的生成。

习题与思考题

1. 汽油机的燃烧过程可划分为几个阶段？是如何划分的（要求画图说明）？小结各阶段对性能的影响及其原因。
2. 汽油机在转速和节气门开度不变的条件下，改变点火提前角，有效燃油消耗率是如何随之变化的？分析变化的原因。在转速和节气门开度变化时，点火提前角一般应如何随之变化？
3. 说明"爆燃燃烧"的概念，并分析控制爆燃燃烧的思路。
4. 你认为汽油机混合气形成与燃烧中的关键技术是什么？并说明理由。
5. 简述三元催化转化器的工作原理并分析影响转化效率的主要因素。
6. 比较汽油机与柴油机在下列方面的异同并说明原因。
       a. 过量空气系数   b. 压缩比   c. 主要有害排放物及控制措施
7. 比较缸内直喷汽油机采用均质混合气或非均质混合气的差异。

第五章

发动机增压

　　增压技术能够显著地提高发动机进气量,最初应用的主要目的就是提高发动机的输出功率,或作为一种在低气压环境(航空、高原)下恢复功率的技术措施。增压技术进一步的发展使得其在改善发动机经济性和控制有害物排放等方面也起到了重要的作用。通过优化发动机增压系统的构成、匹配和控制调节等措施来改善不同工况下的废气可用能量的供需不平衡关系,是增压技术的核心问题。

　　增压在大中型柴油机中早已得到普遍应用,在汽车柴油机中的应用也日趋普及。为满足更严格的排放法规,汽车柴油机必须采用增压技术,而电子控制技术的发展也促进了汽油机增压技术的发展,增压机型所占比例逐步提高。通过增压技术的应用,汽油机实现减小发动机排量(小排量化)的同时保证动力性、经济性的提高也是技术发展的趋势。

　　未来的车用发动机,不论是柴油机还是汽油机,都可能会普遍采用增压技术。

第一节　增压技术基础

一、增压的基本概念

　　"增压"就是以某种方式提高进气充量的密度,从而提高进入气缸的新鲜空气量。相对于增压发动机,未采用增压技术的发动机称为自然吸气发动机。增压发动机相对于自然吸气发动机可以较大幅度地提高功率,并在燃油经济性和控制有害物排放等方面得到改善。实践证明,增压是发动机提高强化程度的有效措施之一,现代增压柴油机的升功率已接近自然吸气汽油机的水平,同时增压也是汽车发动机在高原地区运行时恢复功率的主要手段。

进气空气增压后的压力 p_C 与增压前的压力 p_0 之比称为增压比，以 $\pi_C = p_C/p_0$ 表示。增压比是一个衡量增压程度以及发动机强化程度的参数，它与发动机的平均有效压力近似成正比例关系，增压比越高，发动机功率提高的幅度越大。

通常将 $\pi_C < 1.8$ 的称为低增压，对应的 $p_{me} = 0.8 \sim 1.0 \text{MPa}$；$\pi_C = 1.8 \sim 2.5$ 的称为中增压，对应的 $p_{me} = 0.9 \sim 1.5 \text{MPa}$；$\pi_C > 2.5$ 的称为高增压，对应的 $p_{me} = 1.4 \text{MPa}$ 以上。汽车发动机中常用的增压比在 1.8~2.0。

增压技术在大中型柴油机中早已得到普遍的应用。而随着技术的进步，在汽车发动机中的应用也逐渐增多，特别是在柴油机中，有些机型甚至只有增压和增压中冷而没有自然吸气的。电子控制技术的发展也促进了汽油机增压技术的发展。

二、增压方式

实现增压的方式主要有废气涡轮增压（见图5-1）和机械增压（见图5-2）等。

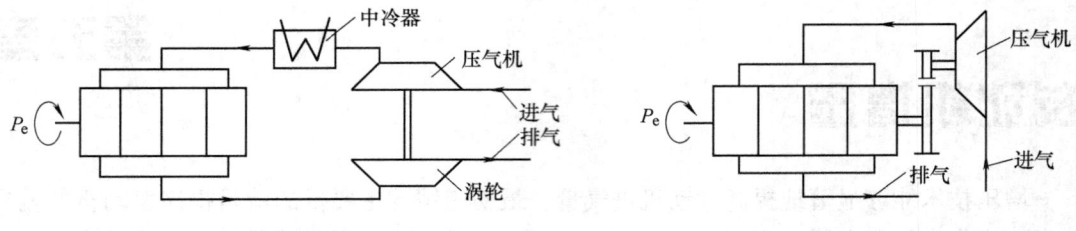

图 5-1　废气涡轮增压　　　　　　　　图 5-2　机械增压

废气涡轮增压主要是由废气涡轮增压器来实现增压的。废气涡轮增压器由压气机和涡轮两个部分组成，发动机排出的具有一定能量的废气进入涡轮并膨胀做功使涡轮高速旋转，然后排出。涡轮叶轮驱动与其同轴旋转的压气机叶轮，在压气机中，吸入的新鲜空气受到压缩后压力、温度得到一定程度提高，一般经冷却后再进入发动机进气管内。废气涡轮增压是目前应用最为普遍和最为有效的增压方式。

机械增压由发动机曲轴经增速后直接驱动压气机，并将压缩后的新鲜空气供入气缸。由于机械增压需要消耗一部分曲轴输出的功，而且这一部分耗功随着增压比的增长而迅速增长，因而机械增压仅用在一些增压比较低的场合，例如某些高速小功率增压汽油机中。压气机可能是叶轮式的或其他形式。例如，德国大众公司就曾开发了一种称为G-增压器的机械增压方式并在其产品上得到应用。它是利用了偏心轴的转动改变转动元件与静止元件之间的相对位置，从而周期性地改变工作容积，实现吸入空气、压缩空气并输出的功能。与废气涡轮增压相比，虽然由于驱动压气机耗功会影响发动机经济性，但机械增压在某些方面也具有一定的优势。例如，由于机械的"刚性"连接作用使瞬态响应特性较好，与废气涡轮增压相比排气背压相对较低，也可以在一定程度上减小泵气损失。此外，在采用催化转化器处理有害排放物的情况下，可获得较高的排气温度，从而提高转化效率。

除此之外，还有气波增压（由气波增压器直接利用废气的脉冲气波压缩空气）等方式，但在汽车发动机中基本已无应用。

三、增压中冷

应用增压技术使进气充量的密度得到提高，但在空气受到压缩的同时温度也会升高，因而在一定程度上限制了充气密度的提高。在同时降低排放和燃油消耗的情况下，提高发动机的功率势必要求进一步提高增压空气压力和降低进气温度。"中冷"就是通过布置在压气机与气缸之间的中间冷却器（简称中冷器）对增压后的空气进行冷却，降低其温度的措施（见图5-1）。

采用中冷后，有可能进一步提高充气密度，即增强增压效果。经验表明，在给定的增压比下，增压空气每下降10℃，密度约增加3%，发动机的功率也可提高3%左右。例如，设环境压力和温度分别为0.1MPa和293K（20℃），增压后压力提高至0.25MPa，若压气机绝热效率为70%，增压后温度升至418K（145℃），密度提高1.75倍，进一步采用中冷，将增压后温度降至313K（40℃），则密度可进一步提高至2.34倍。在乘用车发动机上，中冷器进口处的增压空气温度最高为210℃，商用车发动机最高为260℃。增压空气的绝对压力为0.2MPa（乘用车）～0.35MPa（商用车）。

增压中冷不仅可以提高发动机的功率，而且由于降低了发动机压缩始点的温度和整个循环的平均温度，从而可以降低发动机的热负荷和排气温度，同时对控制发动机中氮氧化合物的有害排放也会起到良好的作用。图5-3所示为增压中冷对抑制汽油机爆燃的作用，与无中冷的情况相对比较，在同样的增压比下，中冷后的爆燃极限移向高负荷以及较大点火提前角的方向。

中冷器实际上是一种热交换器，增压空气温度与冷却介质温度的差值越大，增压空气的冷却效果越好，反之则效果不明显。一般而言，增压

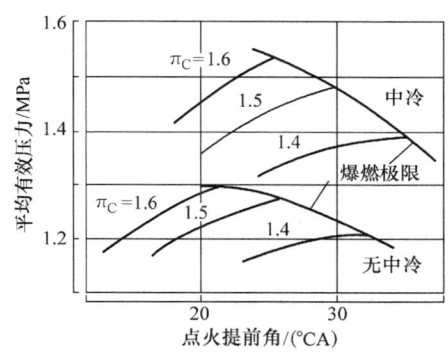

图5-3　增压中冷对抑制汽油机爆燃的作用

比越高，采用中冷的效果越显著，采用中冷的必要性也就越大。利用汽车行驶过程中所产生的气体流动（"迎面风"）或冷却风扇来冷却增压空气的"空-空"中冷方式可获得较好的冷却效果，在汽车发动机中应用较多。

第二节　废气涡轮增压器

一、基本组成

图5-4所示为典型的车用废气涡轮增压器的结构图。

车用废气涡轮增压器由压气机和涡轮两个主要部分组成。根据气体流动方向的特征，压气机通常称为离心式压气机，气体沿轴向流入压气机叶轮，沿径向流出，为离心流动。涡轮通常称为径流式涡轮或向心式涡轮，气体沿径向流入涡轮叶轮、沿轴向流出，为向心流动。

此外，还有在大、中型柴油机中采用轴流式涡轮，气体沿轴向流入涡轮叶轮并沿轴向流出。

压气机部分主要包括压气机叶轮、压气机壳以及与压气机壳为一体的无叶扩压器。涡

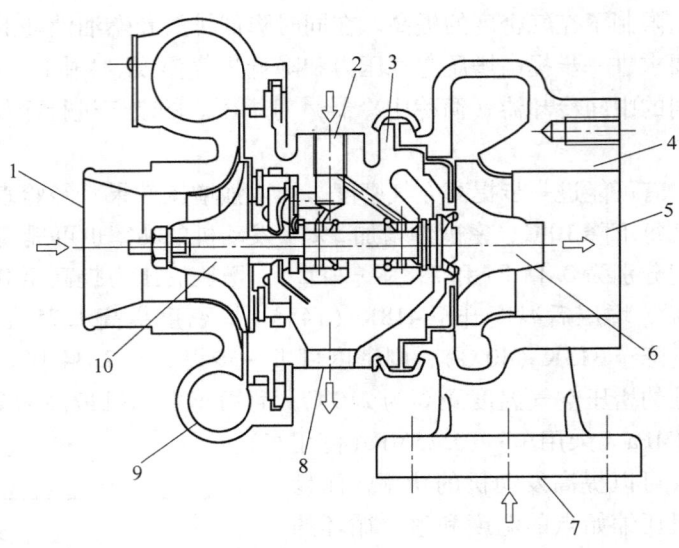

图 5-4 车用废气涡轮增压器的结构
1—压气机进口 2—润滑油进口 3—中间壳 4—涡轮壳 5—涡轮出口
6—涡轮 7—涡轮进口 8—润滑油出口 9—压气机壳 10—压气机叶轮

轮部分主要包括涡轮叶轮、涡轮壳以及喷嘴环。喷嘴环有有叶和无叶两种形式,后者较为常见。为适应与车用发动机的匹配,在涡轮壳上通常设置废气旁通阀(见图5-5)。

压气机叶轮和涡轮叶轮装在同一转轴的两端,中间通常由浮动轴承支承。浮动轴承的内径与转轴之间、外径与轴承座之间均有间隙(分别为 0.03~0.05mm 和 0.05~0.10mm),运转时内外均形成油膜,浮动轴承与高速旋转的转轴和静止的轴承座之间都有相对转动,从而降低了相对转动速度,减少了摩擦损失。由于浮动轴承内外都有间隙,可以在一定程度上增加润滑油量,以降低轴承工作时的温度。此外,浮动轴承可以视为一弹性支承而具有一定的吸振功能,能在工作过程中吸收转子产生的振动,因而特别适于在高速下工作。

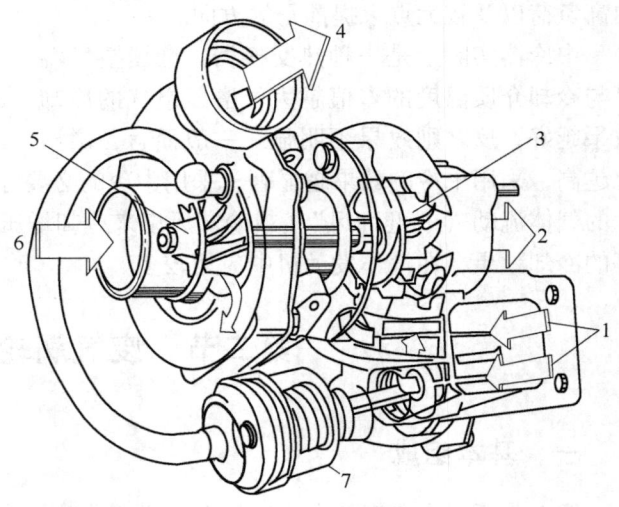

图 5-5 废气涡轮增压器
1—涡轮进口 2—涡轮出口 3—涡轮叶轮 4—压气机出口
5—压气机叶轮 6—压气机进口 7—废气旁通阀

转轴上还装有推力轴承(又称为止推片),用于承受废气涡轮增压器转轴的轴向力。

此外,压气机叶轮和涡轮叶轮背面还分别装有密封装置,防止两端的废气、新鲜空气和中间的润滑油互相接触。压力润滑油从中间壳的上部流入、下部流出,完成润滑和冷却的功能。

二、压气机的工作原理与特性参数

1. 压气机的工作原理

压气机的功用是压缩空气,提高气体的压力。它主要由进气道 1、压气机叶轮 2、扩压器 3 和压气机壳 4 等组成(见图 5-6)。

空气沿收敛的轴向进气道流入时,气流略有加速。在叶轮入口处,气流的绝对速度是 c_1,由于叶轮绕轴旋转(即在入口平均半径处具有圆周速度 u_1),所以气流将沿相对速度 w_1 的方向流入叶轮叶片所形成的流道(见图 5-7a 的进口速度三角形)。为了减少流动损失,需要将叶片前缘部分顺着空气流入的方向弯曲某一角度,使其与气流入口角 β_1 基本一致,保证气流在基本无撞击的情况下平顺地流入叶轮。同时应注意在不

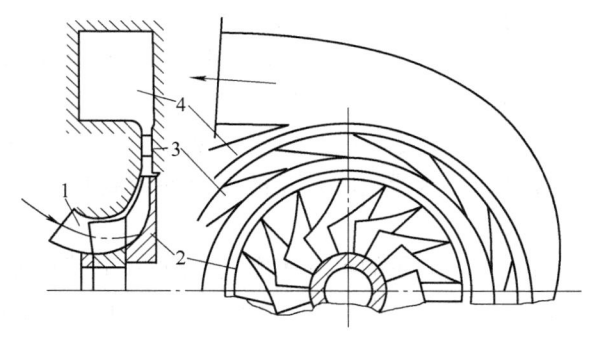

图 5-6 离心式压气机简图
1—进气道 2—压气机叶轮 3—扩压器 4—压气机壳

同的叶轮半径上气流进口角是变化的(u_1 不同),随叶轮半径增大而减小,因而叶轮进口构造角也是随叶轮半径不同变化的。

当空气进入叶轮上叶片组成的流道后,受离心力作用被甩向叶轮外缘,空气从回转的叶轮上获得了能量并受到压缩,使压力、温度,特别是气流速度均有较大增长。

叶轮按叶片出口构造角 β_2 的大小,可分为径向叶片叶轮($\beta_2 = 90°$)、前弯叶片叶轮($\beta_2 > 90°$)和后弯叶片叶轮($\beta_2 < 90°$)。图 5-7b 和图 5-7c 所示分别为径向叶片叶轮和后弯叶片叶轮的出口速度三角形。

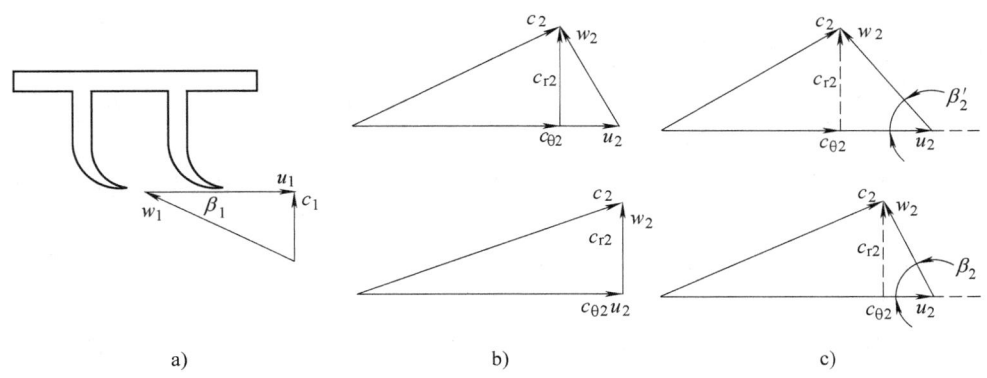

图 5-7 空气在叶轮中流动的速度三角形
a)进口速度三角形 b)出口速度三角形(径向叶片叶轮) c)出口速度三角形(后弯叶片叶轮)

在叶轮出口处,气流的方向由出口速度三角形决定。理论上(叶片数趋向无穷多时)叶轮出口的相对速度方向应是沿着叶片出口构造角的方向的,如图 5-7b 和图 5-7c 中的下图所示。实际上由于叶片数是有限的,压力和相对速度沿叶片通道宽度上的分布也是不均

匀的，叶片的工作面一侧压力较高而相对速度较低，叶片的背面一侧压力较低而相对速度较高。这种不均匀性造成了出口速度三角形中叶轮出口的相对速度方向的偏移，如图5-7b和图5-7c中的上图所示，例如偏移使图5-7c中上图的β'_2小于下图的β_2，这种偏移实际上对叶轮的做功能力造成损失。

理论分析与试验均表明，前弯叶片叶轮的做功能力较强，即在同样的叶轮外径和工作转速下可以将更多的能量加入流经叶轮的空气；而后弯叶片叶轮在能量转换过程中产生的损失较少，从而可以获得较高的效率；径向叶片叶轮的特性，则介于前述两者之间，由于叶片出口为径向布置，不仅制造方便，而且在高速运行下不会因离心力而产生附加转矩，因而最适宜于高速运转。在实际应用中，前弯叶片叶轮应用极少，后弯叶片叶轮由于具有效率较高而且流量范围较宽的优点而得到越来越多的应用，有逐渐取代径向叶片叶轮的趋势。

气流流出叶轮的绝对速度c_2的方向也就是流入扩压器时的入口方向。扩压器为截面逐渐增大的流道，车用废气涡轮增压器通常为无叶扩压器，实际就是两侧壁形成的环形空间，空气流经扩压器时根据能量守恒原理进行能量形式的转换。它所具有的动能，大部分在这里转变为压力能，气流的速度降低，而压力、温度升高。

压气机壳的功用为收集从扩压器流出的空气，并最终将空气导入发动机进气管内。在压气机壳内的气体流动过程中仍继续进行着空气动能向压力能转变的过程。

总之，空气流经压气机部分时，完成了一系列的能量传递与转换，将涡轮通过转轴传给压气机叶轮的大部分机械功转变为空气的压力能。

图5-8所示为空气沿压气机流道流动时，其参数变化的情况示意图。

2. 压气机的特性参数

压气机的特性参数，包括压气机绝热效率、增压比、转速和流量等。增压比π_C在本章第一节中已作过介绍。

由于压气机叶轮与涡轮叶轮同一转轴，压气机叶轮的转速n_C通常也称为增压器转速n_{TC}。车用废气涡轮增压器的最高转速一般为100000r/min左右甚至更高，最高的有达到260000r/min的。

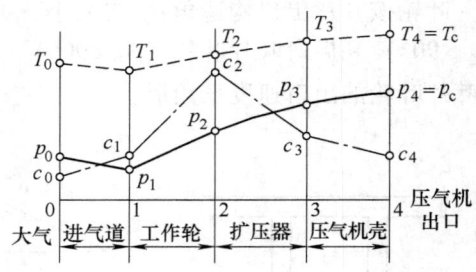

图5-8 空气参数沿压气机流道的变化

流量q_{mC}为单位时间内流过压气机的气体质量（或气体体积），是与发动机匹配时的重要参数。

下面讨论压气机绝热效率这一重要的特性参数。压气机绝热效率，定义为压气机内将单位质量气体压缩到相同压力时，按理想的绝热过程压缩气体所消耗的压缩功与实际气体压缩过程中所消耗的压缩功之比，即

$$\eta_{ad-C} = \frac{h_{ad-C}}{h_C} \tag{5-1}$$

式中，绝热压缩功h_{ad-C}和实际压缩功h_C可根据压气机进出口的状态参数进行计算。

图5-8所示为压气机的压缩过程。图中的0点（p_0、T_0）表示压气机进口处的气体状

态；点 4 表示（$p_4 = p_C$、T_4）空气按多变过程压缩后压气机出口处的状态。此外，设想有点 4′（$p_{4'} = p_C$、$T_{4'}$）表示空气按绝热过程压缩后压气机出口处的状态。按理想情况，将 1kg 空气从压力 p_0 压缩到压力 p_4（p_C）耗功最小的是绝热过程，所需的绝热压缩功（J/kg）为

$$h_{ad-C} = c_p (T_{4'} - T_0) = \frac{\kappa}{\kappa - 1} R T_0 \left[\left(\frac{p_C}{p_0} \right)^{\frac{\kappa-1}{\kappa}} - 1 \right] \tag{5-2}$$

式中，c_p 为比定压热容；κ 为等熵指数；R 为气体常数。

实际压缩过程可视为一多变过程，伴随有摩擦及流动损失，所以将 1kg 空气从 p_0 压缩到 p_C 消耗的实际压缩功（J/kg）为

$$h_C = c_p (T_4 - T_0) \tag{5-3}$$

实际压缩功也可以理解为 1kg 空气在等压下从温度 T_0 加热到 T_4 所需的热量。

绝热效率 η_{ad-C} 是衡量压气机内实际工作过程完善程度的重要指标。目前在车用废气涡轮增压器上应用的离心式压气机，其绝热效率最高值在 0.72～0.80 之间。一般较小的压气机，绝热效率也较低。

三、涡轮的工作原理与特性参数

1. 涡轮的工作原理

径流式涡轮机主要由涡轮壳 1、喷嘴环 2、涡轮叶轮 3 及出口 4 等组成，如图 5-9 所示。而图 5-10 所示为燃气沿涡轮流道流动时，其参数变化的情况示意图。

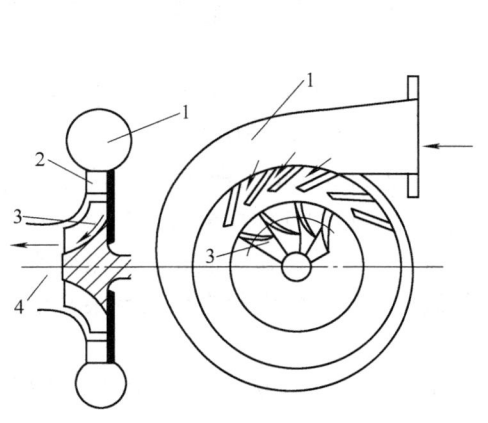

图 5-9 径流式涡轮简图
1—涡轮壳 2—喷嘴环 3—涡轮叶轮 4—出口

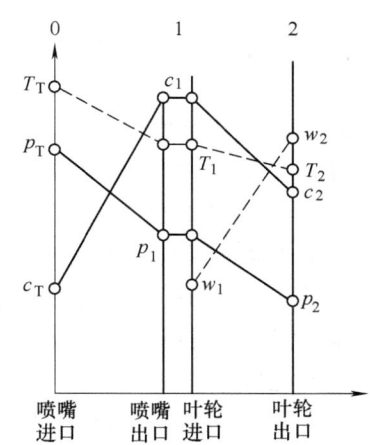

图 5-10 涡轮机中气流参数的变化

涡轮壳的作用是引导发动机的排气在整个圆周范围内均匀地进入涡轮。根据发动机增压系统的要求，涡轮壳可能有一个或两个进口。由发动机排气管中排出的气体具有压力 p_T、温度 T_T，并以速度 c_T 经涡轮壳流入喷嘴环。

无叶喷嘴环已在车用废气涡轮增压器中得到广泛的应用，无叶喷嘴环是将涡轮壳与喷嘴环简化为一体，气流自半径大的环形截面流向半径小的环形截面，环形通道自然地形成

收敛，气流在其中得到加速，部分压力能转换为动能，即气体的压力降低到 p_1，温度降低到 T_1，气体流动的速度增到加 c_1（见图 5-10）。而在有叶喷嘴环上均匀地安装了一组具有一定角度的叶片，这就使燃气经过叶片间的通道后更具有方向性，使气流更加均匀且有秩序地流入涡轮机叶轮。

有叶喷嘴环在设计工况点附近可以使涡轮达到较高的效率，但变工况下的特性则不甚理想，要差于无叶喷嘴环。在可变几何参数增压器中，改变有叶喷嘴环中的叶片角度以适应不同工况的需要，是常见并有效的一种方法。

由于气流在叶轮中是向心流动的，所以在叶轮叶片之间的通道也是呈渐缩的形状，气体在通道中继续膨胀，在叶轮出口处压力下降到 p_2，温度降低到 T_2，此时气体的绝对速度下降至 c_2。应该指出，叶轮出口气体的绝对速度 c_2 远小于 c_1，这说明废气在喷嘴环中膨胀所获得的动能已大部分传给了叶轮。

废气离开叶轮时还具有一定的速度 c_2，即还有一部分动能未能在涡轮机中得到利用，这部分动能损失 $c_2^2/2$ 称为余速损失。

由图 5-10 可以看出，具有一定热能及压力能的废气，在喷嘴环通道中仅部分得到加速而转变为废气的动能；而从喷嘴环中流出的具有一定动能及压力能的废气，在叶轮中将所具有能量的大部分转变为机械功。

2. 涡轮的特性参数

涡轮的特性参数包括涡轮的有效效率、膨胀比、转速与流量等。

涡轮的有效效率定义为

$$\eta_T = W_T / H_T \tag{5-4}$$

式中，W_T 为涡轮轴上的有用功（J/kg）；H_T 为 1kg 废气所具有的能量，以可用焓降（J/kg）表示。

可用焓降 H_T，可理解为 1kg 废气在涡轮入口处具有的能量在涡轮中绝热膨胀至一定出口压力时所做的功，实际上是废气可用能量转换为机械功的最高限额。

膨胀比 π_T 是指燃气在涡轮进口前与涡轮出口后压力的比值，即 p_T/p_0。涡轮的转速 n_T 也就等于增压器转速 n_{TC}。流量 q_{mT} 为单位时间内流过涡轮的气体质量（或气体体积）。

涡轮是利用发动机排出的废气能量转换为机械功的一种机械。涡轮的有效效率反映了将废气能量转换为机械功的有效程度。车用废气涡轮增压器的涡轮有效效率最高值一般在 0.70~0.80 范围内。

此外，废气涡轮增压器的效率 η_{TC} 定义为压气机绝热效率 η_{ad-C}、涡轮有效效率 η_T 以及增压器机械效率 η_{TCm} 三者的乘积，即

$$\eta_{TC} = \eta_{ad-C} \eta_T \eta_{TCm} \tag{5-5}$$

废气涡轮增压器效率 η_{TC} 反映了废气涡轮增压器整体的性能，即将废气的可用能量转换为压缩气体所具有的能量的整个过程中的完善程度。车用废气涡轮增压器效率的最高值一般可以达到 0.60 左右。

四、压气机与涡轮的关系

在增压器实际运行中，压气机与涡轮两部分之间存在着转速、流量以及功率之间确定

的平衡关系。

1. 转速平衡

实际上压气机叶轮与涡轮叶轮是安装在同一转轴上的，显然压气机与涡轮的转速是相等的，通常也称为增压器转速，有关系式

$$n_{TC} = n_C = n_T$$

2. 流量平衡

进气空气流经压气机压缩后进入气缸，燃烧后废气从气缸流出经涡轮排入大气。发动机运行时，显然流过压气机的空气流量 q_{mC} 与燃料流量 q_{fuel} 之和与流过涡轮的废气流量 q_{mT} 相等，即关系式为

$$q_{mT} = q_{mC} + q_{fuel}$$

例如，柴油机在过量空气系数 α 为 1.5 左右时，涡轮流量约为 1.05 倍的压气机流量。这一压气机流量与涡轮流量的平衡关系不论在稳态或非稳态工况下都不会有太大的偏差，系统内的压力波动以及气体可压缩性对其有一定的影响。

汽车发动机大多在增压系统中布置了废气旁通阀。在废气旁通阀开启的工况下，部分废气不经过涡轮而直接排出，流过压气机的空气流量与燃料流量之和应与流过涡轮和流过废气旁通阀的废气流量之和相等。

3. 功率平衡

涡轮实际输出的有效功率 P_T 用于压气机在压缩空气的过程中实际消耗的功率 P_C，在其间的传递过程中还应考虑增压器的机械效率 η_{TCm}，有关系式

$$P_T \eta_{TCm} = P_C$$

上述关系考虑的是稳态工况，当增压器处于过渡过程之中时，功率是不平衡的。例如在加速过程中，必然有涡轮提供的功率大于压气机消耗的功率，两者间的差值越大，加速过程进行得越迅速。

五、废气涡轮增压器的特性

在实际发动机运行中，废气涡轮增压器的运行工况是经常变化的。为了了解增压器性能的优劣及其与发动机的合理匹配，需要了解废气涡轮增压器的特性。废气涡轮增压器的特性应包括压气机和涡轮两部分的特性，但在增压器设计中已考虑了涡轮特性与压气机特性的匹配问题，压气机与涡轮两部分之间也存在着转速、流量以及功率之间确定的平衡关系，因而通常在研究废气涡轮增压器的特性及其与发动机的匹配时，仅应用压气机通用特性即可。

压气机特性是以流量为横坐标，增压比为纵坐标，增压器转速为参变量绘制的曲线图，图中还绘制了等效率曲线以及喘振线，不仅表明了压气机的工作范围，也反映了在不同工况下压气机效率、增压比、转速和流量等特性参数之间的关系。对于研究废气涡轮增压器与发动机的匹配，压气机特性是必不可少的基本技术资料。

1. 压气机的工作范围

当增压器转速升高时，压气机流量与增压比均会增加，但转速过高使离心力过大，将受到材料机械应力及轴承可靠工作的限制，最高转速不允许超出一定的范围。采用高强度

铝合金材料时，压气机叶轮外径圆周速度的上限一般可以达到450m/s。显然，叶轮直径越小，所能达到的转速越高。

在一定的转速下，压气机可以在一定的流量范围内工作。由于车用发动机的转速及负荷的变化范围很大，从而要求压气机工作的流量范围不宜过窄。在小流量一端，压气机工作的流量范围受到喘振线的限制；在大流量一端，则受到增压比和效率都出现较明显的下降的限制。

当流量逐步减少到某一值后，压气机工作开始不稳定，气流发生强烈的脉动和震荡，甚至引起整台增压器剧烈振动并发出噪声，压气机出口的压力显著下降，并伴随着很大的压力波动。这种不稳定工况称为喘振。将出现喘振的工作点称为喘振点，对应的流量就是喘振流量。将各转速下的喘振点连接起来，就可以确定一条不稳定工作的边界线，称为喘振线。喘振不仅使增压器达不到预期的增压效果，严重时还会损坏增压器的部件，例如压气机叶轮、轴承等。因而，压气机只能在喘振线右边的范围内工作，在增压器与发动机匹配时，考虑到空气滤清器运转一段时间后可能增加流动阻力使流量减小以及气流脉动等实际情况，压气机工作的最小流量不仅不能越过喘振线，而且要保持适当的距离。

出现喘振的原因主要是压气机流量过小而导致在叶轮进口处气流与叶片背面的分离。叶轮旋转产生的气体惯性力进一步加剧这种气流分离的扩展，不仅会增加流动损失，严重时就将破坏压气机的正常工作，出现喘振现象。

图5-11所示为增压器转速一定时，流量的变化对压气机叶轮进口处流动的影响。在设计工作点，气流的流动方向与压气机叶轮叶片进口构造角的方向相一致，气流可以平顺地流入叶轮。当流量小于设计流量时，在叶轮进口处气流与叶片背面就出现了分离，流量的进一步降低会使分离区不断扩大，叶轮通道中出现涡流，气体可能从分离的涡流区域从出口倒流向进口，造成流入叶轮的气流瞬时中断。随即空气再进入叶轮，重复产生分离和倒流，这种不稳定现象以低频持续发生，形成喘振。

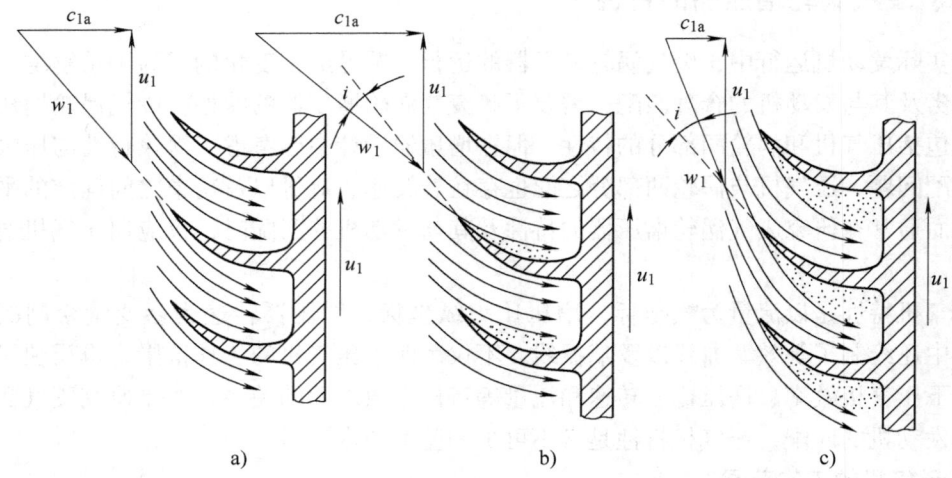

图5-11　压气机叶轮进口处不同流量下的流动情况
a) 设计工况　b) 较大流量工况　c) 较小流量工况
c—绝对速度　w—相对速度　u—牵连速度（圆周速度）　i—冲角

当流量大于设计流量时，虽然也会导致在叶轮进口处气流与叶片工作面的分离，但旋转中的叶轮限制了这种气流分离的扩展。除了对效率有一定影响外，不会产生不正常的情况。

当流量进一步加大到一定值后，气体流速在压气机流道的某一截面上达到了音速，此时压气机的流量达到了最大值而不能再增加，也即发生了流量的"堵塞"。堵塞现象在匹配或实际运行中不常见到，在大流量一端的限制主要是要求压气机的效率不低于一定值，即保证压气机工作在相对高效的区域内。

2. 压气机通用特性

压气机特性在应用中出现的一个问题是大气条件对压气机特性存在着一定的影响。为了消除这一影响，通常根据相似理论采用折合参数来绘制压气机通用特性（见图5-12）。所谓折合参数，就是将试验状态下测得的参数一律换算到标准状态（大气压力 = 10^5 Pa、大气温度 = 298K）下的参数，有

折合流量
$$q_{mC-np} = q_{mC} \frac{100000}{p_0} \sqrt{\frac{T_0}{298}} \tag{5-6}$$

折合转速
$$n_{C-np} = n_C \sqrt{298/T_0} \tag{5-7}$$

式中，p_0、T_0分别是试验测量时的大气压力（Pa）、大气温度（K）。

可见，若压气机在标准状态下进行试验，折合流量和折合转速就等于实际流量和转速。

增压比 π_C 和绝热效率 η_{ad-C} 是无因次参数，仍保持不变。

3. 压气机特性曲线的变化规律

对于一条等转速特性线，当流量从小到大变化时，压气机的增压比最初随流量的增大有所提高并达到最大值，在这以后，流量继续增加，增压比反而下降，而且这一趋势越来越明显，如图5-13中的 $c-c$ 线所示。此外，等转速特性线在增压器转速较低时变化较平坦，而高速时曲线陡峭程度增加，此时较小的流量变化对应着较大的增压比变化。

当增压器转速不变时，效率随流量的变化规律大致与增

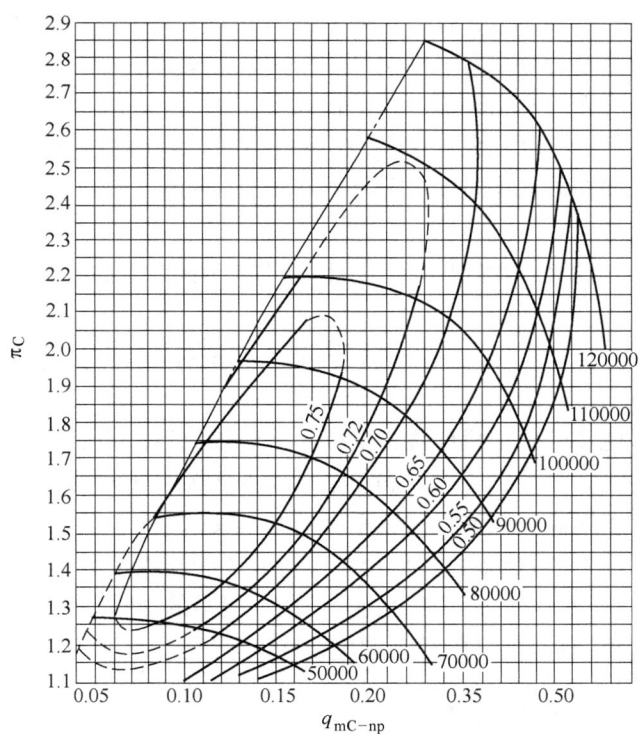

图5-12 压气机通用特性

压比随流量的变化规律相当。

上述特性曲线的变化规律是与压气机中的流动损失的变化规律相关的。在没有流动损失的理想情况下,加给空气的有效功全部用来压缩空气,当转速一定时,增压比与流量的变化无关,如图5-13中的水平线 $a-a$ 所示。而实际流动过程是伴随着损失的,这种流动损失主要包括摩擦损失与撞击损失两部分。摩擦损失包括空气与流道壁面间以及空气内部的相互摩擦等,一般随着流量的增大而增大,考虑摩擦损失以后,等转速特性线如图5-13中的 $b-b$ 线所示。撞击损失则是在设计工况点为最小值,而当流量偏离了设计工况点时,由于气流与叶片的角度不一致引起气流撞击叶片表面而产生损失,流量

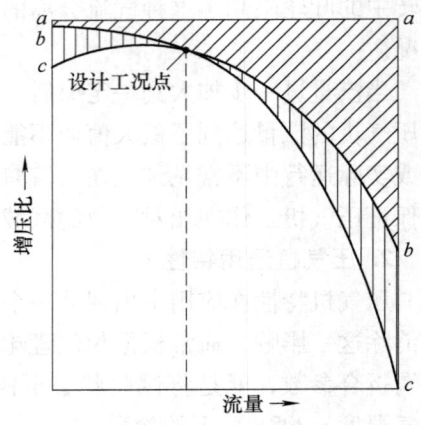

图5-13 压气机等转速特性线的分析

偏离设计工况越严重,损失越大。这样,考虑了以上的全部流动损失后,在定增压器转速下增压比随流量变化的规律如图5-13中的 $c-c$ 线所示。

压气机特性中的等效率曲线表明压气机具有一个高效工作的区域,一般在中间形成一封闭的曲线。

4. 气流脉动现象对压气机特性的影响

上述的压气机特性均是在专用的增压器试验台上通过稳流试验获得的。但实际上增压器装在发动机上工作时,周期性的发动机工作过程造成了一定的气流脉动,进气管内的压力与流速均存在着一定幅度的周期性的变化,进而对压气机特性也有着一定的影响,特别是在低频与脉动幅值较大的情况下。

气流脉动现象对喘振线有着较大的影响,一般会使喘振线向右(大流量的方向)移动,即在较大流量的情况下就易于产生喘振,这一点在实际增压器与发动机匹配时应予以充分考虑。

在气流脉动的作用下,压气机的效率与增压比也会有一定程度的下降。

第三节 车用发动机的增压系统

优良的柴油机或优良的废气涡轮增压器都不能确保由其组合而成的增压柴油机一定性能优良,柴油机与废气涡轮增压器的匹配对于发动机性能是十分重要的。

车用高速柴油机增压系统的基本要求是:
1) 尽可能地减缓低速高负荷时的废气能量不足与高速时的废气能量过剩的矛盾。
2) 在保证能够提供充分的废气能量的前提条件下,尽可能地降低换气负功。
3) 具有良好的动态响应特性。

一、废气能量的利用

从热力学的观点来看,自然吸气的活塞式发动机,因其非连续燃烧而能做到从高温吸

热。因此，它可能是现代实用的热机中热效率最高的一种，但它不能做到完全膨胀。废气中带走的能量约占燃烧燃油总能量的 1/3（自然吸气发动机相对较低，而增压发动机相对较高）。这种废气具有的可用能量在涡轮式机械中却能进一步得到利用（大约可利用废气中所具有能量的 2/3）。由于受叶片材料热负荷的限制，其进口温度不可能太高（同发动机排气温度很接近），而且这种回转式机械适应的转速高，因而单位功率的体积与质量比较小。将两者合理结合，有利于使发动机功率得到较大幅度的提高，而其体积与质量的增大往往是微不足道的。

在发动机排气过程中流出气缸的废气所具有的能量，首先经过排气系统的传递，再进入废气涡轮增压器的涡轮，将废气所具有的能量转换为增压器转子高速旋转的机械能。要提高废气能量的利用效率，不仅需要提高涡轮的有效效率，而且需要提高排气管系的能量传递效率。废气可用能的一部分在从气缸向涡轮的传递过程中损失掉了，其主要原因是由于废气经排气阀流出时受到强烈的节流作用。气缸内的压力与排气管内的压力相差越大，这种能量损失也越大，损失掉的可用能量部分又转变为热量加热了废气。此外，废气通过排气系统的传递到达涡轮进口时的状态也会影响涡轮的有效效率。

下面首先用四冲程增压柴油机理论示功图（见图 5-14），来讨论发动机废气能量利用的情况。

图 5-14 中 3—a 为发动机的进气过程，进气压力为 p_C；b—5—4 为排气过程，由于涡轮的存在，排气背压为 p_T 高于大气压力 p_0。柴油机理论示功图的高压循环部分为面积 a—c—z′—z—b—a。由于增压发动机的进气压力高于排气压力，即 $p_C > p_T$，可以得到正的泵气功 3—a—5—4—3。另外，在不考虑扫气的情况下，图中面积 2—0—a—3—2 就是绝热压缩进入发动机气缸内空气所需要的能量，即压气机消耗的能量。由于压气机由涡轮

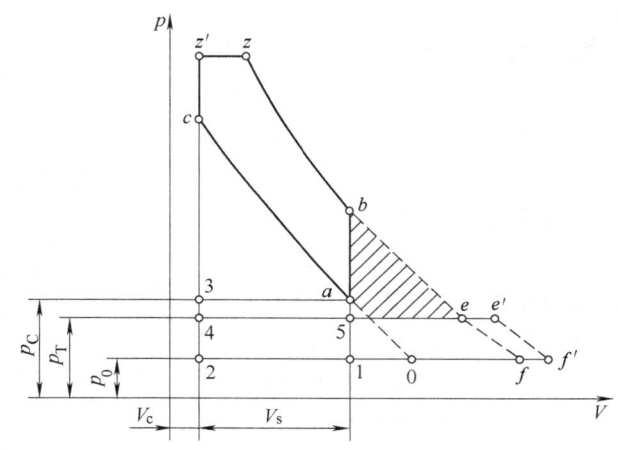

图 5-14　四冲程增压柴油机理论示功图

驱动，为此，需要考察涡轮所能利用的废气能量的大小。

主要是因排气系统的区别，使废气能量的利用有着两种基本形式，即图 5-15 所示的恒压增压系统和脉冲增压系统。

1. 恒压增压系统

如图 5-15a 所示，这种增压系统在结构上的特点是，把所有气缸的废气都接到一根排气总管中，然后再引向涡轮的整个喷嘴环，由于排气总管的截面和长度（也就是排气管的容积）较大，同时各缸排气相互交替补充，使得排气管中的压力（p_T 曲线）波动很小，进入涡轮前的废气压力基本上恒定（试验表明，排气管压力波动一般为 $\Delta p = \pm 20 \sim 70 kPa$），故称为恒压增压系统。一般认为，若要获得较为理想的"恒压"，排气总管的直

径至少应与发动机气缸的直径相当。

在图 5-14 的理论示功图中可以看到，发动机排气阀开启瞬间，气缸中燃气状态为 b 点，如果让燃气在理想涡轮机中完全绝热膨胀至大气压力时，涡轮机可能从废气中获得的最大能量是 $b—f—1—b$。

可是在恒压增压系统中，排气系统容积较大，而且在排气门开启的初期（大部分的废气在此期间内排出），气缸压力 p_1 和排气管压力 p_T 的压差较大，燃气经过排气阀节流与在排气管中的自由膨胀产生较大的涡流与摩擦损失。面积 $b—e—5—b$（见图5-14）即为废气由 b 点膨胀到排气管内压力 p_T 所消耗的能量 E_1，它转变为热量加热废气，使实际进入涡轮的废气状态由 e 变为 e'，在涡轮机内沿 $e'—f'$ 线膨胀到 p_0。面积 $2—4—e'—f'—2$ 表示废气在恒压涡轮内的膨胀功，用符号 E_2 表示。仔细分析一下涡轮做功的能量来源，可近似地认为由以下两部分组成：①面积 $2—4—5—1—2$ 为活塞推出废气所做的功，系由发动机活塞所给予；②废气自身具有的可用能量（从排气管内压力 p_T 绝热膨胀至大气状态所做的功）仅为面积 $1—5—e'—f'—1$。

如果增压压力较高（排气压力 p_T 也相应增加，即涡轮的膨胀比增大），则涡轮内可以利用的废气能量增多。有试验表明，当 $p_C = 150 \sim 160 \text{kPa}$ 时，恒压增压系统只利用了废气能量的 12%～15%；当 $p_C \geqslant 300 \text{kPa}$ 时，所利用的废气能量可达到 30%～35%。

2. 脉冲增压系统

为了尽量利用在恒压系统中损失的那部分能量（即图 5-14 中面积 $b—e—5—b$），便出现了脉冲增压系统，如图 5-15b 所示。这种方案的特点是尽可能将气缸中的废气能量直接而迅速地送到涡轮中去。为此，需要使涡轮尽量靠近气缸，把排气

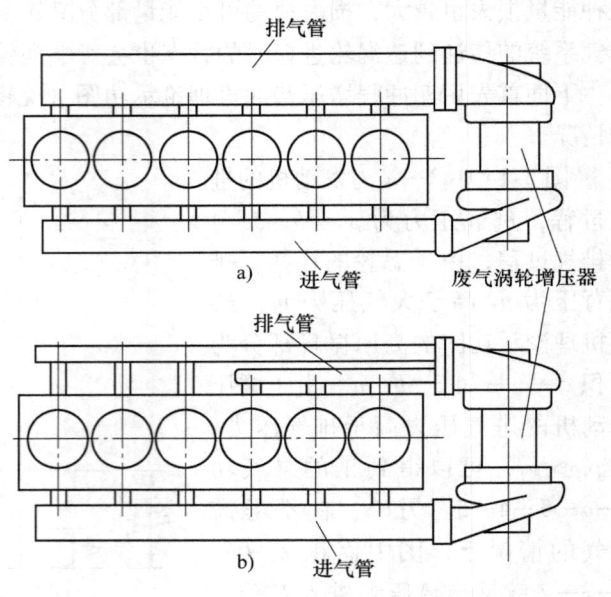

图 5-15　两类增压系统
a) 恒压增压系统　b) 脉冲增压系统

管做得短而细（容积相当小），并且为了减少各缸排气中压力波的相互干扰，在需要时用几根排气支管将相邻发火气缸的排气相互隔开。这样，在气缸开始排气后不久，排气管中的压力便迅速升高并接近于气缸内的压力 p_1；由于在一根排气管内没有别的气缸同时排气，所以随着废气流入涡轮，压力 p_T 接着便迅速地下降；然后，紧接着下一个气缸排气，压力 p_T 又再次迅速升高及迅速下降。于是形成排气管内压力的周期性脉动。由于涡轮是在进口压力有较大波动的情况下工作的，所以称为脉冲增压系统。

在这种增压系统中，在气缸刚开始排气时，节流损失固然也很大，但由于排气管压力 p_T 迅速升高，并接近气缸内的压力 p_1，因而总的节流损失便大大减少。因此，理论上可以认为废气在涡轮机内是沿 $b—e—f$ 线膨胀的（见图5-14）。我们把面积 $b—e—5—b$ 所表示

的能量 E_1 称为废气脉冲能量，因为它是以压力脉冲的形式出现的。与之相对应，把 E_2 称为静压能量。大约相当于脉冲能量 E_1 的 40%~50% 可以在脉冲涡轮中得到利用。与恒压增压系统相比，在增压度较低的情况下，当排气管中的平均压力相同时，脉冲增压系统的涡轮功率约比其大 30%。

应该指出，在脉冲增压系统中，废气能量利用的程度与排气管中的压力变化有关，它受到很多因素的影响，如加快排气阀开启的速度，减少排气管的截面和长度（即容积），可减少脉冲传递损失；减少涡轮喷嘴环的流通截面积等，可使排气背压提高，可利用的废气能量增加。

排气管系内的压力波的形状主要是受到气缸内压力变化情况以及排气管系和涡轮机结构参数的影响，废气能量得到较好利用的排气压力波应是：

① 排气开始后，排气管内的压力要尽可能快地升高，以减小节流损失。
② 气缸中的废气要排空得快，以有利于减小活塞在排气行程中的耗功。
③ 扫气期间排气管中的压力要尽量低，以使扫气过程顺利进行。

恒压增压系统及脉冲增压系统的优缺点比较如下所述（见表 5-1）：

表 5-1 恒压增压系统与脉冲增压系统的比较

项目	排气能量利用	涡轮效率	扫气作用	内燃机的加速性	结构的复杂程度	适用情况
脉冲增压系统	较好	较低：涡轮进口压力不稳定，不保证在设计点工作	较好：进气过程恰逢排气波谷	较好：内燃机与增压器气动联系"弹性"小，反应较灵敏	相对复杂	较低增压比：回收废气能量多
恒压增压系统	较差	较高：涡轮进口压力稳定，可工作在设计点	较差：排气管内始终保持较高恒压	较差：内燃机与增压器气动联系"弹性"大，反应较迟钝	相对简单	较高增压比：废气能量损失少，涡轮效率高

1) 由于脉冲增压系统部分利用了废气的脉冲能量，所以系统的可用能量比恒压系统大。如果按脉冲能量 E_1 的 50% 得到利用进行计算，则脉冲增压系统可用能量与恒压增压系统可用能量之比为

$$K_E = \frac{E_2 + 0.5E_1}{E_2} = 1 + \frac{0.5E_1}{E_2} \tag{5-8}$$

显然，K_E 表示脉冲能量利用的程度，从增加可用能量的角度看，在低增压时，例如 $(p_C/p_0) < 1.5$ 时，采用脉冲系统效果比较显著；当 $(p_C/p_0) \geq 2.5$ 时，$0.5E_1/E_2$ 的比值较小，采用脉冲增压的优点就不明显了。

2) 从废气涡轮的效率来看，脉冲增压系统的涡轮平均绝热效率比恒压增压系统的略低。这是因为在发动机开始排气时，废气以很高的流速进入涡轮，流动损失很大所致。特别是，涡轮前的废气压力和温度都是周期性变化的，进入工作轮叶片的废气方向也周期性地改变，而工作轮叶片的安装角都是固定的，所以气流与叶片间不断发生冲击和气流分

离，造成比较大的撞击损失。此外，在有些情况下，涡轮还存在着由于近期的不均匀性引起的部分进气损失。

3）脉冲增压系统对气缸中扫气有明显的好处。在发动机扫气期间，脉冲增压系统的 p_T 正处于波谷，因此即使在低增压和高增压的部分负荷工况，仍能保持足够的扫气压力差 $p_C - p_T$，保证气缸内良好的扫气，而在恒压系统中，由于 p_T 波动小，扫气压力差就大为减小，所以不容易保证气缸的扫气。

4）在脉冲增压系统中，由于排气管容积较小，当发动机负荷改变时，排气的压力波立刻发生变化，并迅速传递到涡轮，引起增压器转速较快地变动，所以脉冲系统的加速性能较好。此外，在发动机转速降低时，脉冲增压系统可用能量与恒压增压系统可用能量之比增大，有利于发动机低速转矩特性的提高。在排气管容积较大的恒压系统中，涡轮前压力变化比较缓慢，脉冲系统的加速性就比较差，特别在低增压时，排气能量的利用程度差，加速性能就更差。恒压增压系统的低速转矩特性显然也不如脉冲增压系统。

5）脉冲增压系统的废气瞬时流量也是周期性变化的，其瞬时最大流量比恒压增压系统的流量（相当于脉冲系统的平均流量）大。因此，脉冲涡轮的尺寸较大，其排气管的结构也复杂，受每根排气管连接气缸数目的限制，在一台发动机上有时不得不采用多个废气涡轮增压器，这就使得整个增压系统变得复杂，导致发动机的轮廓尺寸加大。

综上所述，在低增压时，采用脉冲增压系统较为有利；而在高增压时，则宜采用恒压增压系统。然而，考虑到车用发动机大部分时间在部分负荷（此时增压压力较低）下工作，对其低速转矩特性、加速性能要求比较高，所以即使是在较高增压比的车用发动机上仍普遍采用脉冲增压系统。

恒压增压系统由于结构简单、涡轮效率相对高等优点，在大、中型柴油机中应用较多。

二、柴油机与废气涡轮增压器的匹配

与机械增压方式不同的是，废气涡轮增压方式中发动机与废气涡轮增压器联合工作时不存在直接的机械连接，而只有气动关系，它们是通过空气或废气的流动来传递、转换能量的。发动机与废气涡轮增压器转速之间并没有固定的速比关系，废气涡轮增压器转速的高低主要取决于发动机所提供的废气能量。

1. 废气可用能量的调整

在发动机与废气涡轮增压器的匹配中经常碰到的问题是废气可用能量不足或废气可用能量过剩，这时就需要进行废气可用能量的调整。首先在不考虑发动机工况变化的情况下讨论废气可用能量调整的基本原理。调整废气可用能量可以从发动机和涡轮机两个方面来考虑：

1）从发动机方面来考虑，可以调整发动机气缸内工质的膨胀终点状态参数（压力和温度）。提高气缸内工质的膨胀终点压力和温度显然可以增加废气可用能量，常采用的技术方案是调整排气提前角和调整喷油提前角。

对于发动机的任一给定工况而言，有一使排气损失（自由排气损失和强制排气损失之和）最小的排气提前角，此时相应的排气可用能量也最小。若偏离这一排气提前角，不论是增大还是减小，废气可用能量都会增加。若增大排气提前角，即提早开启排气阀，这一部分废气可用能量的增加来自于气缸内工质所做膨胀功的减小；若减小排气提前角，即推迟开启排气阀，这一部分废气可用能量的增加来自于活塞在排气行程中的耗功的增加。

适当减小喷油提前角，即推迟喷油，会使燃烧过程后延，排气温度也会有一定程度的提高，因此也能提高废气可用能量。当然，这种废气可用能量的增加是以气缸内工质所做膨胀功的减少作为代价的，而且受到所允许的最高排气温度的限制。

2）从涡轮机方面来考虑，可以调节涡轮流通截面积。涡轮流通截面积的变化引起排气背压的变化，从而使废气可用能量的改变。废气可用能量的改变来自于活塞在排气行程中的耗功的改变。涡轮在某种意义上可认为是排气系统中的一个节流元件，其流通截面积减小将使排气背压提高，从而使废气可用能量增大。

在一定的发动机运转工况下存在着废气可用能量的最佳值，这一最佳值随着发动机运转工况的改变而改变。这一最佳值意味着废气可用能量既可以满足压气机压缩空气所需要的能量，同时又没有过剩。因为这种过剩的废气可用能量不仅是通过一定代价才获得的，而且还可能带来废气涡轮增压器超速、超温等严重问题。最理想的情况是应用可变技术，实现废气可用能量随发动机运转工况变化的实时调节。

此外，减小排气系统的阻力，包括设计低流阻的排气道和排气管系，缩短排气管的长度（特别是尽量缩短排气支管的长度），在选用较小排气管流通截面的同时也应注意控制排气流动的摩擦阻力等，都有利于提高废气能量的传递效率，从而有利于废气可用能量的增加。

2. 增压器的选择与匹配

通过柴油机的空气流量由两部分组成，主要部分是留在气缸内参加燃烧的部分，这一部分的空气流量主要与柴油机转速的高低有关，而气缸前后压力比值对其影响不大；另一部分是扫气空气量，占总空气流量的5%~20%，并随着气缸前后压力比值的增大而增大。柴油机转速一定时，通过柴油机的流量与气缸前后压力比值的关系称为柴油机通流特性，如图5-16所示，可以通过计算或

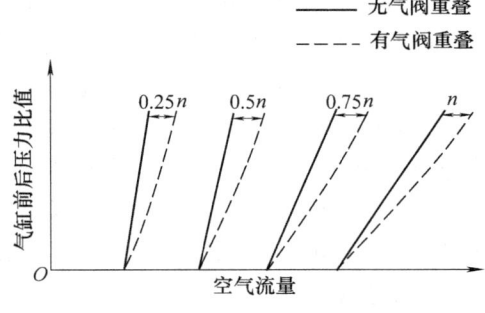

图5-16　柴油机通流特性

试验获得。图5-16中表示了无气阀重叠和有气阀重叠的两种情况，其差别就在于扫气空气量的变化，n为柴油机最高转速。从图中可见，增压柴油机空气流量的大小主要取决于发动机的转速。

研究柴油机与废气涡轮增压器的匹配，首先需要得到柴油机与废气涡轮增压器的联合运行特性图。联合运行特性图，是将通过计算或试验获得的发动机工作时其流量与增压比的范围绘制在压气机通用特性图上得到的。

废气涡轮增压器都有着确定的工作范围（流量与增压比）。在小流量一侧，压气机受喘振线的限制；在大流量一侧，压气机因效率下降过多，也受到限制；在增压器的高速、高负荷范围内，可能由于废气能量过高，使废气涡轮增压器超过机械强度允许的转速，或

者由于排气温度过高，超过了涡轮叶片所能承受的温度，使废气涡轮增压器受到了最高转速或最高涡轮进口温度的限制。由此决定了如图5-17所示的废气涡轮增压器的工作范围。

发动机与废气涡轮增压器的匹配，首先应保证增压器在允许的工作范围内运行，再根据与发动机联合运行的位置，可以判断增压器与柴油机的配合是否良好，进行适当的调整。

因为发动机不同工况要求压气机有不同的供气能力，涡轮做功的能力来源于发动机排出废气的合理组织，而涡轮机的功率则全部为压气机所消耗。也可以说，发动机发出一定功率所需要的空气流量

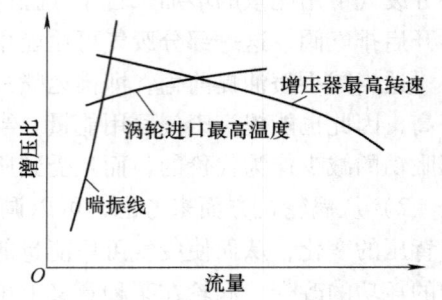

图5-17 废气涡轮增压器的工作范围

与增压比，正好是压气机所应提供的。为了使涡轮增压器与车用发动机能够良好地配合，使它们在各种工况下满意地工作，有两件事要做：一是根据发动机的特定工况（如额定工况或最大转矩工况），确定其在压气机特性曲线上的位置（即根据发动机选用合适型号的增压器）；二是要解决发动机在整个运行区与增压器实现良好的配合。在这里，选好增压器是前提，若增压器选得不好，发动机可能达不到预期的增压效果。

选用增压器时，可根据发动机特定工况时所需的空气流量（包括扫气空气量）及增压比，判断该工况在某一压气机特性曲线上的位置，使该点落在压气机特性曲线的高效率区，即可初步选定增压器型号。

图5-18a所示为在增压器的选择与调整中出现的增压器过小的情况，即增压器以较高效率运行的流量范围小于发动机工作实际需要的流量范围；图5-18b所示为在增压器的选择与调整中出现的增压器过大的情况，即发动机工作实际需要的流量范围已低于增压器最小流量的界限，超出了喘振线。如果出现联合运行线与压气机特性曲线配合不够理想而需要进行局部调整，则常用的办法是改变涡轮喷嘴环出口截面积，或改变压气机通道截面积。例如，减小喷嘴环出口截面积可以使联合运行线从压气机低效率区移向高效率区（向喘振线靠近）。但上述调整是有限的，如果联合运行线与压气机的最佳配合相差较远，则以更换增压器型号为宜。

涡轮增压器的效率对发动机的动力性与经济性均有着重要影响。压气机效率的提高可以使压气机出口的温度降低和压力提高，从而增加进入发动机的空气流量，充裕的空气量可以改善燃烧或通过匹配减少压气机所需的耗功。而涡轮具有较高效率时，可以通过调节涡轮流通截面使涡轮进口的压力和温度降低，从而降低发动机的换气负功并可改善扫气质量。因而在增压器选用时，应优先考虑效率较高以及高效率工作区域范围较大的增压器，同时在匹配中尽可能地在发动机的常用工况下有较高的增压器效率。

3. 带废气旁通阀的车用发动机增压系统

汽车发动机运行转速范围宽广，不仅要求与之匹配的增压器有较宽广的高效率工作区域，而且由于其最高转速与最低转速之比最大可达到5~6，给增压器匹配带来一定的困难。因为柴油机的转速近似与其通过的流量成正比，也与废气可用能量近似成正比，往往会出现发动机低转速运行时废气可用能量不足，而高速时废气可用能量又过剩的情况。废

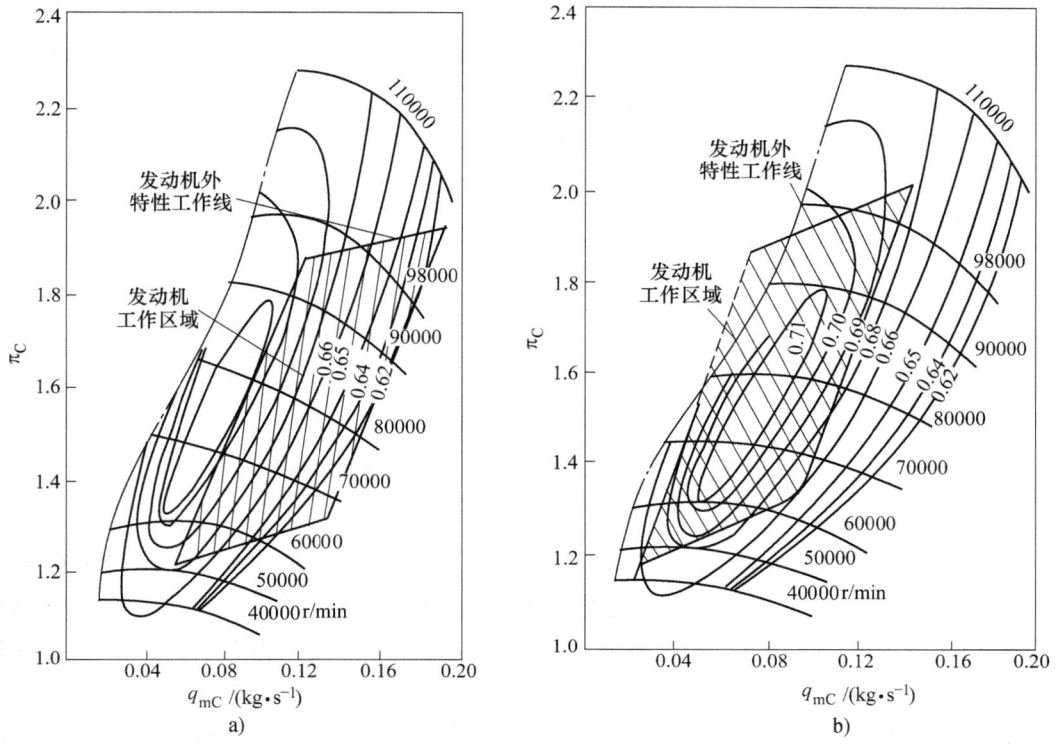

图 5-18 增压器的选择与调整
a) 增压器过小的情况 b) 增压器过大的情况

气可用能量不足,将使得压气机不能提供足够的空气量,影响到发动机输出的转矩与功率;而废气可用能量过剩则可能使增压器超出其工作范围,出现超速、超温而造成增压器损坏的问题。

另外,还存在着往复式机械与旋转式机械工作特性的不协调现象,而且这种现象随着发动机工作转速范围的增大而更为明显。因而,一方面要求废气涡轮增压器有更宽的流量范围,另一方面需要对废气涡轮增压器进行调节。图 5-19 所示为不同类型发动机与废气涡轮增压器匹配时的情况。对于重型车用柴油机(见图 5-19a),转速变动范围小,一般要求达到较高的增压比,匹配的困难较小。而对于乘用车柴油机(见图 5-19b),转速变动范围为 1000~5000r/min 或更大,需要压气机相应更宽的工作范围,同时要保证柴油机基本水平的全负荷运行线,必须采取相应的调节措施。图 5-19c 所示的是乘用车汽油机的情况,与乘用车柴油机相比,其转速变动范围更大,匹配要求也更高,此外由于受汽油机爆燃燃烧的限制使增压比也较低。

为保证增压柴油机良好的低速高转矩性能和加速性能,一种常见的方案是匹配相对较小的增压器,使发动机的最大转矩工况匹配在增压器工作的高效区内,这样在高速高负荷下会出现废气可用能量过剩。为避免使增压器出现工作转速和涡轮进口温度过高的情况,采用废气旁通的措施,即将一部分废气不经过涡轮而经过废气旁通阀直接导向涡轮出口后的排气管中。

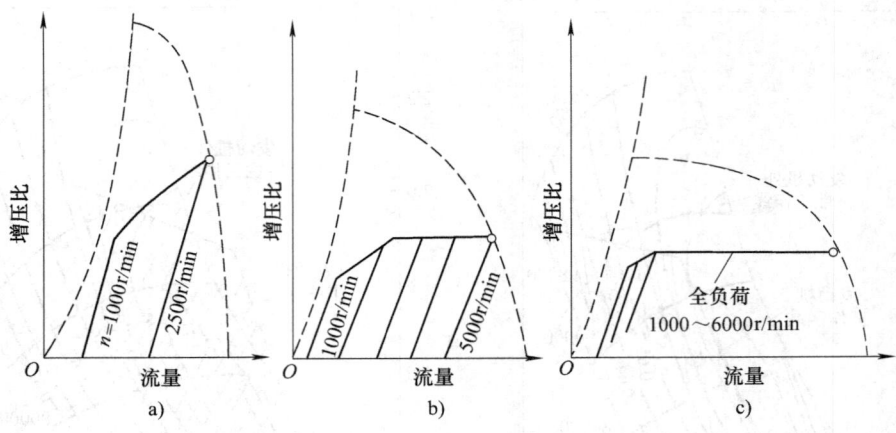

图 5-19 不同类型发动机与废气涡轮增压器的匹配
a) 重型车用柴油机　b) 乘用车柴油机　c) 乘用车汽油机

当然，在改善了低速高转矩性能和加速性能的同时废气旁通也会带来一定的能量损失，但若发动机在高速高负荷下工作的时间不多的情况下（这一情况也正是大多数汽车发动机的实际工作情况），这一方案还是较为理想的，因而在汽车增压发动机中得到了较为广泛的应用。

增压系统首先应在各种工况下向缸内提供保证充分燃烧所需的足够的空气量，特别在低速高负荷工况下这一要求尤为重要，但也较难很好地满足，而低速高负荷时废气能量不足又是造成这一工况下空气量不足的主要原因。到高速工况时，则是废气能量过剩，若不采取措施则会引起增压器超速等问题。采取措施减缓低速高负荷时的废气能量不足与高速时的废气能量过剩的矛盾是车用高速增压柴油机增压配合中的关键问题之一。

匹配较小的废气涡轮增压器加上高速高负荷时废气旁通已是车用高速增压柴油机中最常见的方案（见图 5-20），用废气旁通阀控制增压压力使其保持在一定的范围之内。当增压压力达到一定值时，废气旁通阀即打开，部分废气不经过涡轮而由涡轮进口前直接旁通

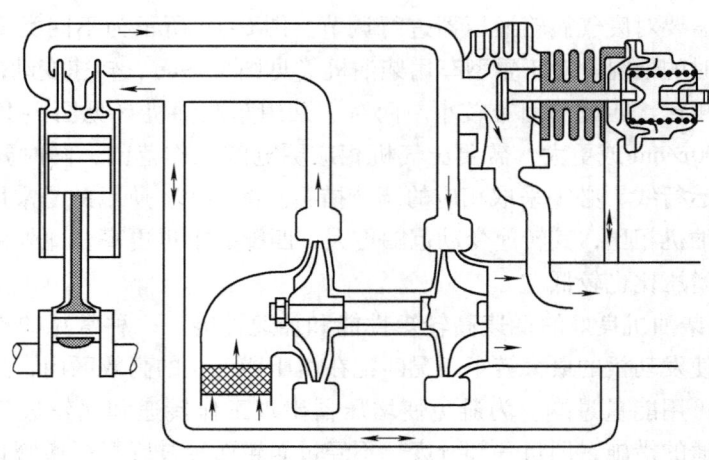

图 5-20　带废气旁通阀的车用发动机增压系统

至涡轮出口后，从而限制了废气能量过多。图 5-21 表示了废气旁通阀在整个发动机工作范围内的工作状况，区域 1 为阀关闭状态，区域 3 为阀完全开启状态，中间的区域 2 则为阀部分开启状态，阀的位置主要取决于增压压力的高低。

同时，在保证能够提供充分的废气能量的前提条件下，应尽可能地降低换气负功，以提高柴油机的性能。特别是在高速废气能量过剩和中、低负荷工况下所需的空气量较小时这两种情况下，有可能通过降低排气背压来减小换气负功进而提高发动机的经济性。由于车用高速增压柴油机排气管系内气流速高、压力变化大，同时再加上匹配较小的废气涡轮增压器，因而消耗的换气负功水平也相对较高，对这一方面的考虑就显得尤为重要。

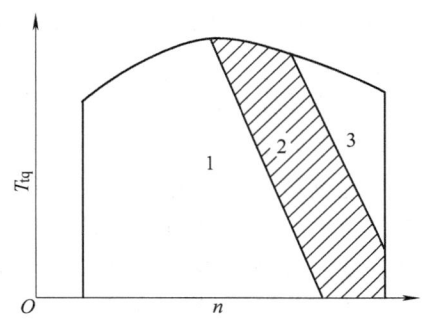

图 5-21 废气旁通阀的调节

特别值得注意的是，中、低负荷工况是车用发动机最为常用的工况，提高这一工况范围内发动机的经济性，其重要性是不言而喻的，而目前所采用的方案似乎仅对全负荷工况较为重视。因而需要进一步研究在中、低负荷工况下提高柴油机性能的措施。

过量空气系数过小，不能保证完全与及时的燃烧；而另一方面，空气并非是在任何工况下都是越多越好的，过量空气系数过大，又有可能增加换气负功。两者对提高发动机性能均是不利的。因而较为理想的调节原则应为：尽可能保证过量空气系数在一定的范围之内，即 $\alpha_{min} < \alpha < \alpha_{max}$。$\alpha_{min}$ 为能够保证完全燃烧的最小过量空气系数，而 α_{max} 则为当过量空气系数进一步增加时，燃烧过程不再有明显改善的界限。车用高速小缸径柴油机的增压系统具有自身的特点，存在着进一步改进与优化的可能性。这主要可以通过研制实用、可靠的调节能量分配的装置以及优化调整系统内各部分的主要参数、调节规律来实现。

图 5-22 表示了在目前的常规方案的基础上提出一种新的废气旁通阀调节方案。这一方案中废气旁通阀在整个发动机工作范围内的工作状况有所变化，区域 3 为阀完全开启状态，它不仅包括了原先的高速高负荷工况，而且在整个中、低负荷工作区域，废气旁通阀均应为开启状态；区域 1 为阀完全关闭状态，主要是低速高负荷工况下；中间的区域 2 为阀部分开启状态，为阀完全关闭与完全开启间的过渡区域。这一方案的采用并不意味着需要选用较大通流能力的涡轮，选用较大通流能力的涡轮虽然有可能降低排气背

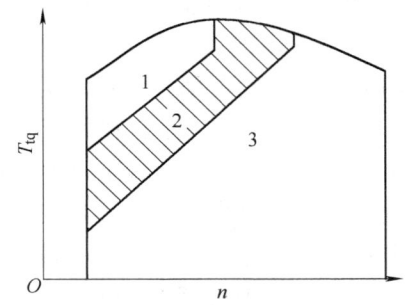

图 5-22 废气旁通阀的一种新调节方案

压，但将难以兼顾低速高负荷工况下的发动机性能，而降低排气背压从而减小换气负功，则可以由打开废气旁通阀来实现。

4. 采用可变几何参数增压器的车用发动机增压系统

发动机与增压器的良好匹配还可以通过采用可变技术来实现。结合电控技术的可变几何参数增压器（VGT）近年来在实际产品中已有应用。

在废气涡轮增压器的调节中，应用较多的是涡轮流通截面积大小的调节。前述带废气旁通阀的车用发动机增压系统实际上也是调节涡轮的流通截面积，废气旁通阀可以视为与涡轮并联，打开废气旁通阀就使总的流通截面积增大，降低了排气管内的压力，从而降低了废气可用能量，以控制增压器的超速、超温。

至于增压器内部的涡轮流通部分中，如图 5-23 所示，有可能调节的一般有三处截面，即涡轮壳进口后、涡轮叶轮进口前和涡轮壳出口。对于带有叶喷嘴环的涡轮，常见的方法是通过转动喷嘴叶片来调节叶片的角度，从而调节涡轮叶轮进口前的流通截面积。对于带无叶喷嘴环的涡轮，则可在涡轮叶轮进口前或涡轮壳进口后通过转动、平移等多种结构来实现调节。涡轮壳出口调节较困难，且易造成较大损失，故一般不予考虑。图 5-24 所示为一可变几何参数增压器的实例，它是通过喷嘴叶片的转动来调节涡轮叶轮进口前的流通截面积的，也是最常见的一种调节方案。图 5-25 所示为一种无叶涡轮壳的涡轮进口流通截面积的调节方案，通过一管状滑套的轴向移动，不仅实现了涡轮进口流通截面积的调节，还可进一步实现废气旁通的功能。对应于这一调节方案，福特公司近年研发的 2.3L 直喷增压汽油机中所采用的控制策略见图 5-26。在低转速高负荷运行区域，需要更多的废气可用能量，就将涡轮的流通截面积调小，两个涡轮壳通道关闭一个；在高转速高负荷运行区域，废气可用能量出现过剩，则将涡轮的流通截面积调大，两个涡轮壳通道完全打开并进一步开启废气旁通通道；在发动机低负荷工况下，没有过多的废气可用能量的需求，这时采用主动控制（active wastegate）方式，打开废气旁通通道使排气背压降低，从而降低了活塞推挤功。在瞬态加速时，同样采用两个涡轮壳通道关闭一个的方法来提高废气可用能量，从而改善加速发动机瞬态加速性能。

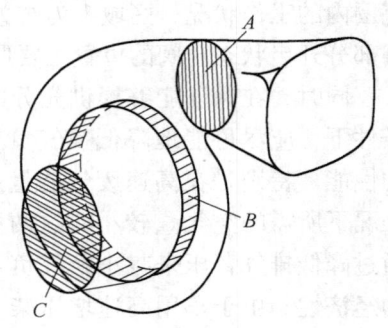

图 5-23 涡轮流通部分的调节
A—涡轮壳进口后 B—涡轮叶轮进口前
C—涡轮壳出口

图 5-24 可变几何参数增压器的实例（一）

5. 采用二级增压的车用发动机增压系统

单级的可变几何参数增压器所能达到的增压比有限，所能调节的范围有限，仍然不能满足发动机进一步提高性能的需求。与采用可变几何参数增压器相比，由低压级和高压级构成的二级增压系统的结构和控制显然都更为复杂，而体积质量也会有所增加。但尽管如此，二级增压近年来仍得到了较大的发展，出现了多种不同的技术方案，不论是柴油机还是汽油机都已有产品进入市场。图 5-27 所示为一种较为常见的二级增压系统的构成。分析推动二级增压发展的原因和二级增压给发动机性能带来的好处，主要可归结为下述两个方面：

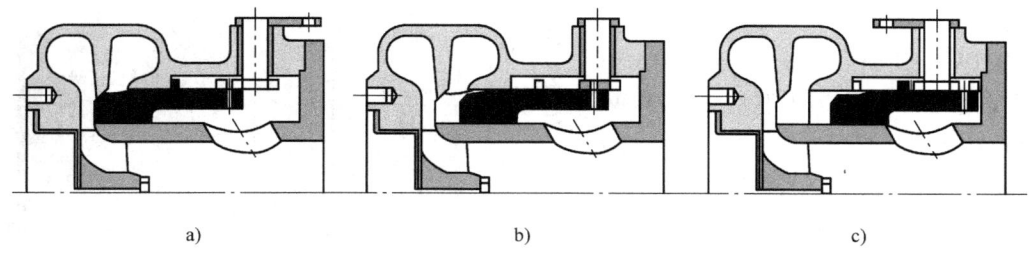

图 5-25　可变几何参数增压器的实例（二）
a）最小流通截面（单通道）　b）最大流通截面（双通道）　c）最大流通截面 + 废气旁通

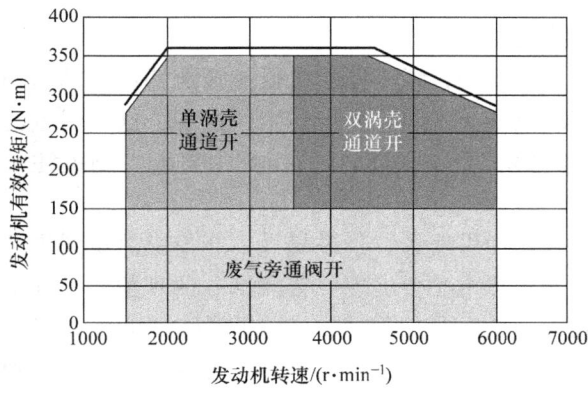

图 5-26　增压系统的控制策略

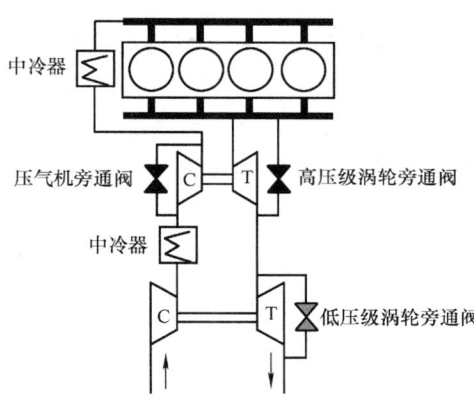

图 5-27　二级增压系统

1）对于乘用车柴油机而言，较高的进气密度或较高的增压压力是提高升功率或功率密度以及满足严格的排放法规要求所必需的条件。

在进一步提高增压比（目前已有增压压力达到 0.4MPa 的乘用车柴油机产品）时，由于压缩后的温度过高，可能会引起曲轴箱通风系统中所含有的润滑油成分在吸入压气机后被焦化并沉积在压气机流道壁面上的问题。为避免这一问题的发生，单级增压的增压比不宜过高，必需应用二级增压系统。

采用中间冷却的二级增压系统，不仅能够达到更高的增压比，而且由于中间冷却降低了高压级压气机的进口温度，其压缩空气达到同样增压压力的耗功也会有所降低。

2）二级增压系统的应用带来了更大的调节自由度，使发动机在转速、负荷变化范围内的各种工况下，都可能实现较为理想的增压系统匹配参数调节，从而获得更好的性能，特别是对于转速范围更宽的乘用车汽油机更是如此。二级增压系统可以使调节的流量范围更大，在转速很宽的条件下，增压比特性更好。

二级增压系统中一般都根据需要设置一些通路的调节阀，可在运行时实时地控制这些调节阀的通断，图 5-27 所示的二级增压系统就设置了高压级和低压级涡轮旁通阀以及压气机旁通阀，可实时调节二级增压系统中高压级和低压级增压器的运行工况。图 5-28 所示为一二级增压系统的工作模式。在低速高负荷区域仅有高压级增压器单独工作，在高速高负荷区域仅有低压级增压器单独工作，而在其他区域则是两级增压器共同工作。

BMW公司研发的TwinPower-3.0L直列6缸二级增压柴油机达到了93kW/L的升功率和247（N·m）/L的升转矩，动力性在乘用车柴油机中处于领先水平。柴油机的二级增压系统主要由3个增压器构成，其中低压级有一个较大的增压器，而高压级有两个平行布置的较小的增压器。

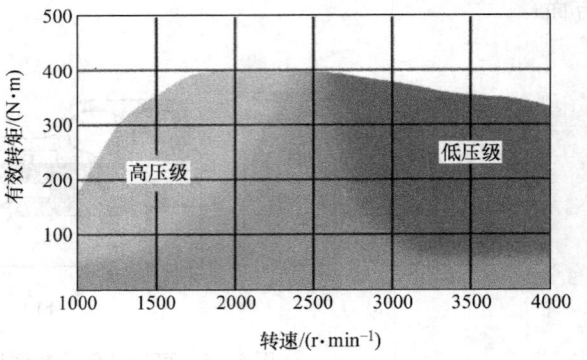

图 5-28 二级增压系统的工作模式

6. 发动机低速转矩特性与动态响应特性的改善

一般认为，与同样功率的自然吸气发动机相比较，增压发动机低速转矩特性与动态响应特性相对较差，这也是增压发动机的主要弱点所在。随着增压技术的进步，这一弱点已经得到了不同程度的改善，但仍是在发动机与废气涡轮增压器的匹配中需要特别关注的问题。

在加速过程中，在增加燃油量的同时需要增加进气量，若进气量不能与燃油量同步地增长，则会影响燃烧过程以及发动机加速性能，严重时会出现"冒黑烟"的现象。进气量的增加需要提高增压压力（即提高空气密度），增压压力又近似与增压器转速的平方成正比，而增压器转速的迅速提高受到增压器转动部分的转动惯量的制约。转动惯量越大，则提高转子的旋转速度就需要消耗越多的能量，加速也就越困难。同时考虑到气体的压缩性，增压压力提高后，进气管内的气体首先受到压缩，然后才能进入气缸参与燃烧，又会有一定的延时。因而，影响发动机动态响应特性的主要因素是增压器转动部分的转动惯量的存在以及气体的压缩性。

在匹配中，尽量采用叶轮直径较小的增压器，采取措施减小增压器转动部分的转动惯量（如图5-29所示的"星形涡轮叶轮"通过在叶轮外缘挖去一部分来减小转动惯量）等都会对发动机加速性能的改善有益。目前叶轮直径最小的可达 $\phi50\text{mm}$ 左右，这时为了保证一定的叶轮圆周速度，相应的增压器转速也要提高。

在加速过程中采用辅助动力，例如压缩空气、辅助电动机等提供的额外动力，来提高增压器转速也得到了较多的关注与研究。

图 5-29 "星形涡轮叶轮"

为减小气体的压缩性对发动机动态响应特性的影响，发动机进气系统的容积不应过大。

增压发动机低速转矩特性的改善，实质上就是要在流量较低、可用废气能量相对较少的低发动机转速工况下，能提供更多的废气可用能量，或进一步改善废气可用能量的传递效率，或进一步改善在增压器内部的能量传递与转换的效率。对于前述的脉冲增压系统的应用、选用较小的废气涡轮增压器、匹配中使此工况位于增压器高效率区域、带废气旁通阀的废气涡轮增压器以及可变几何参数增压器的应用等均可起到较好的作用。

三、增压柴油机与自然吸气柴油机的差异

1. 控制机械负荷与热负荷的增长

与自然吸气柴油机相比，增压柴油机的强化程度有较大幅度的提高，故应采取相关的措施，控制柴油机机械负荷与热负荷的过多增长。

控制机械负荷最有效的措施是适当降低压缩比，还可调整燃油喷射系统的喷油提前角、增压压力等参数。

控制热负荷的主要措施是适当提高过量空气系数，过量空气系数的提高不仅可降低最高燃烧温度和排气温度，还可起到改善混合气形成与燃烧的作用。

此外，进气温度对发动机的热负荷有着直接的影响，增强增压中冷的效果也可对降低热负荷起到良好的作用。通过增压中冷使进气温度每降低1℃，最高燃烧温度和排气温度就可降低2～3℃。而压气机效率和增压压力的高低都影响着压气机出口温度，可见提高压气机效率和在可能的情况下降低增压压力也对降低发动机热负荷有利。

通过适当加大气门叠开角来保证有一定的扫气空气量，也可有效地降低燃烧室周围高温零部件的温度，降低热负荷。不过气阀叠开角不宜过大，当气门叠开角超过一定曲轴转角以后，其扫气冷却效果将不会进一步改善。而且，气门叠开角过大将使扫气空气量增加，加重了压气机的工作负担，引起发动机在低速、低负荷时废气倒流，这对整机的加速及变工况性能不利。同时，当气门叠开角过大，为了避免气阀与活塞相碰，要在活塞顶上挖较深的凹坑，不利于燃烧过程的进行。

图5-30所示为柴油机增压匹配时压缩比和排气温度的参数调整措施。从研发趋势来看，压缩比有下降的趋势，而主要是燃烧过程适当延后而造成排气温度有上升的趋势，这两者对于降低缸内最高爆发压力都是有利的。

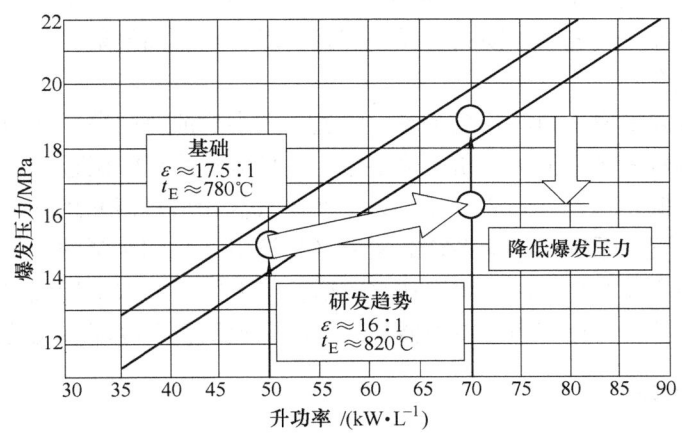

图5-30　柴油机增压匹配时压缩比和排气温度的参数调整

ε—压缩比　　t_E—排气温度

还有适当降低发动机最高转速的实例。降低发动机最高转速对降低柴油机的机械负荷、热负荷以及控制有害物排放都有一定的益处，但若不采取其他措施，发动机的最大功率可能会有所下降。

即使采取了相关的措施，增压柴油机比自然吸气柴油机的机械负荷与热负荷肯定还是要有一定程度的提高。对于有关的重要零部件，例如机体、曲轴、连杆和活塞等，可通过计算与试验来确认其是否可满足要求，必要时进行改进设计。

对于利用在上止点前提前或在上止点后延后关闭进气阀使工质在气缸中膨胀以达到冷却目的的 Miller 循环，也是一种降低发动机热负荷和机械负荷以及提高发动机经济性的方法。

2. 进、排气系统设计

在脉冲增压系统中，为了充分利用脉冲能量，同时使各缸排气互不干扰，可根据需要对排气管进行分支。分支的原则是一根排气管所连接各缸的排气必须不互相重叠（或重叠较少）。一般四冲程柴油机排气过程延续时间为240°CA左右，这样，对6缸发动机，可分成两根排气支管，同时使相邻发火的各缸排气相互隔开，若发火次序为1-5-3-6-2-4，则可以采用1、2、3缸及4、5、6缸各连接一根排气支管的方案。对于四缸发动机，传统的观点是必须进行排气管分支，则采用两缸各连接一根排气支管的方案。但研究表明，四缸发动机也可以共用一根排气管，其相互之间的排气干扰并不明显，而且可以简化结构，提高涡轮效率，目前在一些增压发动机产品中已有这样的实例。

进气管的容积可适当增大，以减小进气压力的脉动有益于压气机效率的提高以及各缸均匀性。但过大不但加大了发动机的体积，也可能会影响到发动机的加速性能，加速过程中进气管内气体的压缩性会影响增压压力的迅速上升。

3. 燃油、润滑、冷却等其他方面的考虑

燃油系统须相应增加循环供油量，调整供油速率、喷油器孔径、喷油提前角等参数。

循环供油量的增加不能简单地通过增加供油持续时间来实现，因为这样会导致燃烧过程延长，经济性变差，通常考虑采用增大喷油泵柱塞直径、改变凸轮廓线等方法。

为了保证燃油在气缸空气密度增大的情况下有足够的射程，必须增加油束的穿透能力，应考虑提高喷油压力和加大喷孔直径等措施，以实现燃油喷射、空气运动以及燃烧室形状之间的良好配合。

从限制缸内最高爆发压力的角度考虑，应适当减小喷油提前角，即减少上止点前燃烧的燃料量。但过多地减小喷油提前角，可使燃烧大量地延续至膨胀过程中，影响发动机经济性，也不利于降低发动机（特别是排气系统和废气涡轮增压器）的热负荷。

增压柴油机的润滑系统和冷却系统的能力（如润滑油泵和水泵的流量等）需要相应的加强。增压器需要增加润滑油路，由于功率的增长使冷却的要求也近似成比例地提高。此外，应用增压中冷技术时还需考虑中冷器的设计与布置及整个冷却系统的相应改动。

四、汽油机增压

将增压技术应用于汽油机历来困难较多，这是因为汽油机混合气形成与燃烧的特点制约了涡轮增压在汽油机上的应用。近年来，由于电控技术广泛应用，小型增压器耐高温能力及自身特性的改善，对爆燃控制能力的提高等，大大地推动了汽油机增压技术的普及与发展。点火提前角以及可变几何参数增压器的电控已成为汽油机增压中常见的技术措施。

汽油机增压所面临的困难以及所采取的技术措施主要包括：

1）增压使压缩终点及燃烧气体的温度与压力升高，致使爆燃燃烧的倾向增大。汽油机增压后为避免爆燃燃烧，通常采用点火提前角的电控以及适当减小压缩比等技术措施。例如，图 5-31 所示的为消除爆燃燃烧这一汽油机中的不正常燃烧现象而采用的点火提前角自适应控制。通过爆燃传感器检测汽油机的爆燃信息，将输出波形进行滤波处理，并判定有无爆燃发生以及爆燃发生的强弱，然后由电控单元进行分缸控制。首先延

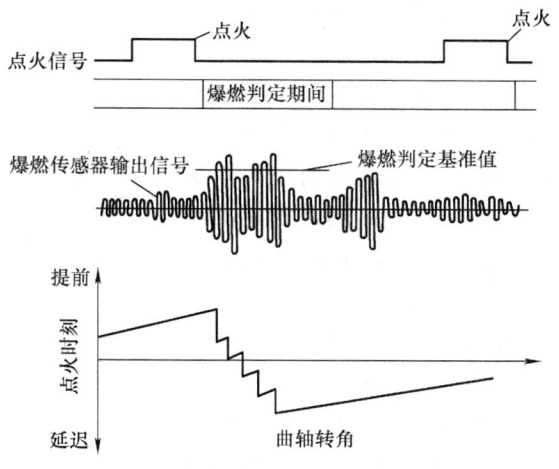

图 5-31　控制爆燃的点火提前角自适应控制

迟发生爆燃那一缸的点火提前角，待爆燃消除后，自适应地逐步加大点火提前角，使发动机既不发生爆燃，又处于较为理想的工作状态。采用爆燃控制以后，可以在避免发生爆燃的前提下，最大限度地发挥整机潜力。

2）由于受爆燃限制，汽油机压缩比较低，不充分的膨胀致使排气温度较高，同时与柴油机相比过量空气系数较小，造成单位数量混合气的发热量大，再加上汽油机又不能用加大扫气来冷却受热零件，因此使增压以后的热负荷偏高。所采取的技术措施主要是一方面应用增压中冷技术，另一方面从材料等来提高增压器耐高温能力。

3）汽油机的工作转速范围较柴油机更宽，使汽油机与增压器匹配时要满足各种工况下的良好性能更为困难，这一困难的克服可从可变几何参数增压器的应用及根据工况需要的实时调节等方面考虑。

4）与柴油机类似，存在着"反应滞后"现象。增压器在进气系统中与进行负荷调节的节气门串接在一起，当节气门突然开启要求混合气量迅速变化时，由于增压器转子的转动惯量以及空气的压缩性使增压器供气往往跟不上，特别是从节气门关闭到全开，空气流量变化很大，也使得增压器的反应滞后。这一问题的解决主要是应用小型、高速的废气涡轮增压器并改善其自身特性以及可变几何参数增压器的电控。

📖 阅读材料

废气能量的利用途径

发动机排出的废气仍具有较高的温度，带走理论上通过燃料燃烧转换得到的总热能的三分之一左右（根据发动机类型、工况有所不同）。随着对发动机节能环保要求的日益重视，对发动机废气能量的利用也得到深入、广泛的研究。

废气涡轮增压是已较为成熟的利用发动机废气能量的技术，但其对废气能量的利用受

到发动机对废气能量需求的限制。因此，国内外对多种不同的发动机废气余热回收利用技术进行了研究和探索，其中就包括了复合增压、半导体热电转换元件发电和基于Rankine循环的废气余热回收系统等。

1. 复合增压

复合增压是在常规废气涡轮增压器的基础之上再增加一级低压涡轮，低压涡轮利用废气能量膨胀做功并通过连接的发电机转化为电能输出，或通过减速装置和离合器与发动机输出端相连直接输出机械能，图5-32所示为

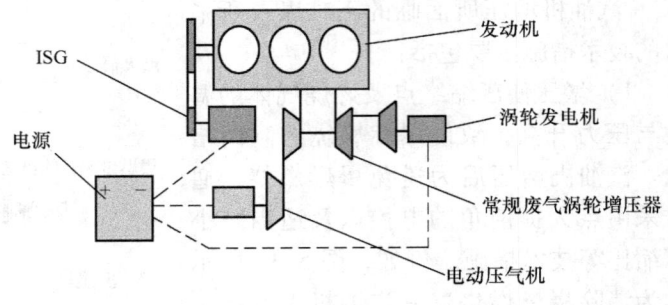

图5-32 复合增压

一种复合增压系统的原理图。复合增压通常在增压强化程度较高的发动机上才有应用的可能，并会在一定程度上提高排气背压，增大换气损失。

2. 半导体热电转换元件发电

半导体热电转换元件发电利用了半导体材料的两端由于存在的温度差而产生电动势的现象（Peltier-Seebeck效应）。图5-33所示为温差发电的基本工作原理。

一对由P型和N型半导体材料组成的电偶对是最基本的发电单元，每度温差可产生数百微伏的电压，把若干对这样的发电单元串联起来，就构成了发电模块。以N型半导体为例，靠近高温表面的热端电子由于温度

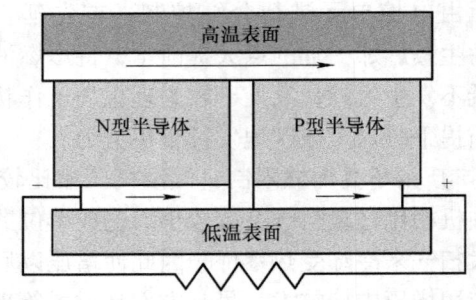

图5-33 半导体热电转换元件发电的工作原理

较高而获得较大的能量，运动较靠近低温表面的冷端剧烈，同时高的温度也有利于原子的电离。无论是电子浓度还是电子运动程度热端都要高于冷端，电子会由热端向冷端扩散，这样在冷端将会产生电子的积累而在半导体内部形成电场。当电场强度与电子热运动平衡时，在N型半导体内形成稳定的电势差。P型半导体温差发电的原理与之相同。因此，可以利用高温废气与环境温度之间的温度差，通过半导体的温差电效应在发电模块的两端形成正、负电压，直接将热能转化为电能输出。

不同的半导体材料都有各自的适宜工作温度范围，对应着在一定的温度范围内可更好地利用热能。在温差较大的情况下，应用不同的半导体热电转换元件还可以构成多级的发电模块。

半导体热电转换元件发电具有无运动部件、无污染和噪声等优点，但需较大的换热面积，转换效率相对低（最高不超过8%），而成本相对高。寻找具有更高热电转换效率和更低制造成本的半导体材料是这一领域的研究前沿之一。

3. 基于Rankine循环的废气余热回收系统

由定容压缩过程、定压膨胀吸热过程、绝热膨胀过程和定压压缩放热过程构成了Rankine理论循环。基于Rankine循环的余热回收系统主要由热交换器、涡轮、冷凝器和泵等

部分构成（见图5-34）。

液态工质通过泵加压后供入热交换器，液态工质在热交换器中等压吸收发动机废气的热量后转变成为高温气态工质；随后气态工质进入涡轮中膨胀对外做功。实现膨胀做功输出的装置除涡轮以外，也可能采用活塞式、涡旋式等其他装置，同时能量也可能是以动能或电能的形式输出。气态工质从涡轮流出后其压力和温度均有大幅度下降，在冷凝器中进一步放热，冷凝成为液态工质，完成一次工作循环。

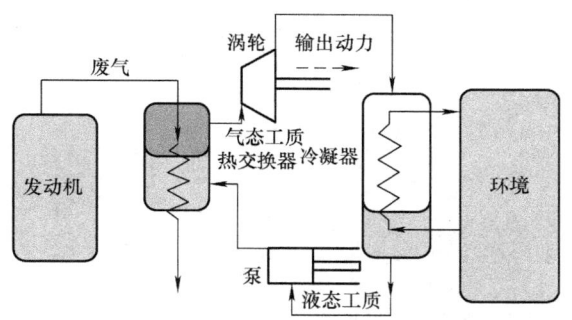

图5-34　基于Rankine循环的废气余热回收系统

Rankine循环作为一种回收废气余热技术，已广泛应用于工业领域多个行业中，使废气所具有的热能转化为高品位的电能或机械能，回收效率有可能达到50%左右。工质在Rankine循环系统中流动，是实现能量转换的载体，工质的热物性对特定运行参数的Rankine循环的热效率有着重要的影响。

基于Rankine循环的废气余热回收系统不需要改动发动机原有结构，在余热利用方面的效率也较高，但系统有较大的体积与质量，是其在车辆中应用的主要限制。国外已有多家企业对其在重型柴油机中的应用做了一些研发工作。

习题与思考题

1. 你对汽车发动机采用增压技术是如何理解的（优点、技术方案及难点）？
2. 分析应用可变技术改善增压系统废气可用能量供需矛盾的原理。
3. 分析、比较图5-22的废气旁通阀调节方案与常规方案的差别。
4. 与柴油机相比，汽油机增压有什么额外的困难？如何解决？
5. 针对图5-35所示的二级增压系统，分析、拟定基本的控制策略（各种工况下高压涡轮端旁通阀、低压涡轮端旁通阀和高压压气机端旁通阀的开启/关闭规律）。

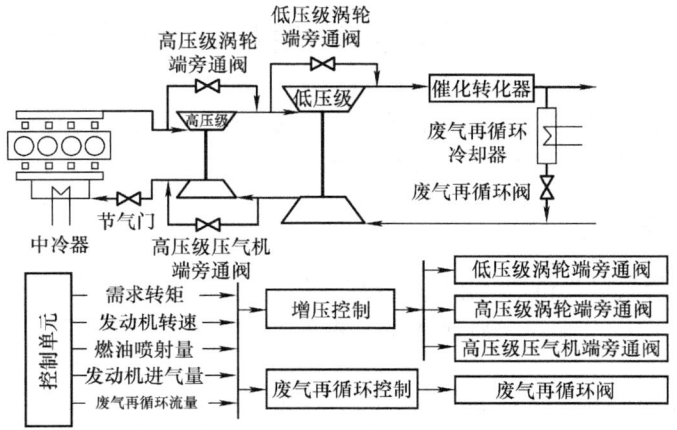

图5-35　二级增压

第六章

换气过程

  1kg 燃油的完全燃烧大约需要 15kg 的空气，换算为体积就是 1L 燃油完全燃烧大约需要 10000L 的空气。发动机所能发出的最大功率的提高受到缸内所能燃烧的燃油量的限制，而燃油量的增加又受到每一工作循环中进入气缸的新鲜空气量的限制。在不考虑其他影响因素变化的前提条件下，每一工作循环中进入气缸的新鲜空气量越多，才有可能燃烧更多的燃油，从而使发动机输出的功率和转矩增加；另一方面，更多的空气量也可以使燃油燃烧得更充分。

  发动机换气过程的改善不仅可以增加进入气缸的新鲜空气量，对提高发动机以及汽车的动力性、经济性等性能有着十分重要的意义，也可以影响到燃烧室内的工质运动强度及工质成分，从而进一步影响到发动机的混合气形成与燃烧以及有害排放物的生成。

第一节 四冲程发动机换气过程及评价

  发动机换气过程包括进气过程和排气过程，其基本任务是完成工质的更换，即将缸内燃烧后的废气排出并再向气缸内充入新鲜工质。

一、换气过程概述

  四冲程发动机换气过程包括从排气门开启直到进气门关闭的整个时期，占 410~480°CA。一般将换气过程分作自由排气、强制排气、进气和气门叠开四个阶段，如图 6-1 所示。

1. 自由排气阶段

  从排气门打开到气缸压力接近排气管压力的这个时期，称为自由排气阶段。

  从图 6-1 可见，排气门是在活塞到达下止点之前开启，此时缸内废气压力为 0.2~0.5MPa，缸内压力与排气管压力之比往往大于临界值 1.9，排气的流动处于超临界

状态，废气以当地声速 c 流过排气门开启截面，声速 c (m/s) 可表示为

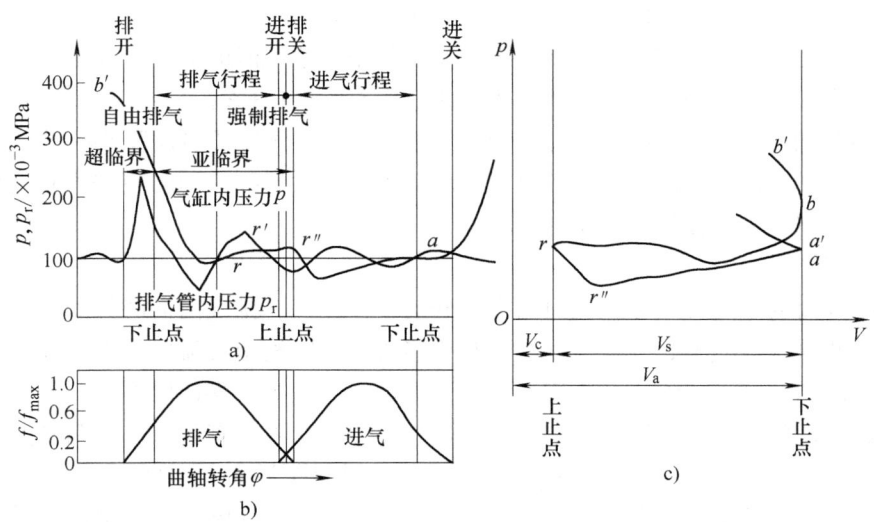

图 6-1 换气过程中气缸压力、排气管压力及进、排气门流通截面积的变化
a) 气缸压力 p、排气管压力 p_r 随曲轴转角 φ 的变化曲线
b) 进、排气门相对流通截面积随曲轴转角的变化曲线
c) 气缸压力 p 随气缸容积 V_s 的变化曲线

$$c = \sqrt{\kappa RT}$$

式中，κ 为等熵指数；R 为气体常数 [N·m/(kg·K)]；T 为气体的热力学温度 (K)。

当排气温度为 700~1100K 时，声速可达 500~700m/s。在超临界排气时期，废气流量与排气管内压力无关，只取决于气缸内气体的状态和气门有效开启面积。随废气的大量流出，缸内压力迅速下降，排气流动转入亚临界状态，此时废气流量决定于气缸内和排气管内的压力差。到某一时刻，气缸内和排气管内的压力接近，则自由排气阶段结束。

当排气门开启，废气涌向排气管时，排气管内压力急剧上升，产生正压力波并在管内往复传播和反射。

从排气门开始打开到下止点这段曲轴转角，称为排气提前角，一般为 30°~80°CA。自由排气约在下止点后 10°~30°CA 结束。自由排气阶段若延续过长，则会影响到强制排气阶段活塞的推出功。

由于此阶段废气流速很高，故排出废气量达总废气量的 60% 以上，是排气过程的主要部分。

2. 强制排气阶段

此阶段废气是由上行活塞强制推出的。由于要克服排气门、排气道处的阻力，缸内平均压力比排气管平均压力略高一些，一般高出 10kPa 左右。气流的速度越高，此压差越大，耗功越多。

为了利用高速气流的惯性排出废气，排气门是在活塞过了上止点后才关闭。从上止点到排气门完全关闭这段时间所对应的曲轴转角，称为排气迟闭角，一般为 10°~35°CA。

3. 进气过程

进气门是在上止点前开始打开,以保证活塞下行时有足够大的开启面积,新鲜工质可以顺利流入气缸。一般进气门提前开启角为上止点前 0~40°CA。

进气门也必须在下止点后才关闭,因为需要利用高速气流的惯性,在下止点后继续充气,以增加进气量。一般进气门迟闭角为下止点后 40°~70°CA。

由图 6-1a 中压力线上看到,在进气行程初期,由于气门开启面积小,节流很大,活塞又向下运动,因此缸内产生很大的负压,新鲜工质流入气缸,同时在进气管内引起负压力波,进一步在管内往复传播与反射。

4. 气门叠开

由于排气门的迟后关闭和进气门的提前开启,存在进、排气门同时开着的现象,称为气门叠开。此时,进气管、气缸、排气管互相连通,可以利用气流的压差、惯性或进、排气管内压力波的帮助,清除残余废气,增加进气量,降低高温零件的温度,但需注意避免产生废气倒流现象。在增压发动机中,因其进气压力高,可以有较大的气门叠开角。在非增压发动机中,叠开角一般为 20°~80°CA,增压柴油机可达 80°~160°CA。

考虑到车用发动机经常在中、低转速下工作,为防止废气倒流以及提高发动机低速性能,其气门叠开角不宜过大。

图 6-2 描述了一增压汽油机的换气过程,从图中可以见到,进、排气管之间存在着一定的压差,且排气管内的压力有着较大的波动,在进气过程开始阶段的前后,还同时进行着汽油喷射过程。

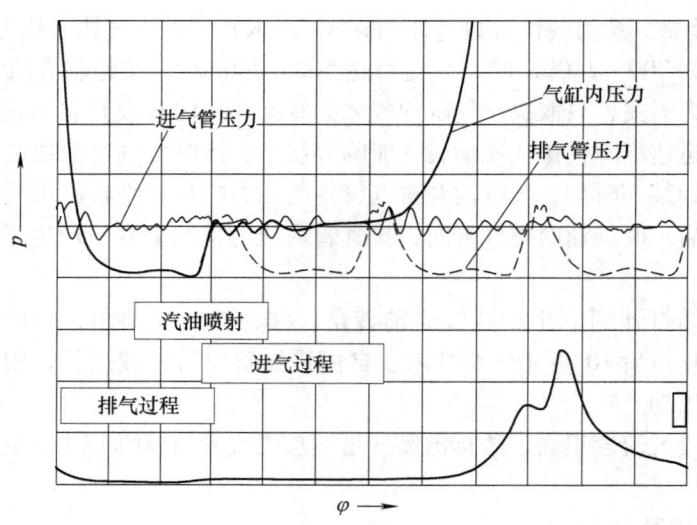

图 6-2 增压汽油机的换气过程

主要可以从两个方面来评价换气过程的完善程度:

1)充入气缸的新鲜工质的数量的多少。由于充入气缸的新鲜工质的多少还与气缸工作容积有关,为便于不同气缸工作容积的发动机之间的相对比较,采用充气效率这一指标来评价。

2）应尽可能地减小换气过程中的能量损耗，即为了完成进气过程和排气过程所付出的代价，可由换气损失这一指标来进行评价。

良好的换气过程应具有较高的充气效率和较低的换气损失。

伴随着发动机的技术进步，对换气过程也提出了更高的要求。换气过程在有利于混合气形成与燃烧以及控制有害物排放等方面也起到越来越重要的作用，这要求换气过程在各种不同的发动机工况下协助实现合适的缸内工质运动和合适的残余废气量。

二、充气效率及其影响因素

1. 充气效率

充气效率 η_v 是实际进入气缸的新鲜工质量与在进气状态下充满气缸工作容积的新鲜工质量的比值，即

$$\eta_v = \frac{\text{实际进入气缸的新鲜工质量}}{\text{在进气状态下充满气缸工作容积的新鲜工质量}} = \frac{m_1}{m_s} = \frac{V_1}{V_s} \quad (6\text{-}1)$$

式中，m_1、V_1 分别为实际进入气缸的新鲜工质的质量、体积；m_s、V_s 分别为在进气状态下充满工作容积的新鲜工质的质量、体积。

关于进气状态，在非增压发动机上一般采用当时、当地的大气状态；在增压发动机上则采用压气机出口的气体状态。

充气效率在一些专业文献中也被称为充气系数或容积效率。

实际上发动机充气效率可经测定后计算出来，用流量计测出发动机每小时实际充气量（m^3/h）；理论充气量 V（m^3/h）可由下面的公式算出，即

$$V = \frac{V_s}{1000} i \frac{n}{2} \times 60 = 0.03 i n V_s \quad (6\text{-}2)$$

式中，V_s 为气缸工作容积（L）；i 为气缸数；n 为发动机转速（r/min）。

必须注意的是，由于存在气门叠开阶段，进入气缸的新鲜充量有可能并未参加燃烧就又有少量流出了气缸，给充气效率的准确测定带来了困难。此时，可采用根据气门叠开角的大小等因素进行工程估算对测得的充气效率加以修正。更复杂的测定方法，则需要对废气成分进行检测与分析。

2. 充气效率的影响因素

影响充气效率的主要因素，包括进、排气系统流动阻力的大小，燃烧室周围高温零件对新鲜工质的加热程度，缸内残余废气量的多少，以及配气定时和压缩比等参数。充气效率 η_v 可表示为

$$\eta_v = \frac{m_1}{m_s} = \frac{p_a V_a}{T_a} \left(\frac{p_s V_s}{T_s} \right)^{-1} = \left(\frac{p_a}{p_s} \right) \left(\frac{T_s}{T_a} \right) \left(\frac{V_a}{V_s} \right) \quad (6\text{-}3)$$

下标 a 表示进气过程终了时的缸内状态；下标 s 表示进气状态。

根据式（6-3），对压力、温度和容积三部分的比值分别进行分析，从中找出影响充气效率的主要因素：

1）由于流动阻力的存在使得 $\dfrac{p_a}{p_s} < 1$，这反映了流动阻力的影响。从流体力学基本原理

可知，流动阻力分为两类，即局部阻力和沿程阻力，而局部阻力是流动阻力中的主要部分。

汽油机进气过程终了时的缸内压力的高低还与发动机工况有关。图 6-3 表示了汽油机进气过程终了时的缸内压力随转速和负荷的变化规律。随转速增加，流动阻力增加，进气过程终了时的缸内压力也随之下降。随负荷增加（节气门开度变大），流动阻力降低，进气过程终了时的缸内压力也随之升高。

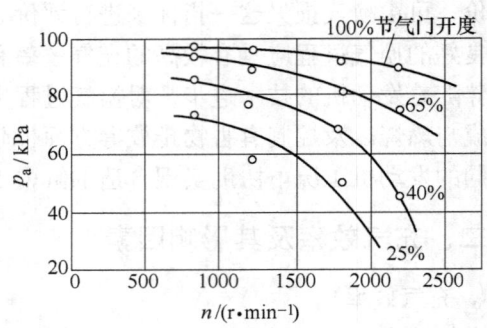

2）$\dfrac{T_s}{T_a}<1$，进气终了的温度 T_a 高于

图 6-3 汽油机进气过程终了时的缸内压力随工况的变化

进气状态温度 T_s。引起 T_a 升高的原因，一方面是新鲜工质在进气过程中与燃烧室高温零件接触而被加热，另一方面是新鲜工质与高温残余废气混合而被加热所致。

当负荷不变而转速增加时，由于新鲜工质与缸壁等接触时间短，传热量少，所以 T_a 稍有下降。当转速不变而增加发动机负荷时，缸壁等零件温度升高，T_a 有所上升。

残余废气系数 γ 是分析发动机工作过程中的一个重要参数，定义为进气过程结束时气缸内残余废气量与气缸中新鲜充气量的比值，即

$$\gamma = \frac{\text{进气结束时气缸内的残余废气量}}{\text{进气结束时气缸内的新鲜充气量}} \tag{6-4}$$

γ 值的一般范围如下：

四冲程柴油机　　0~0.03

四冲程汽油机　　0.05~0.16

残余废气系数 γ 表示了缸内残余废气量的相对多少，也间接地反映了换气过程的完善程度。

3）$\dfrac{V_a}{V_s}<1$，由于受到残余废气等因素的影响，进气终了时缸内气体容积 V_a 总是小于气缸工作容积 V_s 的。

考虑到压力、温度和容积三部分的比值，充气效率 η_v 总是小于 1 的。

三、充气效率随发动机工况的变化规律

充气效率随发动机的转速、负荷的变化而变化，其变化规律对发动机的特性有着重要的影响。要了解这种变化规律必须先了解其变化的原因，进而对其进行控制和调节，以便在各种工况下获得最优的发动机特性。

1. 充气效率随发动机转速的变化规律

充气效率随发动机转速的变化规律应从流动阻力和进气气流惯性的利用这两个方面来考虑。流动阻力和进气气流惯性都与流速有关。随着发动机转速的增加，换气过程的时间

变短，气流流速提高，从而使流动阻力和进气气流的惯性也增大。单从流动阻力这方面来考虑，发动机转速的增加意味着流动阻力的增加，充气效率应呈单调下降的趋势，但实际情况并非如此。充气效率在较低发动机转速范围内随转速的增加而增加，直至达到一最大值。这主要是利用进气气流惯性的结果，转速增加使进气气流惯性也增大。当达到这一最大值后，流动阻力增加成为充气效率的主要影响因素，而进气迟闭角不变就使得一部分本来可以利用的气流惯性得不到利用，充气效率因而随转速的增加而下降。

2. 充气效率随发动机负荷的变化规律

由于汽油机与柴油机负荷调节方法不同，其充气效率随发动机负荷的变化规律也有所不同。

在柴油机上，调节负荷是通过改变喷入缸内的燃料量，而进入气缸的空气量基本不变，在进气系统一般不设调节负荷的节流装置，故在转速不变的条件下流动阻力基本不随负荷变化而变化，进气终了时的缸内压力随负荷的变化很小。因而柴油机的充气效率随负荷的变化较小，一般随负荷的增加略有减小，其原因主要是负荷增加后燃烧的燃油量增加，燃烧室周围高温零部件的温度有所上升使新鲜充气量的加热程度增加的缘故。

在汽油机上，调节负荷是通过改变节气门开度来调节进入气缸混合气量的多少。当节气门关小时，节流损失增加，引起进气终了时的缸内压力下降，从而降低了充气效率；反之，随着负荷的增加（节气门的开度增大）进气流动阻力与缸内残余废气量都将随之减小，充气效率也随之上升。由于汽油机负荷调节的需要，在中、低负荷下节气门只有部分开度，充气效率也较低。

四、换气损失

换气损失定义为发动机理论循环中换气过程耗功与实际循环中换气过程耗功的差值，由排气损失和进气损失两部分组成。

四冲程自然吸气发动机的换气损失如图 6-4 所示。在发动机理论循环中，由于进气与排气过程的压力相等，均取为大气压力，四冲程自然吸气发动机换气过程耗功为零。在实际循环中，换气损失即为图中阴影线所标注的面积（包括面积 W、X 和 Y），其中表示大气压力 p_0 的水平线 $1'-1$ 又将这一区域划分为两个部分，上面的部分为排气损失（包括面积 W 和 Y），下面的部分为进气损失（面积 X）。

在第二章中我们还讨论过泵气损失的概念。泵气损失是机械损失的组成部分，它定义为因工质流动时需要克服进、排气系统阻力所消耗的功，与换气损失是有区别的。在图 6-4 中，由换气过程中压力变化曲线所围成的封闭区域为泵气损失，应注意其概念与数值大小与换气损失都有所不同。

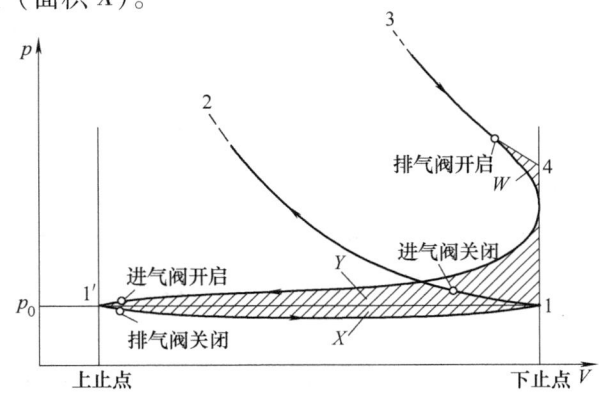

图 6-4　四冲程自然吸气发动机的换气损失

1. 排气损失

从排气门提前打开直到进气行程开始，缸内压力到达大气压力前循环功的损失，称为排气损失。它可分为：

（1）自由排气损失（图中面积 W） 它是因排气门提前打开，排气压力线从排气阀开启点开始偏离理想循环膨胀线，引起膨胀功的减少。

（2）强制排气损失（图中面积 Y） 它是活塞克服阻力将废气推出所消耗的功。

减少排气系统阻力及排气门处的流动损失，是降低排气损失的主要方法。排气消声系统的结构及布置对排气阻力影响很大，因而关系到排气管内的排气背压。试验结果表明，排气背压每升高 3.39kPa，增压柴油机燃油消耗率在各种负荷下平均增加 0.5%，而非增压柴油机平均增加 1%，要求在不牺牲消声性能的前提下最大限度地降低背压，以提高经济性。各种排气处理装置也不同程度地增加了强制排气损失。

2. 进气损失

由于进气系统的阻力，进气过程的气缸压力低于进气管压力（非增压发动机中一般设为大气压力），损失的功相当于 X 所表示的面积，称为进气损失。与排气损失相比，它相对较小。

在增压发动机中，情况与自然吸气发动机有所不同，图 6-5 所示为四冲程增压发动机的换气损失的示意图。除在低速低负荷时，增压器远离设计工作点，进气管内压力低于排气管内压力以外，一般情况下由于增压的作用使进气管内压力高于排气管内压力。由于涡轮的存在，排气管内压力也大于大气压力。

由于进气过程缸内压力 p_s 高于排气过程缸内压力 p_r，在理论循环中出现了换气正功，其大小等于 $(p_s - p_r)V_s$，它是由增压空气推动活塞完成的。而由于排气提前和进排气流动阻力的影响，换气损失也就是所损失的功，如图 6-5 中的阴影面积所示。

此时由换气过程中压力变化曲线所围成的封闭区域为泵气功。自然吸气发动机的泵气损失（负值）变成了增压发动机中在进气压力 p_s 高于排气压力 p_r 的前提下的泵气功（正值），这也是增压发动机经济性得到提高的原因之一。

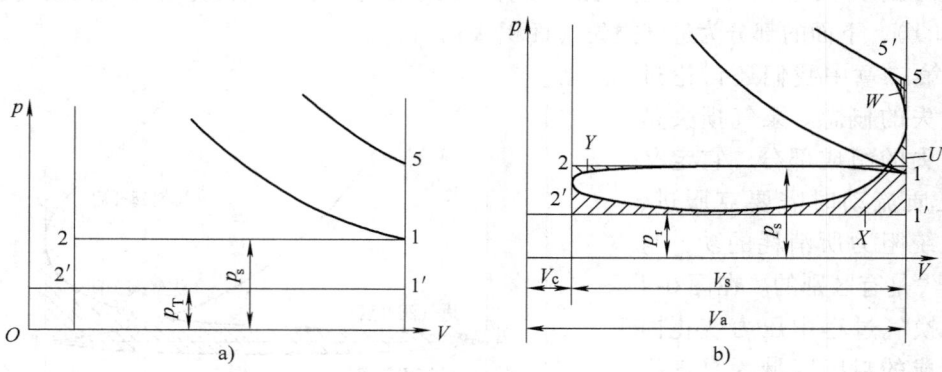

图 6-5 四冲程增压发动机的换气损失
a）理论循环 b）实际循环

第二节　改善换气过程的主要措施

换气过程可以用充气效率和换气损失来评价：改善换气过程的主要目的，就是要使换气过程的充气效率提高和换气损失减小。这两者之间在一般情况下是不矛盾的，但也有极少数例外情况，在两者无法兼顾的情况下，因为充气效率的高低对燃烧过程有着重要的影响，应予以优先考虑。有了足够的充气量，组织良好的燃烧过程才有了前提条件，功率的提高和性能的改进才有可能。

发动机强化的技术措施之一是提高发动机的转速，目前汽车汽油机的最高转速可达到 7000r/min，而汽车柴油机的最高转速也可达到 5000r/min。发动机通过提高转速强化的主要限制之一就是换气过程。在发动机高速运转时，换气过程的持续时间大大缩短，工质流速明显提高，充气效率会明显下降，换气损失也会显著增加，影响混合气的形成和燃烧，使发动机性能恶化。改善换气过程的重要性也可体现在这一方面。

同时应注意的是，最高的充气效率，主要是发动机高负荷时的要求。而在中、低负荷下，特别是在低转速的情况下，更重要的是保证一定的工质运动强度，以满足混合气形成与燃烧的要求。

一、减小进、排气系统的阻力

减小进、排气系统的阻力，特别是进气系统的阻力，对于改善换气过程有着重要的作用。依据流体力学的基本原理，流动阻力由局部阻力和沿程阻力两部分组成。局部阻力一般是指由于流道发生突然转折、扩大、缩小等情况下所引起的流动损失，在换气过程中局部阻力主要表现在进、排气阀和气道、空气滤清器、排气消声器以及催化转化器等部位。而沿程阻力，则与流道的长短、流体接触的截面周长以及管壁的表面粗糙度等因素有关。减小进、排气系统的阻力也应从这两方面来考虑，重点应注意进、排气系统中局部阻力的降低。

1. 进、排气门

时面值是评价气门流通能力的参数，定义为气门的瞬时开启截面积在气门开启期间内的积分。

目前四冲程发动机的进、排气门均采用菌形阀结构，其开启截面积随凸轮升程而变化。在时间微元 dt 内通过气门的气体流量为

$$dm = \rho v_m f dt \tag{6-5}$$

式中，ρ 为流经气门的气体密度；v_m 为进气门处气体的平均流速；f 为 dt 时间内气门的开启截面积。

整个开启时间的气体流量为：$m = \rho v_m \int f dt$。可见，时面值正比于在开启期间内的气体流量。

若将时间换算成曲轴转角，则有 $\int f dt = \dfrac{1}{6n} \int f d\varphi$。式中的 $\int f d\varphi$ 称为气门的角面值。在

具体的发动机中,角面值与发动机转速无关,而时面值则随转速而变化,高转速时时面值会减小。

进气马赫数 Ma 是进气门处气体的平均速度 v_m 与该处声速 c 的比值（$Ma = v_m/c$）。分析表明,进气马赫数 Ma 反映了进气门大小、形状、气门升程规律以及活塞平均速度等影响因素,其大小与发动机转速成正比。当 Ma 超过一定数值(0.5 左右)时,充气效率 η_v 便会急剧下降。当 η_v 急剧下降后,即使提高转速,因单位时间充气量无法增加,功率也不能增加,因此必须注意控制 Ma 值。这一结论对于设计与评价气门机构是很有用的。

传统的发动机通常采用一进一排的两气门结构。增大进气门直径可以扩大气流通路截面积,提高充气效率。在两气门结构中,进气阀盘直径可达活塞直径的 45%~50%,气门与活塞面积之比为 0.2~0.25,进气门比排气门一般大 15%~20%;但由于受到结构限制,进一步增大比例已很困难。

为了进一步增大进气门流通截面积,多气门技术的应用是技术发展的必然之路。多气门中应用最为普遍的是四气门,即两个进气门与两个排气门。此外,三个进气门与两个排气门的五气门也可见到。一般认为,四气门较易于布置其驱动机构,而五气门除了气门流通截面积增大以外,还有火花塞布置空间较大且有利于火花塞散热的优点。图 6-6 表示了气门数与进气门开启截面积的关系。通过理论分析,根据优化气门数和进气门开启截面积的关系可知,缸径大于 80mm 时,采用二进二排结构较好;缸径小于 80mm 时,因布置火花塞需要留有一定位置,采用三进二排结构可获得最大开启截面积。

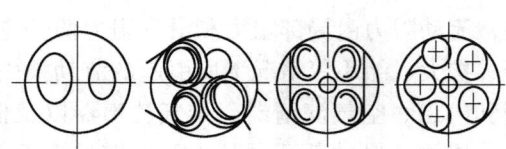

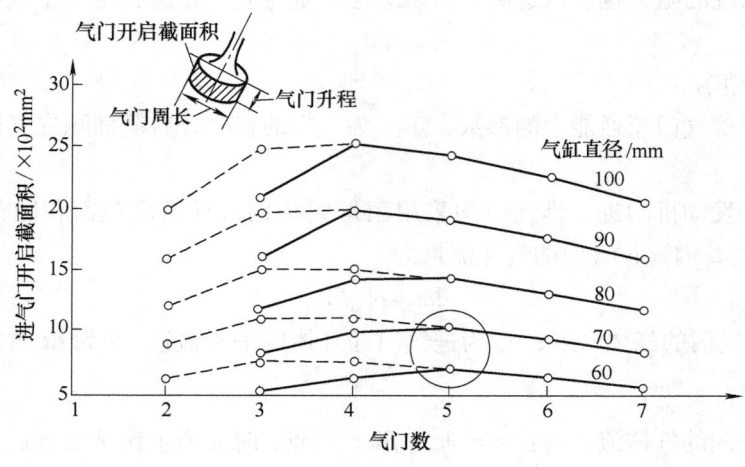

图 6-6 气门数与进气门开启截面积的关系

三气门结构因布置与效率等原因应用极少,而五气门以上的结构由于结构过于复杂也没有应用。

以四气门为例,采用两进、两排的气门结构后,进气门流通截面积可以提高 30% ~ 50%,充气效率的提高使发动机的功率得到明显提高,经济性也有所改善。

此外,多气门技术的应用可使得在燃烧室布置时火花塞(或喷油器)放置在燃烧室中央,从而改善燃烧,提高性能。多气门技术还具有易实现可变技术、单个气门运动件质量减小有利于发动机高速化等优点。尽管采用多气门技术使结构复杂程度与制造成本有所增加,但仍得到了较为广泛的应用。

必须指出,多气门技术主要提高了发动机高速工况的性能;对于低速工况而言,由于气体流速相对较低而减弱了缸内工质的运动,可能会带来一些不利的影响。若考虑到发动机在整个工作范围内的性能改善,还必须结合可变技术等,例如,在发动机低速工况下通过关闭某一进气道来实现加速气流运动,获得希望的涡流强度与气流形式。

2. 配气机构

配气机构的基本功能是在运动惯性力许可的前提下,尽可能地提高气门的流通能力,或可以说是提高气门的时面值。显然,运动惯性力与配气机构的运动质量以及运动加速度有关。顶置凸轮轴,包括单顶置凸轮轴(SOHC)和双顶置凸轮轴(DOHC),将凸轮轴配置在发动机的上方,缩短了凸轮轴与气门之间的距离,简化了凸轮轴到气门之间的传动环节,将发动机的结构变得更加紧凑。由于它具有运动质量小等优点,已成为汽车发动机中标准的设计并得到普遍应用。

在图 6-7 中示出了在配气机构的改进中可以考虑的一些技术措施。从改进的思路来看,主要就是减小配气机构的运动质量、摩擦阻力以及优化凸轮型线等,以更有利于配气机构的高速化。

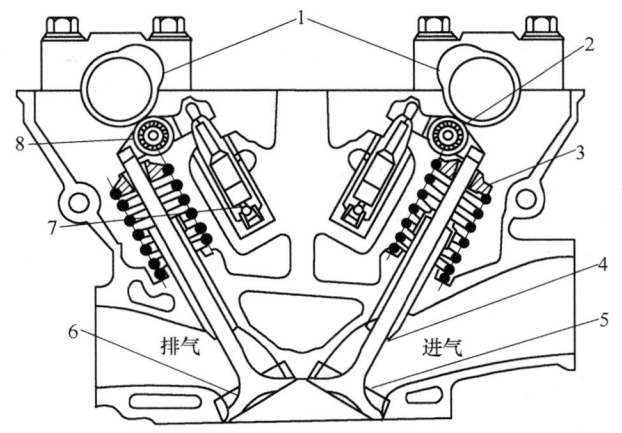

图 6-7 配气机构的改进措施
1—高速型凸轮 2—采用空心轴 3—钛合金气门弹簧座 4—减小直径
5—使曲线平滑 6—薄壁化 7—液压式自动调隙 8—滚针轴承

3. 进、排气道

进、排气道的改进也是减小进、排气系统阻力的重要措施之一。

进气道不仅要保证高的流通性能，而且还要满足发动机组织工质运动的要求。例如在直喷式柴油机中，常通过进气道产生一定强度的进气涡流，这也增加了设计难度。计算机辅助设计以及计算流体力学等技术的发展，使进、排气道的设计与改进从传统的经验设计加上反复试验、多次修正，正逐渐过渡到计算机造型、分析与优化为主、试验验证为辅的阶段。

图6-8表示了低流阻的进气道的设计。低流阻的进气道具有以下一些特征：进气道的进口截面可适当抬高以减少转折。进气道进口截面应适当增大（至少应大于气阀前的截面 I），然后一直到气道转折处流通截面逐渐缩小。阀座与气道要有圆滑的过渡，气道与气阀形状相配合，使阀座与气阀间通道有连续的截面变化。气阀通过气阀导管凸台时，流通截面不应缩小，必要时可扩大凸台侧面的气道予以补偿。从气道最小截面经阀座与缸盖底面之间的过渡锥面，即气阀开启锥面（截面积与气阀升程有关）与气道出口之间形成一个短的扩压段。这一扩压段可在一定程度上利用一部分进气动能，使气缸内压力升高，有利于提高充气效率。

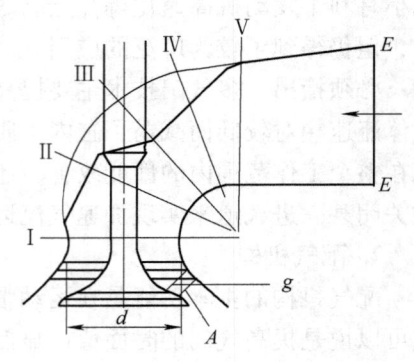

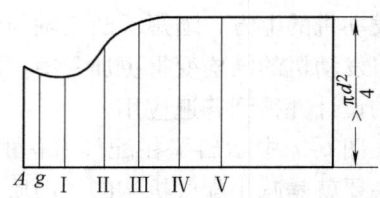

在具备了气体流动数值模拟这一有效工具以后，可以进一步通过对气道内部流场与压力场的分析，评价气道结构的合理性，适当修改气道局部形状，以达到提高与优化气道流通性能的目的。采取的主要措施包括：

图6-8 低流阻的进气道

1) 消除或减轻气道壁面附近出现的局部分离流动。局部分离流动是产生流动阻力的主要原因之一，在了解了气道内详尽的流速分布以后，就可以克服盲目性，有针对性地修改气道外形，以消除或减轻有害的局部分离流动。

2) 调整关键截面上的流速分布。例如可以检查在气道气阀导管周围这一部分垂直于通过气阀中心的若干垂直截面上的平均流速，通过调整设计参数使各截面上的平均流速达到基本相等。

3) 调整气道出口处的流速分布，包括其方向与大小。这一措施特别是在要求同时兼顾流通性能与涡流强度时必须考虑。作为示例，图6-9给出了一种气道设计方案的气道出口处流速分布。

4) 注意设计方案的鲁棒性（Robustness），要求气道性能对制造过程中产生的

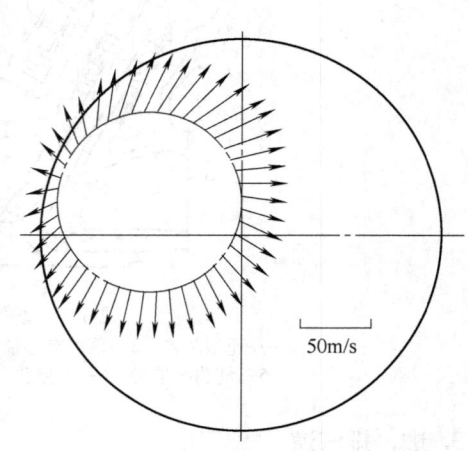

图6-9 气道出口处的流速分布

形状和位置的微小变化不敏感。

5）应考虑避免过于突然的转折与流通截面变化；降低气道表面的粗糙程度等。

图 6-10 所示为所设计的一柴油机螺旋进气道的三维计算机模型示例。

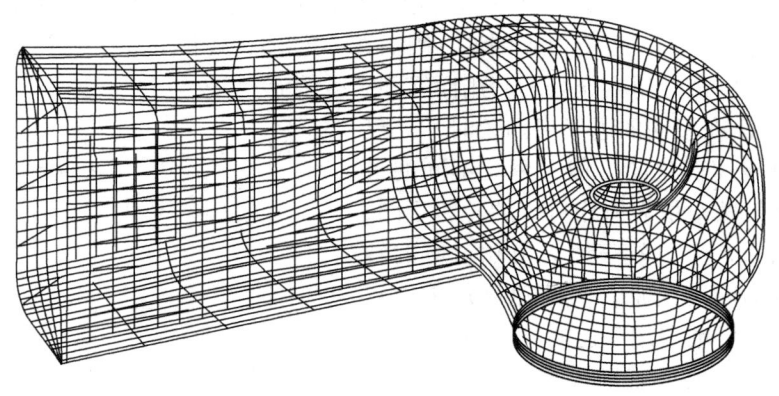

图 6-10　进气道的三维计算机模型

排气道的改进不仅可减小排气系统的阻力，对增压发动机还可以提高废气可用能量。低流阻的排气道具有以下一些特征：从缸盖底面到排气阀座面应是逐渐平缓地过渡，直到气阀与阀座间最小流通截面处为止，其截面应始终是缩小的。对较狭窄的气道，开头段要圆滑地过渡，到气阀导管前为止气道可扩大，此后一直到气道转弯处再减小，最后是一直扩大到排气道出口截面的扩压段。排气道出口截面应比阀座喉口截面大。弯道内径对扩压部分的影响很大，气道起始直径及流动截面应保持最佳比例，尽可能地避免急剧转弯以及流通截面的局部扩大与收缩。

4. 其他

此外，作为进、排气系统中的部件，空气滤清器、排气消声器以及催化转化器等，在保证完成其主要功能的同时，也要考虑尽量降低流动阻力，尽量减少其对良好的换气过程所产生的不利影响。应保证这些部件有足够的流通截面积，同时在使用过程中要注意按时清洗、维修或更换，避免因积垢引起流动阻力增加而造成发动机性能的下降。

二、合理确定配气定时

合理确定配气定时，对于实现一个完善的换气过程，进而提高发动机性能是十分重要的。在发动机的设计与改进中，配气定时的确定一般可通过计算机仿真与实机性能试验验证的方法相结合，最后找到合适的方案。

需要注意的是，不同的发动机工况下对应着不同的最理想的配气定时，因此确定发动机配气定时，既需要尽可能地兼顾各种工况下的要求，也需要抓住主要矛盾，特别要考虑常用工况的要求。当然，最理想的情况是实现配气定时随发动机工况变化的实时调节。"柔性配气定时"，即在各种发动机工况下通过电控实现最优的配气定时，是今后技术发展的方向之一。

1. 进气迟闭角

当活塞到达下止点时,高速流入的新鲜充量仍具有一定的气流惯性并且气缸内压力也低于大气压力,在压缩行程开始阶段仍可利用气流惯性和压力差继续进气,因此适度的进气门延迟关闭是有利于充气的。进气迟闭角过小,则进气气流的惯性得不到充分的利用;而进气迟闭角过大,则又可能引起倒流。因而在一定的工况下存在着一个最优的进气迟闭角,使进气气流的惯性得到充分的利用而又不产生倒流。

图 6-11 给出在不同的进气迟闭角时,充气效率随发动机转速变化的一般关系。不同的进气迟闭角,充气效率最大值相对应的转速不同,一般迟闭角增大,充气效率最大值相对应的转速也增加,因为转速增加,气流速度加大。较大的迟闭角可更好地利用高速的气流惯性充气。在确定进气迟闭角时,若增大进气迟闭角,高转速时充气效率增加,有利于最大功率的提高,但对低速和中速性能则不利。减小进气迟闭角,能防止低速倒流,有利于提高低速时的转矩,但可能会牺牲发动机的最大功率。

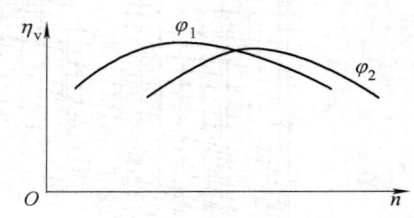

图 6-11 不同进气迟闭角 φ 时充气效率 η_v 随发动机转速 n 的变化

图 6-12 表示了在不同转速下进气迟闭角的大小对发动机有效转矩的影响。从图中可以看到,对于一定发动机转速,有一最佳的进气迟闭角使发动机有效转矩达到最大值,当进气迟闭角偏离这一最佳值而过大或过小时,发动机有效转矩均呈下降趋势。对于不同的发动机转速,进气迟闭角的最佳值也不相同。随着发动机转速的增高,进气迟闭角的最

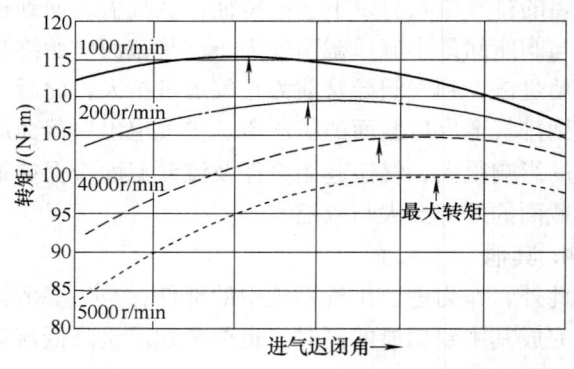

图 6-12 进气迟闭角 φ 的大小对发动机有效转矩的影响

佳值也相应增大,这主要是因为发动机转速的增高使进气气流流动惯性增大,需要更大的进气迟闭角来利用这种进气气流流动惯性以提高充气效率的缘故。

在常规发动机中,配气定时(包括进气迟闭角)在发动机运行中都是不能改变的,因而应根据发动机的常用工况来确定进气迟闭角,同时尽可能兼顾其他工况的要求。也可以通过调整进气迟闭角来改变充气效率随转速变化的规律,进而调整发动机的转矩特性曲线,满足不同的使用要求。

当然,最理想的情况是应用可变技术,实现配气定时随发动机工况变化的实时控制与调节。

2. 排气提前角

在膨胀行程接近结束时,排气阀在活塞达到下止点前就开启,使废气开始排出气缸。当活塞到达下止点时,排气阀已有一定的开度并且缸内的压力也有了迅速的下降,从而减

小了活塞上行时的排气阻力。

图 6-13 表示了排气提前角的变化对排气损失的影响。排气提前角取得较小（图 6-13 中的 c 曲线），缸内气体可以更充分地膨胀做功，自由排气损失会减小，但由于废气不能及时排出气缸，强制排气损失却会增加；反之，排气提前角取得较大（图 6-13 中的 b 曲线），强制排气损失会减小，而自由排气损失却会增加。显而易见，在一定的工况下存在着一个最优的排气提前角（图 6-13 中的 a 曲线），使自由排气损失和强制排气损失之和，即排气损失达到最小。

同样，在不同的发动机转速下，排气提前角有着不同的最优值。在较高的发动机转速下，排气提前角的最优值应较大，在较为短促的排气过程中有利于发动机废气的充分排出。而在较低的发动机转速下，排气提前角的最优值应较小，因为这时使缸内气体充分地膨胀以提高效率已成为应考虑的主要问题。

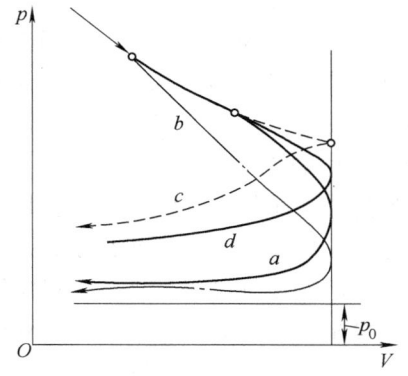

图 6-13　排气提前角与排气损失
a—提前角合适　b—提前角较大
c—提前角较小　d—排气门面积过小

在常规发动机中，排气提前角也应根据发动机的常用工况来确定，同时尽可能兼顾其他工况的要求。

研究表明，排气提前角的大小还与汽车发动机的噪声水平有着较密切的关系。排气提前角较大时，排气阀开启时的缸内压力较高，超临界排气状态也会持续较长的时间，由其引起的空气动力噪声也会较大。从控制汽车发动机的噪声水平的角度来看，排气提前角应适当取小。

此外，排气提前角的大小还会影响排气温度的高低，可供废气涡轮增压器再利用的废气能量的多少。

3. 进气提前角和排气迟闭角

进气门提前开启的目的是为了保证进气行程开始时进气门已开启得足够大，新鲜气体能够及时地充入气缸。当活塞到达上止点时，气缸内的废气仍高于大气压力，加之排气时气流有一定的惯性，所以排气门适度的延迟关闭可便于废气更充分地排出气缸。

汽车发动机的一个突出特点是其运转工况范围宽广，这一特点在确定气门叠开角时应予以考虑。当发动机在低速、小负荷工况下运转时，流动的气体惯性小且进气管真空度大，若气门叠开角过大，有可能产生废气倒流的问题。为改善发动机低速性能及怠速稳定性，汽车发动机的气门叠开角一般都较小。

此外，由于多气门技术的应用，进、排气门流通截面积都有所加大，不再需要大的气门叠开角，也使气门叠开角减小。在现代乘用车汽油机产品中，有气门叠开角为 12°CA（进气提前角为 4°CA，排气迟闭角为 8°CA）的实例。

三、动态效应的利用

从降低进气系统阻力的角度来考虑，进气管系应该设计得短而粗，但如果仔细地观察一些汽车发动机的进气系统就会发现实际情况并非如此，这正是为了更好地利用管系中的动态效应，即所谓的系统的"调谐（Tune）"。排气系统也是同样如此，图6-14就是一汽车发动机排气系统的实例。

由于周期性的间歇进、排气，进、排气系统内不仅存在着气流惯性，而且还存在着压力波动，可统称为"动态效应"。这一现象在高速发动机中尤为明显。有时可以见到充气效率（或发动机转矩）随发动机转速而变化的试验曲线有一定的波动，就是"动态效应"作用的结果。

通过进、排气系统的布置以及几何参数的优化，可以很好地利用动态效应，提高充气效率，改善换气过程。这一改善换气过程的有效措施，随着对发动机换气过程计算机仿真技术的发展与成熟得到了十分广泛的应用，也取得了很好的效果。

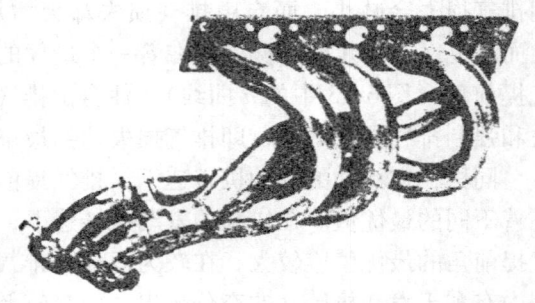

图6-14 汽车发动机的排气系统实例

为有利于对动态效应的理解，我们回顾在物理学中讨论波动时曾有过如下的基本结论：波在管内传播，对于一个开口端，管外压力不变时，反射波的性质与入射波相反，即一个正压波传播到开口端后，可反射回一个负压波；对于一个闭口端，反射波的性质与入射波相同，即一个正压波传播到闭口端后，可反射回一个正压波。

在发动机进、排气系统中，进气系统的入口、打开的气阀等都可视为开口端，而关闭的气阀等可视为闭口端。作为示例，将应用上述基本结论分别分析发动机进气系统内的本循环波动效应和上循环波动效应。

1. 进气系统内的本循环波动效应

进气系统内的本循环波动效应如图6-15所示。在进气过程开始后，由于进气门打开以及活塞下行的吸入作用，气缸内产生负压，新鲜工质从进气管内流入，同时向外传出负压波，传播速度为音速，当负压波经气门、气道沿进气管向外传播到开口端（进气系统的入口或空气滤清器等较大空腔的出口等）时，又从开口端向气缸方向反射回正压波，如果进气管的长度合适，从负压波发出到正压波返回

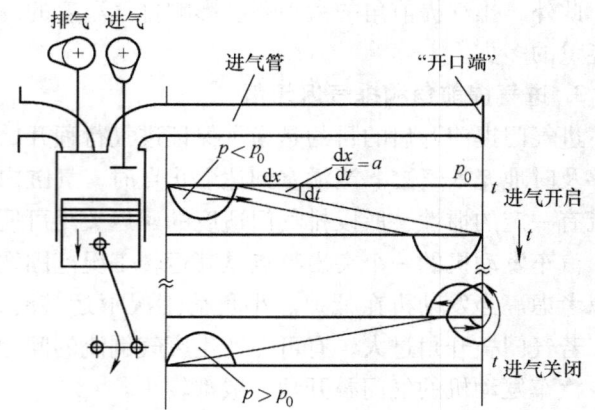

图6-15 进气系统内的本循环波动效应

进气门所经历的时间，正好与进气门从开启到关闭所需时间配合，即正压波返回进气门时，正值进气门关闭前夕，从而提高了进气门处的进气压力，达到多充入气缸一部分充量的效果。显然，若进气门关闭之前，此处压力不是处于波峰而是在波谷位置，就会降低气缸内压力，得到相反的效果。

2. 进气系统内的上循环波动效应

当进气门关闭后，进气管内的压力还在继续波动，同时也伴随着波幅的逐步衰减。上一个工作循环形成的这种波动对下一个工作循环也会产生影响，也可以加以合理的利用。

进气门关闭后，进气管内流动的空气因急速停止而受到压缩，在进气门处产生正压波，向进气管的开口端（即入口端）传播。当正压波传到管端时，产生反射波，由于边界条件（开口端、管外压力不变）的作用，反射波的性质与入射波的性质相反，即为负压波，该波又向进气门处传播。当它到达进气门处时，若进气门尚未打开，则为一闭口端，那么进气门处反射波的性质与入射波的性质相同，即为负压波，此负压波再向进气管的管端传播，在开口端再次反射时，反射波为正压波，该波又向进气门处传播。这样周而复始，压力波在进气管中来回传播，进气门处的压力也时高时低，形成一定的压力波动。如果使管内的正压波与下一个循环的进气过程重合，就会有利于提高充气效率。若与负压波重合，则可能减小充气量。

对于进气系统中波动效应的利用，所产生的效果与增压有类似之处，也可称之为"惯性增压"。

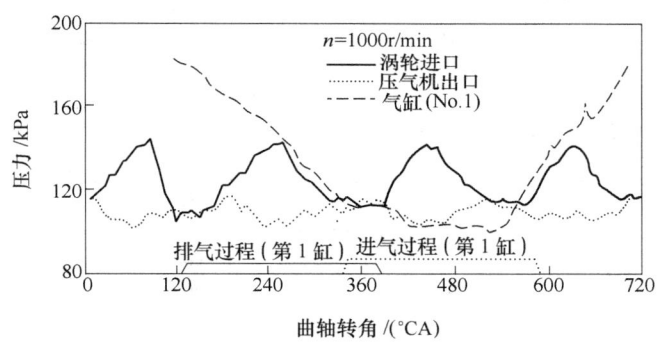

图 6-16　增压发动机进、排气管内的压力波动（低速小负荷工况）

对于排气系统，可进行类似进气系统的分析。图 6-16 所示为一增压发动机在低速小负荷工况下的进、排气管内压力波动的情况，在高速工况下压力波动将会更明显。

动态效应的应用与发动机转速有关，在一定的几何参数下，显然只有在一个或数个转速下才能够最好地利用动态效应。当发动机转速较高时，压力波传播与反射所需的时间应缩短，显然这时管长应较短；而当发动机转速较低时，管长则应较长。最理想的情况应结合可变技术来应用，否则应考虑发动机常用工况。

动态效应的应用不仅可利用管长与管径来调整，还可以利用容积。例如，有在进气系统中增加谐振容积的实例，还有所谓的复合谐振增压（图 6-17）。复合谐振增压是由一匈牙利学者于 20 世纪 70 年代提出的，其目的是改善增压柴油机的低速转矩特性，实际应用中也取得了较好的效果。由谐振管和谐振腔组成一个

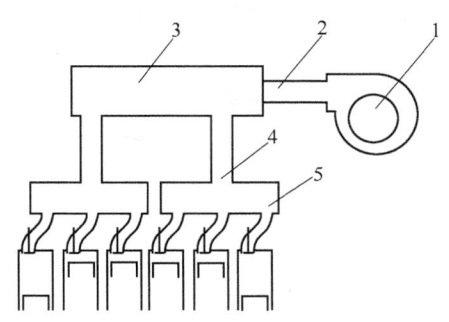

图 6-17　复合谐振增压系统
1—废气涡轮增压器　2—连接管　3—稳压腔
4—谐振管　5—谐振腔

谐振系统。谐振系统的固有频率主要取决于该系统的几何参数（谐振管长度和直径、谐振腔的容积等），发动机各气缸周期性的进气过程对进气系统产生激振，当激振的某一阶谐波与谐振系统的固有频率相一致时，便会产生共振，这时谐振系统内的压力振幅达到最大值。研究表明，可以通过优化设计利用这种共振现象使在某一发动机转速（通常为最大转矩转速）下的进气充量显著提高。当然，当发动机转速偏离这一转速时，这种效果就会相应减弱。这一系统的缺点是系统体积较大，难于获得紧凑的布置方案，同时仅对3缸、6缸发动机有较好的效果，而4缸发动机的效果就要差些。

图6-18表示了一个6缸6.5L排量的柴油机，以提高柴油机低速转矩为目的而应用复合谐振增压的试验结果。共设计了三种方案，谐振腔容积分别为3.0L、2.3L和2.3L；谐振管管径分别为55mm、60mm和60mm；而谐振管长度分别为500mm、800mm和1000mm。三种方案分别在转速1900（r/min）、1600（r/min）和1400（r/min）达到谐振转速，试验取得了较满意的效果，进气量分别增长了5%、8%和8%，柴油机的有效转矩、有效燃油消耗率和有害物排放都得到了不同程度的改善，特别是在谐振转速附近。

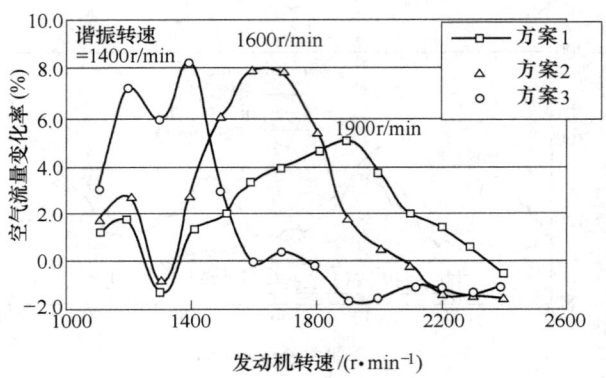

图6-18　复合谐振增压系统的试验结果

实际上，在发动机进、排气系统中的气体流动与压力波动是较为复杂的，存在着多个气缸相互之间的影响，还有空气滤清器、排气消声器等部件的影响，动态效应的应用必须要借助计算机仿真这一有效工具，同时结合实机测试。

在进行发动机换气过程计算机仿真中，常见的一种模型是将管内的流动视为一维不稳定非等熵流动，对于管内任意流动截面上的状态参数 P 是位置 s 和时间 t 的函数，有 $P = f(s, t)$。可以根据质量守恒、动量守恒和能量守恒原理推导出基本微分方程，对基本方程进行必要的变换并加入合适的边界条件，最后由计算机进行求解。

除了对进、排气管系的布置与几何参数进行优化外，还可结合配气定时的优化来进行。

四、可变技术

1. 概述

前已提及，发动机配气定时（包括进气迟闭角、排气提前角以及气门叠开角），进、排气系统的管长与管径，废气涡轮增压器中利用的废气能量等在一定的发动机运转工况下均存在着最佳值，这一最佳值随着发动机运转工况的改变而改变。

实现更多参数随发动机运转工况改变的实时调节，是当前发动机技术发展的主要方向之一。调节机构的实用性（主要是可靠性与制造成本）、执行元件的能力（主要是驱动力与响应速度）加上合适的控制策略及其实施，是实现可变技术的技术关键。这里仅就与发动机换气过程的改善有关的可变技术及应用进行讨论。

2. 可变配气机构

为了获得最佳的发动机性能，在发动机高转速和大负荷下希望进气迟闭角和排气提前角加大，有较大的气门升程和较大的气门叠开角；而在低转速和小负荷下，则希望进气迟闭角和排气提前角减小，有较小的气门升程和较小的气门叠开角。

可变配气机构（见图6-19）一直是可变技术中的研究重点之一，多年来出现了众多的设计方案与专利，并已在一些发动机产品中得到了实际应用。

若以调节的参数来分类，可变配气机构可分为调节配气定时、调节气门升程、同时调节配气定时和气门升程三类；若以调节的特征来分类，可变配气机构可分为根据发动机工况不同而分段调节或连续调节两类；若以驱动的方式来分类，可变配气机构可分为常规的凸轮驱动和无凸轮驱动（电控电驱和电控液驱）两类。

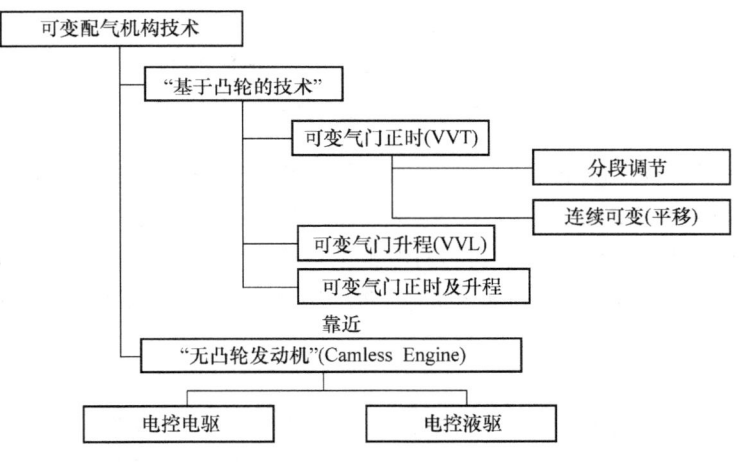

图6-19 可变配气机构

现在在车用汽油机产品中应用最为广泛的可变配气机构是一类可以实现配气相位在一定范围内平移的配气机构。进气或排气持续期保持不变，根据发动机具体工况的需要，调节凸轮轴与曲轴间的相对转角关系，使进气或排气过程起点和终点平行移动一个角度。这类可变配气机构主要在进气系统中应用，排气系统中也有少量应用，能有燃油经济性改善3%左右的效果。由于凸轮型线的束缚，这类可变配气机构的效果是有限的。

图6-20所示为平移相位的可变配气机构的工作原理。调节装置内部的叶片与凸轮轴相连，而调节装置的外壳与正时带轮相连，通过正时带与曲轴保持固定的相位关系。通过液压控制阀变换液压油的流向，使调节装置内部的叶片与外壳产生相对转动，从而调节了凸轮轴与曲轴的相对转角关系。

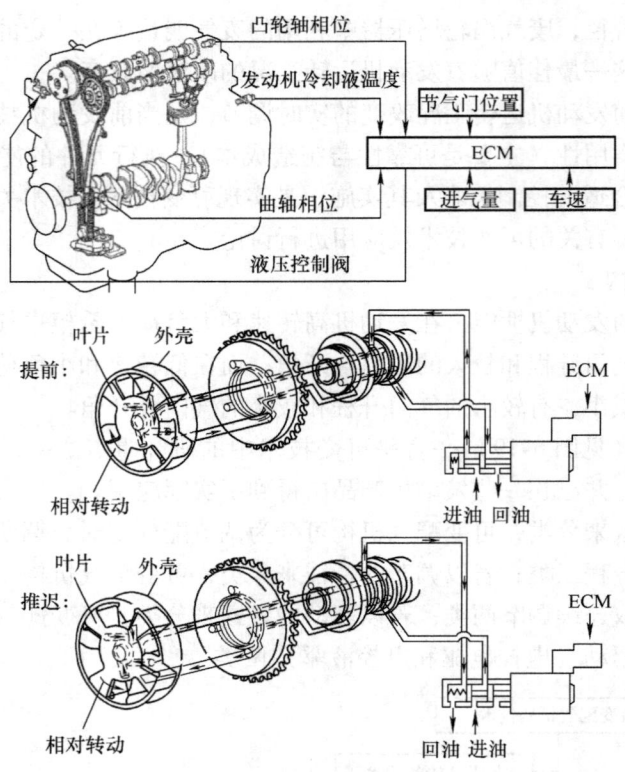

图 6-20　平移相位的可变配气机构的工作原理

表 6-1 描述了不同工况下平移相位的可变配气机构（进气）的调节策略、原理及可实现的效果。发动机电控单元根据输入的车速、节气门位置等信号，根据发动机具体工况的需要，决定是否调节，由液压控制阀的通电或断电来变换液压油的流向，使进气过程起点和终点提前或推迟，从而使发动机在动力性、经济性以及环保性能等的某些方面得到改善。

归纳其工作原理，主要是：

1）通过气门叠开角的变化来调节缸内的残余废气量。气门叠开角较小或在进、排气配气相位同时调节的情况下可能出现负值，可以使缸内的残余废气量减少，改善怠速等工况的燃烧；而在中等负荷等工况下则通过较大的气门叠开角使缸内残余废气量增加，起到降低泵气损失等效果。

2）为了实现高有效转矩的输出，不同转速下通过调节进气迟闭角来保证充分进气，提高充气效率。高速下可以推迟进气关闭时刻，充分利用进气气流的惯性；而低速下则提前进气关闭时刻，避免出现进气倒流现象。

作为示例，图 6-21 所示的是日本 Honda 公司的 VTEC（Variable Valve Timing and Lift Electronic Control System）系统，即可变气门正时和升程电控系统。VTEC 系统是一种根据发动机工况不同而分段调节进气门运动规律（配气正时和气门升程）的系统。当发动机工况在不断变化时，各传感器将检测到的负荷、转速、车速以及冷却液温度等参数送到电控单元中，电控单元对这些信息进行分析处理。系统能随发动机转速、负荷以及冷却液温度等运行参数的变化，而适当地调整配气正时和气门升程，使发动机在高、低速下均能达到良好的性能。在 VTEC 系统中，其进气凸轮轴上分别有三个凸轮面，分别驱动摇臂轴上的三个摇臂，即两个侧摇臂和一个中间摇臂。

当发动机处于低转速或低负荷时，三个摇臂之间无任何连接，两个侧摇臂分别顶动主、副两个进气门，使两者具有不同的正时及升程（通过副进气门进入气缸的充量较少），并形成挤气作用效果。此时中间的高速摇臂不作用于气门，只是在摇臂轴上做无效的运动。当发动机处于高转速或高负荷时，通过电控的液压系统将 3 个摇臂锁定为一体而同步动作。此时起作用的是中间凸轮和对应的中间摇臂，使两个进气门以相同的运动规律工作，而两个侧摇臂与对应的凸轮间没有接触。

表 6-1　不同工况下平移相位的可变配气机构的调节

工　况	调节策略	原　理	效　果
急速工况和低负荷工况		气门叠开角极小化，防止废气倒流入进气侧	提高急速稳定性 改善燃油经济性
中等负荷工况		增大气门叠开角，增加内部废气再循环，降低泵气损失	改善燃油经济性 降低氮氧化合物排放
中低转速、高负荷		进气阀早关防止进气倒流，提高充气效率	提高转矩输出
高转速、高负荷		进气阀迟闭充分利用气流惯性，提高充气效率	提高转矩输出
起动后暖机和停机前		气门叠开角极小化，防止废气倒流入进气侧	提高快急速稳定性 改善燃油经济性

图 6-22 所示为一种电控液压挺柱式的可变配气机构，这是一种可根据发动机工况不同而连续调节的可变配气机构。当电磁阀 5 关闭时，凸轮 1 驱动挺柱 2 并通过高压油腔 3 开启气门并实现基本配气定时。而通过电磁阀的开启放出部分高压油至蓄压室 4，就可以调节气门使其晚开或早关，或调小气门升程，实现可变配气定时。当放出的油足够多时，

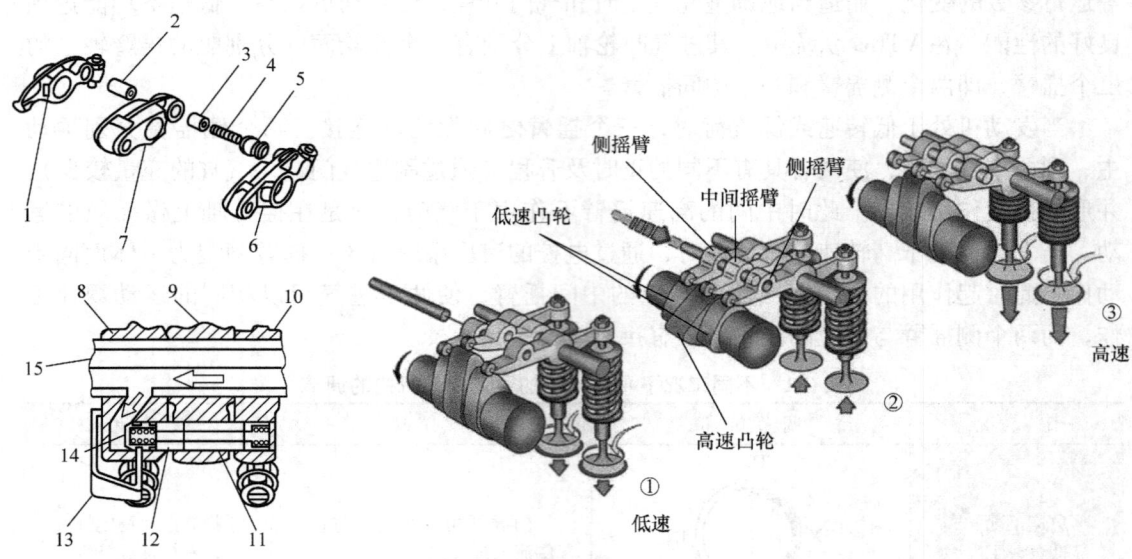

图 6-21 可变配气机构的结构示例
1、6、8、10—侧摇臂 2、11—同步活塞 B 3、12—同步活塞 A 4—正时弹簧
5、14—正时活塞 7、9—中间摇臂 13—正时板 15—进气摇臂轴

甚至可以实现气门不开启的功能。

采用电控电驱或电控液驱气门的所谓"无凸轮发动机"（Camless Engine）应是未来配气机构的技术发展方向，图 6-23 所示为一电控电驱气门的示意图。无凸轮发动机可以实现"全柔性配气定时"，可以实现配气定时在大范围内的实时调节，在各种发动机工况下通过电控实现最优的配气定时，从而提高充气效率。同时，更重要的是在汽油机中出现"无凸轮发动机"可进一步取消节气门，通过配气定时来调节进气充量的多少，从而显著减少部分负荷工况下的泵气损失。

但电控电驱气门目前仍处于研究阶段，仍有一些技术问题（例如动态响应特性、气阀落座速度的控制、体积重量等）有待解决。

3. 可变进气管

在进气系统中，进气管也是应用可变技术的对象。发动机高转速下希望进气管变得较短和较粗，以尽量减小流动阻力；而发动机低转速下希望进气管变得较长和较细，以加强气流惯性和缸内的工质运动。

图 6-24 所示为一种可变进气系统的结构示例。在稳压室 5 下游设置转换阀 8，由阀 8

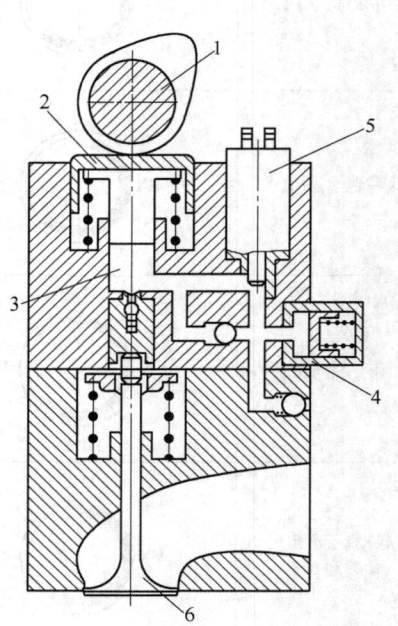

图 6-22 电控液压挺柱式的可变配气机构
1—凸轮 2—挺柱 3—高压油腔
4—蓄压室 5—电磁阀 6—气门

的开和关,构成了长短两根进气管。发动机在中、低速区工作时,关闭转换阀 8,使用长进气管,长管内的反射压力波能满足中、低速动态效应的要求。为了利用动态效应,在短管处有一个中、低速用的谐振器 7,在转换阀 8 关闭的情况下,利用短管反射压力波增加最大转矩。高速工作时,打开转换阀 8,同时使用长短两进气管,不但减小了流动阻力,而且管内反射压力波也能满足高速动态效应的要求。

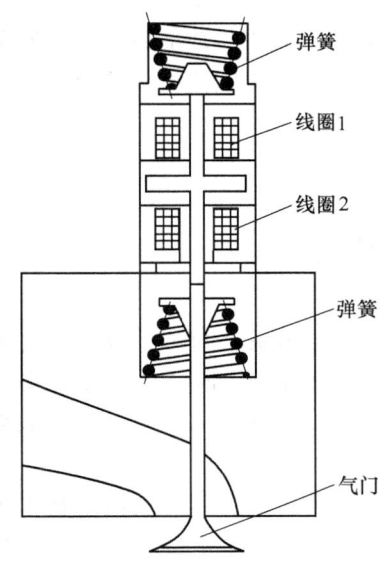

图 6-23 电控电驱气门

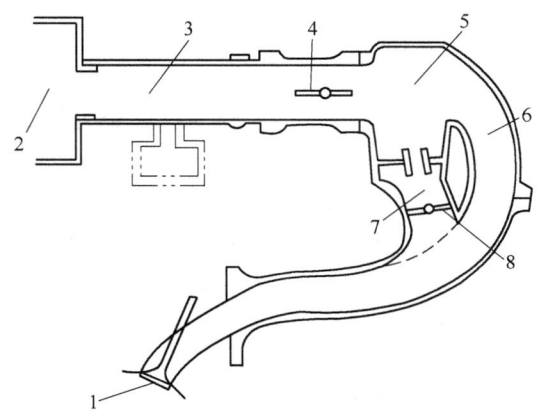

图 6-24 可变进气系统的结构示例(一)
1—进气门 2—空气滤清器 3—进气软管 4—节气门
5—稳压室 6—长进气管 7—短进气管兼谐振器 8—转换阀

另一种双长度、双速的可变进气系统如图 6-25 所示。它由两种长度的进气管组成,旋转件 A 可在外壳中转动,实现长管与短管之间的转换。图 6-25a 所示为中、低速工况时,空气由外侧通道经单独的较长进气管进入气缸内;图 6-25b 所示为高速工况时空气形成较短的通路,由内部通道经双进气管进入气缸内。

4. 其他

可变技术的其他应用在相关的其他章节中已做讨论,包括:

(1)工质运动强度的调节 对于多气门发动机,发动机低速、低负荷时,主进气门开启,副进气门关闭,可提高气流运动速度与湍流强度,改

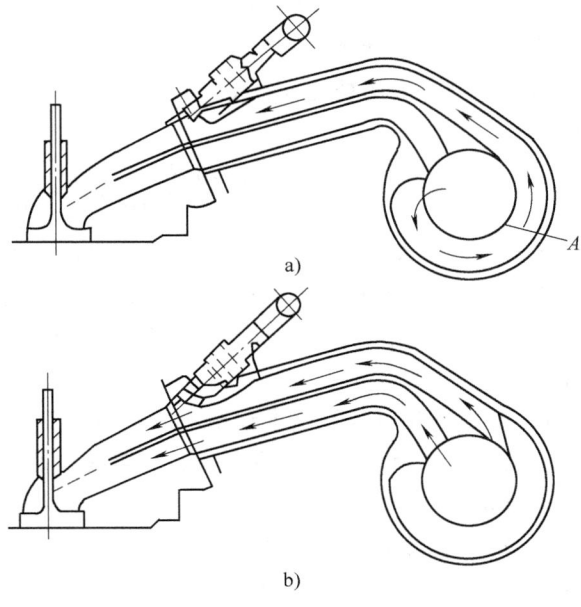

图 6-25 可变进气系统的结构示例(二)

善混合气形成和提高火焰传播速度；发动机高速、高负荷时，主、副进气门同时开启，以通过增大有效流通截面积来获得高的充气效率。

（2）增压可用废气能量的调节　对于增压发动机，应尽量保证废气涡轮增压器有合适数量的可用废气能量，过多或过少均不利于发动机性能的提高。高负荷下希望有较多的废气能量可利用，此时应适当提高涡轮进口前压力；低负荷下可减少可利用的废气能量，此时应尽量减小涡轮进口前压力；过高转速下还要避免可利用的废气能量过多。

（3）废气再循环的调节　主要为了控制发动机氮氧化合物的有害排放的生成，在发动机不同的工况下，燃烧过程可能需要适量废气的参与，从而降低缸内燃烧的最高温度。参与下一工作循环的废气的多少可以通过废气再循环阀来调节。

阅读材料

一种电磁驱动配气机构的研究

为了获得最优的发动机性能，应实现发动机进、排气门开启和关闭时刻、升程及其运动规律随发动机工况（转速和负荷）独立的、连续可变的、实时的优化调节，而要完全满足这一要求，只有以新的配气机构取代常规发动机中的凸轮驱动的配气机构，实现彻底摆脱凸轮外廓曲线的束缚。

应用电磁驱动配气机构取代常规发动机中的凸轮驱动的配气机构，具有较高的技术难度，电磁驱动配气机构需要满足下述基本要求：

1）电磁驱动配气机构必须满足给定的最大气门升程，同时应具备气门升程的可调节功能。由于电磁驱动配气机构可以更迅速地开启和关闭，与使用传统凸轮驱动配气机构的发动机相比较，其最大气门升程可略低。

2）电磁驱动配气机构不仅必须满足开启、关闭时刻的可控性，而且还应有良好的动态响应性，保证发动机的正常工作。

根据发动机最高转速 n_{max} 及此时的进气/排气持续角 $\Delta\varphi_V$，可以求得最大气门开启/关闭时间 t_V，即

$$t_V = \frac{60 \times 10^3}{n_{max}} \frac{\Delta\varphi_V}{360} \times \frac{1}{2} = \frac{\Delta\varphi_V}{12n_{max}} \times 10^3 \text{ （ms）}$$

例如，对应发动机最高转速 n_{max} 为 6000r/min，进气/排气持续角 $\Delta\varphi_V$ 为 288°CA，最大气门开启/关闭时间为 4.0ms。即在 4.0ms 之内，气门必须完成从完全关闭到完全开启，或从完全开启到完全关闭的过程。当气门开启/关闭时间大于 4.0ms 时，气门不能达到其最大升程。

3）必须将气门落座速度控制在一定的范围之内，过高的气门落座速度可能引起气门反跳、过大的振动噪声以及零部件的疲劳破坏等。一般认为，允许的最大气门落座速度为 0.1~0.3m/s。

4）电磁驱动配气机构要安装在气缸盖上的有限空间内，不能与火花塞、喷油器等有干涉，对体积的限制十分严格。

5）电磁驱动配气机构的低驱动功耗也十分重要。驱动功耗的大小不仅影响发动机的

经济性，而且过高的功耗还会带来执行器发热问题，影响机构的正常工作。

6）为保证安全，在断电条件下应该恢复气门的关闭状态或不与位于上止点的活塞相干涉，以避免活塞顶部与气门的碰撞。

7）排气门开启时，执行器应具有克服缸内的气体压力的驱动能力。例如，若排气门直径为29mm，排气门开启时缸内压力为0.5MPa，则作用在排气门背面的作用力为330N。这一要求使得电磁驱动在排气门上应用较在进气门上应用更为困难。

8）电磁驱动配气机构还必须具备高可靠性、良好的抗电磁干扰性能等。

一种应用动圈式电磁直线执行器的技术方案如图6-26所示。气门和线圈相连接，处在气隙磁场中的线圈通电后受到沿轴向方向的洛伦兹力，通过控制电流的大小和方向可实现对气门运动规律的控制。在动圈式电磁直线执行器的设计中，通过永磁体的特殊排列方式和几何参数优化，有效地增强了气隙内的磁通密度，提高了执行器的性能。

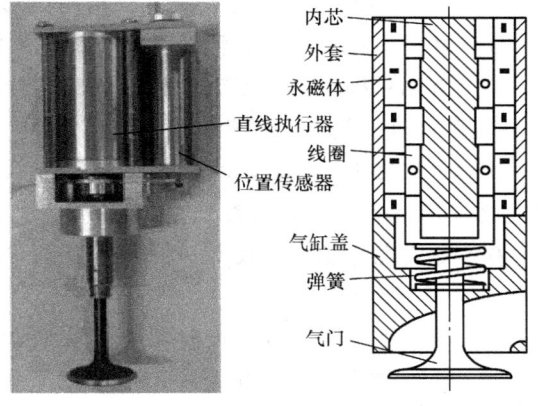

图6-26 电磁驱动配气机构

测试表明（见图6-27）电磁驱动配气机构已能够根据发动机具体工况的需求，实现发动机进、排气门开启/关闭时刻以及升程独立的、连续可变的、实时的调节。

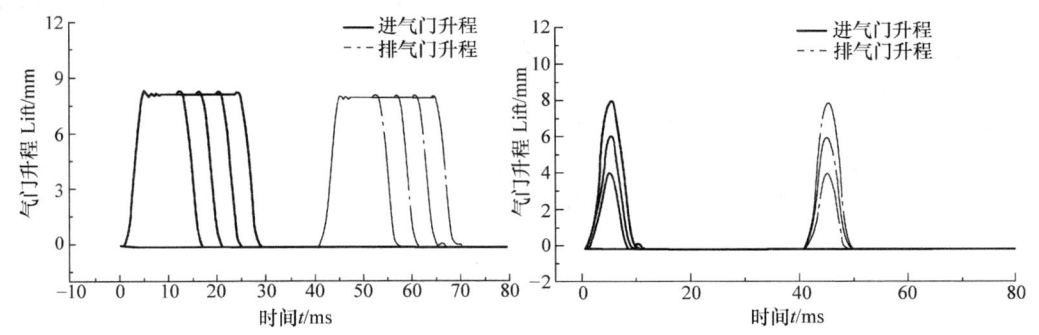

图6-27 不同气门开启持续期、不同气门开启最大升程下的实测气门升程曲线

1）每一气缸的两个进气门或两个排气门可以先后开启/关闭，或一开一关，或同时开启，每一气门独立控制。

2）每一进气门/排气门的开启时刻、关闭时刻可独立控制，在一个工作循环内可实现一次或多次开启。

3）每一气门的实际最大升程可在0至理论最大升程（测试样件为8mm）之间连续可调，并可保持稳定。

4）每一气门0至实际最大升程的开启/关闭过渡时间连续可调，当实际最大升程为理论最大升程时，过渡时间可达到3.5ms以内。

电磁驱动配气机构提供了更大的设计与控制的自由度与优化空间，有着提高发动机动力性以及节能环保性能的巨大潜力，显现出良好的应用前景。电磁驱动配气机构的主要优势包括：

1）可消除或基本消除汽油机部分负荷工况下的泵气损失，有利于显著提高部分负荷工况下的经济性。

2）工质运动可控性以及燃烧室布置自由度增大，有利于改善混合气形成和燃烧。例如：在低速低负荷工况下可采用单进气门工作模式；气门开启运动规律调节的灵活性；满足 CAI/HCCI 等对可变配气机构的迫切的需求；

3）可提高充气效率，特别是中、低速工况，从而提升发动机低速转矩性能。

4）简化机械结构，去除了凸轮轴及其传动部件、节气门等，调节发动机负荷的功能也由电磁驱动配气机构取代节气门来完成。

5）通过优化配气定时减少残余废气，从而提高发动机怠速稳定性，或根据需要实现废气再循环，从而控制有害排放。

6）可实现智能停缸技术，提高部分工作气缸的负荷率和有效压缩比，有利于提高发动机部分负荷经济性。

7）应用于混合动力车中的发动机是按 Atkinson 循环原理工作的，而电磁驱动配气机构可以相对简便地实现 Atkinson 循环，非常适合应用于混合动力车辆中的发动机。

习题与思考题

1. 换气过程应如何评价？说明评价参数的定义。
2. 分析充气效率随汽油机工况（转速、负荷）变化而变化的规律并画图说明。在采用可变技术时，说明当转速变化时应如何相应地调整进气迟闭角、排气提前角的大小并简述理由。
3. 换气损失和泵气损失分别是如何定义的？
4. 试分析发动机进、排气门提前开启和迟后关闭的原因。其数值的大小与哪些因素有关？
5. 分析从"将废气尽可能地清除干净"到"废气再循环"的原因。
6. 构思应用电磁驱动配气机构提高发动机性能的方案。

第七章

发动机的特性

当发动机工况（转速、负荷等）为适应需要而变化时，其性能（包括动力性能、经济性能和环保性能等）也随之而变化，因此，评价、选用以及匹配发动机时就必须考察它在各种工况下的性能，才能全面判断它能否满足要求，对于工况在很大范围内变化的车用发动机尤其应是如此。

发动机的特性是指发动机性能参数随运转工况或参数调整而变化的规律。前者又可称为性能特性，包括万有特性、负荷特性和速度特性等，也是本章的讨论重点；而后者可称为调整特性，用于发动机的试制、改进或维修等场合，例如前面提及的汽油机点火提前角调整特性等。

节能减排的迫切需求是汽车发动机技术不断改进的推动力。近年来，通过提高发动机（特别是汽油机）工作的负荷率来提高其性能成为一种发展趋势，小排量化（Downsizing）与降低转速（Downspeeding）、停缸（Cylinder Deactivation）控制技术等已得到越来越多的应用。

第一节 发动机工况

一、发动机的稳定工况与过渡工况

发动机的运转工况（简称工况）通常是指发动机的转速 n 与负荷。发动机的负荷可以用有效功率 P_e、有效转矩 T_{tq} 或有效平均压力 p_{me} 等多种参数来表示。有效功率 P_e、有效转矩 T_{tq} 或有效平均压力 p_{me} 存在着下列关系

$$P_e/n \propto T_{tq} \propto p_{me} \tag{7-1}$$

如果以发动机转速 n 为横坐标，有效转矩 T_{tq} 为纵坐标作图，则图中的任意一点就对应着一个确定的发动机转速 n 和有效转矩 T_{tq}，代表了发动机的一个稳定工况。

发动机基本的动力学方程式为

$$(J_E + J_R)\dot\omega_E = T_{tq} - T_R \tag{7-2}$$

式中，J_E 和 J_R 分别表示发动机与负载的转动惯量；T_{tq} 和 T_R 分别表示发动机有效转矩与负载阻力矩；ω_E 表示发动机的角速度，故 $\dot\omega_E$ 表示发动机的角加速度。

当发动机输出的有效转矩 T_{tq} 与负载的阻力矩 T_R 相等，或发动机输出的有效功率与负载消耗的功率相等时，发动机才会工作在稳定工况下，即根据式（7-2），此时发动机的角加速度 $\dot\omega_E$ 为零；否则，发动机将工作在过渡工况下。过渡工况即不稳定工况，也可看成是发动机从一个稳定工况转变到另一个稳定工况的中间过程。若发动机输出的有效转矩 T_{tq} 大于负载的阻力矩 T_R，有效转矩的多余部分会用于提高发动机运动件的动能使发动机的转速上升，随着发动机转速的上升通常阻力矩又会增加，直至达到一个新的平衡点。若及时下调发动机的有效转矩 T_{tq}，也有可能使发动机保持在原转速上。

稳定工作必须满足发动机输出的有效转矩与负载的阻力矩相等的条件，这一关系可用图 7-1 来说明。曲线 T_{tq1} 和 T_{tq2} 分别表示发动机在不同的循环供油量下的有效转矩，而曲线 T_{R1} 和 T_{R2} 分别为不同的阻力矩。设发动机原稳定工作在 A 点，即 T_{tq1} 和 T_{R1} 的交点。若此时阻力矩增加，从原来的曲线 T_{R1} 变化到曲线 T_{R2}，则发动机的稳定工况点就会发生变动。一种情况是发动机的循环供油量不变，此时，发动机的转速下降直至 T_{tq1} 和 T_{R2} 的交点 B 点，发动机有

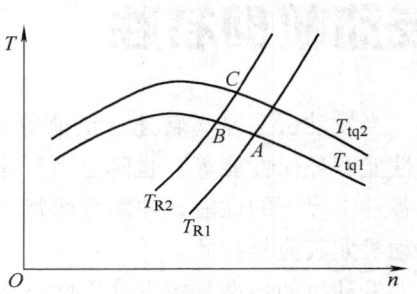

图 7-1 发动机的稳定工况

效转矩与负载阻力矩达到新的平衡；另一种情况是增加循环供油量，使发动机有效转矩变化到曲线 T_{tq2}，这时，发动机有效转矩与负载阻力矩将在 T_{tq2} 和 T_{R2} 的交点 C 点达到新的平衡并稳定工作。

汽车发动机工作在过渡工况下的时间要多于工作在稳定工况下的时间，而过渡工况下的发动机性能通常要略低于稳定工况下的发动机性能。随着测试技术的发展，过渡工况下的发动机性能动态测试也得到了发展，但目前应用还不太广泛，主要集中在有害排放物的测试、电控系统匹配等方面。本章所讨论的发动机特性均是在稳定工况下测定的。

广义的发动机工况还应包括不同的冷却液与润滑油温度、环境状态参数等影响发动机特性的因素。在测取各类发动机特性时，都应将冷却液温度、润滑油温度等调整在最佳状态并保持不变，同时应根据测试时的环境状态参数的不同对测得的性能参数进行修正。

二、发动机的三类典型工况

发动机始终工作在一个恒定工况下的情况是极少的，一般情况下工况会按一定规律或带有一定随机性地变化。根据发动机的用途，大致可分为以下三类典型工况。

第一类：恒速工况，如图 7-2 中的曲线 1 所示。在发动机输出不同的有效功率下，转

速保持不变，即

$$n = \text{Const} \tag{7-3}$$

例如，发动机带动交流发电机工作时，为保证频率的稳定性，要求转速不变，有效功率则随交流发电机负荷大小，可在空载到最大负荷的范围内变化。此外，拖拉机柴油机为保证耕作质量，常在选定的某一转速下工作，由于生产率需要，使用的负荷也较高，因土壤组织不均匀等使牵引阻力有一定波动，柴油机运转也接近恒速工况。

第二类：螺旋桨工况，如图7-2中的曲线2所示。发动机有效功率与转速成一定函数关系，即

$$P_e = Kn^N \tag{7-4}$$

式中，K 和 N 为常数。

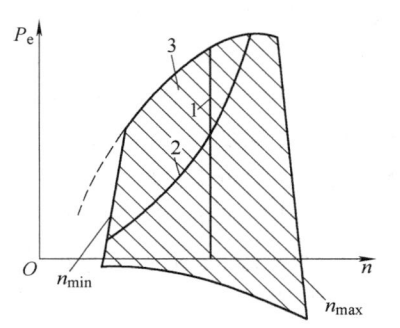

图7-2 发动机的典型工况与工作范围
1—恒速工况 2—螺旋桨工况 3—车用工况

驱动螺旋桨工作的船用发动机即属此类工况。对于低速排水型船，$N \approx 3$。

第三类：车用工况，如图7-2中区域3所示。发动机有效功率和转速都独立地在很大范围内变化，它们之间不存在特定的关系。用于驱动汽车等陆上运输车辆的发动机，都工作在此类工况下。图7-2中阴影线部分表示了汽车发动机运行工况的范围。

汽车发动机的转速与车速以及对应的变速系统传动比有关，在传动比不变的情况下发动机转速与车速成正比关系。而在车速不变的条件下，通过调节变速系统传动比，可以使发动机工作在不同的转速下。发动机输出的有效功率的大小，则主要与驾驶人的主观意图以及实际的行驶阻力（包括滚动阻力、空气阻力、坡度阻力和加速阻力）相关。

车用工况也并不是完全无规律可循的，按其使用特征又可大致分为两类：市内交通工况和高速公路工况。

市内交通工况的使用特征是车辆频繁地起动、加速、制动减速和停车，车辆很少在大负荷下以高车速行驶。车速相对低导致发动机经常在部分负荷和中、低速以及怠速工况下工作，发动机工作在高速、满负荷工况下的情况极少。

高速公路工况的使用特征是车辆较为稳定地高速行驶而较少制动减速，这使发动机大部分时间工作在中、高负荷和中、高转速的区域内。

图7-2中左侧线为发动机最低转速 n_{min} 的限制线。转速过低，受到最小喷油量等因素的影响并可能导致转速波动过大，发动机无法稳定工作。

图7-2中右侧线为发动机最高转速 n_{max} 的限制线。转速过高，整个工作循环需要在更短的时间内完成，难以保证较好的发动机性能。由于换气过程中的流动阻力增加等使充气效率 η_v 明显下降；由于运动零部件的惯性力增加、摩擦加剧等使机械效率 η_m 明显下降；由于燃烧过程恶化等使指示效率 η_i 明显下降。总而言之，充气效率 η_v、机械效率 η_m 和指示效率 η_i 在高转速下的急剧降低限制了发动机转速的进一步提高。

汽车发动机工作范围中上部的限制为不同转速下发动机所能发出的最高功率。此时发动机的循环喷油量达到最大值。由于必须保证燃烧的完全以及排放指标等而需要保证一定的过量空气系数，因而发动机的循环喷油量受到进气量的限制。

常规发动机的最低负荷应为零,即发动机在空载下运转。在汽车发动机实际运行中,有可能出现利用发动机来制动的情况。当需要发动机制动时,如汽车下长坡的场合,发动机是作为负载由汽车底盘倒拖运转的,这就是汽车发动机工作范围中下部的极限,实际上这也就是发动机在不同转速下的机械损失功率。

当发动机工况为适应需求而变化时,其性能(包括动力性、经济性、有害排放水平等)也随之而变化,因此,评价和选用发动机时就必须考察它在各种工况下的性能,才能全面判断它能否满足要求,对于工况在很大范围内变化的汽车发动机尤其是这样。为了更全面地反映发动机在不同工况下的性能,在发动机性能测试中通常采用相关标准中的典型工况,这类工况是通过大量统计数据分析得出的多工况的组合。自 20 世纪 70 年代起,各国为了能使所测定的汽车经济性能和环保性能更符合实际情况,同时也便于相互比较和制定统一的标准,在调研、统计汽车各种不同的典型使用工况的基础上,制定了各种试验规范(Test Mode 或 Test Cycle)。例如欧洲的 ECE-15 和 EUDC 试验规范,ECE-15 为图 7-3 所示的 15 个工况连续运行 4 个循环的试验方法,主要模拟市内交通工况;而 EUDC 为车速较高的城市外行驶循环,如图 7-4 所示。此外,还有如图 7-5 所示的美国的 FTP-75(为美国乘用车和轻型货车的排放标准所规定的测试工况)和日本的 10-15 工况试验规范(见图 7-6)等。

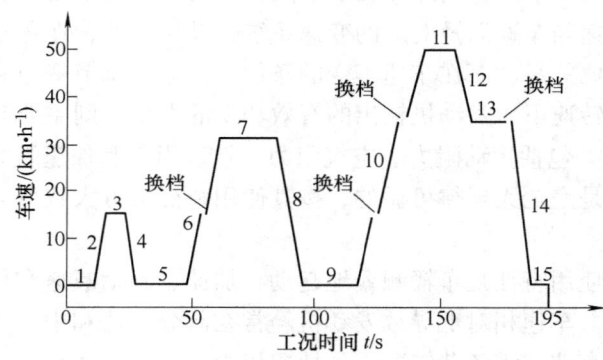

图 7-3 欧洲 ECE-15 试验规范

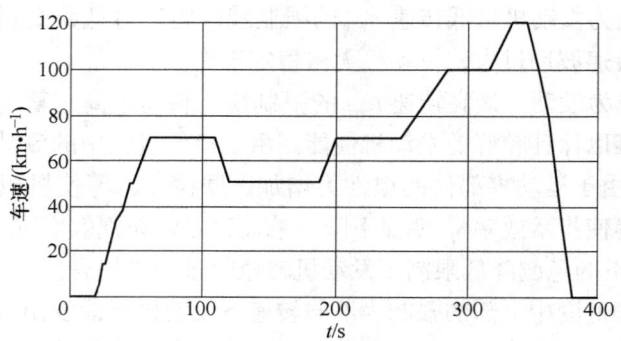

图 7-4 欧洲 EUDC 试验规范

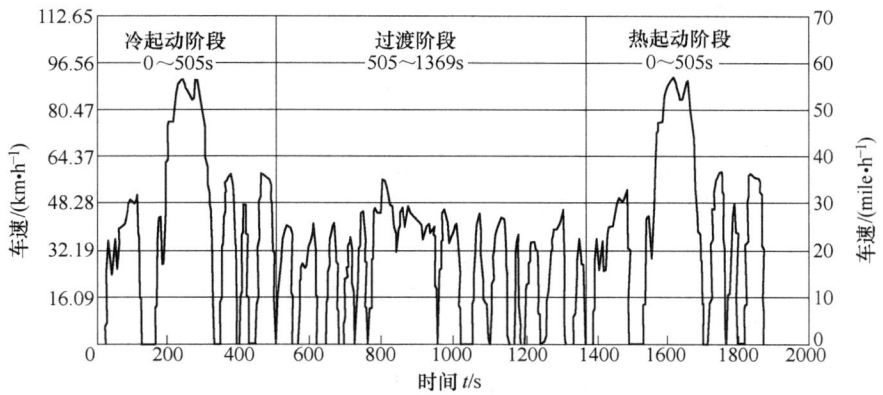

图 7-5 美国 FTP-75 试验规范
注：1mile = 1609.344m

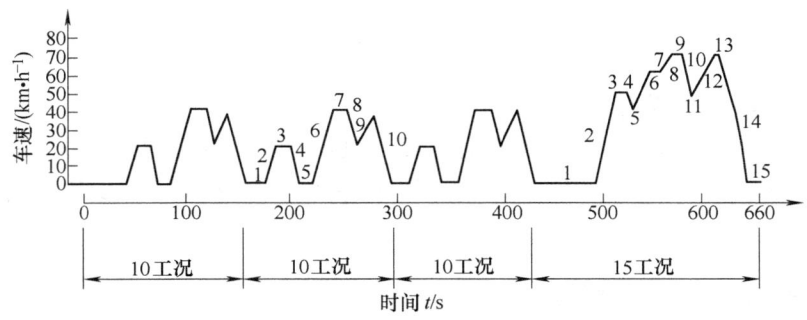

图 7-6 日本的 10-15 工况试验规范

三、用于分析发动机特性的关系式

在前面分析发动机工作过程中，我们分别讨论了与发动机工作过程相关的重要参数（如充气效率 η_v、过量空气系数 α、机械效率 η_m 和指示效率 η_i 等）随发动机工况变化的规律。

而发动机输出的有效指标通常用平均有效压力 p_{me}、有效转矩 T_{tq}、有效功率 P_e、有效燃油消耗率 b_e 以及有效热效率 η_e 等表示。这些表征发动机整机动力性与经济性的有效指标参数与发动机工作过程参数的关系可以推导如下。

每循环加热量 Q（kJ）为

$$Q = \frac{\eta_v V_s \rho_0 h_\mu}{\alpha L_0}$$

式中，η_v 为充气效率；ρ_0 为大气状态下的空气密度（kg/m³）；V_s 为工作容积（m³）；α 为过量空气系数；h_μ 为燃料低热值；L_0 为理论空气量（kg/kg）。

根据平均有效压力 p_{me}（kPa）的定义

$$p_{me} = \frac{W_e}{V_s} = \frac{\eta_e Q}{V_s}$$

式中，W_e 为每循环的有效功（kJ）；η_e 为有效热效率。

$$p_{me} = \frac{\eta_e \eta_v \rho_0 h_\mu}{\alpha L_0} = \frac{h_\mu}{L_0}\rho_0 \frac{\eta_i}{\alpha}\eta_m \eta_v = K\frac{\eta_i}{\alpha}\eta_m \eta_v$$

式中，η_i 为指示热效率；η_m 为机械效率；K 为比例常数。

根据式（2-23）、式（2-25）和式（2-30），有

$$P_e = \frac{p_{me} V_s ni}{120} = K_1 \frac{\eta_v}{\alpha}\eta_i \eta_m n \tag{7-5}$$

$$T_{tq} = \frac{i p_{me} V_s}{0.00314\,\tau} = K_2 \frac{\eta_v}{\alpha}\eta_i \eta_m \tag{7-6}$$

$$b_e = \frac{3.6}{\eta_e h_\mu} \times 10^6 = K_3 \frac{1}{\eta_i \eta_m} \tag{7-7}$$

$$B = b_e P_e = K_4 \frac{\eta_v}{\alpha} n \tag{7-8}$$

式中，K_1、K_2、K_3、K_4 为比例常数。

上述公式建立了发动机重要性能指标与工作过程主要参数之间的联系，具有十分重要的意义。要了解 p_{me}、T_{tq}、P_e、b_e、B 等发动机主要性能参数随工况变化的情况，就必须分析 η_v、η_m、η_i、α 随工况的变化。

四、功率标定与大气修正

1. 功率标定

标定功率（又称为额定功率），是指由制造企业标定的，发动机在一定的环境条件下所能发出的功率值。这里的功率，均是指有效功率。

发动机的功率标定一方面应考虑发动机自身的能力，保证其正常工作的可靠性和寿命，另一方面更要考虑发动机的实际用途和使用特点。同一发动机，额定功率的使用时间越短和频率越低，则可标定得越高。

2. 大气修正

大气状况是指发动机运行地点的环境大气压力、大气温度和相对湿度。当大气压力降低、大气温度升高和相对湿度增大时，吸入气缸的干空气量都要降低，所以发动机所能发出的有效功率会减少，其他参数也会变化。因而从制造和使用两方面来考虑，都需要规定一个标准进气状态并对大气状况对发动机运行产生的影响进行修正。从制造方面来考虑，为了使功率标定不至于混乱，产品质量有统一的检验标准，同时也为了比较和选用发动机方便，需要规定一种标准大气状况，并且还应有一种办法，把在不同大气状况下试验所得的结果，换算成标准大气状况下的数值。而从使用方面来考虑，同一台发动机由于在不同大气状况下使用，其性能差别很大。例如在高原地区和高温湿热地区，发动机不能按正常所能发出的有效功率工作，必须降低功率使用，否则必然造成发动机的损坏。

汽车发动机的标准进气状态规定为：进气温度为298K（25℃）；进气压力为100kPa

(其中：干空气分压99kPa，水蒸气分压1kPa，此时相应的相对湿度为30%）。此外，还规定了增压中冷介质温度为298K（25℃）。

当发动机运行时偏离了标准进气状态，则可按照相关标准对其功率等进行修正。

如表7-1所示，应对加速踏板全开时的实测有效转矩、有效功率、柴油机全负荷燃油消耗率及气缸压缩压力进行校正。表中的不带"0"下标的参数为实测值，带"0"下标的参数为校正值。α_a为校正系数，按下式计算。

表7-1 发动机的大气校正

校正项目	汽油机	柴油机
加速踏板全开时的有效转矩 T_{tq0}	$\alpha_a T_{tq}$	$\alpha_a T_{tq}$
加速踏板全开时的有效功率 P_{e0}	$\alpha_a P_e$	$\alpha_a P_e$
全负荷燃油消耗率 b_{e0}	不校正	$100\dfrac{B}{p_{e0}}$
气缸压缩压力 p_{c0}	$\dfrac{100}{p}p_c$	$\dfrac{100}{p}p_c$

汽油机校正系数　　　$\alpha_a = \left(\dfrac{99}{p_s}\right)^{1.2}\left(\dfrac{T}{298}\right)^{0.6}$　（适用范围为$\alpha_a = 0.93 \sim 1.07$）

式中，p_s和T分别为现场环境状态下的进气干空气压（kPa）和温度（K）。

柴油机校正系数　　　$\alpha_a = F_a^{fm}$　（适用范围为$\alpha_a = 0.9 \sim 1.1$）

式中，F_a和fm分别为进气因数和柴油机特性指数，按下式计算。

对自然吸气及机械增压柴油机，进气因数为　　$F_a = \left(\dfrac{99}{p_s}\right)\left(\dfrac{T}{298}\right)^{0.7}$

对废气涡轮增压柴油机，进气因数为　　$F_a = \left(\dfrac{99}{p_s}\right)^{0.7}\left(\dfrac{T}{298}\right)^{1.5}$

柴油机特性指数为　　　$fm = 0.036\dfrac{q}{r} - 1.14$

式中，r为增压比，即压气机出口压力p_o与进口压力p_i的比值，自然吸气柴油机r为1。

而q为柴油机每工作循环每升排量所供给的燃油质量，q在40~65（mg/L循环）范围内时，按下式计算

$$q = 33333\dfrac{B}{V_h n}　（mg/L循环）$$

而当q大于65（mg/L循环）时，令$fm = 1.2$；当q小于40（mg/L循环）时，令$fm = 0.3$。

第二节　发动机的万有特性

一、基本概念

汽车发动机的工况变化范围很广，能够反映发动机各种主要性能参数间相互关系的综合特性称为万有特性。应用最广的万有特性是以转速（或角速度）为横坐标，以平均有效

压力（或转矩）为纵坐标，在图上绘出各类参数的等值线。等值线主要包括：等有效燃油消耗率 b_e 曲线，等有效功率 P_e 曲线，以及各种有害排放物的排放量等值线（参见图3-32和图4-34）等，根据需要还可以绘出等节气门开度曲线，等过量空气系数曲线、等进气管真空度曲线等。

万有特性图中的任一个点，都代表着发动机的一个工况，从万有特性图中我们就可以获得发动机任一工况的主要性能参数。作为示例，图7-7 和图7-8 分别给出了汽油机的万有特性和柴油机的万有特性。

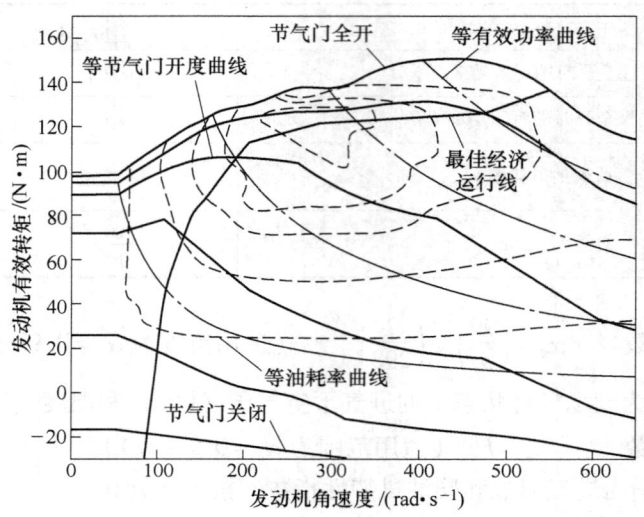

图7-7　汽油机的万有特性

要想获得准确的万有特性曲线图，必须在测试中尽可能地保持发动机冷却液温度和油温等条件的稳定。其中等功率曲线的绘制不需要进行任何测试，而是根据 $P_e = K p_{me} n$ 或 $P_e = K T_{tq} n$（K 是比例常数）公式绘出的，在万有特性图中 P_e 是一组双曲线。

二、分析与应用

从万有特性的等燃油消耗率曲线的分布可以分析发动机经济性的变化特征。在万有特性图中，最内层的等有效燃油消耗率曲线

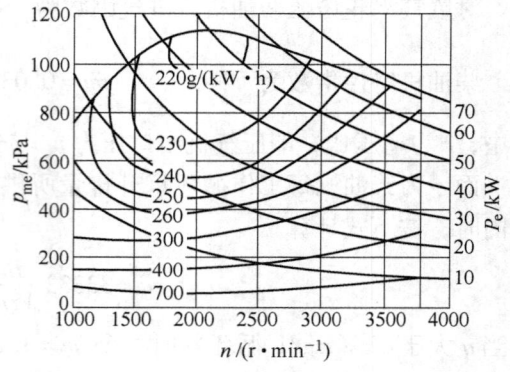

图7-8　柴油机的万有特性

是最经济的区域，燃油消耗率 b_e 最低。曲线越向外，经济性越差，从中很容易找出经济性最好的负荷和转速。一般而言，发动机经济性最好的运行区域在中等转速和较高负荷的工况。若等燃油消耗率曲线的区域形状为横向较长，表示发动机经济性对转速变化不太敏感，若等燃油消耗率曲线的区域形状为纵向较长，表示发动机经济性对负荷变化不太敏感。等燃油消耗率曲线间隔较稀的区域，发动机经济性的变化较为平缓；而等燃油消耗率

曲线间隔较密的区域发动机经济性的变化较为剧烈。

将不同的等功率曲线上燃油消耗率最低点连接起来，就可以得到发动机的最佳经济运行线（见图7-8）。在采用自动变速器的车辆中，若车辆选择了经济模式运行，则自动变速器将自动调节传动比，使发动机的运行工况位于最佳经济运行线上或尽量靠近最佳经济运行线，以获得最佳的节能效果。

万有特性中的高速低负荷区域（右下角部分）由于经济性较差而在汽车发动机中基本不用。通常可通过变速系统的作用将工作点沿等功率线移向万有特性中的低速高负荷区域（左上角部分），以提高发动机的经济性。

万有特性是发动机中应用最为广泛的特性。不仅用于性能匹配，而且在进行汽车性能仿真计算或理论研究时，也是不可缺少的基本技术资料。

在发动机与变速器以及汽车底盘匹配时，通常将其运行点、曲线或区域绘制在万有特性上，用以判断其匹配的恰当与否，并做出合适的参数调整等，希望汽车发动机的常用工况应位于经济性较好的运行区域内。

不同的发动机或汽车的用途对发动机万有特性的要求也有所不同。例如同样是大客车，用于市内公交时要求万有特性的经济区域位于中低转速和中低负荷部分，即偏于万有特性的左下部分；而用于城市间高速公路客运时，则要求万有特性的经济区域位于中等转速和较高负荷部分，即位于万有特性的中部偏上部分。

图7-9所示为一1.5L汽油机与一整车质量为1200kg的乘用车匹配，在按照某一规定的市内交通工况运行时的情况。图中也绘出了汽车行驶阻力曲线（直接档）。发动机基本上运行在中、低转速下，而大部分工况下负荷率不高，因而经济性也不能令人满意。这一方面与所规定的工况特征有关，另一方面也有可能通过进一步的改善匹配来提高汽车性能。

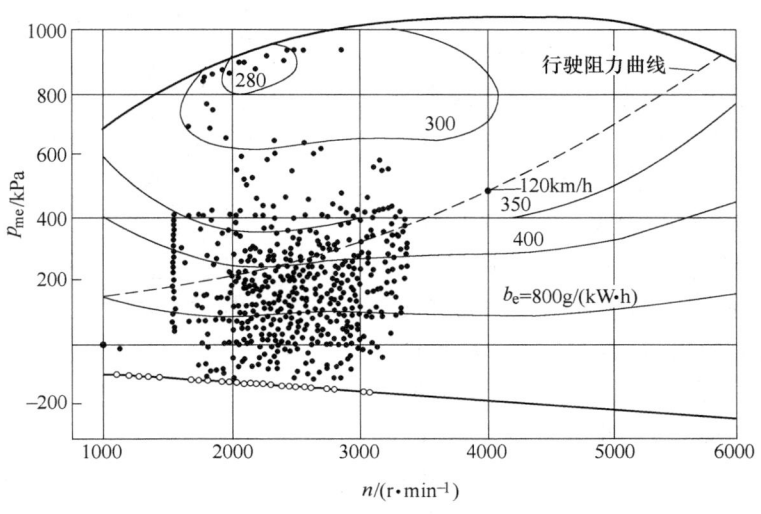

图7-9 汽油机万有特性与汽车运行工况

第三节 发动机负荷特性与速度特性

一、发动机负荷特性

1. 基本概念

发动机负荷特性是指发动机转速不变,其性能指标随负荷变化而变化的关系,以曲线表示,称为负荷特性曲线。当汽车以一定的车速沿阻力变化的道路行驶而变速器传动比不变时,发动机的运行类似这种情况。此时必须调整发动机输出的有效转矩,以适应外界阻力矩的变化,保持发动机转速不变。

因为转速不变,因此负荷特性的横坐标,即负荷,可用有效功率 P_e、有效转矩 T_{tq} 或平均有效压力 p_{me} 来表示。负荷特性图上所绘制的曲线主要是有效燃油消耗率 b_e,根据需要还可以绘出每小时耗油量 B、排气温度 t_r 等曲线。

一般发动机只测试标定转速下的负荷特性,对于汽车发动机,由于工作时转速经常变化,需要测定不同转速下的负荷特性。由于负荷特性较易测定,在发动机性能调试过程中,如改进气道、燃烧室结构等以及调整燃油喷射系统等,常用负荷特性作为比较的标准。

2. 变化规律

(1) 汽油机的负荷特性 图 7-10 所示为汽油机负荷特性实例。有效燃油消耗率曲线是负荷特性中最主要的曲线,由负荷特性可以看出:有效燃油消耗率 b_e 随负荷的增加而降低,一般在接近全负荷(常在 80% 负荷率左右)时 b_e 达到最小值,随后又有较缓慢地上升。

由 $b_e = K/\eta_i\eta_m$ 可知,有效燃油消耗率 b_e 的变化取决于机械效率 η_m 和指示效率 η_i 的变化。汽油机的机械效率 η_m 和指示效率 η_i 随负荷变化的趋势如图 7-11 所示。

发动机空转时负荷为零,其指示功率完全消耗在内部损失上,即 $P_i = P_m$,则机械效率 η_m 也为零,此时有效燃油消耗率 b_e 趋近于无穷大。逐渐增大节气门开度,由于 η_i、η_m 同时上升,b_e 迅速下降。随着负荷增加,节气门的开度增大,这使得气缸内残余废气量相对减少,燃烧速度增加,而且由于相对热损失减少及燃油雾化条件改善,均使 η_i 增大。节气门的开度增大使泵气损失有所减小,而同时指示功率 P_i 随负荷成比例加大,因而使 $\eta_m = 1 - (P_m/P_i)$ 也较快地增加。当节气门开度增至全开度的 80% 左右时,为了保

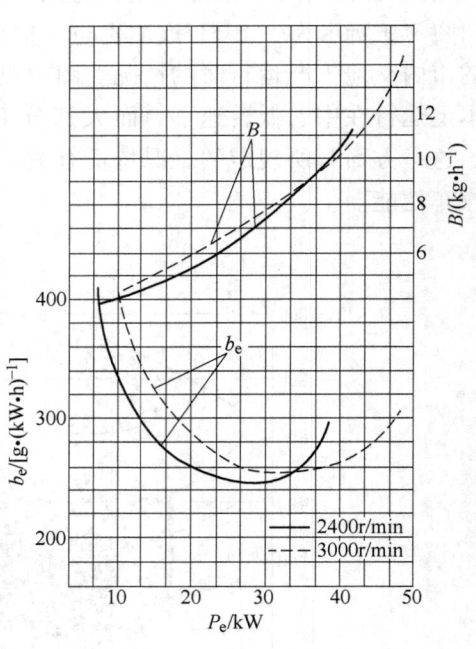

图 7-10 汽油机负荷特性实例

证最大功率而需要供给过量空气系数小于 1 的浓混合气，造成燃烧不完全，η_i 下降，使 b_e 又重新上升。

当汽油机转速一定时，每小时耗油量 B 主要决定于节气门开度和混合气成分。节气门开度由小逐渐加大时，充入气缸的混合气量逐渐增多，B 也随之增加，直至混合气成分变浓后，B 上升更快一些（图中曲线变陡）。

（2）柴油机的负荷特性 当柴油机保持某一转速不变，而改变每循环供油量 Δb 时，B、b_e 随 P_e（或 T_{tq}、p_{me}）变化的关系即为柴油机负荷特性。测试时，应将柴油机的喷油提前角、冷却液温度、润滑油温度等调整到最佳状态进行。图 7-12 所示为柴油机负荷特性实例。可见柴油机的负荷特性与汽油机的负荷特性的曲线变化趋势是基本相同的，但一般柴油机的 b_e 曲线变化与汽油机相比较为平缓，这意味着在部分负荷下柴油机有着更好的经济性，这对车用发动机来说是较为理想的。比较两种发动机的最低燃油消耗率 b_{emin}，显然也是柴油机较低。

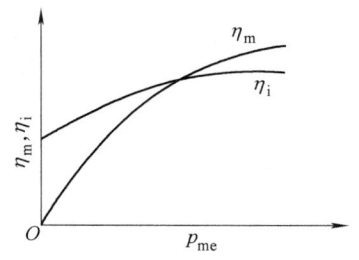

图 7-11 汽油机中 η_i、η_m 随负荷变化的趋势

上面已提及 b_e 的变化决定于 η_m 和 η_i。柴油机 η_m 和 η_i 随负荷变化的趋势如图 7-13 所示。

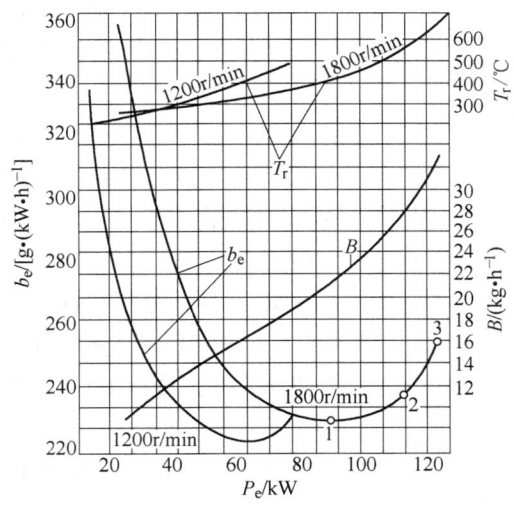

图 7-12 柴油机负荷特性实例

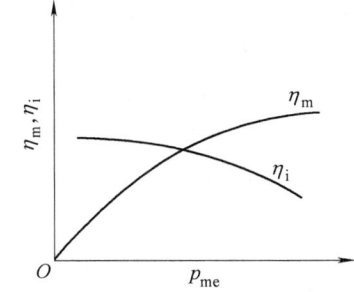

图 7-13 柴油机中 η_i、η_m 随负荷变化的趋势

柴油机中同样在负荷为零时机械效率 η_m 也为零，机械效率 η_m 随着负荷增加而提高。但当转速一定而负荷增加时，机械损失功率 P_m 变化不大，在部分负荷时不存在因节气门开度较小而使泵气损失增大的问题。同时在部分负荷时空气充裕且喷油持续期较短，也有利于实现较为及时完全的燃烧。

随着负荷增加，循环供油量增加，过量空气系数 α 变小。超过一定负荷后，α 再减小就会引起燃烧完全程度下降，η_i 也会有较明显的降低。

当转速一定时，柴油机每小时耗油量 B 主要决定于每循环供油量 Δb。Δb 增加，B 随之增加，当负荷接近全负荷时，由于燃烧的恶化而使 B 上升更快一些。

当转速一定时，柴油机的排气温度 T_r 随负荷的上升而呈上升趋势（见图 7-12），相比较而言，汽油机的排气温度上升的趋势要平缓一些，这主要是由于过量空气系数变化不大的缘故。

3. 负荷特性的应用

负荷特性是发动机的基本特性之一，主要用以评价发动机工作的经济性。同一转速下的最低燃油消耗率 b_{emin} 越小，燃油消耗率曲线变化越平缓，则发动机经济性越好。对于常在部分负荷工作下的发动机，燃油消耗率曲线变化的平缓性较某一点的最低燃油消耗率显然具有更重要的意义。

在发动机与负载的匹配中，若对经济性有较高要求，则不宜装用功率相对过大的发动机，这样会使发动机工作在负荷率较低的区域内，经济性也会因此而受到影响。理想的情况是发动机常用工况位于最低燃油消耗率 b_{emin} 附近。

二、发动机速度特性

发动机速度特性是指发动机的节气门开度（汽油机）或循环喷油量调节机构（柴油机）保持不变时，其性能指标随转速而变化的关系，以曲线表示，称为速度特性曲线。速度特性的横坐标为发动机转速，速度特性上所绘制的曲线主要是发动机有效转矩 T_{tq}、有效功率 P_e，根据需要还可以绘出有效燃料消耗率 b_e 等曲线。进行速度特性测试前应先将点火提前角或喷油提前角等参数调整好，并在测试时保持冷却液温度、润滑油温度的稳定。

若将汽车加速踏板位置保持一定，由于道路阻力不同，汽车行驶速度也会改变，上坡时汽车速度逐渐降低，下坡时速度增加，这时发动机基本上就是沿速度特性工作的。特别应该指出的是，发动机沿速度特性工作，尽管其节气门开度或循环喷油量调节机构保持不变，但其发出的有效转矩 T_{tq} 和有效功率 P_e 等仍随着转速的变化而变化。

发动机的节气门开度或循环喷油量调节机构可在一定范围内变化，对于经常在部分负荷下工作的汽车发动机，为全面衡量其性能，一般可以作 90%、75%、50%、25% 的部分负荷速度特性或作万有特性。这里的百分比是指汽油机节气门开度或柴油机循环喷油量调节机构的相对位置。

作为示例，图 7-14 给出了一实测的汽油机速度特性，图中只绘出了有效转矩曲线，而图 7-15 给出了柴油机部分负荷速度特性，分别绘出了 90%、75% 和 55% 负荷三种情况的有效功率、有效转矩以及有效燃油消耗率等参数的变化曲线。

三、发动机外特性

发动机在全负荷运行时，其性能指标随转速而变化的关系称为发动机的外特性，又称为全负荷速度特性。外特性表示了发动机最高的动力性能，即在不同发动机转速下的最大动力输出，主要用以评价发动机工作的动力性，也是发动机最重要的特性之一。通常也将外特性中的 T_{tq} 或 p_{me} 曲线画在万有特性图上，构成发动机运行的上边界线。图 7-16 和

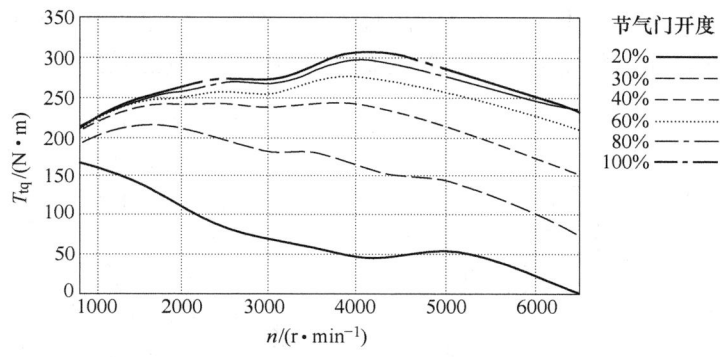

图 7-14 汽油机的速度特性

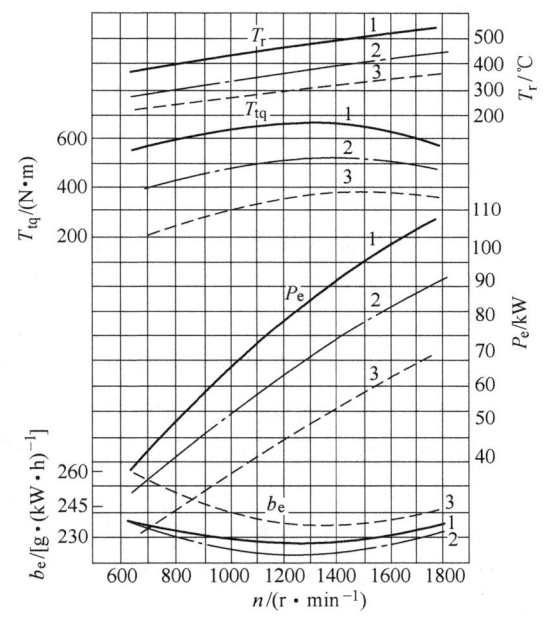

图 7-15 柴油机部分负荷速度特性
1—90%负荷 2—75%负荷 3—55%负荷

图 7-17 所示分别为汽油机和柴油机的外特性曲线。

外特性的横坐标为发动机转速,所绘制的曲线主要是发动机有效转矩 T_{tq}、有效功率 P_e,根据需要还可以绘出有效燃料消耗率 b_e 等曲线。在外特性曲线上可以得知最大有效功率及其相应的转速以及最大有效转矩及其相应的转速,最大有效功率和最大有效转矩较高显然意味着发动机的动力性较好。外特性的测试前应将点火提前角或喷油提前角等参数调整好,并在测试时保持冷却液温度、润滑油温度的稳定。

所谓的"全负荷运行",可以理解为在对应转速下的最大动力输出。对于传统的发动机是指汽油机节气门保持全开和柴油机喷油泵油量调节机构固定在标定功率循环供油量位置上不变的工况。但发动机技术的发展使得现在这一概念已不适用。汽油机运行时循环喷油量与节气门开度已不存在一一对应关系,而柴油机喷射系统中的高压油泵也不再具备油量调节的功能。现代发动机中，无论是汽油机还是柴油机，都是由发动机电控单元根据具体工况确定循环喷油量，控制电控喷油器完成这一循环喷油量的供给。

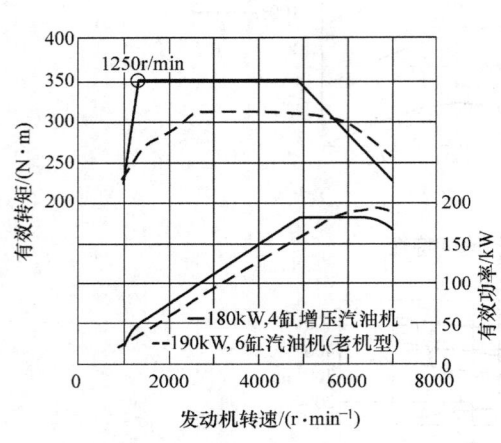

图 7-16 汽油机的外特性

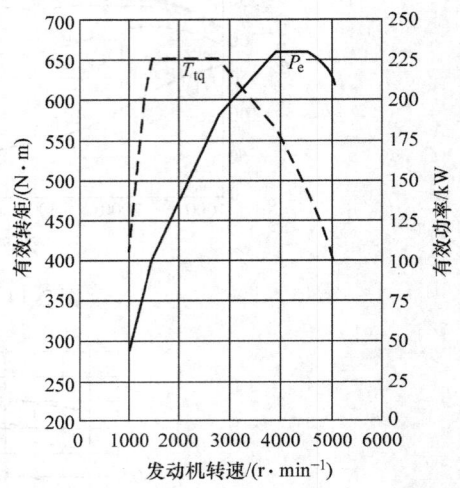

图 7-17 柴油机的外特性

从图 7-16 所示的汽油机外特性实例（BMW 公司的 4 缸 2.0L 增压直接喷射汽油机）可见，发动机电控技术以及自动变速技术的发展，使近年来发动机外特性有较大的形状变化，在有效转矩曲线中部大多出现水平线段，即不是一个转速下而是一个转速区域内发动机可以提供最大有效转矩，这一特性已与具有低速等转矩和高速等功率特点的电机特性有些相似，也为整车性能的改善提供了更大的设计与控制的自由度。

传统的发动机外特性有效转矩曲线呈现中间高，两端低，在中间某一转速下出现峰值的特点，图 7-17 中用虚线表示的老机型的特性曲线还可看出这一特点的痕迹。当转速由低速开始上升时，由于 η_v、η_i 上升，T_{tq} 有所增加，T_{tq} 达到最大值后转速继续提高，由于 η_m、η_v 同时下降，因此 T_{tq} 随转速升高而较快地下降，即 T_{tq} 曲线变化较陡。而有效功率正比于有效转矩和发动机转速的乘积，当转速从很低值增加时，由于 T_{tq} 和转速同时增加，有效功率迅速上升；直至转矩达最高点后，再继续提高转速，则 P_e 上升逐渐减缓，至某一转速后 $T_{tq}n$ 达最大值，P_e 也不能再增加；若转速再上升，由于 T_{tq} 的降低已超过转速上升的影响，所以功率 P_e 反而下降。

在外特性有效转矩曲线的低速端，要求尽可能地提供更高的有效转矩，特别是对于增压发动机。

从要求发动机转矩适应负载变化的能力来看，希望高速端的转矩曲线变化较陡峭，即要求发动机转矩随转速的降低而增加得较快且最大转矩所对应的转速较低。这样在车辆遇到像爬坡这样阻力突然增大的情况时，就需要发动机随车速降低而能输出更大的转矩，以克服爬坡阻力，从而可以减少换档次数。拖拉机负荷变化更大，任何土壤表面的起伏以及土壤组织的不均，都可能引起短期超负荷的情况，因此，要求发动机转矩有适应这种变化的能力。

现代的汽油机中有电控单元控制电子节气门和汽油喷射共同完成负荷调节，而柴油机中则有电控单元控制柴油喷射完成负荷调节,发动机电控单元具有了根据转矩需求而调节输出转矩的功能,而不再是仅仅依赖于发动机自身的适应负载变化的能力。

第四节 发动机选型及与车辆的匹配

一、概述

发动机是车辆的一个重要组成部分,是汽车动力的来源。因此,整车的动力性和经济性既取决于发动机自身的性能,又依赖于发动机与汽车的合理匹配。前面已经讨论的发动机各种特性,是分析发动机与车辆匹配的有效工具。

同样的汽车底盘,可以匹配不同类型以及不同排量的发动机。在发动机与车辆的匹配中,应根据具体的使用要求和特点以及发动机的特点进行选型,并在匹配中进行进一步的必要调整。

图7-18所示为2010年欧洲市场上匹配不同类型发动机(汽油机与柴油机)的乘用车整备质量与其燃油经济性关系的统计数据。一般而言,随着整备质量的增加,乘用车的百公里油耗也有上升的趋势,近似呈线性变化关系,整备质量增加200kg,百公里油耗增加接近1L。从图中也可以看到,匹配不同类型的发动机对乘用车燃油经济性的影响是十分明显的。在同样的车重下,以汽油机为动力的乘用车的百公里油耗要比柴油机的高约三分之一。

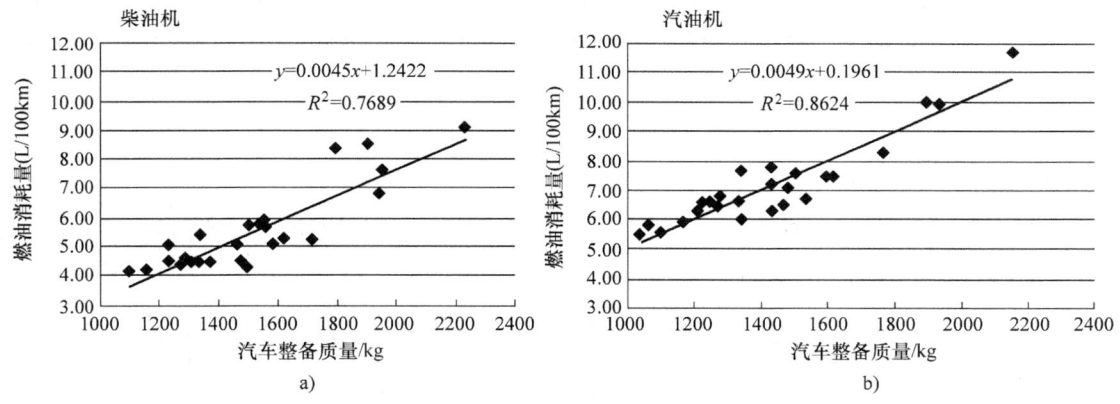

图7-18 不同发动机类型的乘用车整备质量与燃油经济性
a) 柴油机 b) 汽油机

在发动机与车辆的匹配中,始终存在着车辆动力性与经济性之间的矛盾。从匹配发动机的排量上来看,匹配的发动机排量越大,则动力性越好,而经济性则会变差;反之则经济性会提高,而在动力性方面则要做出一定程度的牺牲。

在匹配中,应分析发动机工作点的变化,尽量使发动机的常用工况位于经济性较好的运行区域内。在不能满足要求时可考虑对发动机进行必要调整。例如,通过调整发动机配气相位改变充气效率的变化规律,进而达到改变发动机特性的目的。

同时，在匹配中应具有全局、系统的观点，局部的最优并不一定表示着全局的最优。例如，发动机的一些附件驱动改为电驱动和电控后，并不一定使其经济性提高，因为若不做其他变动则意味着发动机负荷率的降低，可能会使发动机工作于经济性更差的运行区域。在匹配中，变速系统也起到十分重要的作用，这将在第八章中详细分析。

汽车发动机的工作环境复杂多变，同一类型的汽车在不同地区将面临道路、气候等条件的巨大差别。我国国土辽阔，地形复杂，不同的气候地理条件对汽车发动机提出了一些特殊的要求。例如在高原地区，希望采取增压等功率恢复的措施或匹配更大排量的发动机；寒冷地区需特别注意冷起动性能；而在气候炎热地区则要保证发动机有足够的冷却能力。

二、从提高车辆动力性的角度改善匹配

由于汽车驱动力来源于发动机的输出转矩，考虑到变速器各档有不同的传动比，可将发动机外特性转换成不同档位的驱动力与车速的曲线。另一方面，汽车行驶需克服各种阻力（包括滚动阻力、空气阻力、坡道阻力和加速阻力），将不同坡度的行驶阻力曲线与驱动力的平衡关系画在一张图上，即可确定某一汽车在发动机节气门全开时可能达到的最高车速、加速能力和爬坡能力。图 7-19 所示为某一 2L 级乘用车的驱动力与行驶阻力平衡图。由图看出，该车在 5 档的驱动力与平道阻力曲线的交点为最高车速，在 180km/h 以上，在 1 档能爬上的最大坡度为 55%，相应地还能计算其加速时间。

汽车行驶时，不仅驱动力和行驶阻力相平衡，发动机功率与汽车行驶的阻力功率也总是平衡的。图 7-20 所示为发动机外特性功率曲线与汽车行驶阻力功率的关系。曲线 1 表示行驶阻力功率，曲线 2 表示外特性功率，A 点表示在该道路条件下所能达到的最高车速，

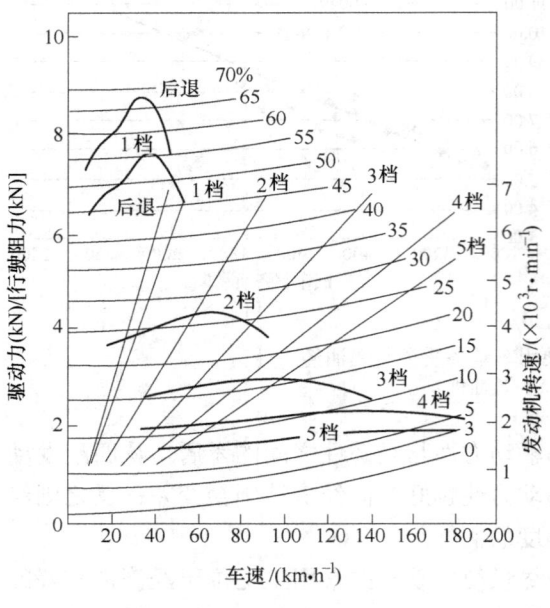

图 7-19 乘用车驱动力与行驶阻力的平衡

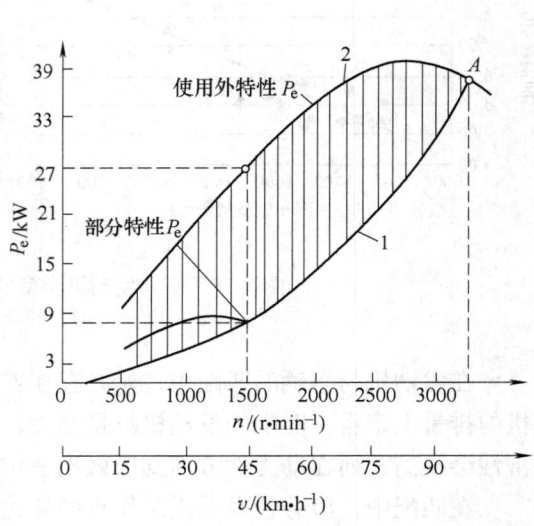

图 7-20 乘用车的后备功率
1—行驶阻力功率　2—外特性功率

图中阴影部分表示发动机所拥有的后备功率。汽车行驶需要有一定的后备功率,后备功率越大,爬坡、加速性能越好。现代高档乘用车着重于动力性能,要求加速性能好,最大车速高,有很强的超车能力,因而常选用高速、强化、大排量的发动机,例如 V8 缸,排量可能在 4.0~5.5L 或更高,并具有很大的后备功率,但行驶中负荷率极低,因而行驶的经济性差。

可根据汽车设计要求的最高车速来确定所需的发动机最大有效功率,也可根据汽车比功率统计值来进行估算。表 7-2 给出了汽车动力性能参数一般范围。汽车的比功率应保证在一定范围内,当偏低时经济性提高,但动力性降低。通过选择合适的比功率与汽车总质量的乘积,可以估算出应配备的发动机功率。

对于不同种类、不同排放量的车辆,不可能用驱动力—行驶阻力平衡图直接比较其动力性的好坏,必须把驱动力与汽车质量结合起来,而且还必须考虑到它们在行驶中遇到的空气阻力的差异。将单位汽车质量的受力状况整理成一个无因次量(称为动力因数 D_0),即总驱动力减去空气阻力再除以汽车总质量与重力加速度的乘积,用以比较不同车辆的动力性。表 7-2 中列出了不同类别汽车在直接档的动力因数 D_0,其中乘用车的 D_0 值最高,而且与各类车辆比较,最高车速、比功率、比转矩也是最高的。D_0 越大,表示汽车的加速、爬坡和克服道路阻力的能力越大。

表 7-2 汽车动力性能参数一般范围

汽车类别		发动机类别	直接档动力因数 D_0	最高车速 /(km·h^{-1})	比功率 /(kW·t^{-1})	比转矩 /(N·m·t^{-1})
微型车		G	0.07~0.14	95~145	25~38	50~60
乘用车 (不包括赛车)		G	0.10~0.18	135~240	30~90	70~238
		D	0.07~0.12	110~165	22~40	60~75
载货汽车	轻型	G	0.07~0.10	105~165	24~48	56~90
		D	0.05~0.08	85~120	9.6~15	34~64
	中型	D	0.04~0.06	75~110	7.5~12	30~60
	重型	D	0.04~0.06	70~110	7.5~12.6	30~70
大客车	轻型	G	0.07~0.10	105~165	24~48	56~90
		D	0.05~0.08	90~120	14~24	45~80
	大、中型	D	0.04~0.06	70~100	7~12	30~60
	特大型	D	0.04~0.06	55~85	4.5~8	20~40
矿用自卸车		D	0.03~0.05	45~70	4.5~6	20~32

注:1. 载货汽车总质量分级:轻型 1.6~6t,中型 6~14t,重型 >14t。
   2. 大客车总长度分级:轻型 3.5~7m,大、中型 7~10m,特大型 >10m。
   3. 发动机类别:G 为汽油机,D 为柴油机。

从整车匹配的角度看,发动机的动力性直接关联着发动机结构的紧凑性及质量指标(如体积功率与比质量)。所谓体积功率,是指发动机功率与其外形尺寸(长×宽×高)所决定的体积之比,它影响到发动机在车辆中的安装空间。比质量即单位功率的质量,发动机相对质量的减轻,意味着整车自身质量的减少,对整车性能至关重要。因此,增大体积功率及减轻比质量,一方面依赖于发动机结构设计的紧凑化、轻量化;另一方面靠发动机强化使升功率不断提高。

从结构紧凑性及减轻比质量的角度看,汽油机明显优于柴油机。轻型车及乘用车汽油机转速比同类柴油机高 1/3～1/4,汽油机的升功率一般比自然吸气柴油机高 45%～65%。因此,如果装用与汽油机等排放量的柴油机,汽车的加速时间将增加一倍以上;如果装用等功率的柴油机,则其排放量比汽油机大 40%,汽车的加速时间也要增加 10% 左右;柴油机升功率低,同时又引起比质量比汽油机高 50%～120%,同等功率的柴油机净质量约为汽油机的 160%;由汽油机派生的柴油机(同缸心距),其净质量为汽油机的 110%。提高发动机动力性(增加升功率、降低比质量)的有效措施是采用增压,柴油机采用增压以及增压中冷后,可接近或达到汽油机的强化程度。

汽油机增压以及增压中冷,也可以使整机动力性大幅度提高,近年来应用已日趋广泛。图 7-21a、b 分别为增压发动机、自然吸气发动机与乘用车的匹配比较,发动机体积、质量均可减小,而动力性(转矩、功率得到较大幅度提高)与经济性(发动机自身经济性好的区域的扩大以及通过变速系统匹配使汽车更多的运行于经济性好的区域)都得到提高,这也是增压技术得到越来越广泛应用的原因所在。

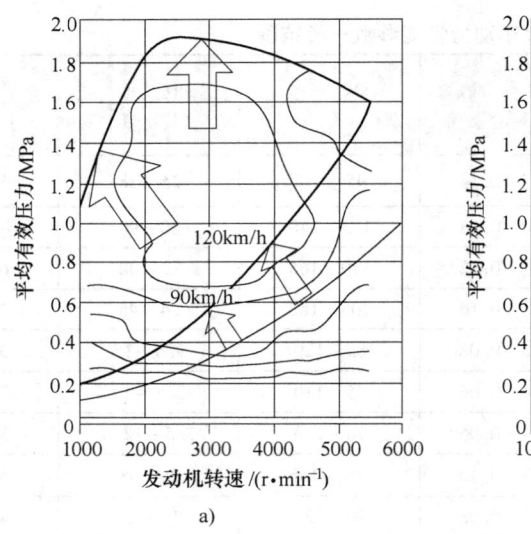
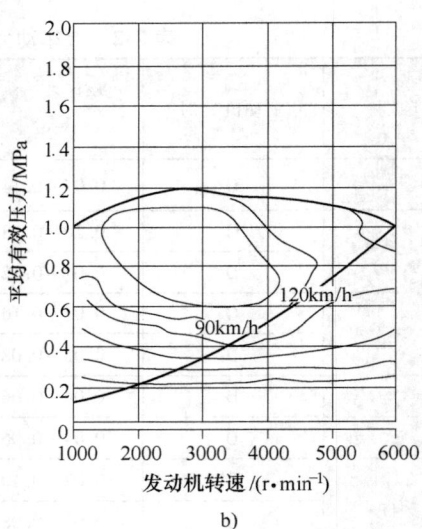

图 7-21 增压发动机、自然吸气发动机与乘用车的匹配比较
a) 增压发动机 b) 自然吸气发动机

三、从提高车辆经济性的角度改善匹配

发动机自身具备较好的燃油经济性以及通过合理匹配使发动机能经常工作于经济性较好的运行区域,是改善整车燃油经济性的两个基本方面。

如图 7-22 所示,说明了在同一乘用车上选择不同发动机时的经济性的差异。

在同一辆乘用车上分别装用 50kW 的 1.5L 汽油机,40kW 的 1.6L 非增压非直喷式柴

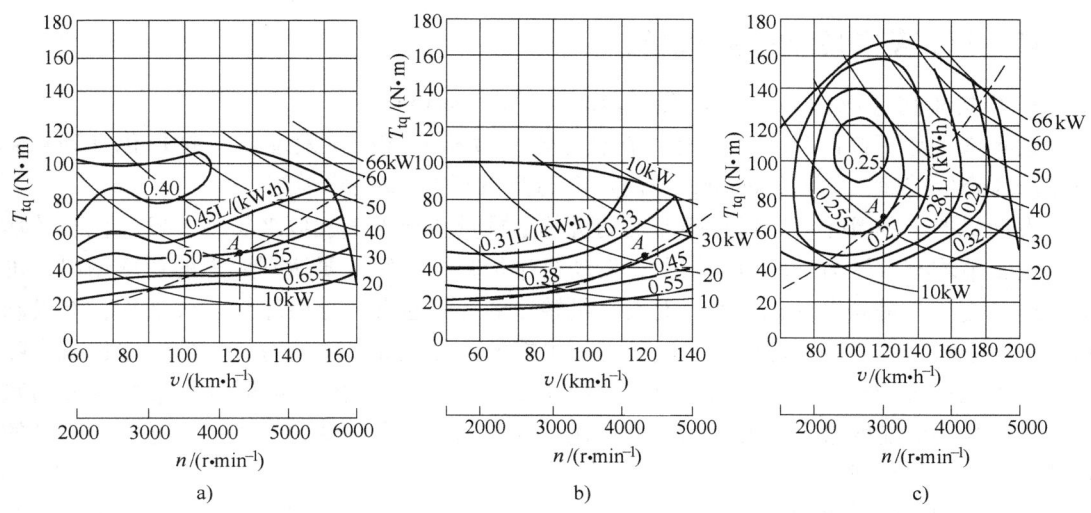

图 7-22 一乘用车匹配不同发动机的比较
a) 1.5L 汽油机 b) 1.6L 非增压非直喷式柴油机 c) 1.4L 废气涡轮增压直喷式柴油机

油机,以及超过 60kW 的 1.4L 涡轮增压直喷式柴油机,并将该车行驶阻力曲线与各自的万有特性匹配。由于变速系统差别较大,各机型的最高车速分别是:汽油机为 160km/h,非增压柴油机为 140km/h,增压柴油机为 180km/h。比较这三种机型均按同一车速 120km/h 时的等速行驶油耗(图 7-22),汽油车为 9L/100km,非增压柴油车为 6.75L/100km,增压柴油车为 4.5L/100km。此时,三种机型在万有特性上的配合点均为 A 点(120km/h、22kW)。汽油机相应的油耗率为 0.51L/(kW·h),非增压柴油机为 0.37L/(kW·h),增压柴油机为 0.255L/(kW·h)。由此可见,无论就发动机自身的特性还是与车辆配合的结果,增压柴油机都是最省油的。

为了降低汽车行驶油耗,从整车技术的角度看,降低车辆自身质量,改进车辆的外形与结构,改善传动系统与发动机的匹配,使用子午线轮胎等,都是有效的措施。而且,降低发动机的燃油消耗是改善汽车行驶经济性的关键因素之一。

为改善整车燃油经济性,发动机与传动装置的匹配十分重要。对于传统的手动变速器,发动机负荷调节(节气门开度)与变速器传动比(档位)是分开调节的,因而很难根据车辆总质量、道路及运行工况进行组合调节,无法保证发动机经常处于经济运行区工作。为了降低车辆的燃油消耗,最理想的控制是利用计算机根据驾驶人操作加速踏板的信号,组合控制节气门开度及变速器传动比,使满足车辆行驶工况要求的发动机经常沿着理想的经济运行线运行。

值得强调指出的是,通过提高发动机的负荷率来改善车辆与发动机的匹配是节能的关键环节之一。从本章讲到的负荷特性曲线上看出,发动机经常使用负荷过低,燃油经济性极差。乘用车经常使用的负荷很低,特别是在市内交通工况下运行的车辆更是如此。随着各国所制定的油耗法规限值逐渐严格,迫使乘用车选用的发动机趋向小型化和微型化。为了提高车辆的负荷率,进而以轻量化为目标的微型车(一般排量≤1L)或超微型车将显示出节能的优点。

四、提高整车性能的技术发展

1. 小排量化（Downsizing）与降低转速（Downspeeding）

近年来，为了提高整车经济性，在整车与发动机匹配时，发动机小排量化（Downsizing）与降低转速（Downspeeding）是应用日趋广泛的重要技术措施。

发动机的小排量化可以通过降低发动机单缸排量和减少气缸数来实现。发动机有效功率正比于平均有效压力和转速的乘积，发动机排量减小以后，要达到原先的功率输出，可能的途径之一是提高发动机转速。而发动机转速的提高通常会导致摩擦损失增加，对发动机经济性不利，因而不考虑这一方法。另一可能的途径是提高平均有效压力，这也就意味着提高了发动机的负荷率，可导致传热损失的减小、摩擦损失的减小以及泵气损失的减小，从而得到节能的效果。发动机小排量化后为了达到原有的动力性水平，通常由原来的自然吸气改为增压或进一步提高增压比。

发动机的小排量化对发动机设计、控制等多方面提出了更高的要求，主要需要解决的技术难题包括：

1）小排量化带来的低速下的废气能量不足，从而更难以在低速区域通过增压提供更高的发动机转矩。

2）小排量化带来的热负荷和机械负荷的提高，从而可能面对爆燃倾向加大、可靠性降低等问题。

同时可以看到，长期以来发动机最高转速不断提高的趋势已经得到了逆转。适度降低发动机转速可以降低摩擦损耗，由于换气、混合气形成与燃烧的时间增加而获得更完全的工作过程。例如，多种乘用车汽油机产品的最高转速曾达到7000r/min，而目前6000r/min左右是最常见的乘用车汽油机产品的最高转速。

图7-23所示为一个兼顾整车动力性与经济性，通过动力装置的匹配与优化来改善整车性能的实例。动力性的提高与经济性的改善一般是矛盾的，当发动机在匹配中采用了小

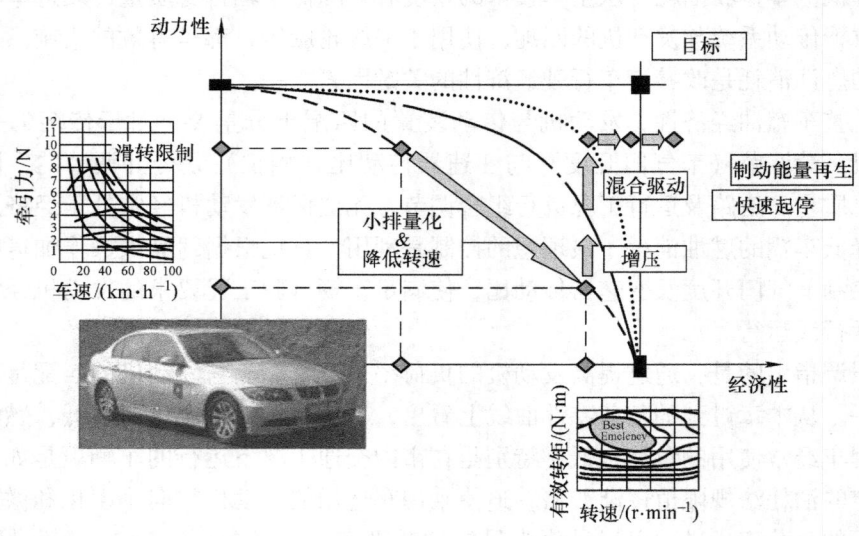

图7-23　动力性的提高与经济性的改善

排量化和降低转速的技术措施后,虽然经济性有所改善,但是动力性却明显下降。进一步采用增压(发动机自身动力输出提高)以及混合驱动(电机提供辅助动力输出),提高了动力性。再采用快速起停技术节省了发动机怠速工况的燃油消耗,并通过制动能量再生技术将制动工况下的车辆动能转化为电能储存起来并再加以利用,在不降低动力性的前提下,经济性得到进一步的提升。

2. 停缸(Cylinder Deactivation)**控制技术**

停缸控制技术又称为变排量技术,其基本原理仍然是提高发动机的负荷率,不过是停止其中某些气缸的工作,而提高其他气缸的负荷率(使其工作在经济性较好的工况区域)。

停缸控制技术已在一些汽车发动机产品中得到应用,图7-24所示为停缸控制技术的工作原理。应用电控技术在汽车负荷率较低(车速较低且车辆加速度低于一定值)时停止一部分发动机气缸的工作,仅由余下的部分气缸工作,从而使这部分气缸工作的发动机具有较高的负荷率。

停缸并不能仅仅靠切断燃油喷射来实现(较易实现),需要同步停止空气流入燃烧室(较难实现),一般需要在配气机构中加入专用的控制装置。

停缸控制技术特别适合于气缸数≥6的发动机,气缸数过少,则在停缸转换时可能影响发动机工作的平稳性。但目前也已出现采用停缸控制技术的4缸汽油机产品。

在车速过低时可能出现转矩波动过大(见图7-25),发动机转速不稳定等问题,不宜采用停缸。

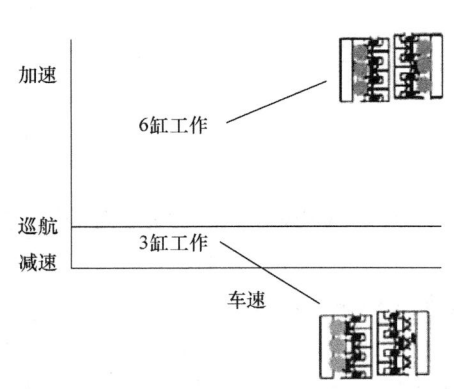

图7-24 停缸控制技术

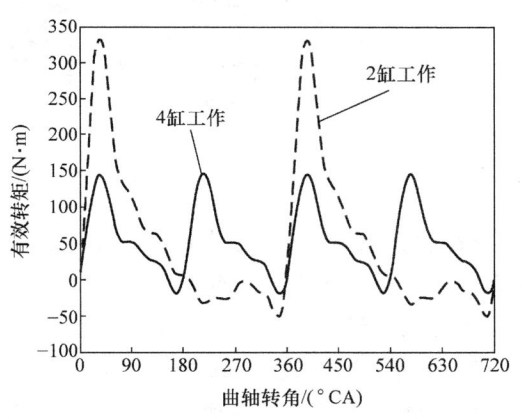

图7-25 停缸引起的转矩波动变化

> 阅读材料1

ADVISOR 软件简介

ADVISOR(Advanced Vehicle Simulator)是由美国国家可再生能源实验室开发的汽车动力性、经济性以及排放性能的仿真软件,已得到了广泛应用。ADVISOR软件不仅可以仿真常规的内燃机动力汽车,而且可以仿真包括了应用混合动力和电动汽车等各类汽车动力装置的汽车,是研究汽车动力装置的匹配、控制和优化的有效工具。

ADVISOR 是在 Matlab/Simulink 下开发而成，Simulink 是一个用来对动态系统进行建模、仿真和分析的软件包。它支持线性和非线性系统，连续和离散时间模型，或者是两者的混合。系统还可以是多采样率的，比如系统的不同部分拥有不同的采样率，另外，Simulink 还提供图形动画的处理方法，使用户可以方便地观察到仿真的整个过程。

ADVISOR 软件具有各种类型的汽车动力装置以及整车的部件模型，也可以通过二次开发自行定义部件模型。ADVISOR 的图形用户界面使建模更为方便，而不需用户修改 Simulink 代码。软件的三个主要的图形用户界面，分别简介如下。

1. 车辆模型输入（Vehicle Input）（见图 7-26）

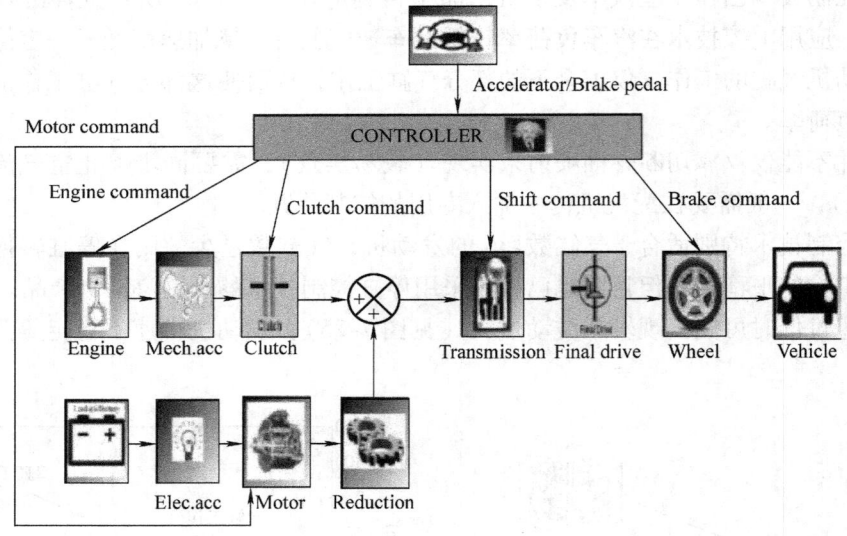

图 7-26　ADVISOR 模型示例

设定或选择汽车动力装置的各部件及其相互关联（系统结构和能量传递方向等），同时需输入各部件模型所需的性能参数等。

同时设定汽车动力性、经济性以及排放性能仿真所需的整车参数。

2. 仿真工况设置（Simulation Setup）

设定仿真的工况（车速随时间变化的规律以及道路坡度等），软件提供了多种标准的试验规范可供选择。

设定进行整车动力性相关的加速、爬坡性能测试的仿真。

设定仿真所需的初始条件，如电动汽车中蓄电池的初始电量等。

3. 仿真结果显示（Results）

可通过数据、曲线等形式显示仿真结果。

通过仿真，将可以回答例如下列这样的问题：

1）车辆能够满足设定的试验规范吗？

2）为了完成设定的试验规范，需要多少燃料和/或电能？

3）在整个仿真过程中，蓄电池充电状态是如何变动的？

4)由传动部件提供的最大峰值功率是多少?
5)在整个仿真过程中,发动机工况(转矩和转速)的分布情况如何?
6)在整个仿真过程中,变速器的平均效率是多少?

通过反复改变仿真车辆的设定和/或试验规范,将可以回答例如下列这样的问题:
1)在什么样的最大道路坡度下,车辆可以无限制地保持80km/h车速行驶?
2)满足车辆在10s内从0加速到100km/h的要求,需要的最小发动机是多大排量?
3)能最大限度地减少燃料消耗,同时使60~100km/h的加速时间低于3s的主传动比是多少?
4)整车质量、气动阻力或其他整车或部件的变化对燃油经济性的敏感程度如何?

ADVISOR软件完成的车辆仿真是一种所谓的"反向车辆仿真(Backward-facing Vehicle Simulation)"。输入为所要求的车速,进而决定传动系统的转矩和转速等,从轮胎、车桥到变速器,再反推至动力源,数据流与实际动力传输的方向是相反的。ADVISOR软件适于分析动力装置的控制逻辑和能量管理策略,但不适于更进一步设计相应的控制系统,即如何实现这种控制逻辑和能量管理策略。更详尽的控制系统设计需要以驾驶人意图(加速踏板和制动踏板状态)为输入的"正向车辆仿真(Forward-facing Vehicle Simulation)"。

阅读材料2

快速起停技术

图7-27所示为不同怠速转速下发动机的耗油量(换算到每升发动机排量的每小时耗油量),可见发动机怠速下要消耗一定的燃油,特别是汽油机由于有节流损失,耗油量明显较柴油机高,同时随着怠速转速的提高,耗油量也呈增高的趋势。测试表明,常规乘用车的汽油机怠速1min约消耗汽油14mL。特别是在城市工况交通拥堵、频繁等候红灯等情况下,发动机怠速对整车经济性产生较大的不利影响。同时发动机怠速工况也是有害物排放量相对多的工况。

快速起停技术的目的就是要减少不必要的发动机怠速工况,从而达到节省这种工况下所产生的不必要的燃油消耗并降低有害物排放的效果。

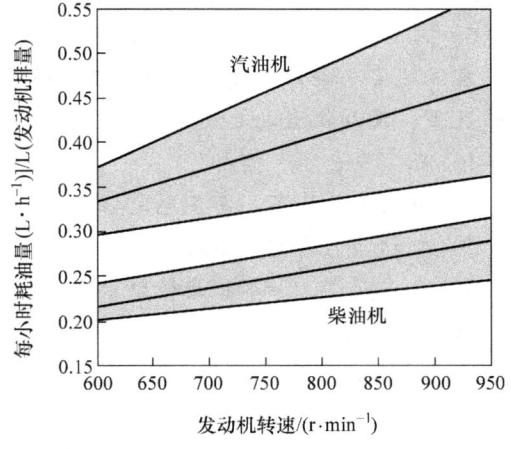

图7-27 不同怠速转速下发动机的耗油量

在停车的同时使发动机停机,当车辆重新起步时发动机能够快速起动,恢复运行。

快速起停技术经历了多年的研究,目前已在部分汽车产品中得到应用,并预计会以较快的速度普及。

为了实现快速起停,需要解决的技术问题主要包括:

1. 发动机起动迅速，不能降低相当于同类常规车辆的驾驶性能。此外还需保证起动和停机的平稳性，不能引起额外的振动

常规的进气道喷射汽油机的起动时间为 0.4~0.45s，而缸内直喷发动机的起动时间约为 0.35s。而快速起停的起动时间应达到 0.2~0.3s 以内。缩短发动机起动时间的技术措施主要是增大起动电机，使其在发动机起动时提供更高的功率。

而对于缸内直喷汽油机，也有利用发动机自身来实现快速起动的，即在发动机停机时控制活塞位于某一特定区域（通过起动电机或发电机的负荷大小和节气门开度的控制来实现），起动时直接控制各缸的喷油点火，利用工质膨胀推动活塞使发动机旋转，从而起动发动机。这样可以减小对起动电机的依赖甚至不需要起动电机。

2. 相关部件的强化

快速起停技术的应用，发动机起动次数显著增加。相关零部件，主要是起动电机和蓄电池，除了起动电流增加外，工作次数也大大增加，需要采取措施加强，以保证寿命。起动电机的寿命要达到 15 万次或更高。

此外，还要加装电池传感器、制动助力真空度传感器等。

3. 相关控制策略的制定

起停控制的基本策略简述如下：

当下列条件同时满足的情况下，发动机自动停机。

1）车辆停止（或车速低于一定值）。
2）电池电量充足，无充电需求。
3）制动助力真空度达到要求。
4）发动机状态允许停机（冷却液温度、催化器温度足够高等）。
5）满足安全条件（驾驶人在座及前舱盖闭合）。
6）车内空调，除雾状态没被请求。

在满足安全条件（驾驶人在座及前舱盖闭合）的前提下，当下列条件中任意一条满足的情况下，发动机自动起动。

1）踩下离合器，空档。
2）电池电量不足，有充电需求。
3）制动助力真空度不足。
4）车内空调，除雾状态被请求。

设置专用开关禁用或激活起停功能，同时设置指示灯标识起停功能的禁用或激活。

除此之外，还需考虑安全性、故障、特殊路况等各种情况下的控制策略。作为示例，图7-28所示为起动控制的安全性策略。如果在发动机停机过程中有重新起动的需求，此时电控单元需根据发动机转速的不同情况进行判断，发出相应指令：

1）当发动机转速仍高于一定值（约为400r/min）时，直接恢复喷油点火，发动机即可自行重新起动。

2）当发动机转速低于一定值（约为50r/min）时，虽然发动机尚未完全停止转动，但是转速已经低到可以让起动机结合，可发出发动机起动的指令。

3）当发动机转速位于除去上述情况的中间区域时，因发动机转速过高而不能让起动

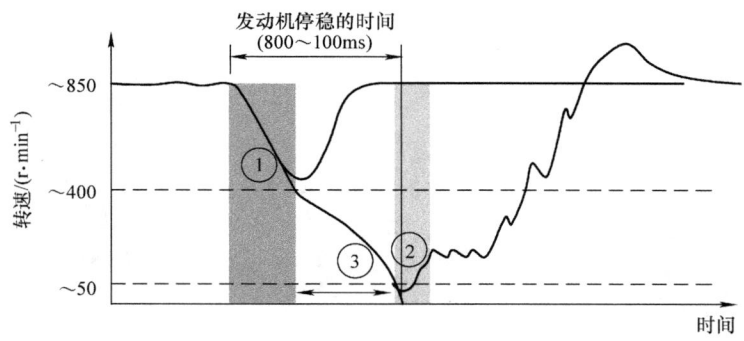

图 7-28 起动控制的安全性策略

机结合,须等待发动机转速继续下降而不能发出发动机起动的指令。

快速起停技术近年来除了更普遍应用到汽车产品中以外,也还有进一步的技术发展:

1) 不停车也可停机,较高车速下也可停机。

在不需要发动机提供动力时,发动机立即停止运转;在需要发动机提供动力时,发动机迅速恢复运转。在 Bosch 公司研发的辅助增力 – 能量回收系统(Boost-recuperation System)中就具备所谓的滑行(coasting)功能,即不仅在停车时,而且可在车速 120km/h 以下,均可实现发动机的快速起停。

2) 辅助驱动,向混合动力过渡。

类似于并联形式的混合动力系统,用于起动发动机的电机同时在汽车起步、加速等工况下,提供一定的转矩辅助驱动,同时更进一步可通过电机的发电机模式工作回收车辆制动减速过程中的动能。

习题与思考题

1. 发动机的主要性能特性有哪些?是如何定义的?主要用途是什么?
2. 汽车发动机与整车匹配需考虑哪些问题?
3. 分析通过提高汽油机负荷率来提高整车经济性的原因。
4. 可以通过哪些技术途径来提高发动机实际运行中的负荷率?
5. 分析"停缸并不能仅仅靠切断燃油喷射来实现"的原因。

第八章

汽车变速系统

第一节 概 述

一、汽车变速系统的基本功能

一般传动系统是指将原动机产生的机械能传送到工作机构上去的中间装置。以传递动力为主的传动称为动力传动，对传动效率有较高要求；而以传递运动为主的传动称为运动传动，更为注重传动精度。传动系统在机械能的传递过程中必然有速度、转矩或运动形式的变换；若没有任何变换，则传动系统就简化为一个联轴器或离合器，一般就不再称为传动系统了。

汽车变速系统是发动机（或其他动力源）输出端到汽车车轮之间的主要部件，而通常将发动机与变速器的集成称为汽车动力装置，或动力总成。汽车变速系统的基本功能是在各种工况下提供合适的传动比，以适应汽车在起步、加速，以及在行驶中克服各种道路障碍等不同条件下对驱动车轮牵引力和车速的不同要求，此外，还应具有倒档（在发动机运转方向不变的情况下能实现倒退行驶）和空档（可以根据需要中断动力传递）。

汽车变速系统属于动力传动，在机械能的传递过程中有速度和转矩的变换。这种速度和转矩的变换一方面是负载的需要，另一方面是调节发动机工作点的需要。汽车变速系统实现这种速度和转矩的变换还应同时考虑到发动机的特性，即通过变速系统的调节尽可能地使发动机工作在性能较优的工作区域中，从而提高整车的动力性、经济性等性能。

图 8-1 可用于理解变速系统的基本功能。图 8-1a 所示为无变速器的情况，此时发动机不能工作在主要是低速、大牵引力的阴影区域，发动机所能输出的最大牵引力远远不能满

足要求，汽车也不能获得理想的动力性能。因而，通过匹配变速系统来使发动机有限的工作范围能够满足汽车对牵引力的需求是十分必要的。图 8-1b 所示为配备手动多档变速器的情况，阴影区域已得到大幅度的减少，汽车动力性能也随之得到改善。图 8-1c 所示为配备液力自动变速器的情况，经液力自动变速器变换后的发动机输出能够在更大的范围内满足汽车对牵引力的需求，使汽车动力性能得到进一步改善。

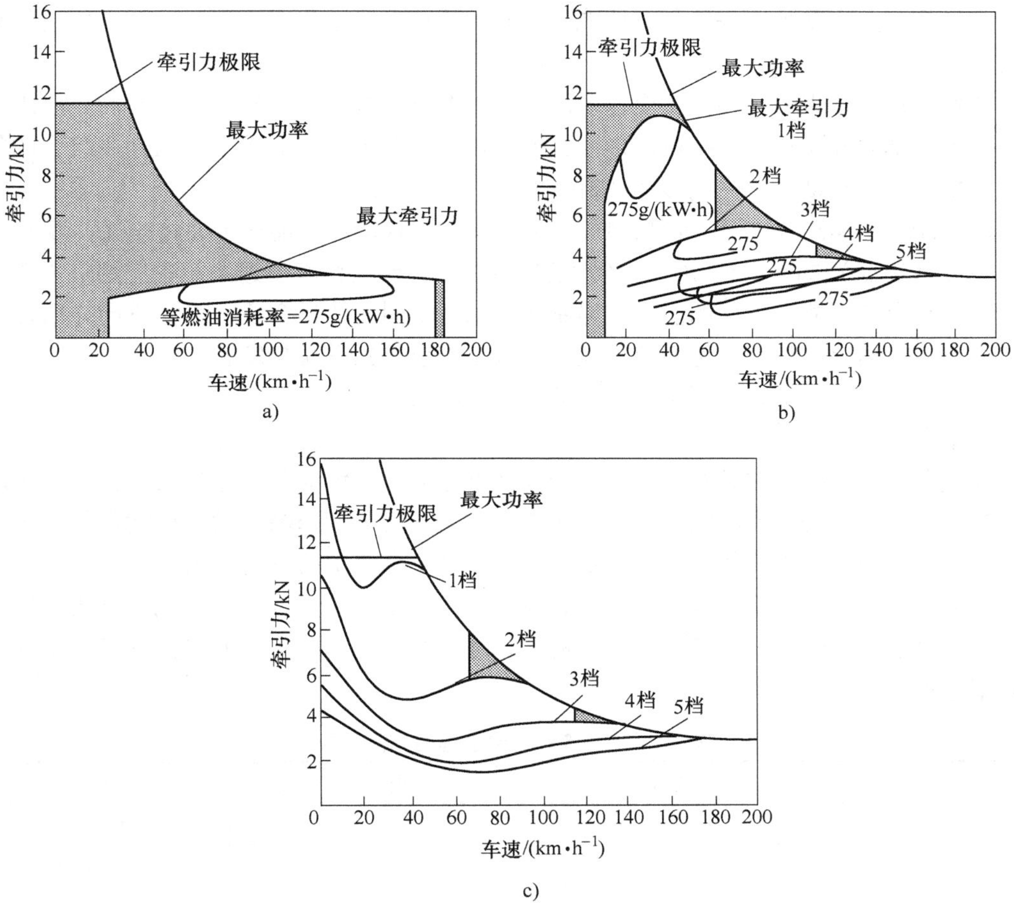

图 8-1 变速系统的基本功能
a）无变速器的情况 b）配备手动多档变速器的情况 c）配备液力自动变速器的情况

此外，汽车变速系统对汽车的经济性也起着重要的作用。这种作用一方面体现在变速系统自身的能量传递效率，即要求在能量传递过程中的较少损耗；另一方面是变速系统对发动机工况的影响，即要求通过变速系统的变化和调节作用使发动机能工作在效率较高的区域。相对而言，后一方面的作用可能更为重要。为了提高汽车的性能，就需要将汽车动力装置，即发动机与变速器的集成，作为一个整体来进行设计与优化。

为了充分利用发动机的功率，提高燃料经济性以及改善汽车的排放性能，理想的汽车变速系统应具有无级变化的传动比并能进行最优化的实时控制。

二、汽车变速系统的分类与特点

汽车的变速器可以按照是否需要人工操纵变速过程分为手动变速与自动变速两类,也可按照传动比是否连续可调分为多档变速与无级变速两类。常规汽车中目前应用较为普遍的手动变速和多档变速正逐渐向着自动变速与无级变速的方向发展。

若从工作原理来分,汽车变速系统中以机械传动为主,同时还存在着流体传动、电传动等多种形式,为获得更好的汽车性能,不同的传动形式还集成在一起,形成所谓的复合传动形式。

若按传动介质来分,在汽车变速系统中常用的方式有单一介质传动和不同介质组合的复合传动。单一介质传动包括机械传动、流体传动及电传动等形式。不同介质组合的复合传动包括机—液传动、机—电传动及机—电—液传动等。

若按能量传递路线来分,包括单传动装置的简单传动和多能量传递路线(并联)或多传动装置(串联)的复合传动。单传动装置的简单传动是汽车变速系统中应用最为普遍的形式;而复合传动能在不同的能量传递路线中采用不同的传递介质,综合不同介质传动方式的优点,从而提高汽车变速系统的性能,近年来也得到重视与发展。

在汽车变速系统中,不同类型的传动具有不同的特点。

1. 机械传动

在汽车变速系统中常见的机械传动方式又可分为啮合传动和摩擦传动两类。应用最为广泛的齿轮传动就是典型的啮合传动,此外还有链传动等。摩擦传动则包括带传动等,在踏板式摩托车中广泛采用的带式无级变速装置就是一个典型的应用实例。

(1) 啮合传动　传动效率高是啮合传动的突出优点,设计与加工达到较高要求的齿轮传动效率可达到 99%(每一对齿轮)。表 8-1 列出了目前汽车 5 档手动变速器产品各档位的效率范围。

表 8-1　汽车 5 档手动变速器产品的效率

档　位	效率范围	档　位	效率范围
1	92%~96%	4	93%~99%
2	92%~97%	5	92%~97%
3	93%~97%		

此外,啮合传动的传动功率范围宽,传动精度高。特别是行星齿轮传动结构可以在较小的外形尺寸下传递较高的功率,但其对加工精度的要求以及制造成本也较高。

啮合传动只能用于定速比传动,变速系统中不同的传动比必须通过专门的换档机构由不同的齿轮副来实现,不能够无级变速。此外,啮合传动属于一种刚性传动,不具备弹性与缓冲的过载保护作用。为降低振动与噪声,要求较高的制造和安装精度。

(2) 摩擦传动　易于实现传动比可调是摩擦传动的主要优点。同时作为一种柔性传动,摩擦传动具有一定的弹性与缓冲的过载保护作用,使系统的工作平稳性较好。

能量传递效率相对较低及传动功率有一定限制是摩擦传动的主要缺陷,这也是目前摩擦传动仅应用于小排量汽车的主要原因。此外,作为柔性传动也有其不好的一面,即在负载突然增大或转速突然提高的情况下会出现打滑现象，影响汽车的动力性。

2. 液体传动

液体传动的工作介质一般为矿物油，包括液力传动与液压传动两种形式。液力传动是通过液体的动能形式来传递能量的，典型的应用实例就是自动变速器中的重要组成部分——液力变矩器；而液压传动则是通过液体的压力能形式来传递能量的，系统的构成主要是液压泵和液压马达等元件，目前在一些特种车辆、工程机械等中有应用。

液体传动具备的优点主要包括：能无级调速且调速范围大，速度的稳定性好；输出力大，且功率密度大，结构紧凑，重量轻；对外界负载具有较好的自适应性，能够吸收振动与冲击；起动、停车、制动、反向性能好；易于实现过载保护，元件可自润滑；安装自由度较大等。其突出的缺点是流体传动效率相对较低，制造精度要求与制造成本相对较高。

3. 电力传动

电力传动包括了直流传动与交流传动，具有可无级变速等优点，目前主要通过"混合动力"的形式在汽车中得到应用，这一部分内容将在第九章中加以讨论。

4. 复合传动

复合传动是指将不同类型的传动技术结合在一起应用，利用不同技术的相互交叉与渗透以及合理匹配，实现优势互补，达到整体的综合优化。复合传动特别适合于工况变化复杂、对传动系统的要求更全面、综合的情况，例如不仅要考虑高的传动效率，而且要能够实现无级变速或自动变速。

复合传动既可能是不同的传动介质，例如机械传动与液压传动的组合，也可能是单一的传动介质，如机械传动与机械传动的组合。按照传动能量的流动路线来分类，复合传动有并联与串联两种形式，如图 8-2 所示。

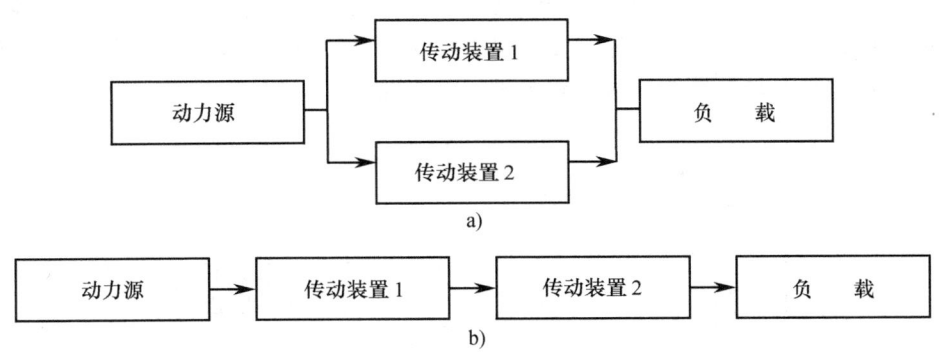

图 8-2　复合传动的并联与串联形式
a）并联形式　b）串联形式

并联形式一般又称为"功率分流"，输入功率在变速系统的输入端被分为两路后分别由不同的传动装置传递，在变速系统的输出端再汇合在一起输出至负载。采用"功率分流"时，应抓住主要矛盾，特别注意提高传递较大功率部分的传动效率。图 8-3 所示的一种机—液复合的变速系统就是一个示例，输入功率 P_1 在变速系统的输入端被分为两路 P_h 和 P_m 分别由液压和机械传动装置传递，在变速系统的输出端再汇合在一起为 P_2 输出至负载。液压传动装置由液压泵和液压马达组成,虽效率较低但可实现无级变速;而作为机械传动装置的行星轮系具有能量传递效率高的突出优点。两者结合后既实现了无级变速,又可具有相对较高的能量传递效率。

串联形式的复合传动指动力依次通过不同的传动装置来传递。最典型的例子就是液力自动变速器,它是由液力传动与机械传动复合构成的。传递的能量先经过液力变矩器,再经过行星轮系传递至负载。

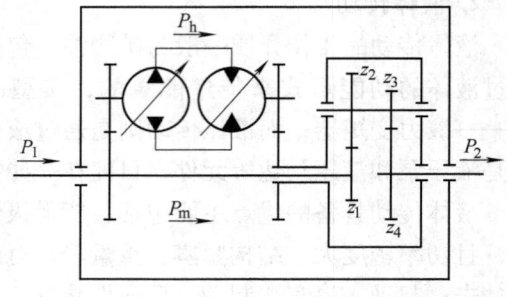

图 8-3 机—液复合的变速系统

复合传动的应用,目的在于创新或寻求一种性能更优的变速系统,为此,最重要的是在研究中要有系统的和整体的观点,还需要对各类传动的特点及应用场合有深入地了解。

第二节 自动变速与无级变速

一、概述

1. 应用自动变速与无级变速的理由

从理论上来说,无级变速应包含在自动变速的范畴之内。但通常又常将自动变速的概念限制为汽车行驶中自动完成离合器操纵和换档操纵的变速器。

从提高汽车经济性与动力性的角度出发,都要求汽车应用自动变速与无级变速。

图 8-4 表示了多档变速器与无级变速器的区别。在给定的车速下,多档变速器只能在有限的档位中选择其一,按其速比使发动机工作在某一转速下;而无级变速器则可能在一个发动机转速运行区域范围内来选择较为理想的工况。

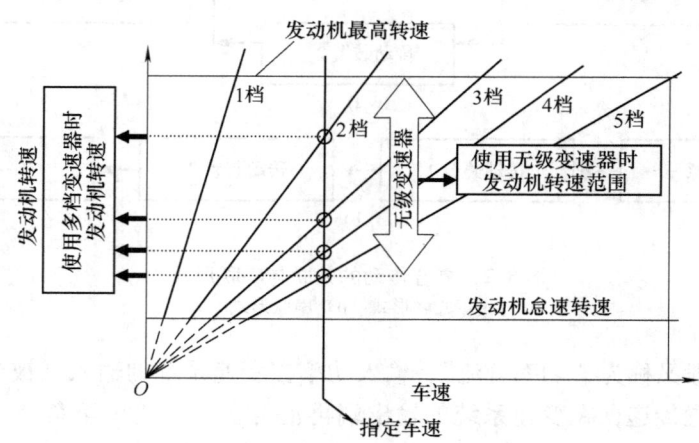

图 8-4 多档变速器与无级变速器

下面结合图 8-5 的汽车发动机的万有特性讨论发动机与变速器的匹配问题,进一步说明应用自动变速与无级变速的理由。

首先分析应用自动变速与无级变速来提高汽车经济性的原理。

假设汽车的负载一定，不同的变速器传动比可能使发动机工作在万有特性的等功率曲线上的某一点。例如，在有效功率为20kW的等功率线上的 A 点或 B 点。但 A 点与 B 点虽然输出同样功率，但其经济性却相差甚远，A 点与 B 点的有效热效率分别为 0.35 与 0.25，即 A 点较 B 点的燃油经济性要高 40%。如能够通过自动变速自动将档位调节至与 A 点最接近的工作点，则可以获得较好的效果，更进一步，如能够通过无级变速自动将档位直接调节至 A 点的工作点，则可以获得更好的经济性。在不同的负载下，如以最佳的经济性为目标，则应通过自动变速或无级变速的自动调节使发动机运转点在 Γ 线上（或 Γ 线附近）变化。

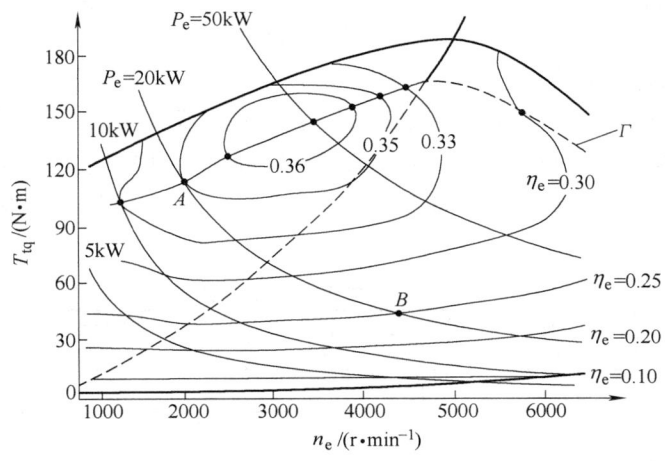

图 8-5　发动机与变速器的匹配

为进一步分析应用自动变速与无级变速来提高汽车动力性的原理，图 8-6 比较了多档变速与无级变速的不同情况。图 8-6a 中的两条折线分别表示了变速器加速过程中的换档

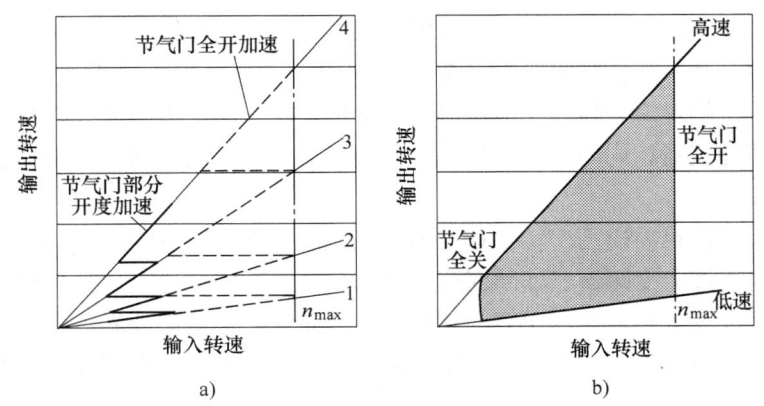

图 8-6　多档变速与无级变速的工作原理的比较
a) 多档变速　b) 无级变速

情况，实线表示的是在部分节气门开度下汽车的加速过程，虚线表示的是在全节气门开度下汽车的加速过程。无论在部分节气门开度还是在全节气门开度，发动机转速升高到一定转速后换至高档，由于在换档过程中存在主动件与从动件之间的滑摩以及转速趋于一致的过渡过程，发动机转速下降后再上升，难以充分发挥发动机动力性的潜力；而自动变速的应用能够找到最佳的换档时机以及优化加速过程，以提高汽车的动力性。

而更理想的情况应是无级变速的应用，如图8-6b所示，传动比的连续变化形成了一个没有"漏洞"的加速过程。由于加速过程中不需要切断动力，因而不存在换档过程中的时间与动力输出的损失，可以充分发挥发动机动力性的潜力。

此外，手动变速由于需要较频繁地换档操作，不仅易使驾驶人疲劳，而且也增大了出现交通事故的潜在危险，不利于汽车安全性的提高。同时，不同的驾驶技术水平对汽车的经济性、动力性等性能也产生重要的影响。此外，自动变速与无级变速的应用，还有利于在道路条件较差时能保证更稳定的车速并改善系统中的动载荷。

2. 自动变速的种类与优点

自动变速的种类目前主要包括：机械式自动变速器（AMT）、液力式自动变速器（AT）、无级变速器（Continuously Variable Transmission，CVT）以及近年来得到较快发展的双离合变速器（Dual Clutch Transmission，DCT）。表8-2为各类自动变速器的主要性能的相对比较。

表8-2 自动变速器的比较

	机械式自动变速器（AMT）	液力式自动变速器（AT）	无级变速器（CVT）	双离合器变速器（DCT）
传动效率	++	-	+/-	+
驾驶舒适性	-	+	++	+/-
结构复杂程度/制造成本	+	-	+/-	+/-
换档过程动力传递	有动力中断	无动力中断	无级变速	无动力中断
档位数	有限	有限	无限	有限

在常规多档变速器的基础之上增加电控的自动离合器和自动换档装置，构成了电控机械式自动变速器。电控机械式自动变速器可以根据驾驶人的意图和车辆的运动状态，依据从驾驶经验中以及计算机仿真等归纳出来的驾驶方法（换档规律、离合器接合规律），借助于相应的执行机构对离合器、变速器以及发动机进行自动操纵。电控机械式自动变速器有着与常规多档变速器相同的内部结构，成本相对低而效率相对高，但换档过程存在着动力中断问题。

液力自动变速器目前应用广泛，通常所称的自动变速器一般就是指液力自动变速器。液力自动变速器由液力变矩器、辅助变速装置以及自动换档装置三部分构成。液力变矩器具有无级变速和改变输出转矩的功能，能够使自动变速器自适应外界负载的变化，而当车速达到一定值时，液力变矩器锁止又使发动机动力直接输出，提高了发动机的动力性和经济性。

无级变速器有着多种类型，目前应用较多的是金属带式无级变速器，无级变速器目前主要应用在较小排量的汽车中，具有一定的发展潜力。无级变速有益于迅速的加速过程以及使驾驶平顺、舒适。

双离合器变速器（DCT）又称为直接换档变速器（DSG），近年来以其优良的传动效率、平顺的换档品质和良好的生产继承性等优点成为研发的热点，并在产品市场上得到较快的发展。双离合器变速器可以看成是由一个带奇数档和一个带偶数档的两个子变速器组成，两个子变速器分别由相应的离合器来控制动力传输的通断，轮换传递动力。

自动变速的优点主要包括：

1）简化操作，传动比的确定与变换自动完成，驾驶人只需控制加速踏板与制动踏板，消除了频繁的离合器和换档的人工操作，减轻了驾驶人的劳动强度，可提高行车安全性。

2）自动变速的应用可使发动机工作在理想工作区域，以改善排放控制以及振动、噪声水平，提高燃油经济性。同时，由于传动比的变化不取决于驾驶人的经验与技术，消除了人为的影响，可使汽车在行驶过程中经常处于良好的性能状态。

3）汽车起步、加速平稳，能够吸收和减轻在传动比变化过程中产生的振动与冲击，使舒适性提高。

二、液力自动变速器

1. 液力变矩器的工作原理

液力变矩器是液力自动变速器的主要部件，图 8-7 表示了液力变矩器的构成，它由与发动机曲轴输出端相连接的泵轮、固定不动的导轮以及作为液力变矩器输出端的涡轮这三个基本元件组成。三个元件在一个密闭的环形内腔中工作，腔内充满作为工作介质的油液。

液力变矩器正常工作时，其中的油液也被工作轮带动一起旋转。环形内腔中的油液除了有与转动元件相关的绕变矩器轴的圆周运动以外，还有在剖面上循环圆中沿图 8-7 中箭头所示方向的循环流动，产生这种循环流动的原因是由于泵轮与涡轮间的转速差。当工作轮旋转时，在离心力的作用下，油液有从半径较小处（叶轮内缘）向半径较大处

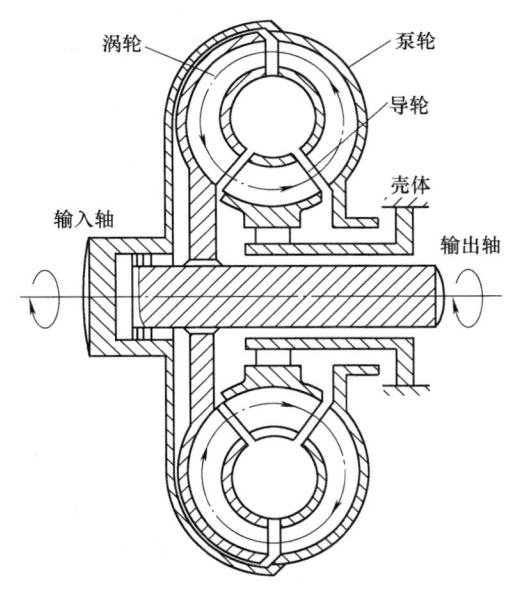

图 8-7　液力变矩器的构成

（叶轮外缘）流动的趋势。由于泵轮的转速高于涡轮的转速，使得在叶轮外缘产生压力差，油液从泵轮外缘流向涡轮外缘，而在叶轮内缘产生了油液从涡轮内缘经过导轮流向泵轮内缘的流动，形成了循环流动。

当泵轮与涡轮间的转速差增大时，流量增加，传递的转矩也增加；而当泵轮与涡轮间的转速差减小时，流量也减小，传递的转矩也减小。理论上当泵轮与涡轮间的转速相等时，由于不存在压力差，流量为零，传递的转矩也为零，因此液力变矩器正常工作时，泵轮转速总是大于涡轮转速的。

这种流体的流动能将转矩从泵轮传到涡轮上，还能随着涡轮转速的不同而改变涡轮输出的转矩大小，其间导轮起到了重要的作用。

图 8-8 表示了液力变矩器的工作原理。将液力变矩器中的油液流动简化为以中间流线为代表的一元流动，由动量矩定理可以得到叶轮作用于油液的转矩 T 为

$$T = \frac{M}{t}\Delta(V_u R) = \rho Q \Delta(V_u R) = \rho Q(V_{u2} R_2 - V_{u1} R_1)$$

式中，ρ 为油液密度；M 与 Q 分别为油液的质量与流量；V_u 为液体沿叶轮绝对流速的圆周分速度；R 为叶轮半径；下标 1 和 2 分别代表叶轮进口和叶轮出口。

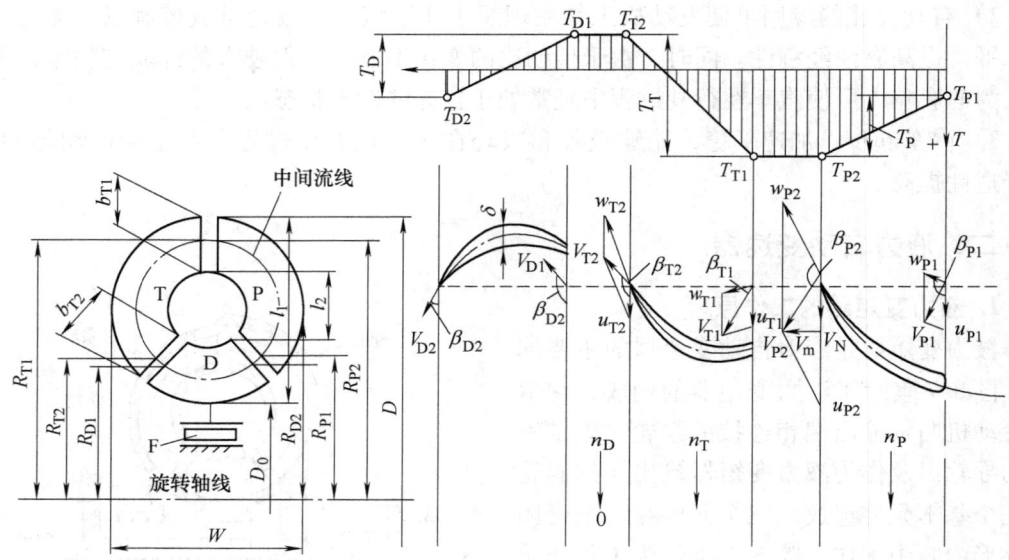

图 8-8　液力变矩器的工作原理

将上式分别应用于液力变矩器的泵轮、涡轮和导轮，则有关系式为

$$T_P = \rho Q(V_{uP2} R_{P2} - V_{uP1} R_{P1}) \tag{8-1}$$

$$T_T = \rho Q(V_{uT2} R_{T2} - V_{uT1} R_{T1}) \tag{8-2}$$

$$T_D = \rho Q(V_{uD2} R_{D2} - V_{uD1} R_{D1}) \tag{8-3}$$

因循环圆内无叶片区的动量矩不变，又有

$$V_{uP2} R_{P2} = V_{uT1} R_{T1}, \quad V_{uT2} R_{T2} = V_{uD1} R_{D1}, \quad V_{uD2} R_{D2} = V_{uP1} R_{P1} \tag{8-4}$$

式中，下标 P、T 和 D 分别表示泵轮、涡轮和导轮。

将式 (8-1)~式 (8-3) 的三式相加，并考虑到式 (8-4)，可以得到泵轮、涡轮和导轮上叶轮作用于油液的转矩的关系式

$$T_P + T_D = -T_T \tag{8-5}$$

式 (8-5) 说明泵轮和导轮作用于油液的转矩之和与油液作用于涡轮的转矩大小相等，方向相反。为了提供尽可能大的转矩，从图 8-8 中可以看到，导轮进口与出口处绝对流速的圆周分速度方向是相反的。正是由于导轮的引入，才使涡轮上的转矩增大，使液力变矩器起到了变矩、变速的作用。涡轮转速 n_T 影响到其出口绝对流速的圆周分速度 V_{uT2}，进而

影响到导轮作用于油液的转矩的大小。当涡轮转速 n_T 为零时，导轮作用于油液的转矩最大，随着涡轮转速的提高，导轮转矩逐渐下降；当导轮转矩为零时，涡轮转矩与泵轮转矩相等，变矩器处于耦合工作状态。

2. 液力变矩器的特性

液力变矩器的基本参数包括作为输入端的泵轮的转矩 T_P 和转速 n_P，作为输出端的涡轮的转矩 T_T 和转速 n_T。在此基础上定义的常用无因次性能参数，包括传动比 i、液力变矩器的效率 η、变矩系数 K 和泵轮转矩系数 λ_P。

液力变矩器的传动比 i 定义为输出转速与输入转速之比，可表示为

$$i = \frac{n_T}{n_P} \tag{8-6}$$

液力变矩器的效率 η 定义为输出功率与输入功率之比，可表示为

$$\eta = \frac{T_T n_T}{T_P n_P} \tag{8-7}$$

液力变矩器的变矩系数 K 定义为输出转矩与输入转矩之比，可表示为

$$K = \frac{T_T}{T_P} \tag{8-8}$$

泵轮转矩系数 λ_P 表示了泵轮转矩与转速之间的关系，可以看成是一个比例系数，即

$$T_P = \lambda_P \rho g D^5 n_P^2 \tag{8-9}$$

式中，D 为泵轮直径；ρ 为油液密度；g 为重力加速度。

图 8-9 表示了液力变矩器的基本特性，特性是在泵轮转速保持不变的条件下绘制的。图中以传动比 i 为横坐标，分别绘出了效率 η、变矩系数 K 和泵轮转矩系数 λ_P 的变化曲线。

（1）液力变矩器的效率 η 的变化曲线　液力变矩器的效率 η 的变化曲线为一条具有极大值的抛物线。C 点为液力变矩器的最高效率，目前一般可以达到 90% 左右。A、B 两点之间的区间通常为液力变矩器的工作区域，超出这一工作区域则因变矩器效率过低而影响经济性。

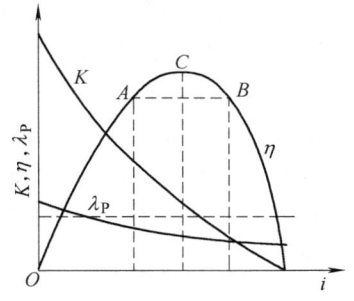

图 8-9　液力变矩器的特性

影响效率曲线变化规律的主要是流动损失和撞击损失。流动损失与流量的平方近似成正比，随着传动比（或涡轮转速）的增大，流量逐渐下降，使流动损失也随之下降。撞击损失在设计工况为最小，液流可以基本无冲击地流入叶轮进口，当偏离设计工况时，撞击损失增加，偏离得越多，则撞击损失越大。当流动损失和撞击损失之和达到最小值时效率达到极大值，而在效率极大值的两端效率曲线逐渐下降直至为零。在失速（涡轮静止）点，泵轮虽然有功率输入，但由于涡轮转速为零使效率为零，随着传动比（或涡轮转速）的增大，流量在逐渐下降，在流量为零的另一端因没有转矩的输出而使效率为零。液力变矩器的高效率工作区域较窄是其主要的缺陷之一，当其不能工作在高效率的工作区域内时，不仅由于能量损失造成汽车经济性下降，而且这种能量损失转化为热量形式发散，易于产生油温过高、热负荷增大等问题，因而应尽量避免这种情况的出现。

(2) 变矩系数 K 的变化曲线　当涡轮不转动时，循环圆中的流量达到最大，涡轮转矩也达到最大，此时的变矩系数 K 的数值一般为 2 左右。对应点的转矩称为失速转矩，是液力变矩器的重要性能参数之一。随着传动比（涡轮转速）的提高，循环圆中的流量逐渐下降，变矩系数 K 呈现单调下降的趋势，直至传动比为 1 时，泵轮与涡轮同步转动，流量为零使变矩系数 K 也为零。这种不需要控制就能根据外界负荷变化自动改变其转速、转矩的特性，对于汽车是十分需要的。当汽车起步、爬坡或遇到其他较大阻力时，假设发动机的转速与转矩不变，车速（即涡轮转速）将降低，此时变矩系数 K 的增大，保证了提供更大的转矩来克服阻力，以使汽车继续行驶。液力变矩器的这一特性不仅有防止发动机熄火的功能，更主要的是大大提高了汽车的通过性。

(3) 泵轮转矩系数 λ_P 的变化曲线　变速器的输入转矩随输出转矩的变化而变化的性质称为透穿性。若输入转矩不随输出转矩的变化而变化，则称为无透穿性。泵轮转矩系数 λ_P 的变化曲线就反映了液力变矩器的透穿性。若泵轮转矩系数 λ_P 为一条水平直线（如图 8-9 中的水平虚线），即保持不变，则表明液力变矩器不具备透穿性。通常泵轮转矩系数 λ_P 的变化曲线随传动比的增大而有一定程度的下降，这时对应不同的传动比就有不同的泵轮转矩系数 λ_P，即不同的泵轮转矩。具有透穿性的液力变矩器更适合于复杂多变的工况。

3. 液力自动变速器的闭锁与滑差控制

液力变矩器的高效率工作区域较窄是其主要缺陷，为了提高液力自动变速器的效率而引入了液力变矩器的闭锁技术。液力变矩器的闭锁是指在液力变矩器的泵轮与涡轮之间安装一个可控制的离合器，当汽车的行驶工况达到一定的范围以内时，控制离合器将泵轮与涡轮接合为一体。通过液力变矩器的闭锁，省略了液力传动这一效率相对较低的环节，成为直接的刚性机械传动。通过闭锁，消除了液力变矩器在高传动比工况下的效率下降，理论上闭锁工况的效率为 100%，实际上可使汽车的燃油经济性提高 5% 左右。

液力变矩器闭锁点的确定问题，存在单参数控制、双参数控制等方式。单参数控制，又包括涡轮转速控制、车速控制、档位控制。双参数控制，包括以泵轮和涡轮转速为参数的控制方式、以涡轮转速和加速踏板位置为参数的控制方式以及以车速和加速踏板位置为参数的控制方式。

以车速和加速踏板位置为参数的控制方式是目前乘用车中常用的方式。在加速踏板位置一定时，只有当车速达到设定值时才闭锁，不同加速踏板位置时其闭锁点的车速不同。这一方式可以实现高档闭锁而低档不闭锁，以避免低档范围内频繁闭锁，减少由此引起的冲击与磨损。

目前在锁止离合器的液压闭锁、离心闭锁及粘性闭锁等方式中，液压闭锁为主要的闭锁方式，利用液压系统油压产生接合，从而将液力变矩器泵轮与涡轮锁止在一起。

完全闭锁对提高汽车燃油经济性有利，故其闭锁范围有尽可能扩大的趋势。在发动机高速、小节气门状态下，由于转矩波动不大，因此液力变矩器无论闭锁与否，对乘员的舒适性变化不大；但当发动机工作在低速或大节气门工况时，由于发动机的输出转矩波动较大，完全闭锁会妨碍对振动与冲击的吸收，特别是在发动机低转速时。而且过低传动比闭锁，当汽车紧急制动时还可能导致发动机熄火。为了解决这些问题，在液力变矩器正常工作工况与全闭锁工况之间增加一个过渡的滑差控制。通过调节驱动离合器动作的油压，可以实现闭锁离合器的完全分离、完全闭锁和各种闭锁程度的滑差控制。由于存在离合器的滑转，一部分动力经液力传递，另一部分经闭锁离合器机械传递，不仅能提高传动效率，减小了振动与冲击，并且低速时可以避免紧急制动造成的发动机熄火。一种液力变矩器滑差控制的控制策略简介如下：

1）在低发动机转速下，完全不考虑闭锁，以隔离发动机低速时较大的转矩波动向变速器传递。

2）在发动机中高转速、小负荷时，转矩波动较小，这时液力变矩器完全闭锁，以提高传动效率。

3）在发动机中高转速、大负荷时，转矩波动较大，保持闭锁离合器一定的滑转。

4. 液力自动变速器的构成

由于变速范围较小且高效率的工作区域较窄，液力变矩器的单独使用不能满足汽车变速的要求，因而通常的液力自动变速器由液力变矩器、辅助变速装置以及自动换档装置三部分构成。

辅助变速装置主要有旋转轴式（应用行星轮系）和平行轴式（类似于常规多档变速器）两类。行星轮系具有结构紧凑的优点，目前绝大多数液力自动变速器都采用不同形式的行星轮系组合来构成辅助变速装置，只有个别车系采用平行轴式。

行星轮系由太阳轮、行星架和齿圈三元件构成，三元件转速 n 之间的一般关系式为

$$n_S + \frac{z_R}{z_S} n_R - \left(1 + \frac{z_R}{z_S}\right) n_P = 0 \qquad (8\text{-}10)$$

当太阳轮、行星架和齿圈分别作为主动（输入）元件、固定元件和从动（输出）元件时，就产生了多种不同的动力传递路线以及不同的传动比（见表 8-3）。多组行星轮系不同的组合就构成了多档的辅助变速装置。通过改变辅助变速装置中的动力传递路线可以得到不同的传动比。液力自动变速器实质上就是一种分段的或局部的无级变速器。

表 8-3 行星轮系的各种传动比

	太阳轮（S）	行星架（P）	齿圈（R）	速比 $i = n_i/n_o$
减速	从动	主动	固定	$1/(1 + z_R/z_S)$
	固定	主动	从动	$1/(1 + z_S/z_R)$
增速	固定	从动	主动	$1 + z_S/z_R$
	主动	从动	固定	$1 + z_R/z_S$
反转	主动	固定	从动	$-z_R/z_S$
	从动	固定	主动	$-z_S/z_R$

为了实现自动换档，执行元件使用了由液压驱动的离合器和制动器。

作为示例，图 8-10 给出了一种三档自动变速器辅助变速装置的构成简图。这一辅助变速装置由两组行星轮系组合而成，作为换档执行元件，有两个离合器 C_1 和 C_2 和两个制

动器 B_1 和 B_2。表 8-4 给出了对应的各档位时换档执行元件的状态以及所对应的传动比。

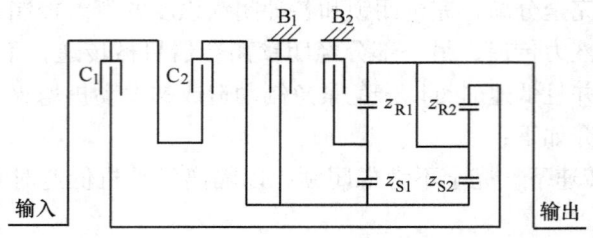

图 8-10　一种三档自动变速器辅助变速装置的构成

表 8-4　一种三档自动变速器辅助变速装置的传动比

档位	换档执行元件				传动比
	C_1	C_2	B_1	B_2	
1 档	接合	分离	分离	接合	$(1+z_{S2}/z_{R2}) + (z_{S2}z_{R1})/(z_{S1}z_{R2})$
2 档	接合	分离	接合	分离	$(1+z_{S2}/z_{R2})$
3 档	接合	接合	分离	分离	1
倒档	分离	接合	分离	接合	$-z_{R1}/z_{S1}$

图 8-11 所示为德国 ZF 公司一种大客车用的液力自动变速器的结构示意图，给出了自动变速器在低档（1 档）（见图 8-11a）和高档（6 档）（见图 8-11b）时动力传递路线。

其液力变矩器只在汽车起步时工作，之后一体化的闭锁离合器将发动机和行星轮系刚性连接，以将液力传动带来的功率损失减至最小。

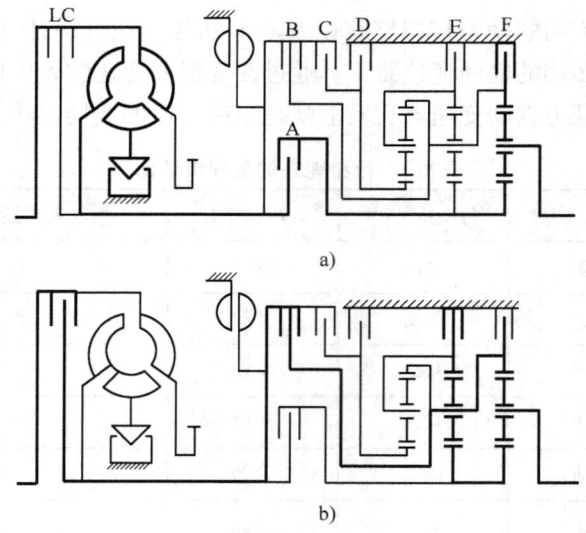

图 8-11　液力自动变速器的动力传递路线
a) 1 档　b) 6 档

行星齿轮传动由三套基本的行星轮系构成，依靠离合器和制动器改变动力传递路线，选择档位。离合器与制动器的不同组合最多可提供 6 个前进档。模块化的设计使得在同一型号的系列产品中可提供不同档位数（4档、5档或6档）的选择。行星齿轮传动比的紧凑分配使得汽车发动机任何时候均能工作在经济性较好的区域。集成的油泵统一向液力变矩器、换档元件、液力缓速器以及润滑系统供油。

在变速器中，还集成了液力缓速器，实现辅助制动的功能。制动力可以通过集成了调节阀的制动踏板或手柄来控制，可以实现无级的或有级的调节。

2011年，德国ZF公司开发出了乘用车用9档自动变速器"9HP"，适用于横置发动机的车辆，有两种类型，支持范围为280~480N·m的输入转矩。变速器采用了模块化结构，通过在变速器基本模块上安装各种辅助机构，可以支持更改起步元器件的特性及种类、嵌入电机后成为HEV（混合动力车）以及4轮驱动车等多种要求。9HP组合了4组行星齿轮机构和6组变速机构，变速执行机构采用液压啮合式离合器代替了通常的液压多片式离合器。

9HP与以往的发动机横置用标准6档自动变速器相比，燃油经济性最多可提高16%。这是因为变速比范围增大，减速比的最大变速段与最小变速段之比为9.84。因增加到了9档，还兼顾到了大变速比范围与变速档位之间的小减速比间距。因为扩大了变速比范围，所以在巡航时，可以使用高档的变速比降低发动机转速。在以120km/h的速度行驶时，如果采用原来的6档变速器，发动机的转数为2600r/min，而采用9档变速器则可以降低到1900r/min。

液力自动变速器主要技术发展方向是提高液力变矩器的动力传递效率、多档位化、变矩器闭锁离合器的精确控制、换档控制的智能化及换档平顺性和响应性的改善等。

三、无级变速器

可以通过多种方式实现无级变速，包括改变主、从动轮工作半径比的带、链传动；改变转动元件间的接触半径的摩擦传动；由液压泵和液压马达组成的改变液压马达排量的液压传动以及前述的液力变矩器等。

较早得到应用的带式无级变速器是由可变工作半径的主动带轮和从动带轮及V形胶带构成的，图8-12表示了这类无级变速器的工作原理。带式无级变速器通过调节主、从动

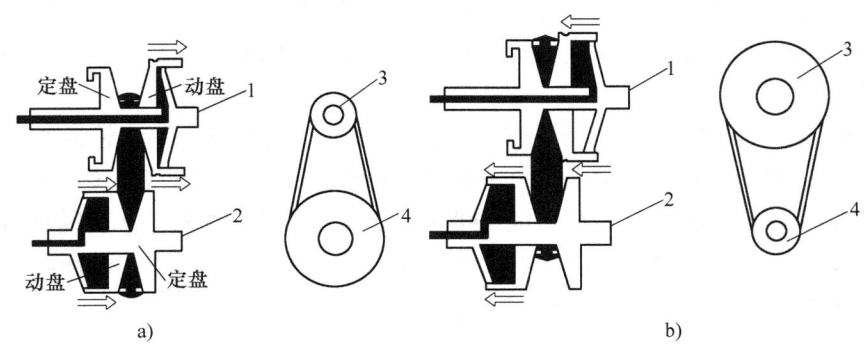

图8-12 带式无级变速器的工作原理
a）变速器传动比最小 b）变速器传动比最大
1—变速器输入端 2—变速器输出端 3—主动带轮 4—从动带轮

轮的夹紧力，使带在主、从动带轮处在不同的工作半径上，从而形成传动比的变化。带在主、从动轮上的工作半径在带的约束下从最小到最大是连续变化的，从而形成传动比的连续变化。图 8-12a 中主动带轮处于最小工作半径，而从动带轮处于最大工作半径状态，此时变速器的传动比为最小，图 8-12b 中主动带轮处于最大工作半径，而从动带轮处于最小工作半径状态，此时变速器的传动比为最大。主动带轮和从动带轮均由一侧的定盘和另一侧的动盘组成，通过动盘的轴向移动调节了带轮的工作半径，从而改变了传动比。

可由机械调节、液压驱动以及电动机驱动等多种方式来完成动盘的轴向移动，从而实现带轮的可变工作半径，图 8-12 中表示的为最常见的液压驱动方式。机械调节方式结构简单、成本低，但调节精度不高，无法实现电控，目前在踏板式摩托车中得到广泛应用。而电动机驱动虽然目前应用极少，但具有适于电控和效率较高等优点，使其具有较大的发展潜力。

针对 V 形胶带存在着传递功率以及使用寿命有限的弱点，一方面从材料方面来进行改进提高传动带所能传递的功率以及使用寿命，除了采用复合材料外，还有采用由 H 形的外包覆高耐热、耐磨塑胶的铝合金块嵌装在上、下两根拉力带上的设计方案。拉力带上下两层是帆布，中间为合成纤维加强层。另一方面又发展了如图 8-13 所示的金属带。金属带由许多金属片和两组金属环组成，金属片在两侧带轮挤压力的作用下传递动力，主动轮与从动轮间动力传递不是依靠金属带的拉力，而是依靠金属带的推力来完成的。每组金属环由多层带环叠合而成，确保在动力传递过程中

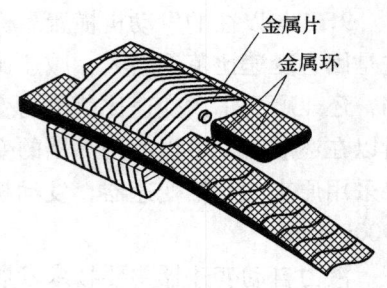

图 8-13 金属带

正确地引导金属片的运动。图 8-14 所示为实测的金属带式无级变速器在不同转速、负荷和传动比条件下的效率特性。从图中可见，工况对变速器效率的影响是较大的，在转速较低和负荷较大的条件下变速器具有较高的效率，可达到 90% 以上。

另一类无级变速器是链式无级变速器，虽然传动链带的结构（图 8-15）与金属带有明显不同，但链式无级变速器与带式无级变速器的工作原理还是十分相似的。传动链类似于自行车链条，由内连接片、压板连接片和连接它们的浮动销构成，通过链轮的两侧面压紧浮动销的两端面来传递动力。链带通常采用不等长链节结构来避免运转中产生共振，以减小振动与噪声。

图 8-16 所示为一类被称为牵引环式的无级变速器。变速器主要由输入盘、输出盘及传动滚轮三个主要元件构成。输入盘和输出盘是同轴线的，分别连接变速器的输入端和输出端，通过传动滚轮与输入盘和输出盘之间的接触（其间存在油膜）来传递动力。改变传动滚轮转动轴线与输入、输出盘转动轴线间的夹角，就可以分别改变传动滚轮与输入盘和输出盘接触的作用半径 r_i 和 r_o，从而改变其传动比，即

$$i = \frac{r_o}{r_i} \tag{8-11}$$

牵引环式无级变速器具有良好的动态响应特性，而且能使输出端从正转连续地过渡到反转，可简化变速器的结构。可以通过增加传动滚轮的数量以及提高刚性转动体接触时的

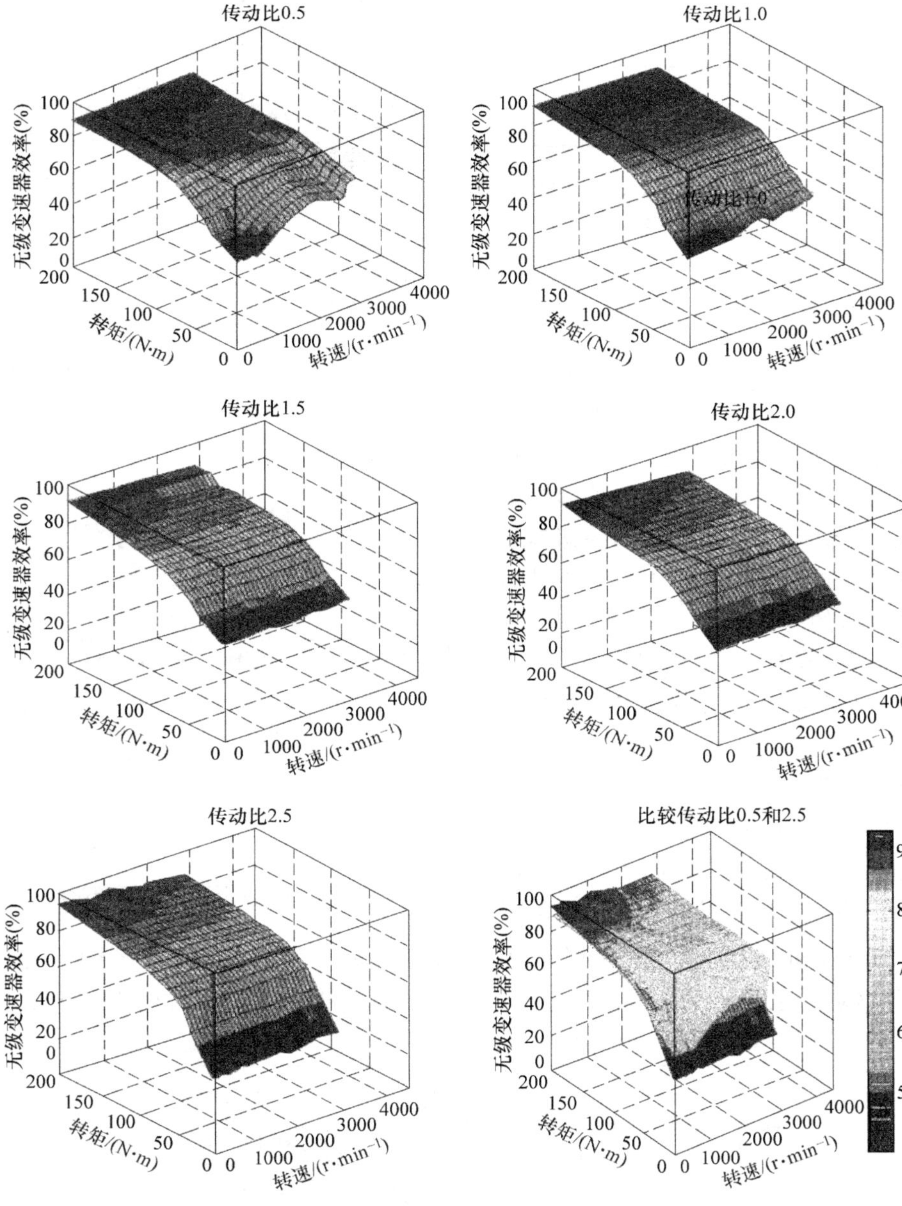

图 8-14　金属带式无级变速器的效率特性

摩擦因数的技术途径来提高牵引环式无级变速器传递转矩的能力。提高刚性转动体接触时的摩擦因数需要增大接触压力和提高油的黏度，同时也带来高温发热、磨损严重以及需要特殊的油液等问题，这也是这类变速器未能得到更多应用的主要原因。

相对于常规的齿轮传动，无级变速器无论是带式还是牵引环式，传动效率较低是其较为突出的缺陷，这在一定程度上抵消了由于应用无级变速器而使发动机工作在效率较高的工况下所带来的好处。

近年来，数家日本公司均推出了增加一级减速的无级变速器产品，这也可看成是一种

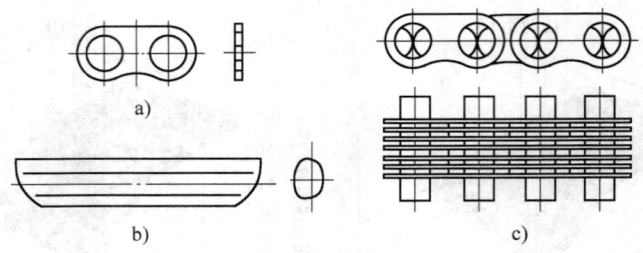

图 8-15 传动链带
a) 连接片 b) 浮动销 c) 装配后的传动链带

串联形式的复合传动。增加的一级减速采用行星轮系或平行双轴形式,有布置在变速器输入端的(大发、本田),也有布置在变速器输出端的(日产)。日产在 CVT 输出端增加的"副变速器"还具备在一级减速和直接传动之间切换的功能。增加一级减速使得变速比范围扩大,有益于整车性能的提高。同时总的变速比范围虽然扩大了,但 CVT 带轮部分的变速比范围反而可以缩小,摩擦损失降低,这有着提高传动效率的效果。同时实现了小型轻量化,变速器全长缩短了 10%,质量减小了 13%。

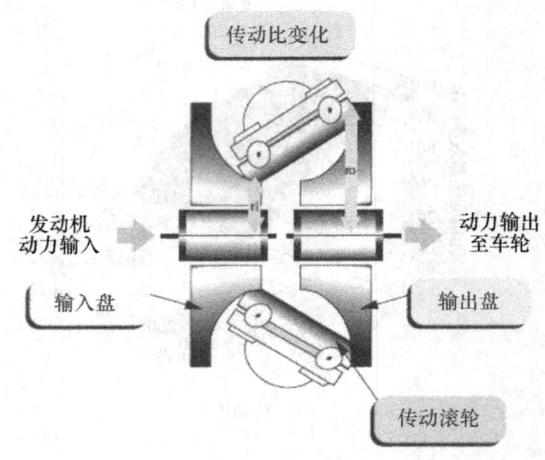

图 8-16 牵引环式无级变速器

图 8-17 所示为带副变速器的 CVT 的变速原理图。带副变速器的 CVT 较原 CVT 的变速比范围扩大 20% 以上,达到 7.3。1 档和 2 档的下限和上限将变速区域划分为区域 A、区域 B 和区域 C3 个子区域。区域 A 为 1 档的工作区域,区域 C 为 2 档的工作区域,区域 B 为保持原有档位的工作区域,1 档上

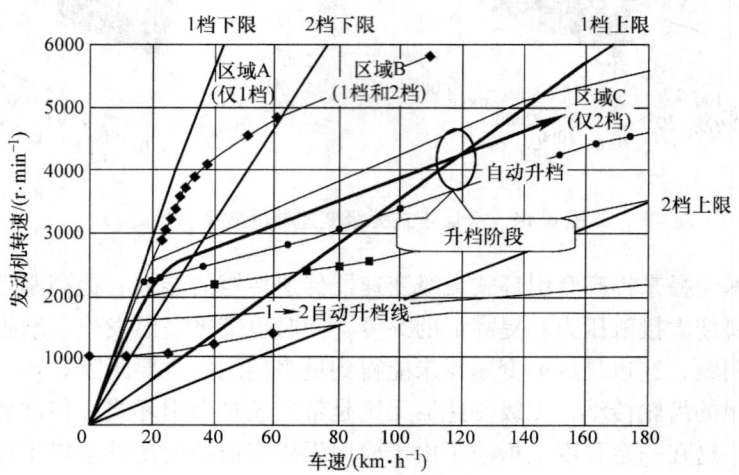

图 8-17 带副变速器的 CVT 的变速

限为 1 档换入 2 档的界限，2 档下限为 2 档换入 1 档的界限。例如，变速器的工作点从区域 A 进入区域 B，仍保持原 1 档，直至工作点继续移动进入区域 C，才换为 2 档。

四、AMT 与 DCT

AMT 即电控机械式自动变速器，是在常规的多档手动变速器的基础之上改进的，通常由人工完成的离合器分离和接合以及换档杆位置变换改由在电控单元控制下的相应执行机构来自动完成，实现了换档过程的电控。

图 8-18 所示为欧洲某公司所做的机械式自动变速器的节能效果分析，相对同样档位数的手动变速器，主要通过电控实现优化的换档规律，减小驾驶人的操作偏差，可实现 3%～5% 的节能效果，而手动变速器的性能受驾驶者经验的影响较大。

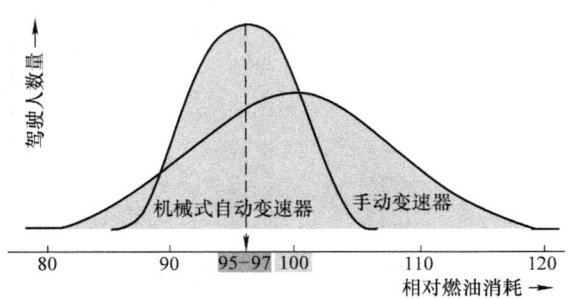

图 8-18　机械式自动变速器的节能效果

AMT 的换档过程与多档手动变速器相似，即按顺序完成下列步骤：

1）离合器分离，从发动机传输来的动力中断。

2）退档—选档—进档，退出原先档位，选择新的档位，并使其接合，进档过程中有同步器的作用。

3）离合器结合，从发动机传输来的动力恢复。

目前应用较多的执行机构为电—液执行机构和全电执行机构，为提高换档品质，还需要对发动机的转速进行控制，按需要增加或减少循环喷油量，使其与变速器输入轴的转速尽可能一致。

电控机械式自动变速器结构相对简单，对常规变速器的改动不大，可在一定程度上改善汽车的动力性、经济性以及行车安全性等。AMT 换档品质相对较差（主要体现在换档冲击大和动力中断时间长两个方面）是影响其竞争力的主要原因，目前 AMT 最短换档时间可达到 300～500ms。

2011 年，意大利兰博基尼（Lamborghini）发布了新的跑车 Aventador LP700-4，其中变速器为 7 档 AMT，应用了一种"独立换档轴"（Independent Shifting Rods，ISR）技术。通过配备 4 根相互独立的换档轴以及相应的执行机构，来实现在脱离某一变速器档位同步器的同时，由其他的换档轴啮合下一变速器档位的同步器。变速器的质量为 70kg，由于在手动变速器结构的基础上，只增加换档轴而不增加离合器及输入轴，因此相较 DCT 还具有重量轻的特点。这一技术可将动力中断控制在最小限度，实现了与 DCT 相类似的效果，据报道最短换档时间可达到 50ms。Aventador LP700-4 的百公里加速时间达到 2.9s，除了发动机功率大以外，新的变速器技术带来换档时间的大幅缩短也是主要原因之一。

图 8-19 所示为双离合器变速器的工作原理。

两个离合器 CL1 和 CL2 构成一整体，按其内部有无液压油，双离合器可分为湿式和干式两种类型。湿式双离合器的可控性和控制品质较好，具有压力分布均匀、磨损小且均

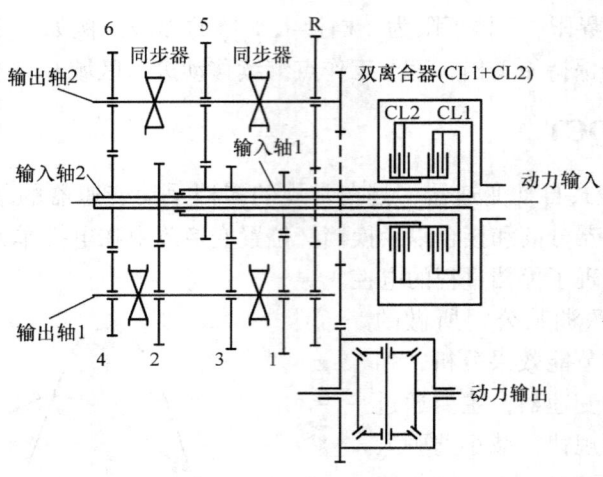

图 8-19 双离合器变速器的工作原理

匀、传递转矩容量大、不用专门调节摩擦片间隙等特点。由于采用液压油强制冷却，允许起步时较长时间的打滑和高档起步时不会烧损摩擦衬面，离合器的寿命比较长。然而，在分离状态中的多片式离合器的主、从动摩擦片之间因经过液压油相互滑转，产生较大的摩擦阻力，使变速器的传动效率降低，且工作时需要辅助液压动力源，增加了系统的复杂程度及制造成本。与湿式离合器相比，干式双离合器与传统手动变速器采用的膜片弹簧离合器相似，具有结构简单、传动效率高、不需要辅助动力、成本相对较低等优点。但是，由于干式离合器的热容量有限，因此在大转矩输入的情况下，系统很快就会达到热容极限，其热容极限明显低于液力变矩器或湿式离合器，在承载能力和性能稳定性方面存在一定的局限性。此外，干式离合器摩擦片的磨损相对较大，会影响其使用寿命。据德国大众汽车公司介绍，其6档双离合器变速器（应用湿式双离合器）DQ250的综合传动效率约为85%，传递最大转矩为350N·m，7档双离合器变速器（应用干式双离合器）DQ200的综合传动效率约为91%，传递最大转矩为250N·m。

离合器CL1与有1、3、5档以及倒档档位的输入轴1相连，离合器CL2与有2、4、6档档位的输入轴2相连。同步器可控制相应档位的分离或结合，每一同步器工作时具有三种状态，即左侧档位结合同时右侧档位分离、左右侧两档位均分离和右侧档位结合同时左侧档位分离。在某一档位结合时，通过输出轴1或输出轴2完成动力输出。通过两离合器工作状态的转换，即同时进行原档位对应离合器的分离和新档位对应离合器的接合来实现动力不中断换档（Power-shifting）。

DCT在换档过程中按顺序完成下列步骤：

1）预先选择新档位。
2）离合器1开始分离。
3）控制离合器的滑摩。
4）离合器2开始接合。
5）控制离合器1、2之间的转矩转移。
6）通过转矩及转速控制，满足牵引力和车速需求。

7）旧档位啮合齿轮脱开。

对比 DCT 和 AMT 的换档过程，可以看到 AMT 的换档过程是按顺序完成的，而 DCT 的换档过程中有一部分是并行完成的，即预先结合好新的档位，使原先工作的离合器分离的同时另一离合器接合，在进行离合器切换的过程中从发动机传输来的动力并不中断，同时也可以达到 30~50ms 的换档时间。换档时间的缩短带来了对双离合器摩擦材料、制造以及控制技术的高要求，这也是双离合器变速器面临的主要技术难题。

第三节　变速系统的匹配与控制

一、变速系统的匹配

在考虑变速系统的匹配时，应根据整车的具体用途及要求等，将发动机与变速器集成，作为一个整体来进行设计与优化。

首先应根据汽车的使用条件及要求和所选用发动机的特性来确定变速器的传动比范围，即变速器最低档传动比与最高档传动比的比值。汽车行驶的道路状况变化越大（例如越野车），所选用发动机的工作转速范围越窄（例如排量较大的发动机），则其变速器的传动比范围就应越大。乘用车用变速器的传动比范围为 6~8，较大的传动比范围有利于发动机以及汽车在不同工况下的性能的提升。

最高档（$i_{\min}$）的确定主要应考虑最高车速与发动机最大功率工况对应转速的关系。同时考虑到汽车位于最高档行驶的时间是最多的，从提高燃油经济性的角度出发，使发动机工作在较低转速下较为有利，可以适当地减小传动比 $i_{\min}$。

最低档（$i_{\max}$）的确定应考虑最大爬坡度、附着率以及汽车最低稳定车速的要求。当装用的发动机功率相对较小时，则其变速器的传动比应适当增大，以保证整车的动力性。

档位数的确定从理论上是档位越多越好，最理想的是无级变速，以适应复杂的使用条件，使汽车具有良好的动力性与经济性。实际上受到结构复杂性、制造成本等限制，但目前变速器的档位确实有逐渐增多的趋势，乘用车自动变速器的档位从 3 档发展为 6 档、8 档，甚至更高，大型客车和货车的变速器一般均在 10 档以上。

档位间隔近似等比级数分布，较高档位间的间隔一般较小，主要是考虑到较高档位的利用率较高的缘故。

二、变速系统的控制

1. 自动换档的换档规律

换档规律是指两档间自动换档（升档或降档）时刻随控制参数变化的规律，对汽车的动力性、经济性等性能的优劣有着重要的影响。

换档规律的确定主要考虑下列因素。

（1）驾驶人的操作意图　驾驶人对车辆驾驶操控的主观需求体现在加速踏板、制动踏板、档位选择以及转向盘的操纵上，希望达到车辆的加减速、停车、爬行和转向等状态。

（2）动力传动系统的匹配　合理的换档时机使车辆获得最佳的动力性、经济性和排放性能。

（3）行驶环境的制约　路面状况、温度等环境的变化直接影响车辆的行驶状态和安全，因此，环境的影响也是制定换档规律要考虑的重要因素。例如，车辆处于上坡工况，此时一般会加大加速踏板开度，若由此造成不必要的升档则会出现上坡加速慢，动力不足等现象，因此需要进行上坡状态的校正，一般应提前降入低档，或延迟升入高档。

换档规律按照控制参数的多少可分为单参数、双参数和三参数换档规律。

单参数换档规律的控制参数一般为车速，即车速达到一定值时变换档位。单参数换档规律最为简单，换档次数较少；但不能反映驾驶人的主观意图，不能根据节气门的大小调节档位，难以兼顾汽车的动力性和经济性，目前已极少应用。

双参数换档规律的控制参数为车速与节气门位置（或汽油机节气门开度），这也是目前应用最为广泛的换档规律。与单参数换档规律相比较（图8-20），在小节气门开度时可提前换入高档，提高了燃油经济性；而在大节气门开度时可延迟升档，以便充分发挥发动机的最大功率和转矩，有利于提高汽车动力性。

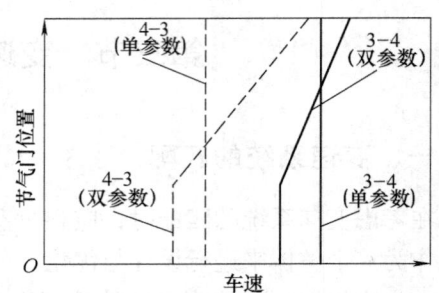

图8-20　单参数换档规律和双参数换档规律

三参数换档规律是在双参数换档控制规律的基础上发展起来的，增加了汽车加速度这一控制参数。三参数换档规律可以更全面地考虑汽车的动态过程，获得更好的性能，但控制也更为复杂。

一般而言，当发动机转速接近其最低转速时，应由高档换入低档；而当发动机转速接近其最高转速时，应由低档换入高档。当发动机转速介于其最高与最低转速之间时，可按最佳经济性原则或最佳动力性原则确定换档规律。作为示例，图8-21给出了两种不同换档规律的比较。按最佳经济性原则确定换档规律，即尽量利用高档（同样车速下发动机转速较低）行驶，主要是考虑通过档位调节使发动机能工作在经济性较好的区域，

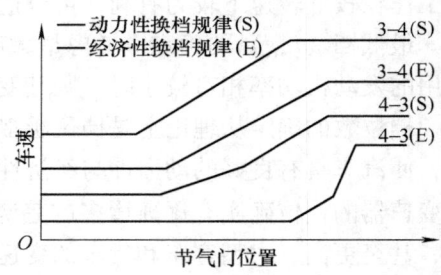

图8-21　动力性换档规律与经济性换档规律

在控制策略上的体现就是提前换高档和延后换低档。按最佳动力性原则确定换档规律，即尽量利用低档（同样车速下发动机转速较高）行驶，主要是考虑汽车起步、加速等工况下的动力性能，在控制策略上的体现就是在相同的节气门位置下，在车速较高时再换入高档（升档时）或换入低档（降档时）。

按最佳经济性原则与最佳动力性原则确定的换档规律可结合起来应用，一种方法是在经济性换档规律与动力性换档规律这两种方案之间确定一种折中方案，也称为综合性换档规律；另一种方法则是根据具体情况来选择经济性换档规律与动力性换档规律之中更为合适的一种，例如在节气门位置很小时采用经济性换档规律，而在以较高速率下踩加速踏板时采用动力性换档规律。为进一步提高车辆的加速性能，在自动变速器中还有强制降档

（kick-down）的控制策略，在加速踏板猛踩到底的情况下，通过快速的档位调节（降档）使发动机转速达到最大功率转速附近，尽可能提供最强劲的动力。

对于具体车型，通常需要通过仿真计算以及试验来确定合适的换档规律。智能化的换档规律近年来已得到重视与发展，例如，能符合驾驶人的习惯和爱好的换档规律；对不同的环境条件（行驶阻力、附着系数等）与行驶状况（上下坡、弯道等）的识别与相应的换档规律修正。

换档重叠是指在换档规律的确定中，在升档与降档之间存在一定的重叠区，即图 8-20 中所示的虚线与实线之间的区域。当汽车在低档下工作时，只有在达到实线时才换入高档；反之，当汽车在高档下工作时，只有在达到虚线时才换入低档。因而，重叠区是相邻的高档和低档都有可能工作的区域，其主要作用为：

1）有利于换档过程的稳定性，防止在换入新档后出现某种扰动，例如节气门或车速的变化，不会出现反复升档与降档的情况。

2）有利于减少循环换档，即不出现较短的时间内频繁来回换档的现象，以减少换档机构的损耗和提高乘坐舒适性。

2. 自动换档的换档品质

换档过程的评价指标包括换档时间、冲击度以及滑摩功等。对换档过程的基本要求是平顺与快速。换档品质好就是指换档时间短、换档冲击小和滑摩功小。

在换档过程中，由于车辆的惯性作用使车速基本保持不变，而输入端（发动机）的转速急剧变化导致输出端转矩的较大变化，进而导致汽车纵向加速度的较大变化，即乘员感受到的"换档冲击"。希望换档过程能在平稳而冲击尽可能小的情况下进行，这就是换档过程的平顺程度。换档过程的平顺程度不好，不仅会产生由于车速变化大所导致的不舒适感，而且还大大地增加了传动系统中零部件的动载荷。

冲击度是指汽车纵向加速度的变化率或车速的二阶导数，用来评价换档过程中的平顺程度。冲击度 j 的推荐值为应不大于 $10\mathrm{m/s^3}$。由分析可知，冲击度与变速器输出转矩的变化率成正比，由此也可看到冲击度较好地反映了换档过程的动力学本质，可表示为

$$j = \frac{\mathrm{d}a}{\mathrm{d}t} = \frac{\mathrm{d}^2 v}{\mathrm{d}t^2} \tag{8-12}$$

换档时间是指从电控单元发出换档控制指令到换档后离合器主、从动件转速完全同步且动力得到恢复所经历的时间。换档时间过长会影响汽车的动力性，严重时还会影响行车安全性。好的换档品质是要求在保证平顺的前提条件下尽可能缩短换档时间。

滑摩功是指在换档过程中（从离合器开始传递转矩到离合器主动件与从动件达到同步旋转的时间内）离合器主动件与从动件之间由于相对滑摩所损耗的能量，可表示为

$$L = \int_{t_2}^{t_1} T_\mathrm{c} (\omega_\mathrm{e} - \omega_\mathrm{c}) \,\mathrm{d}t \tag{8-13}$$

式中，t_1 和 t_2 分别为离合器滑摩开始和结束的时间；T_c 为离合器传递转矩；ω_e 和 ω_c 分别为离合器主动部分和从动部分的角速度。

滑摩所损耗的能量最终转化为热量并导致离合器的磨损，因而滑摩功与离合器的工作寿命有关。从式（8-13）可以看出，影响滑摩功大小的关键因素是离合器滑摩时间的长短

以及主、从动部分转速差的大小。

降低冲击度和减小滑摩功的要求通常是矛盾的。为了降低换档过程的冲击度,应放慢离合器的接合速度;而为了减小滑摩功,则要求加速完成离合器的接合过程。

图 8-22 表示了离合器的接合过程,将接合过程划分为三个阶段来分析:

第 1 阶段（$A—B$）：离合器处于尚未开始传递转矩的主、从动件分离状态,在此阶段内希望离合器快速接合,以减少起步或换档时的动力中断时间。

第 2 阶段（$B—C$）：离合器传递转矩逐渐增加,主、从动件的转速趋于一致的阶段。这

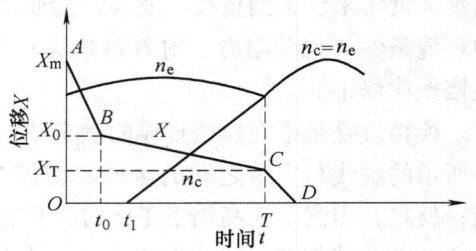

图 8-22 离合器的接合过程

一阶段中离合器的接合速度对换档品质起到决定性作用。接合速度过快,有可能导致换档冲击,影响换档的平顺程度;接合速度过慢,滑摩功会增加,可能导致离合器过热与过度磨损,汽车的加速过程性能也会受到影响。必须处理好这两方面的矛盾,确定合适的接合速度。

第 3 阶段（$C—D$）：离合器主、从动件的转速、转矩均已达到基本一致,希望尽快完成接合。

图 8-23 表示了一自动变速器从 1 档换入 2 档的动态换档过程。作为换档元件的两个离合器,一个湿式离合器在换档过程中应接合,另一个单向离合器在换档过程中应分离。

第 1 阶段：控制参数为湿式离合器的接合压力 p。在换档信号发出以后有一定的延迟时间,此后湿式离合器的压力近似线性增加,在第 1 阶段中自动变速器仍保持单向离合器接合,1 档传动比也保持不变。随着压力的增加转矩则逐渐从通过单向离合器传递转换到通过湿式离合器传递。

第 2 阶段：控制参数为湿式离合器的接合压力 p 和发动机转矩减小的百分比 β。涡轮转速回落是第 2 阶段开始的标志。单向离合器在第 2 阶段中分离,湿式离合器的压力基本保持不变,使其主、从部分的相对转速差逐渐减小直至基本同步。

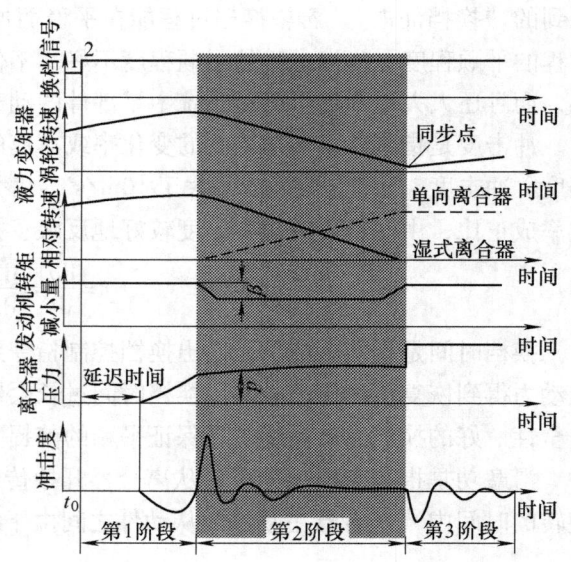

图 8-23 自动变速器的动态换档过程

在第 2 阶段中也同时控制发动机转矩减小的百分比 β。节气门调节的时机十分重要。在减小节气门的调节时若调节过晚,或在恢复节气门的调节时若调节过早,由于负荷相对减小,会使发动机转速有较大程度的升高,影响换档过程的冲击度和离合器的滑摩功;而在减小节气门的调节时若调节过早,或

在恢复节气门的调节时若调节过晚,将使发动机转速下降过多造成车速下降,影响车辆的动力性。

第3阶段:湿式离合器接合后,将其压力升高至最大工作压力,并保持不变以确保转矩的有效传递。

从图8-23中可见,换档冲击较明显处位于第2阶段和第3阶段的开始,研究表明发动机的转矩控制对其有较大的影响。

一种大客车用的液力自动变速器产品的电控单元如图8-24所示。

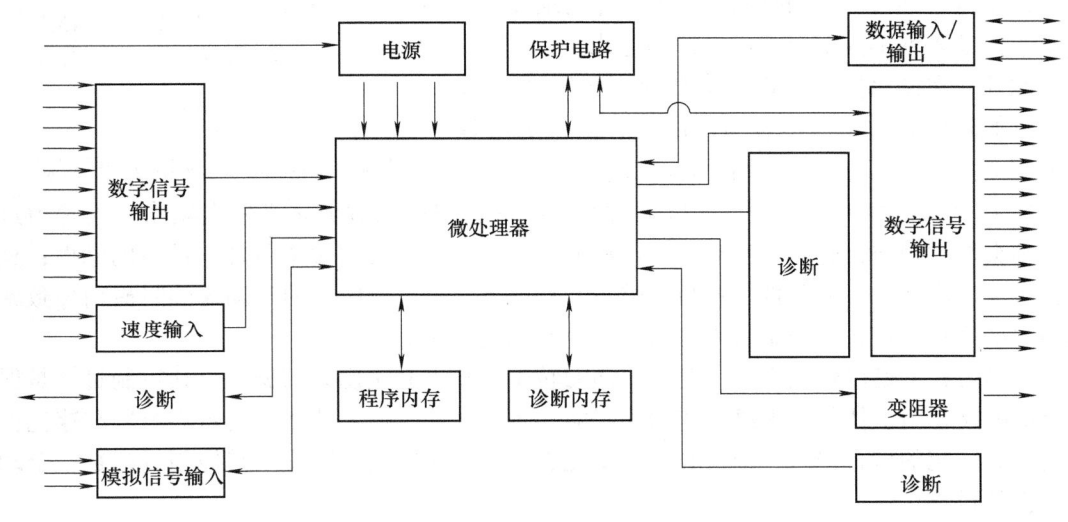

图8-24 液力自动变速器电控单元的构成

电控单元根据实时采集的发动机负荷、泵轮速度、车速、车辆行驶方向以及档位等信号来计算确定最优的换档点。在换档规律的确定中考虑了汽车加速度(图8-25)的大小,当车辆加速度较大时提前换入高档,而当车辆加速度较小时则延迟换入高档。

在换档过程中(图8-26),电控单元自动地修正驱动换档元件的油压以适应摩擦特性的变化,可以对摩擦因数、油液黏度和油液温度的变化进行补偿,以保证离合器在换档过程中保持设定的滑摩时间。如果这一反馈控制失效,换档时间超出设定值,电控单元将发出报警信号。

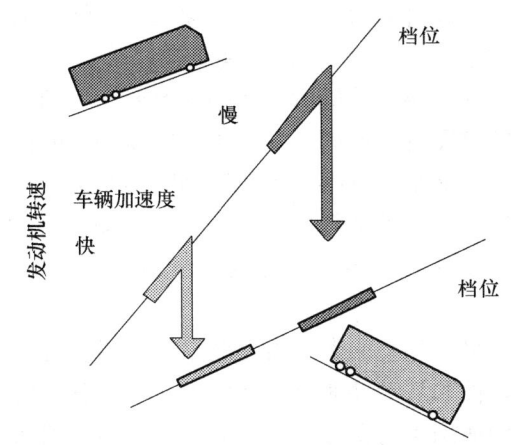

图8-25 与车辆加速度相关的换档控制

3. 变速调节

带式无级变速器的控制技术包括三个方面:速比控制,夹紧力控制和起步离合器控制。

（1）速比控制　为了提高汽车动力性、经济性以及排放等方面的性能，在汽车各种不同的工况下，应按驾驶人的意图使无级变速器的速比自动实现汽车行驶阻力与发动机工作点之间动态的最优匹配。无级变速器中对速比的控制与液力自动变速器中有类似之处，目前多是根据发动机节气门开度和车速这两个参数来实时确定最合适的速比，同时也考虑分为经济性模式和动力性模式。而不同之处，则是无级变速器的速比是可以连续地变化，更易于保证各种不同工况下最合适的速比。

此外，在速比控制中速比的变化率也需要控制在一定的限值之内。分析表明，过大的速比变化率不但不能提高汽车性能，反而适得其反。

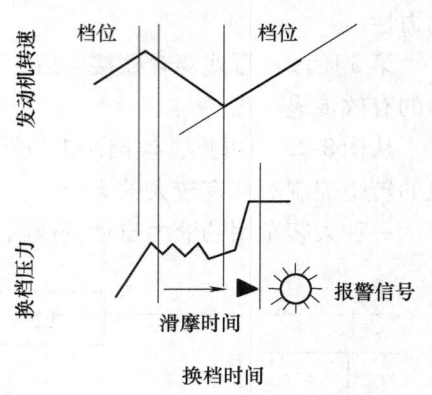

图 8-26　自动变速器换档过程的控制

（2）夹紧力控制　为了提高传动效率，必须合理控制对金属带的夹紧力。夹紧力过小，则会增加带与带轮间的滑动，不仅影响传动效率，也会加大金属带与带轮的摩擦；夹紧力过大，降低了带的柔性，使带与带轮在径向不同位置上应有的滑动受到阻碍而导致摩擦损失的增加，还会导致金属带张力过大，影响其工作寿命。

夹紧力控制是以带式无级变速器传递的转矩以及当前速比为依据的。其控制目标是保持合适的夹紧力，使带式无级变速器确保能够传递当前的输入转矩。夹紧力控制与速比控制之间有一定的耦合关系，即夹紧力的变化必然要引起速比的变化，其控制过程是一个动态平衡的过程。

（3）起步离合器控制　无级变速器的工作范围受发动机最低稳定转速的限制，不能得到速比为零的空档。由于无级变速器是靠摩擦力来传递动力的，起步性能也相对较差，所以起步离合器就成为无级变速器不可缺少的重要部分。同时，无级变速器在改变行驶方向（前进或倒车）时也需要离合器。

起步离合器应满足下列主要要求：结合动力平顺，分离动力彻底；结合速度能随驾驶人的意图变化而满足各种工况的需要；能保证结合时发动机不熄火；可靠的低速爬行功能使汽车能平稳越障；紧急制动时切断发动机与变速器之间的动力传递；避免产生抖动、冲击等现象，保证舒适性并避免在传动系统中产生过大的动载荷；限制传递的最大转矩等。湿式多片离合器、液力变矩器或电磁离合器都可以作为无级变速器的起步离合器加以应用。

另一类型的离合器是磁粉离合器。磁粉离合器是以磁粉为中间介质，利用电磁原理使主动件和从动件通过磁粉实现接合和分离的一种离合器，由于可较方便地实现电控，因而特别适用于需要自动换档的场合。当线圈通电后，在工作间隙中的磁粉被磁化，靠磁粉间的电磁力把转矩从主动件传给从动件，磁场强度随励磁电流的增大而增大，直到磁饱和为止。离合器所能传递的转矩由磁粉链的剪切强度决定。当励磁电流较小而输入转矩较大时，从动件与主动件之间可能产生滑转；当励磁电流足够大时，从动件与主动件同步运行。通过控制磁粉离合器的励磁电流，可以调节离合器的接合状态，有效地改善换档品质，从而提高车辆的性能。

液力变矩器通过与无级变速器的合理匹配后作为其起步离合器，可使汽车获得良好的起步和低速性能。常见的布置方式为串联式，起步时动力先经过液力变矩器，再传递到无级变速器，通过液力变矩器中的锁止离合器的作用实现单一的无级变速传动。此外还有较少用的并联式，即液力变矩器同无级变速器并行布置，在车辆起步时首先由液力变矩器输出转矩，当汽车加速到液力变矩器耦合工况时，通过离合器的转换实现由无级变速器直接输出转矩。

湿式多片离合器的一种基本控制策略是比例控制策略（图 8-27）。当驾驶人踩下加速踏板，电控单元根据加速踏板的位移和位移变化率信号判断出汽车的起步动作，使离合器压紧液压缸的压力立即升高到预先设定的初始接合压力。在接合过程中，为使汽车平顺起步，压紧液压缸的压力与发动机转速成比例地增加。待离合器主、从动部分的滑转消失后，把离合器的压力迅速升高到额定工作压力，以保证离合器可靠传递发动机转矩。进一步还可以采用模糊控制等控制策略，优化初始接合压力和接合过程的压力变化率等参数，以在各种起步条件下更好地满足汽车在各种复杂条件下的性能要求。

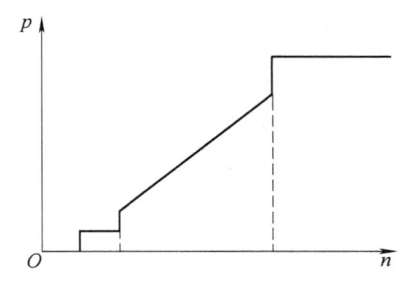

图 8-27 湿式多片离合器的比例控制策略

作为示例，下面简单介绍一种金属带式无级变速器，它包括了变速器的基本技术参数、结构及其控制系统等。WFC280 是德国 Mercedes Benz 公司为其新一代的 A 级车（紧凑型乘用车）新开发的一种无级变速器。

WFC280 是一种金属带式无级变速器，构成金属带的金属片宽度为 30mm，厚度为 1.8mm；金属环共有 12 层；带长为 240mm。变速器以液力变矩器作为其起步离合器，液力变矩器的循环圆的工作直径为 245mm。因为变速器用于发动机前置前驱的乘用车，因而也集成了差速器部分，动力经过差速器分别传递到两前轮。集成于变速器内部的由链传动的液压泵为叶片式，为带轮工作半径的调节提供压力油液。

表 8-5 列出了 WFC280 无级变速器的一些主要技术参数。

表 8-5　WFC280 无级变速器的技术参数

变速器传动比范围（配柴油机）i_{max} i_{min}	10.74 1.675	液力变矩器失速变矩系数	2
变速器传动比范围（配汽油机）i_{max} i_{min}	13.21 2.061	最大功率/kW	142
带传动的传动比范围　i_{max} i_{min}	2.719 0.424	最大转矩/（N·m）	280
液力变矩器外径/mm	245	总质量/kg	88

变速器控制系统的处理器采用32位，主频为32MHz的Motorola PowerPC MPC 555处理器。传感器包括了3个转速传感器，1个档位选择传感器，1个温度传感器和1个压力传感器。控制系统输出控制信号控制4个电流控制的电磁阀。

控制系统实现了模块化（图8-28），又可划分为5个部分，各部分的主要功能子模块简介如下：

① 基础部分
SI：信号输入
SO：信号输出
OS：操作系统、驱动以及任务管理
② 故障诊断部分
FH：故障处理
EH：错误处理
SM：状态分析
③ 信号部分
SP：信号处理
AP：信号的进一步处理
TP：转矩处理
EP：环境状态处理
④ 算法部分
GS：离合器接合算法
LS：锁止离合器算法
DS：驾驶模式算法
TS：转矩—加速踏板位置关系算法
⑤ 控制输出部分
GC：离合器接合控制输出
LC：锁止离合器控制输出
VC：变速器速比控制输出
PC：油泵控制输出
TC：发动机转矩控制输出

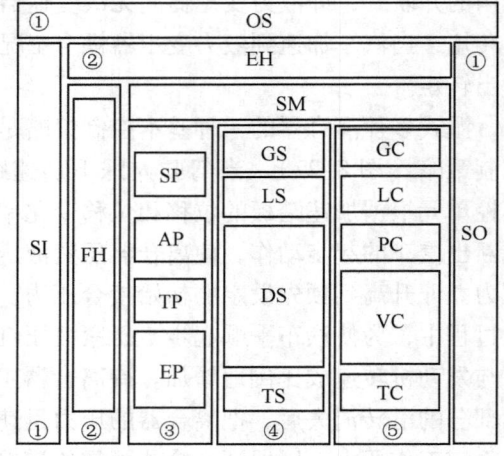

图8-28 无级变速器的控制系统

为了满足驾驶人多方面的不同要求，变速器的控制系统中设定了多种不同的驾驶模式，图8-29所示为节气门全开状态下乘用车从50km/h到130km/h的加速过程，显示了不同驾驶模式的明显区别。

（1）经济性行驶模式（C） 经济

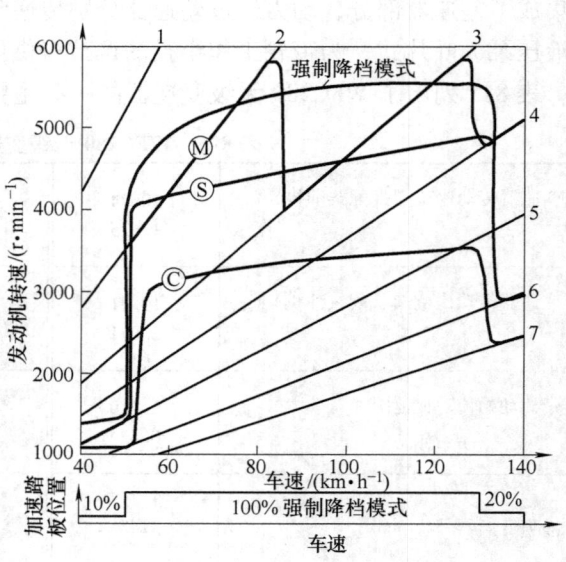

图8-29 不同行驶模式下的加速过程

性行驶模式下，发动机尽可能地保持在经济性更好的较低转速下运转，基本不进入高转速的工作区域，在加速过程中也是保持如此。在图 8-29 的加速过程中，发动机转速调节在 3000～3500r/min 范围内，加速过程结束后，发动机转速调节至 2500r/min 左右。

（2）动力性行驶模式（S）　动力性行驶模式则要求更好的动态响应特性和加速能力。在图 8-29 的加速过程中，通过调节变速器速比使发动机转速达到较高的工作区域内，加速过程的时间也会明显缩短。加速过程结束后，发动机转速保持在一个相对较高的转速下。

（3）强制降档模式（kick-down）　强制降档模式是根据驾驶人的意图将发动机调节至最高转速（最大功率）的工作点，以保证最迅速的加速过程和最短的加速时间。

（4）手动驾驶模式（M）　为增加驾驶乐趣，一些装用无级变速器的乘用车也设有手动驾驶模式，在此模式下驾驶人可以手动选择数个档位（WFC280 金属带式无级变速器设置了 7 档），这数个档位是根据变速器所匹配车辆的情况所确定的固定速比点。在图 8-29 的加速过程中，两次换档分别在车速约为 85km/h 和 125km/h 时进行。

测试表明，与 5 档液力自动变速器相比，装用 WFC280 金属带式无级变速器乘用车的燃油经济性可提高 9%，在相关法规规定的循环工况模式下百公里油耗从 8.16L/100km 降为 7.41L/100km。

三、动力装置的集成控制

汽车变速系统的技术发展方向除了多档化、扩大变速范围、提高传动效率等以外，还有变速器与发动机的集成控制，即动力装置的集成控制。

动力装置的集成控制主要是针对以发动机与变速器为主的动力总成进行燃油、点火、排气、变速等多方面功能的综合控制，此外还有可能提供牵引控制、防侧滑、空调、防盗以及向驾驶人提供信息等功能。

作为示例，在此简介上海通用汽车公司 Buick 乘用车的动力总成控制系统（PCM）。动力总成控制系统（PCM）将发动机控制与自动变速器控制集成为一体。控制的主要参数内容如下。

发动机部分：
1）点火提前角。
2）过量空气系数。
3）怠速。
4）燃油蒸发净化。
5）废气再循环。
6）电驱动附件（冷却风扇、空调压缩机离合器）。

变速器部分：
1）自动换档。
2）换档品质。
3）液力变矩器的锁紧离合器。

动力总成控制系统（PCM）中的主要传感器及其作用简介如下。

1）曲轴位置传感器：系统中有两个曲轴位置传感器，一个为电磁式，在发动机转速高于 1200r/min 时使用；另一个为霍尔效应式，在发动机转速低于 1200r/min 时使用，以提高控制精度。

2）凸轮轴位置传感器：为电磁式，用于气缸识别和决定顺序喷油模式。

3）废气再循环阀位置传感器：为电位计式，用于调节废气再循环量。

4）燃油箱压力传感器：为应变式，供燃油蒸发净化系统控制用。

5）氧传感器：氧化锆型，有两个，分别装在三元催化转化器上下游。

6）爆燃传感器：供控制爆燃燃烧用。

7）空气质量流量传感器：为热线式，测定进气量用。

8）进气管绝对压力传感器：真空应变式，通过速度-密度法求得进气量，特别在瞬态过程以及空气质量流量传感器失效时使用。

9）节气门开度传感器：为电位器式，输出电压信号表示节气门开度，进一步可求得节气门开度变化速率。

10）制动传感器：开关量，制动时要控制液力变矩器的锁止离合器分离。

11）变速器油温传感器：用于变速器保护工况模式，如高温时就强制液力变矩器的锁止离合器接合。

12）变速器档位范围传感器：开关量，由四个电压信号的高低电平表示变速档位的范围。

13）车速传感器：为电磁式，提供车速信号。

14）其他温度、液位等传感器。

作为典型示例，在此仅介绍动力总成控制系统（PCM）中对发动机喷油量的控制以及对自动变速器的控制部分。除此之外，系统还有对发动机点火系统、怠速工况、燃油蒸发净化、废气再循环等进行控制的功能。

1. 对发动机喷油量的控制

发动机采用进气道多点顺序喷射，喷油量的多少是由动力总成控制系统中的电控单元通过改变喷油器通电时间的长短来调节的。系统中对喷油量的控制主要有下列几种工作模式：

（1）起动模式　当点火开关首次旋至接通位置时，电控单元控制燃油泵继电器通电，以使燃油泵工作并建立起油压，然后检查发动机冷却液温度传感器和节气门开度传感器。发动机起动时，电控单元根据检测到的发动机转速的高低实时调节喷油量，以保证合适的混合气浓度。

（2）运行模式　有开环控制和闭环控制两种情况。

当发动机首次起动且转速超过 400r/min 时，系统在开环下工作，此时不考虑氧传感器的信号，而是根据节气门开度传感器、空气质量流量传感器和发动机冷却液温度传感器的信号来计算空燃比和调节喷油量。系统保持开环控制直至出现下列情况：

① 氧传感器产生变化的电压输出，表明温度已升高到能够满足氧传感器的正常工作。

② 发动机冷却液温度达到规定的限值。

③ 发动机起动后已持续运转了一段时间。

当这些条件被满足后，系统转入闭环控制。电控单元根据氧传感器的信号实时地调节喷油量，确保过量空气系数在 1 附近。

（3）加速模式 当电控单元检测到节气门开度和进气量快速增长时，将提供额外的燃油。

（4）减速模式 当电控单元检测到节气门开度和进气量减小时，将减少供油量。在急减速时，电控单元会在一段较短的时间内完全切断供油。

（5）燃油切断模式 当出现下列情况时，电控单元可全部或部分地切断供油，使系统可以自我保护以避免损坏，或改善汽车性能。

1）点火切断时（避免发动机出现表面点火等现象）。

2）点火接通但无点火参考信号时（避免溢油或回火）。

3）发动机转速过高时（避免发动机超速）。

4）汽车车速过高时（避免超过轮胎的额定车速）。

5）节气门关闭且高速滑行时（提高经济性、减少排放并增加发动机制动）。

（6）催化转化器保护模式 动力总成控制系统的电控单元时刻检测发动机运行并预估可能导致催化转换器温度升高的工况，如认为催化转化器会过热时，就将系统转换到开环控制并相应调节喷油量。

（7）蓄电池电压校正模式 当蓄电池电压较低时，电控单元可通过增加喷油量、增加怠速转速和增加点火持续时间等方法来补偿点火能量的不足。

（8）清理溢油模式 如果发动机溢油（缸内未燃燃油过多），可通过一直踩着加速踏板，然后起动发动机来清理。只要节气门开度超过 80% 且发动机转速均低于 600~800r/min 时，电控单元就始终切断喷油器电路。

2. 对自动变速器的控制

基本功能是可自动控制 1~6 档间的换档，换档时刻是根据车速和发动机节气门开度确定的，如图 8-30 所示。自动换档的执行是通过 2 个电磁阀的通断状态来实现的。当 2 个电磁阀均处于断电状态时，变速器为 3 档，这样的设计可以保证在自动变速器全部断电的情况下汽车仍可继续行驶。

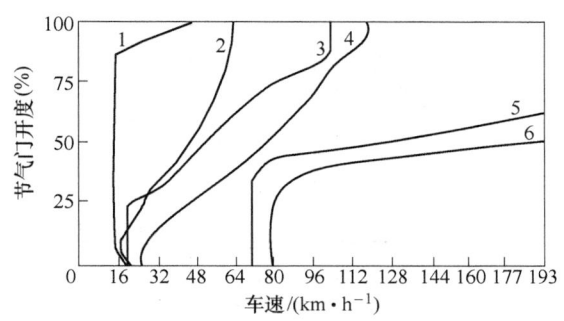

图 8-30 换档规律
1—1 档←2 档 2—1 档→2 档 3—3 档←4 档
4—3 档→4 档 5—5 档←6 档 6—5 档→6 档

对换档品质的控制就是对换档离合器和换档制动器等接合速度的控制，主要是通过对液压油路中压力的调节，而这一调节是通过动力总成控制系统的电控单元发送的 PWM 信号来控制一压力控制阀实现的。系统还有自学习功能，可对长期运行后的元件磨损自行进行调整。

系统还可以控制液力变矩器的锁止离合器的接合与分离。当电磁阀收到电控单元发送的信号后即打开或关闭通到锁止离合器的液压油路，驱动离合器动作，其接合速率是事先标定的。

> 阅读材料

一种功率分流式自动变速器

功率分流（Power Split）是指由发动机输出的动力在变速器中分别经由不同的传递路线传递后再输出，也可视为并联形式的复合传动，实际上这一种"功率分流"在混合动力车辆中也有着应用的实例。

功率分流式自动变速器的结构简图如图8-31所示。变速器由一组可变带轮半径的带式无级变速装置与二自由度行星轮系的组合构成功率分流式无级变速系统，应用功率分流原理并联的传递动力，由适于电控的磁粉离合器替代常规离合器，并扩充了齿轮传动的低档、高档、倒档和相应的换档机构。

常规变速系统中普遍采用的齿轮传动具有传动效率高但不能单独实现无级变速的特点；而对于可实现无级变速的液力变矩器及带式无级变速器等，传动效率低是较为突出的缺陷，这在一定程度上抵消了由于应用无级变速系统而使发动机工作在效率较高的工况下所带来的好处。功率分流式自动变速器的基本设计思路就是以经济型乘用车为应用对象，通过应用功率分流原理以及齿轮传动和带式无级变速装置的组合来实现并联的传递动力，并尽可能地取长补短发挥各自的优点，实现良好的整车性能与较高的性能价格比。

变速器的工作状况有三种，即低档、中档（无级变速档）与高档，通过相关控制元件的分离状态和接合状态的控制来实现档位的转换（见表8-6）。无级变速档为变速器主要使用的档位。

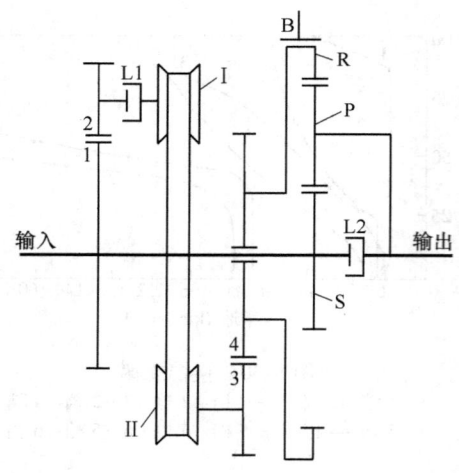

图8-31 车用功率分流式自动变速器
L1、L2—离合器 B—制动器 R—齿圈 P—行星架
S—太阳轮 1、2、3、4—传动齿轮

表8-6 控制元件的状态

档位	L1	L2	B
低档	分离	分离	接合
中档	接合	分离	分离
高档	分离	接合	分离

变速器位于无级变速档工作时，动力由两条路径传输，一条是直接传到行星轮系的太阳轮，另一条是经带式无级变速装置传递到行星轮系的齿圈，两股动力再汇合成为一股动力由行星轮系的行星轮输出。变速器可通过带式无级变速装置的传动比变化实现无级

变速。

对于二自由度行星轮系，其输出功率 P_{out} 与通过太阳轮和齿圈的功率 P_S、P_R 之间有关系式

$$P_{out} = P_S + P_R$$

以及三构件之间角速度 ω 的一般关系式

$$\omega_S + \frac{z_R}{z_S}\omega_R - \left(1 + \frac{z_R}{z_S}\right)\omega_P = 0$$

可以得知，变速器的传动比 i 与带式无级变速装置的传动比 i_{CVU} 以及各齿轮齿数 z（下标所对应构件见图 8-31）间的关系式有

$$i = \frac{1 + \dfrac{z_R}{z_S}}{1 + \dfrac{z_R z_1 z_3}{z_S z_2 z_4 i_{CVU}}}$$

通过带式无级变速装置传递的功率与总输出功率的比值（称为功率分配比）B_1 为

$$B_1 = \frac{P_R}{P_{out}} = \frac{i - 1}{\dfrac{z_2 z_4}{z_1 z_3} i_{CVU} - 1}$$

变速器的效率 η 为

$$\eta = B_1 \eta_{1-2} \eta_{3-4} \eta_{R-P} \eta_{CVU} + (1 - B_1)\eta_{S-P}$$

由上式可见，变速器的效率除了与功率传递路径中经过的各个环节的效率有关，还与功率分配比有关，通过带式无级变速装置传递的功率越小，变速器的效率就越高。图 8-32 所示为功率分配比与系统传动比 i 间的关系，而图 8-33 所示为系统传动效率随系统传动比 i 的变化规律。

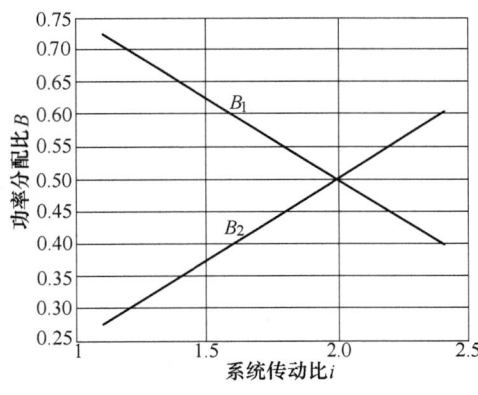
图 8-32　功率分配比与系统传动比 i 间的关系

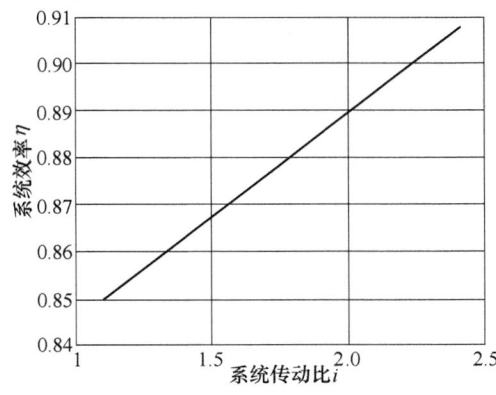
图 8-33　系统传动效率随系统传动比 i 的变化规律

在车辆起步或车速很低时系统工作在低档工况，动力由行星轮系太阳轮输入，然后直接经行星轮输出，单一的齿轮传动可提高车辆的起步性能。当车速提高到一定限值时，通过控制机构使系统进入无级变速档工作。在车辆以较高速度行驶时，为了提高变速系统的传动效率，可以控制行星轮系作为一个整体旋转，发动机输出的动力直接由变速器的输出

轴输出，此时相当于常规多档变速器的直接档。应用电控单元与相应的执行机构来控制档位选择与调节无级变速档时的最佳传动比。此外，系统还设有倒档机构，取代常规离合器的磁粉离合器等。

习题与思考题

1. 比较变速系统中应用各类机械传动和液体传动的特点。
2. 分别说明 AT、CVT、AMT 和 DCT 的工作原理及特点。
3. 分析变速器向"多档化"方向发展的原因和利弊。
4. 变速器变速比范围扩大后可能给整车性能带来哪些变化？
5. 改进后的发动机低速工况下的有效转矩得到提高，定性分析对应匹配变速器可能的相应变动及对整车性能带来的益处。

第九章

电驱动与混合驱动

汽车动力装置百余年的发展过程就是一个优胜劣汰的过程。不同类型的汽车动力装置的发展是相互竞争的结果。由于石油等传统能源紧缺和环保观念日益深入人心,各国政府和相关企业目前都在加强新型汽车动力装置产品的研发力度,电驱动与混合驱动目前正处在一个迅速发展的时期。在纯内燃机动力汽车和纯电动汽车之间,存在着弱混合动力、强混合动力、插电式混合动力和增程式电动汽车等不同架构、不同电动化程度的系统,其电动化程度从0(纯内燃机动力汽车)到100%(纯电动汽车)逐步提高。这种电动化程度就是指电驱动在整个汽车动力中所占的比重,主要体现在电机功率和蓄电池容量的大小等。

重要元件(燃料电池、蓄电池、电机、大功率电子器件等)的技术进展与突破对电驱动与混合驱动的发展有着十分关键的影响,而包括设计与运行中的实时控制这两个方面的系统优化对车辆性能的提高也十分重要。

第一节 电 驱 动

一、概述

电动车辆的动力装置一般由电驱动子系统、储能子系统以及附件子系统构成(见图9-1)。电驱动子系统中有驱动车辆的电机、变换直流电压(升压或降压)的电源变换器以及整车控制器等。储能子系统主要有可逆储能元件、车载充电装置以及能量管理单元。这里的可逆储能元件主要指蓄电池,也可能是其他能够储存/释放电能的元件,如超级电容器等。通过车载充电装置,可以从外部向蓄电池补充电能。附件子系统主要由电驱动的附件构成,例如车载空调、电动转向助力等。

此外,若电动车辆应用了燃料电池,则会增加相应的燃料电池子系统。而对于增程式

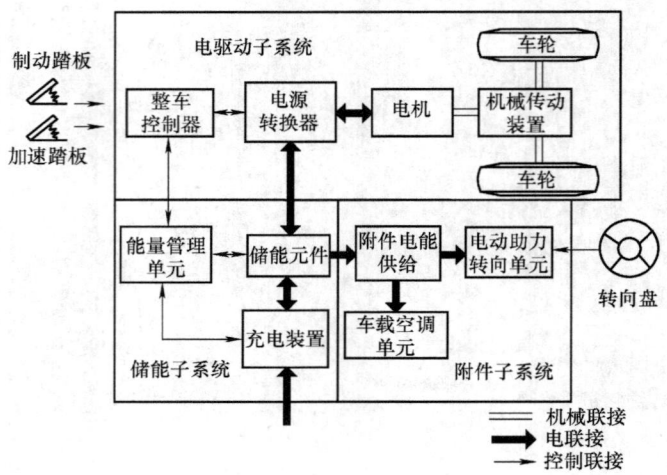

图 9-1 电动车辆的动力装置构成

电动车,则会增加增程器(Range Extender),即由发动机和发电机构成的车载充电装置。

对于电动车辆的电机驱动,也有着多种可供选择的布置方案,如图 9-2 所示。

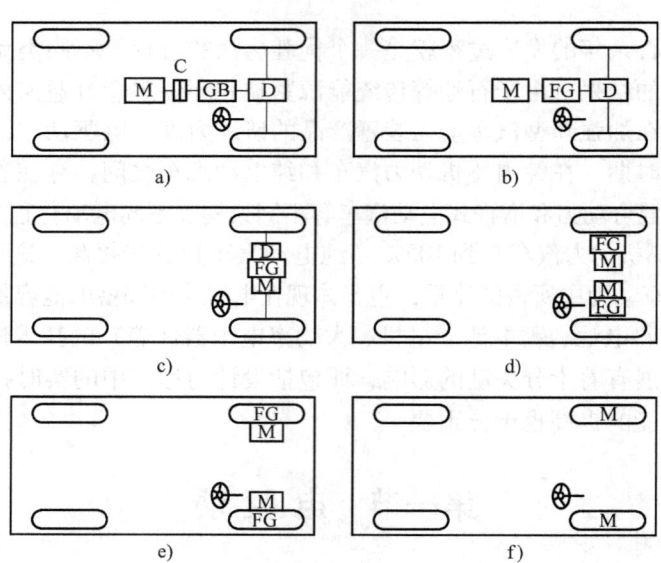

图 9-2 电动车辆的电机驱动布置方案
M—电机 C—离合器 GB—变速器 D—差速器 FG—固定传动比的减速器

1)由电机取代常规车辆中的发动机,离合器和变速器采用电控,如图 9-2a 所示。

2)充分利用电机在相对更宽转速范围内的良好特性,由固定传动比的减速器取代离合器和变速器,结构与控制均得到简化,如图 9-2b 所示。

3)在图 9-2b 所示方案的基础上,进一步将电机、固定传动比的减速器和差速器集成为一个部件,结构更为紧凑,如图 9-2c 所示。

4)省去差速器,采用双电机。两电机分别通过固定传动比的减速器与两边车轮连接,可根据需要提供不同的转速与转矩,如图 9-2d 所示。

5)如图 9-2e 所示,在图 9-2d 所示方案的基础上进一步简化结构,可将电机装入车轮内,即通常所称的轮毂电机,一般采用结构紧凑的行星轮系作为固定传动比的减速器,起到降低转速增大转矩的作用。

6)无任何中间传动环节,电机直接装入车轮内与车轮连接,直接驱动对电机的设计与控制有着更高的要求,如图 9-2f 所示。

二、蓄电池

蓄电池是一种能将所获得的电能以化学能的形式贮存并将化学能转变为电能的电化学装置,也是一种主要的可逆储能元件。在放电时,蓄电池负极发生氧化反应向外电路释放电子,正极发生还原反应从外电路得到电子,通过化学反应将化学能转变为电能输出。而在充电时,则过程正好相反,负极得到电子发生还原反应,正极失去电子发生氧化反应,通过内部的化学反应将充电电源提供的电能转变为化学能储存起来。

1. 蓄电池特性

蓄电池的主要性能指标除了常见的电压(V)、蓄电池容量(A·h)、蓄电池能量(W·h)及功率(W)以外,还有:

(1)蓄电池充、放电特性 蓄电池充电特性是指蓄电池充电时充电电压(见图 9-3a)或充电电流(见图 9-3b)随时间而变化的特性。从使用者的角度来看,一般希望充电时间越短越好,但充电时间越短,充电电流则需要越大,大电流的充电对蓄电池的工作寿命以及充电效率均有不利的影响。

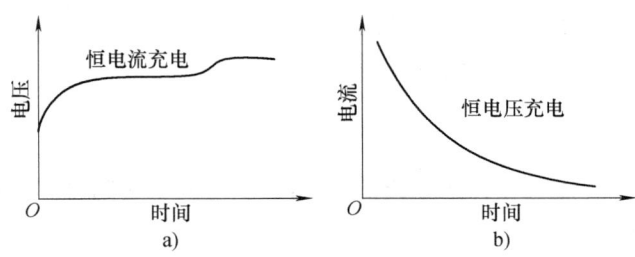

图 9-3 蓄电池的充电特性

如图 9-4 所示,蓄电池放电时端电压随时间而变化的特性称为蓄电池放电特性。蓄电池的端电压一般随着放电时间和放电速率的增加而下降,直至设定的终止电压。终止电压可以简单地理解为:放电时电池电压下降到不至于造成蓄电池损坏的最低限度值。终止电压值也不是固定不变的,它随着放电电流的增大而降低,同一个蓄电池放电电流越大,终止电压可以越低,反之应该越高。也就是说,大电流放电时容许蓄电池电压下降到较低的值,而小电流放电就不行,否则会造成损害。

蓄电池的容量 C 定义为在规定的条件下,完全充

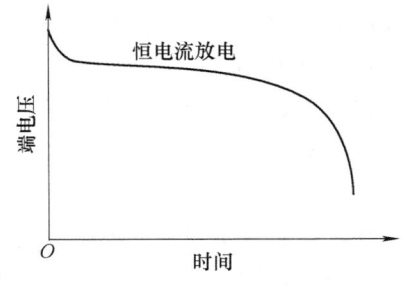

图 9-4 蓄电池的放电特性

电的蓄电池能够提供的电量，通常用安时（A·h）表示。即容量 C 是放电电流（A）和放电时间（h）的乘积。

对同一个电池采用不同的放电参数所得出的容量是不同的。一般而言，放电的电流越小，能够放出的电量越多。实际上，电池容量是用设定的电流把电池放电至设定的电压所经历的时间和这个电流的乘积。为确定蓄电池的容量，首先根据电池构造特征和用途的差异设定若干个放电时率，最常见的有 20h、10h 以及电动车专用电池通常采用的 2h，写作 C_{20}、C_{10} 和 C_2，其中 C 代表电池容量，后面跟随的数字表示该类电池以某种强度的电流放电到设定电压的小时数，用容量除以小时数即得出额定放电电流。

为表达和相互比较方便，引入放电速率这一参数。放电速率定义为额定容量（以 C 表示）与当量时间（即以一给定的恒定电流放电理论上放完额定容量所需时间）的比值。若蓄电池额定容量为 100A·h，以 20A 电流放电，则理论上放完 100A·h 额定容量需用 5h，放电速率记为 $C/5$。注意实际放电时间并不一定等于当量时间。例如当放电电流较小时，实际放电时间会大于当量时间，而当放电电流较大时，实际放电时间会小于当量时间。

显然放电特性较为平坦为好，即电压能保持稳定而受放电电流大小的影响较小。放电特性曲线的形状与蓄电池的电化学体系、结构特性以及放电条件等有关。对蓄电池温度的控制也很重要，过高或过低均不利于获得良好的放电特性。

（2）充电状态（State of Charge，SOC） SOC 定义为蓄电池剩余容量与全荷电容量的比值，反映了蓄电池内部参加反应的电荷状态参数的变化。在电动车的能量管理系统中，SOC 是一个重要的检测与控制参数，其数值在 0～1 之间变化。SOC 为 1 意味着蓄电池处于充满状态，随着放电过程的进行，蓄电池内储存的电荷逐渐减少，SOC 相应减小，而 SOC 为 0，即表示蓄电池放电达到最大限度。

在时间间隔 Δt 内，SOC 的变化可以表示为

$$\Delta SOC = \frac{i \Delta t}{C(i)}$$

式中，$C(i)$ 为对应电流 i 下的蓄电池容量。可以规定放电时电流 i 为正值，充电时电流 i 为负值，SOC 可以表示为

$$SOC = SOC_0 - \int_0^t \frac{i dt}{C(i)} \tag{9-1}$$

一方面在不同的放电速率和不同终止电压条件下对应着不同的蓄电池容量，另一方面蓄电池工作温度等状态参数也影响到能量的消耗，因此 SOC 的准确确定较为困难。对 SOC 的实时辨识是电动车能量管理系统中的关键技术之一。

（3）循环寿命（Cycle life）和工作年限 蓄电池的工作是一个不断重复充电和放电的循环过程。在每一个循环中，蓄电池中的化学活性物质要发生一次具有可逆性的化学反应。随着充电与放电次数的增加，蓄电池中的化学活性物质会发生老化变质，其化学功能逐渐减弱，使得蓄电池的充电和放电的效率逐渐降低，直至基本丧失其功能而报废。

循环次数与蓄电池充电与放电的形式、蓄电池工作温度等使用环境以及放电深度等均有关。放电深度"浅"时有利于延长蓄电池的寿命。

除循环寿命外，通常还要用蓄电池的工作年限来表示其使用的期限。

(4) 自放电速率（Maximum self discharge） 自放电速率是指蓄电池在无负荷的存放条件下自身放电，在单位时间内损失的电能或电能下降的百分数，单位为（W·h/d）或（%/d）。

(5) 蓄电池效率 蓄电池不可能将所有输入的电能全部作为有用的电能释放出来，为了对蓄电池的能量利用情况进行评价，引入蓄电池效率的概念，蓄电池效率又分为充电效率和能量效率。充电效率（又称为安时效率）定义为在规定的条件下，蓄电池放电期间给出的电量与恢复到初始充电状态所需电量的比值。而能量效率（又称为瓦时效率）定义为在规定的条件下，蓄电池放电期间给出的能量与恢复到初始充电状态所需能量的比值。

影响蓄电池效率的主要因素是蓄电池的内阻，在有电流通过蓄电池内部时产生一定的损耗。而蓄电池的内阻又与电池容量、电解质密度以及充放电状态等有关。此外，蓄电池自放电现象的电能损耗也计入蓄电池效率的测定中。

2. 对蓄电池的主要要求

表9-1为美国先进电池联盟（USABC）提出的到2020年实现商业化的电动车用蓄电池的目标性能，表9-2为美国先进电池联盟（USABC）提出的到2018年和2020年实现商业化的插电式混合动力电动车用蓄电池的目标性能。值得注意的是，这些性能是在蓄电池工作寿命终结时必须达到的性能，这意味着考虑到蓄电池在使用过程中的性能衰退，新蓄电池的性能要留有20%～30%的余量，其性能要高出表中所示目标性能。

表9-1 电动车用蓄电池的目标性能

性能（工作寿命终结时）	单位	系统	单体
放电峰值功率密度（30s脉冲）	W/L	1000	1500
放电峰值比功率（30s脉冲）	W/kg	470	700
充电峰值比功率（10s脉冲）	W/kg	200	300
可用能量密度（放电速率为C/3时）	（W·h）/L	500	750
可用比能量（放电速率为C/3时）	（W·h）/kg	235	350
可用能量（放电速率为C/3时）	kW·h	45	N/A
工作寿命	年	15	15
动态负载试验（DST）循环寿命	循环	1000	1000
售价（10万件时）	$/（kW·h）	125	100
工作环境温度	℃	-30～52	-30～52
正常充电时间	h	<7	<7
快速充电时间（80%ΔSOC）	min	<15	<15
最高工作电压	V（直流）	420	N/A
最低工作电压	V（直流）	220	N/A
最大电流（30s）	A	400	400
低温下无辅助措施时的可用能量比率（放电速率为C/3，-20℃）	%	>70	>70
极限温度范围	℃	-46～66	-46～66
最大自放电速率	%/月	<1	<1

表 9-2 插电式混合动力电动车用蓄电池的目标性能

性能（工作寿命终结时）	单 位	PHEV-20	PHEV-40	xEV-50
达到商品化目标时间		2018 年	2018 年	2020 年
等效纯电动行驶距离	mile	20	40	50
脉冲放电峰值功率（10s）	kW	37	38	100
脉冲放电峰值功率（2s）	kW	45	46	110
脉冲充电峰值功率（10s）	kW	25	25	60
电量耗尽（CD）模式下的可用能量	kW·h	5.8	11.6	14.5
电量维持（CS）模式下的可用能量	kW·h	0.3	0.3	0.3
往返行程最低能量效率	%	90	90	90
-30℃下冷起动功率，2s-3脉冲	kW	7	7	7
CD 模式循环寿命/总放电量	Cycles/（MW·h）	5000/29	5000/58	5000/72.5
CS 模式 HEV 循环寿命，50W·h 负载	Cycles	300000	300000	300000
工作寿命，30℃	年	15	15	15
最大系统重量	kg	70	120	150
最大系统体积	升	47	80	100
最高工作电压	V（直流）	420	420	420
最低工作电压	V（直流）	220	220	220
最大自放电速率	%/月	<1	<1	<1
系统充电速率，30℃	kW	3.3（240V/16A）	3.3（240V/16A）	6.6（240V/32A）
无辅助措施时的充放电温度范围	℃	-30~52	-30~52	-30~52
不同温度下充放电功率比率（与30℃下充放电功率相比），30~52℃	%	100	100	100
0℃	%	50	50	50
-10℃	%	30	30	30
-20℃	%	15	15	15
-30℃	%	10	10	10
极限温度范围	℃	-46~66	-46~66	-46~66
最高系统产品单价（10万件/年时）	$	2200	3400	4250

注：1mile = 1609.344m。

对电动车用蓄电池的主要要求包括：

1）具有高的能量密度和比能量，同时具有高的功率密度和比功率。能量密度和比能量分别是指单位体积和单位质量的蓄电池所能具有的能量，是在某一规定的放电速率条件下测定的。能量密度和比能量较高，意味着电动车的最大续驶里程较长，或可以减小其体积和质量，从而改善车辆经济性。

而功率密度和比功率则分别是单位体积和单位质量的蓄电池单位时间内所能放出的能量。功率密度和比功率较高，对提高电动车的加速性能、起动性能等有利，同时对于制动能量回收的效率也有着重要影响。

2）长的工作循环寿命。工作循环寿命影响到车辆的使用成本等，也受到工作模式等因素的影响。此外,还要求自放电速率应较低,能够长期存放。

3) 短的充电时间。如表 9-1 中所要求,蓄电池的正常充电时间应小于 7h,快速充电时应在 15min 以内充入额定电量的 80%。

4) 良好的性能价格比,低的制造成本以及适于大批量生产。目前一些性能较好以及极具发展潜力的蓄电池都存在制造成本过高的问题。降低成本的重点在原材料、材料加工以及单元和模块组装等方面。

5) 高效率以及对使用环境良好的适应性和免维护特性。蓄电池工作温度等使用环境对蓄电池的性能有一定影响,一般在低温下蓄电池的性能会有明显的下降。

6) 对环境友好,具有良好的安全性和可回收性。

图 9-5 所示为蓄电池主要性能与电动车性能的对应关系。

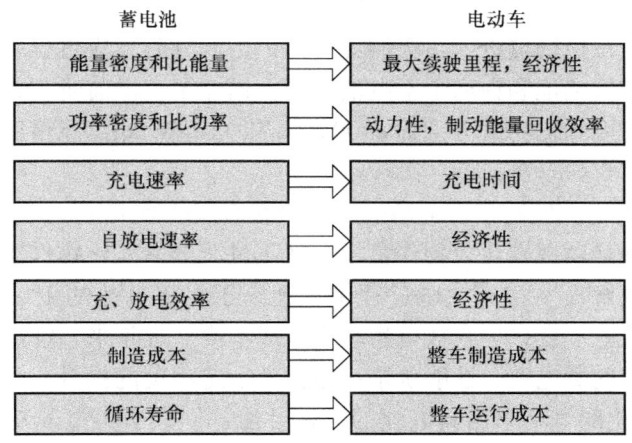

图 9-5　蓄电池与电动车性能的对应关系

3. 蓄电池的类型及特点

可用于电动车的蓄电池有多种,主要包括铅-酸蓄电池、镍-氢蓄电池、锂离子蓄电池等。表 9-3 列出了这几种典型的蓄电池特性,实际上随着技术的进步,这些特性的数值也在不断地进行变化。

表 9-3　典型的蓄电池特性

蓄电池种类 特性比较	铅-酸	镍-氢	锂离子	铝-空气
电解质	酸性	碱性	固态聚合物	碱性
比能量/(W·h·kg^{-1})	30~45	50~85	55~150	300~350
比功率/(W·kg^{-1})	40~70	100~600	190~300	100~200
工作循环寿命/次	1200	600~1200	600~1200	>1000
成本	低	中	高	高

(1) 铅-酸蓄电池　铅-酸蓄电池的电极主要由铅制成(一般采用金属铅作为负极,二氧化铅作为正极),硫酸作为电解液,其化学反应式为:

$$Pb + PbO_2 + 2H_2SO_4 \Leftrightarrow 2PbSO_4 + 2H_2O$$

蓄电池放电时金属铅和二氧化铅都与电解液反应生成硫酸铅；充电时反应过程则相反。铅-酸蓄电池技术成熟，成本相对低廉，但也有能量密度和比能量低的问题。

（2）镍-氢蓄电池　镍-氢蓄电池是正极活性物质主要由镍制成，负极活性物质主要由镉制成的一种碱性蓄电池。一般其正极工作物质为氢氧化镍，负极由储氢合金经吸氢处理后的粉末合成膏状涂覆于极板上，电解液是氢氧化钾中加有少量的氢氧化锂混合液。蓄电池内的主要反应为

正极　　　　　　　　　$Ni(OH)_2 + OH^- \Leftrightarrow NiOOH + H_2O + e^-$

负极　　　　　　　　　$M + H_2O + e^- \Leftrightarrow MH_{ab} + OH^-$

总反应式　　　　　　　$Ni(OH)_2 + M \Leftrightarrow NiOOH + MH_{ab}$

式中，M 为储氢合金；MH_{ab} 为储有氢的储氢合金。

蓄电池充电时，正极的氢进入负极储氢合金中，放电时反应过程则相反。镍-氢蓄电池的特点介于铅-酸蓄电池和锂离子蓄电池之间。据介绍，目前研制的镍-氢蓄电池已达到的性能为：功率密度和比功率分别为 2100W/L 和 1125W/kg，能量密度和比能量分别为 98(W·h)/L 和 52(W·h)/kg。

（3）锂离子蓄电池　锂离子蓄电池的出现只有短短的数十年时间，但已得到较大发展与应用。其工作原理是以锂碳化合物作负极，锂化过渡金属氧化物作正极，液体有机溶液或固体聚合物作为电解质。在充放电过程中，锂离子在蓄电池的正极与负极之间往返运动。锂离子蓄电池性能优良，但自放电率较高且成本高。近年来，锂离子蓄电池逐渐成为电动车辆中主要应用的蓄电池，性能价格比也得到一定程度的提升。如表 9-1 中所要求的到 2020 年实现商业化的电动车用蓄电池的目标性能：锂离子蓄电池功率密度和比功率分别将达到 1000W/L 和 470W/kg，能量密度和比能量分别将达到 500(W·h)/L 和 235(W·h)/kg。

除此之外，还有一些新型的蓄电池也在研发之中，但距离产品化尚有距离。

三、燃料电池

1. 燃料电池的工作原理

燃料电池（Fuel Cell）的本质是一种"发电装置"，它通过电化学反应将燃料的化学能直接转换为电能。而燃料电池内部的这种能量转换是通过氧化还原反应来完成的。氧化还原反应，即氧化剂 [O] 与还原剂 [R] 反应后生成反应产物 P，可表示为

$$[O] + [R] \rightarrow P$$

为理解燃料电池的工作原理，可将一个氧化还原反应视为两个部分的组合，一部分为氧化剂 [O] 的还原反应，一部分为还原剂 [R] 的氧化反应。若 e^- 代表电子，有

还原剂 [R] 的氧化反应　　　$[R] \rightarrow [R]^+ + e^-$

氧化剂 [O] 的还原反应　　　$[R]^+ + [O] + e^- \rightarrow P$

组合为　　　　　　　　　　$[O] + [R] \rightarrow P$

图 9-6 所示为燃料电池的工作原理。燃料电池工作时要连续不断地向电池内供应燃料和氧化剂，使用的燃料和氧化剂均为流体。通常在电动车中应用的燃料和氧化剂均为气

体，常用的燃料为纯氢气或富含氢气的气体，常用的氧化剂为经过净化的空气。燃料（还原剂）在阳极（图9-6中的左侧）氧化，氧化剂在阴极（图9-6中的右侧）还原，从而完成上述由两部分组合而成的化学反应。氧化反应中产生的离子从阳极经电解质迁移至阴极，而电子则通过外部电路（负载）定向流动并做功。由此可见，燃料电池中的阳极即为电池负极，而阴极为电池正极。

燃料电池有着多种类型，其中质子交换膜型燃料电池由于具有比功率与比能量高、可室温快速起动，并可按负载要求快速改变输出功率等优点，特别适宜作为电动车的动力来应用。一个质子交换膜型燃料电池单元由阳极、阴极和电解质隔膜等构成。质子交换膜型燃料电池以全氟磺酸性固体聚合物为电解质，铂/碳或铂-钌/碳为电催化剂，氢气或净化重整气为燃

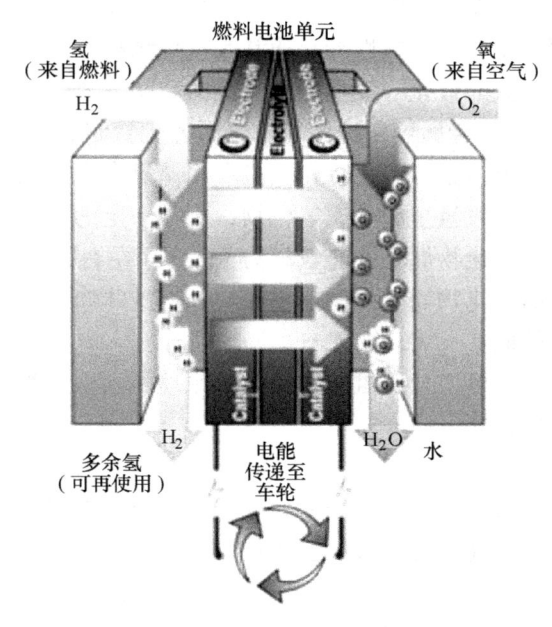

图9-6 燃料电池的工作原理

料，空气或纯氧为氧化剂，带有气体流动通道的石墨或表面改性的金属板为双极板。

质子交换膜型燃料电池中的阳极催化层中的氢气在催化剂作用下发生电极反应 $H_2 \rightarrow 2H^+ + 2e^-$，电极反应产生的电子经外电路到达阴极，氢离子则经电解质膜到达阴极。氧气与氢离子及电子在阴极反应生成水 $0.5O_2 + 2H^+ + 2e^- \rightarrow H_2O$，生成的水通过电极随反应尾气一起排出。

2. 燃料电池系统

燃料电池系统（见图9-7）一般包括以下5个分系统：

（1）电池组 它是整个系统的心脏，承担将化学能转换为电能的任务。通常根据系统所需输出的电流与电压等由电池单元通过串联与并联的方式构成。

（2）燃料与氧化剂供给分系统 通常由压气机将经过净化的空气供入燃料电池。

氢气的相对分子质量为2，是最轻的元素，其密度仅为空气的1/14.5，将氢气在常态下直接储存应用是不可行的。在燃料电池电动车中，氢气的储运与供给是关键技术之一。氢气的供给方式可分为两类：一类是直接使用氢气燃料，这一类中又可分为高压气体、低温液体以及金属氢化物等多种储存方式；另一类是通过车载专用装置先将甲醇或汽油转化为富含氢气的气体，再供入燃料电池。

1) 高压气体储氢。已开发的燃料电池电动车有近半数是采用高压气体储氢方式的。通过压缩提高氢气的压力，储存在高压容器之内。所用的容器要有足够的强度和良好的密封性，正在发展的重量轻、耐高压的复合材料储氢气瓶，其储氢压力可达到30MPa或更高。

压力越高，虽然储氢量增加，但是所需的能耗也越高。储氢压力为30~50MPa时，加压氢气的能耗为氢能的7%左右。

2) 低温液体储氢。高纯度的氢在 -252.8℃ 的超低温下呈液态。低温液体储氢方式所具有的储氢能力在同体积或质量下远比高压气体储氢方式要高。所用的容器要求很高,必须有良好的绝热性能,通常为双层结构,两层之间还必须抽真空和加入反射层。

氢的液化一般要消耗氢能的 20%~30%,而且必须使用高纯度的氢。

3) 金属氢化物储氢。金属氢化物储氢又可分为可逆与不可逆两种形式。

可逆金属氢化物储氢是利用储氢合金材料储氢。这类合金(例如 $LaNi_5$)可在一定条件下吸收氢生成金属氢化物,而在一定的压力和温度下,又能将吸收的氢释放出来。可逆金属氢化物储氢的充氢压力为 1MPa 左右,氢加压能耗也较低,但要求氢的纯度高。可逆金属氢化物储氢的储氢密度与低温液体储氢相当,但由于合金密度大,使单位质量储氢能力较低。

不可逆金属氢化物储氢的原理是利用一类金属氢化物(例如 LiH)与水反应产生氢的特性,即

$$LiH + H_2O \rightarrow LiOH + H_2 \uparrow$$

由于产物中有一部分氢来自水分子中的氢,所以对于同样质量的金属氢化物,它的储氢量远高于可逆金属氢化物的储氢量。

4) 车载制氢。车载制氢是指以甲醇、汽油等在车上制造富氢气体的重整技术。在已开发的燃料电池电动车中也得到了应用。

5) 其他。纳米技术的发展也为储氢提供了新的可能,一类碳纳米管储氢方式也正在研发之中。

(3) 电池组的水、热管理分系统　电池组的水管理是为保证燃料电池正常工作,必须使反应气含有一定水分,同时又要确保反应生成的水顺利排出。至今用于组装电池组的质子交换膜均须有水存在才能传导质子,一般采用反应气预增湿或自增湿的方法来保证膜处于良好的水合状态。

电池组的热管理主要完成排出反应废热等功能,可采用冷却液循环排热以及风扇进行冷却的方式来保证燃料电池内部正常的工作温度。若燃料电池的能量转换效率为 50% 左右,则在燃料电池内部的化学反应中还有约 50% 的化学能转变为废热的形式,必须及时排出。

如图 9-7 中所示,氢气与空气分别流过增湿器兼加热器 8,利用反应废热实现水的汽化并完成增湿后再进入燃料电池组。

(4) 输出电能的调整分系统　包括直流电压的稳定、过载保护以及视需要的直流变交流的逆变器等。

以燃料电池为动力的汽车动力装置的供电原理简述如下:燃料电池输出的直流电一般接一直流升压稳压器,将输出的直流电稳定在需要的电压范围内。若驱动电机为交流电机,则还需要接一直流交流逆变器,完成直流到交流的转换功能。为提高系统性能,一般还需要与燃料电池并接一组蓄电池,在车辆运行中的某些特殊工况时,例如为电机起动、车辆加速等提供额外的电能。

(5) 自动控制分系统　由多种传感元件、执行元件以及电控单元的软硬件等构成,对上述分系统的关键控制参数进行监测、调整和控制,以确保系统稳定可靠地运行,同时还

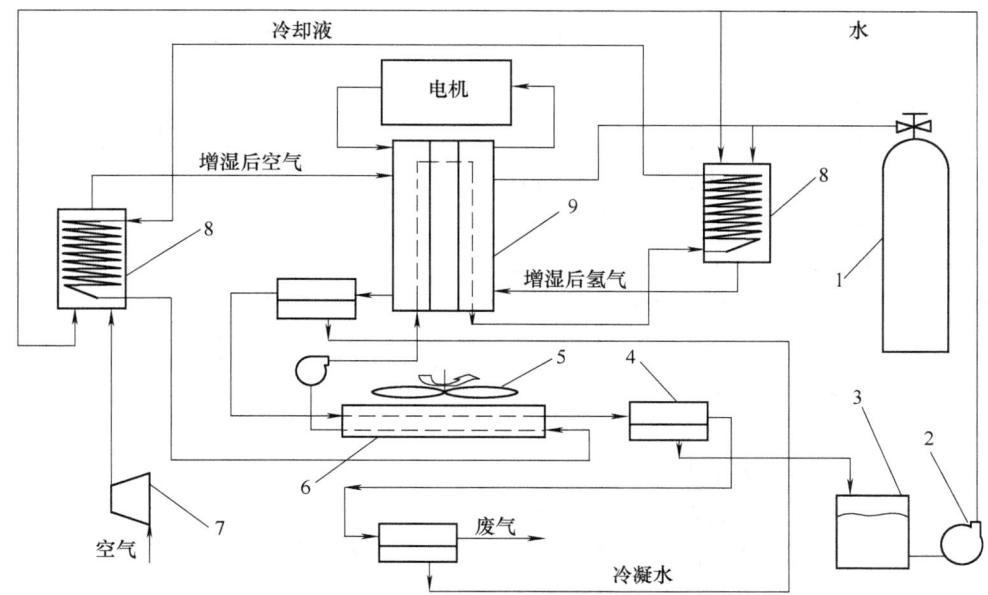

图 9-7 燃料电池系统
1—氢源 2—水泵 3—水箱 4—除雾器 5—风扇 6—散热器
7—压气机 8—增湿器兼加热器 9—燃料电池组

包括控制系统的起动、停车以及故障诊断等功能。

3. 燃料电池的特点

从工作原理上看，燃料电池类似于蓄电池。燃料电池的内部进行着化学反应，输出直流电。而从工作方式上看，它又类似于常规的汽油或柴油发电机。它必须不断地向电池内部送入燃料与氧化剂，同时它还要排出与生成量相等的反应产物。

燃料电池是一种高效、环境友好的动力装置，其主要优点包括：

(1) 高效率 由于燃料电池不需要经过燃烧过程就可以将燃料的化学能直接转换为电能，因此可以达到较高的能量转换效率。在理论上它的能量转换效率可以达到85%～90%，目前在应用中实际达到的能量转换效率为50%左右。与热机通常的特性不同，燃料电池一般在低功率运行时具有略高的效率，这一特性也特别适合常在中、低负荷下运行的车用动力。

(2) 环境友好 燃料电池基本上没有向大气环境排放的有害物质，例如氮氧化物等。当燃料电池以纯氢为燃料时，它的化学反应产物仅为水，从根本上消除了氮氧化物及二氧化碳等的排放。当燃料电池以通过矿物燃料制取的富氢气体为燃料时，其二氧化碳的排放量也较低。

同时，由于没有运动的机械部件，燃料电池运转较为安静、平稳，振动与噪声较小。

尽可能简化能量转化和传递的环节，对提高转化和传递效率将起到明显的效果。燃料电池中直接将燃料的化学能转化为电能输出，确实获得了较高的效率。实际上燃料电池较活塞式内燃机有着更长的历史，随着材料科学等学科的进步，燃料电池将会有更良好的应用前景。

四、电机

1. 电机特性

图 9-8 所示为作为电动机工作的典型电机特性，表示了电机转速与其动力输出（转矩和功率）之间的关系。电机的额定工作特性是指电机在温升允许范围内达到热平衡并能够长时间连续稳定输出转矩的工作特性。而电机短时间能达到的峰值转矩和峰值功率一般可达到额定转矩和额定功率的 2~4 倍，与电机本身的设计制造水平等因素有关。

电机特性图中可进一步绘出等效率线，表示电机在不同运行工况下的效率；也可进一步扩展作为发电机工作的部分（近似镜像对称于横坐标轴），此时的转矩和功率均为负值。

从图中可见，在基准转速以下电机能够

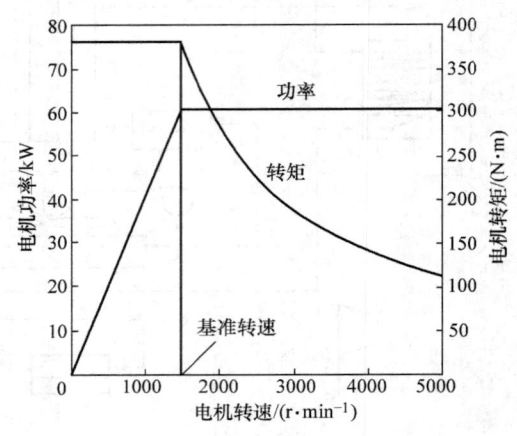

图 9-8 典型的电机特性

以恒转矩运行，而在基准转速以上电机能够以恒功率运行。在较低的转速直至转速为零的情况下，电机能够输出高转矩，这是相比于内燃机特性的一个突出优点。不仅使通常电动车的变速系统相对简化，而且有利于电动车动力性能的提高。

2. 对电机的主要要求

与常规电机相比较，电动车用驱动电机工况变化频繁且范围宽广，因而有着更高的性能要求，这些要求主要包括：

1）尽可能地降低体积重量从而提高功率密度，驱动电机在向着高电压、高转速的方向发展。

2）便于控制其在电动机或发电机模式下工作，稳态精度高和动态特性好，便于实现再生制动。

3）在宽广的转速与转矩范围内都具有较高的效率。

4）具有高的起动转矩，同时需要有 4~5 倍的过载能力以满足短时间加速行驶和最大爬坡度的要求。

5）其他，包括低制造成本、在较为恶劣的工作条件下的可靠性等。

电动车用驱动电机主要有直流电机、交流电机、永磁无刷电机和开关磁阻电机等类型。

3. 直流电机

直流电机是电动车中应用最早且很广泛的驱动电机。

直流电机是利用通电导体在磁场中受力这一基本原理制成的并直接利用蓄电池的直流电，调速与控制技术成熟且较简单，起动牵引力也较大。但电刷与换向器成为直流电机工作可靠性的薄弱环节，换向时产生的电火花易造成换向器的烧蚀，同时带来噪声、无线电干扰以及影响工作寿命等问题。同时也限制了电动机工作转速的提高，使直流电机的比功率较小。

4. 交流电机

交流电机具有结构简单、价格低、工作可靠、效率较高等优点，随着大功率电力电子开关器件技术以及直流电转换为交流电的逆变技术的发展，交流异步电机在电动车中得到较多的应用。

电动车用应用最多的交流电机是笼型异步感应电机（简称感应电机），工作原理与常规电机相同。由于电动车一般均采用直流电源，交流电机的应用需要增加将直流电转换为交流电的逆变器部件。

5. 直流无刷电机

图9-9所示为直流无刷电机的基本结构与工作原理，直流无刷电机系统主要由电机本体、位置传感器和电子开关电路三部分组成。电机的定子绕组一般制成多相（三相、四相或五相不等），转子由永久磁钢按一定极对数（$2p=2，4，\cdots$）组成，图9-9中的电机本体为三相两极。三相定子绕组分别与功率开关管相连，位置传感器的跟踪转子与电机转轴连接。

当定子绕组的某一相通电时，所产生的电流与转子永久磁钢的磁极所产生的磁场相互作用而产生转矩，驱动转子旋转，再由位

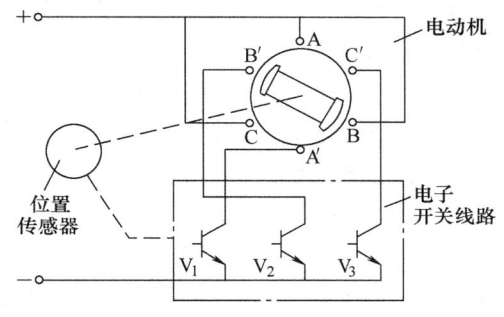

图9-9　直流无刷电机

置传感器将转子磁钢位置变换为电信号，去控制电子开关电路，从而使定子各相绕组按一定顺序导通，定子相电流随转子位置的变化而按一定的次序换相。由于电子开关电路的导通顺序是与转子转角同步的，因而起到了与机械换向器相同的换向作用。

直流无刷电机既具备交流电机结构简单、运行可靠、维护方便等优点，又继承了直流电动机运行效率高、调速特性好等优点，应用日趋广泛。

6. 开关磁阻电机

开关磁阻电机，其产品最早出现于20世纪80年代，下面将对它的系统构成、工作原理及特点加以介绍。

（1）系统构成　开关磁阻电机系统（见图9-10）主要由开关磁阻电机本体、功率变换器、控制器及位置及电流传感器四个部分构成。

电机本体（见图9-11）为双凸极结构，转子仅由硅钢片叠压而成，既无绕组也无永磁体，

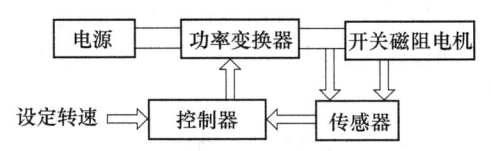

图9-10　开关磁阻电机系统

定子各极上有集中绕组，径向相对极的绕组串联，构成一相。常见的有四相8/6极、三相6/4极等形式。

功率变换器为开关磁阻电机运行供给所需能量，是连接电源和电机绕组的功率开关部件。功率变换器的拓扑结构与传统逆变器有很大差异，具有多种形式，且与开关磁阻电机的相数、绕组连接形式有密切的关系。此外，大功率电力电子开关器件的选用较为关键，

小功率中常用 MOSFET，较大功率则采用 IGBT。

控制器是实现开关磁阻电机自同步运行和发挥优良性能的关键。它综合位置传感器、电流传感器提供的电机转子位置、速度和电流等反馈信息，以及外部输入的命令，通过分析处理决定控制策略，向系统中的功率变换器发出一系列开关信号，进而控制开关磁阻电动机的运行。

位置传感器是转子位置及速度等信号的提供者，它及时向控制器提供定、转子极间相对位置的信号。常见的位置检测方案有光敏式、磁敏式及接近开关等含有机械的检测方案。电流传感器向控制器提供开关磁阻电机绕组的电流信息，常见的电流检测方案有电阻采样、霍尔元件采样和磁敏电阻采样等。

（2）工作原理　开关磁阻电机的工作遵循磁阻最小的原理，即磁通总是要沿磁阻最小的路径闭合，因此磁场扭曲而产生磁阻性质的电磁转矩。

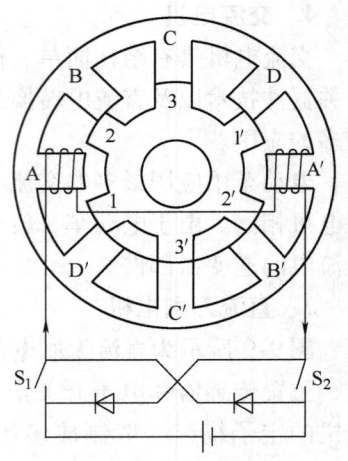

图 9-11　开关磁阻电机的工作原理

如图 9-11 所示，控制器根据位置检测器检测到的定子与转子间相对位置信息，结合给定的运行命令（正转或反转），导通相应的定子相绕组的主开关元件。对应相绕组中有电流流过，产生磁场。磁场总是趋于"磁阻最小"而产生的磁阻性电磁转矩使转子转向"极对极"的位置。当转子转到被吸引的转子极与定子极相重合（平衡位置）时，电磁转矩消失。此时控制器根据新的位置信息，在定子和转子即将达到平衡位置时，向功率变换器发出命令，关断当前相的主开关元件，而导通下一相，则转子又会向下一个平衡位置转动。这样，控制器根据相应的位置信息按一定的控制逻辑连续地导通和关断相应的相绕组的主开关，就可产生连续的同转向的电磁转矩，使转子在一定的转速下连续运行。再根据一定的控制策略控制各相绕组的通、断时刻以及绕组电流的大小，就可使系统在最佳状态下运行。

若按顺序依次给 B—A—D—C 相绕组通电，则转子按顺时针方向连续转动起来。当主开关管 S_1、S_2 导通时，A 相绕组从直流电源吸收电能；当 S_1、S_2 关断时，绕组电流通过续流二极管将剩余的能量回馈给电源。

（3）特点　开关磁阻电机目前仍处在发展之中，除在其他领域应用之外，也被认为是一种具有良好应用前景与发展潜力的电动车用驱动电机。开关磁阻电机具有一些很有特色的优点：

1）电机结构简单、坚固、制造工艺简单，成本低，可工作于极高转速。定子线圈嵌放容易，端部尺寸短而牢固。工作可靠，能适用于各种恶劣、高温甚至强振动环境。

2）损耗主要产生在定子，电机易于冷却，转子无永磁体高温退磁现象，允许有较高的温度。

3）转矩方向与电流方向无关，因而可简化功率变换器，降低系统成本。同时功率变换器不会出现直通故障，可靠性高。

4）起动转矩大，低速性能好，无感应电动机在起动时所出现的冲击电流现象。

5）调速范围宽，控制灵活，易于实现各种特殊要求的转矩—速度特性。

6）在较广的转速和功率范围内具有较高的效率。能四象限运行，具有较强的再生制动能力。

7）有很好的容错能力，可以缺相运行。

与一般电机相比，开关磁阻电机的转矩脉动比较明显，由此也引起相对较大的运转噪声，随着研究的深入和进一步的推广应用，减小开关磁阻电机转矩脉动和降低噪声已成为研究热点。

7. 几类电机的比较

表9-4为几种典型的电动车用驱动电机性能评估。从目前电动车用驱动电机应用的情况来看，直流电机目前已应用渐少，交流电机、直流无刷电机是目前应用的主要电机类型，而开关磁阻电机以及其他一些新型的电机则有待于进一步的发展。

表9-4　电动车用驱动电机性能评估

电机类型 性能参数	直流电机	交流电机	永磁无刷电机	开关磁阻电机
功率密度	2.5	3.5	5	3.5
效率	2.5	3.5	5	3.5
可控性	5	4	4	3
可靠性	3	5	4	5
成熟度	5	5	4	4
价格	4	5	3	4
合计	22	26	25	23

五、能量管理系统

能量管理系统将完成下列主要功能：

1）优化系统的能量分配。

2）预测电动车电源的剩余能量和续驶里程数。

3）提供最佳的驾驶模式。

4）再生制动时，合理地调整再生能量。

5）系统的故障诊断。

第二节　混合驱动

为了提高以发动机为主要动力的汽车的经济性，人们一直在向两个不同的主要技术发展方向努力。

一个是以电子控制为基础的可变技术，通过准确、快速的控制调节，尽可能地满足各种工况下的不同要求，实现性能优化。例如，汽油机燃油供给由化油器发展到进气道喷射（单点/多点），进而再发展到缸内直接喷射；柴油机的燃油供给也由以高压泵、高压油管和喷油器为主要部件构成的传统喷射系统发展到高压共轨电控燃油喷射系统；配气机构从传统的凸轮配气机构发展到可变凸轮配气机构，并有可能在未来实现全柔性化的无凸轮配气机构的应用。

另一个是使发动机只工作于性能较优的较小工况区域内，尽量避免工作在经济性相对较差的工况区域。变速系统在一定程度上可以调整发动机的工况，使其在输出功率不变的条件下，尽可能地接近经济运行线。发动机的小排量化加上增压也是提高发动机负荷率，使其工作在燃油经济性较好的工况下的技术措施。效果更好但系统更复杂的技术措施是混合动力系统的应用，通过引入不同形式的能量传递和可逆储能元件的应用，发动机和汽车负载的刚性联系转变为不同程度的柔性联系。这种柔性化的程度越高，经济性的改善幅度也越大。

蓄电池电动车由于最大续驶里程等问题，将更多地应用在一些特定场合下，例如城市内交通中。燃料电池电动车作为未来的汽车动力装置，目前在技术、制造成本等方面还有待进一步的突破，以使其真正具有竞争力。在这样一种情况下，混合驱动车辆得到了一定的发展空间并具有很大的发展潜力。有人认为混合驱动车辆仅仅是在以汽油和柴油为燃料的常规车辆向以氢能为动力的燃料电池电动车过渡中的一种产物，但这种认识值得商榷。实际上即使将来燃料电池电动车得到更广泛的应用时，也更可能是以混合驱动车辆的形式来实现的。

车辆应用混合驱动后，一般燃油经济性等性能可得到明显提高，最高可达50%以上，但复杂的结构以及增加电子控制等部分将使车辆制造成本有一定幅度的提高。

一、混合驱动的特征

常规车辆中，发动机的供给与车辆的需求有着刚性的关系。车辆的车速决定了车轮的转速，而车辆的行驶阻力决定了车轮上需要施加的驱动转矩，而发动机提供的有效功率必须等于车辆需求的功率加上传动系统的损耗，由此决定了发动机的工作区域。在一些情况下，由于车辆的需求，发动机不得不工作在经济性较差的工作区域。

变速器可以一定限度地改变发动机的工况，在保持发动机有效功率不变的情况下，通过变速器传动比的调节，可以降低发动机转速的同时提高有效转矩，使其工作在经济性更好的工况。但在一些情况下，变速器是无能为力的，例如在低速低负荷工作区域或最大有效功率点附近区域。

混合动力的基本思路（见图9-12）是将这种发动机供给与车辆需求关系的刚性转变为柔性的，即不再需要满足发动机提供的有效功率必须等于车辆需求的功率加上传动系统的损耗的约束条件。而实现这种发动机供给与车辆需求的柔性化，需要引入不同形式的能量传递和应用可逆储能元件。

当发动机供给与车辆需求关联越少时，发动机工作在性能最佳工作区域的自由度越大。混合动力为车辆动力装置提供了更大的设计与控制的自由度与优化空间，存在着提高车辆节能环保性能的巨

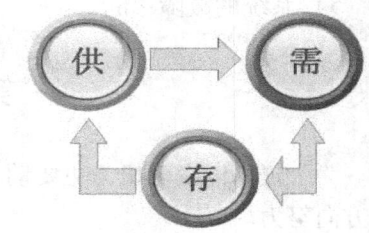

图9-12 车辆动力的"供需关系"

大潜力。

混合动力车辆存在着多种不同的架构，其中最基本的是串联形式和并联形式这两种。串联形式和并联形式的主要区别在于前者只有一个动力源（通常为电机）可以提供驱动力，而后者则有多个动力源（通常为发动机和电机）可以并行地提供驱动力。对于混合驱动也有着一些不同的定义，但不论何种架构或如何定义，混合驱动都应具有两个主要特征，即不同形式的能量传递和可逆储能元件的应用。

1. 不同形式的能量传递

在常规汽车中，由发动机输出的能量以机械能的形式经变速器等传递到车轮；而在电动车中，由蓄电池或燃料电池作为动力源提供电能来驱动车辆。而在混合驱动中，则应用了至少两种不同的形式进行能量传递，例如最常见的机械能与电能的形式。

混合驱动中应用不同形式能量的原因是满足"可逆储能"的需求，机械能必须转化为其他形式的能量，例如电能或液压能，才能够进行高效的存储，并在需要时再次释放输出。

在混合驱动不同形式的能量传递中，还存在着多种不同的结构形式，例如最基本的串联形式和并联形式。串联形式中，发动机输出的机械能由发电机转换为电能，电能由电动机转化为机械能驱动车轮。并联形式则是机械能与电能两种形式并联地（同时或单独）驱动车辆。

2. 可逆储能元件的应用

所谓的"可逆储能元件"，就是指可根据需要实时地储入能量和输出能量的元件。可逆储能元件的应用是混合驱动的另一个重要特征，也是混合驱动能显著提高车辆节能环保性能的关键所在。

最常见的也是应用广泛的可逆储能元件就是蓄电池。除此之外，还有下面将作简要介绍的超级电容器、储能飞轮以及液压蓄能器等。燃油箱也可以视为是一种储能元件，但不具备"可逆"的特性，它可以实时地输出能量，但储入能量需在特定的地点（加油站）才能完成。

前面曾提及，可利用变速器来调节发动机的工作点，提高车辆燃油经济性。但更好的途径是应用可逆储能元件。可逆储能元件的应用将可能使发动机的工况与车辆的工况完全"解耦"，或在一定程度上"解耦"，从而可使发动机根据需要间歇工作于最佳的稳定工况下而与车辆的工况无关。同时，可逆储能元件的应用也是实现再生制动的前提条件。

在混合驱动车辆中，尽管能量传递中存在着不同的形式，但从能量流的角度来分析，可归纳出如图9-13所示的四种情况。这里的发动机也可理解为一种广义的发动机，或是一种燃料转换装置（Fuel Converter），既可以是常规的汽油机或柴油机，也可以是燃料电池。

1）由发动机和可逆储能元件共同为车辆提供动力，是在车辆所需动力较大（例如在加速、爬坡等工况下）的情况（见图9-13a）。

2）发动机为车辆提供动力的同时向可逆储能元件充入能量，是在车辆所需动力较小（例如在市内交通等工况下）的情况（见图9-13b）。

3）由可逆储能元件单独向车辆提供动力而发动机停止工作，是在车辆所需动力很小而可逆储能元件中已储存相当能量的情况（见图9-13c）。

4）车辆的动能经转换后充入可逆储能元件，是在车辆在需要减速和制动的情况（见图9-13d）。

可逆储能元件既是蓄电池电动车的动力源，又是混合动力电动车的重要特征与组成部分，对车辆性能起到至关重要的作用。对可逆储能元件的要求与上述的蓄电池的要求大致相同，既要求其具有高的能量密度与功率密度，满足汽车动力性和续驶里程的要求，还要求储能元件具有与车辆使用寿命相当的工作寿命、高效率、拥有良好的性能价格比以及免维护特性等。

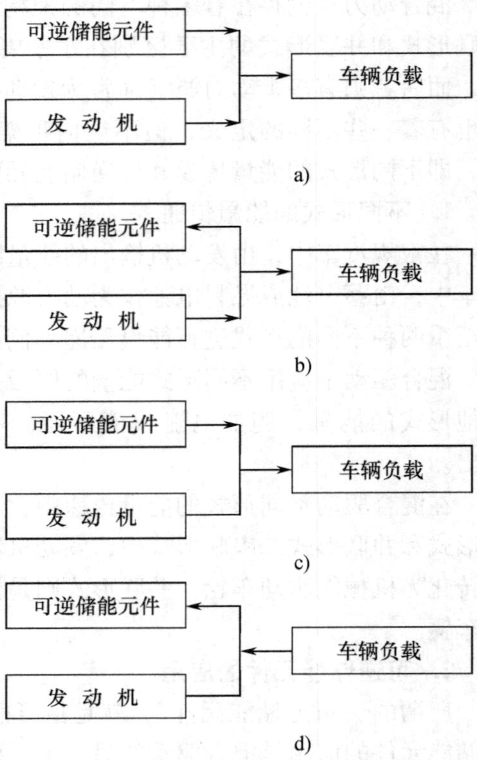

二、其他可逆储能元件

最常见的也是应用广泛的可逆储能元件就是前面已作介绍的蓄电池。除此之外，还有超级电容器、储能飞轮以及液压蓄能器等。

1. 超级电容器

如图9-14所示，电容器是利用储存电荷的能力来储存电能的，从本质上来看是一种电场储能形式。常规电容器存在能量密度低的缺点，仅用于弱电和高压脉冲技术等方面，难以作为电动车可逆储能元件应用。

所谓超级电容器就是有超大电容量的电容器，它的电解质具有极高的介电常数。超级电容器是近年来发展起来的一种新型的可逆储能元件，具有功率密度高（可达到数千瓦每千克以至更高）、循环寿命长（可达到10^5次循环以上）、使用温度范围宽（-40～60℃）及充电迅速（<3min）等优良特性，已在电动车中得到应用。

常规的蓄电池由于通过电解液与电极之间发生化学反应来产生电力，因此充电时需要花费一定的时间。经过多次充电和放电后，电解液逐渐分解、材料变质，性能也随之下降，使用一定周期后大都需要更换。与此相比，电容器不产生化学反应，可以直接将电力贮存起来。不仅充电所需的时间非常短，还能在瞬间释放出大量电流，输出功率很大。由于充电和放电时电极上没有发生决定反应速度与限制电极寿命的活性物质的相应变化，因而具有很高的循环寿命。

应用与研究中的超级电容器有很多类型，目前应用最广泛的为碳电极双电层电容器。

图9-13 混合驱动中的能量流

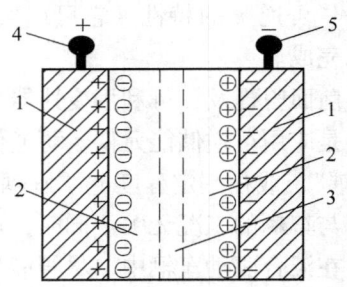

图9-14 超级电容器的工作原理
1—电容板 2—电解液 3—绝缘层
4—电容正极 5—电容负极

碳电极双电层电容器的电极材料通常使用经过高温处理后形成的活性炭，表面有无数的细小孔穴，以增加与离子相接触的表面积，可以贮存更多的电量。碳电极双电层电容器的工作原理为：在施加电压进行充电时，从正极的碳中释放出带负电的电子，失去电子的部分成为带正电的空间（空穴），因此可以吸引电解液中的阴离子。电子流向负极，与电解液中的阳离子相互吸引接合在一起。空穴与阴离子、电子与阳离子间都保持着数个原子大小的距离（双电层），这就是电的贮存状态，即使停止充电也不会发生变化。当电容器连接到负载上供电时，电子就从负极返回正极，离子也离开电极。电子朝着与充电时完全相反的方向移动并形成电流。由于不发生化学反应，所以可在短时间内完成充放电。

超级电容器的能量密度的提高始终是研究的重点之一，目前已有报道其能量密度可以提高到与镍-氢蓄电池相当的水平。纳米碳材料的出现，为改善电极材料以进一步提高超级电容器能量密度提供了新的可能性与发展空间。

为了有效发挥超级电容器瞬间释放出很大电流这一优势，可将其与蓄电池集成在一起使用，特别在车辆起动、急加速、急减速以及爬坡等工况下发挥作用，达到提高车辆性能、减小蓄电池体积和延长蓄电池寿命的目的。

2. 储能飞轮

储能飞轮由高速飞轮、可在发电机或电动机模式下工作的电机及其控制器等构成，如图9-15所示，可工作在如下三种情况下：

（1）飞轮充电 通过控制器的控制，电源驱动以电动机模式工作的电机提高飞轮的转速，输入电能转换为飞轮动能。

（2）飞轮能量保持 飞轮依靠最小的电能输入（克服摩擦等阻力）保持在一定的高转速下运转。

（3）飞轮放电 通过控制器的控制，以发电机模式工作的电机向外供电，同时飞轮的转速下降，飞轮动能转换为电能输出。

为了提高储能飞轮的能量密度，储能飞轮正向着高速化（最高已有达20万r/min以上），大容量方向发展。

应用高强度纤维材料以提高储能飞轮的能量密度，通过改善支承技术以及飞轮密闭在真空空间内以减小空气阻力等技术措施来减小储能飞轮长时间运转的损耗等，是储能飞轮研究中的热点与重点。

3. 液压蓄能器

液压蓄能器（图9-16）是另一类可逆储能元件，它以液体压力能的形式储入与输出能量。常用的液

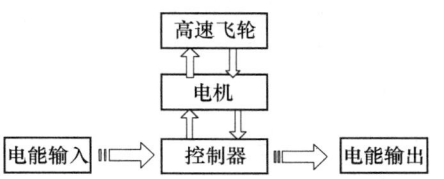

图9-15 储能飞轮的工作原理

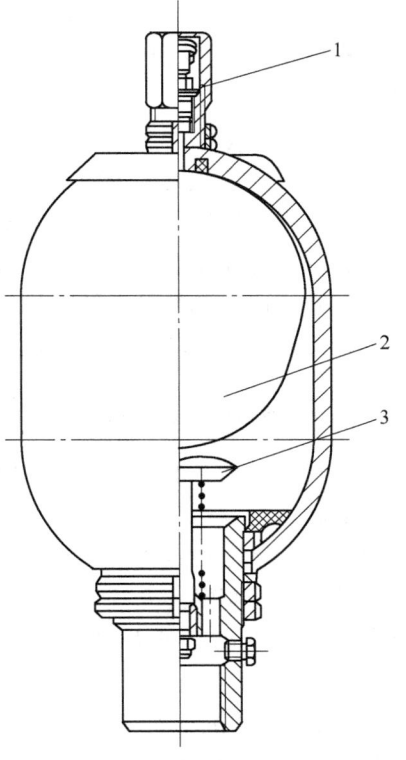

图9-16 液压蓄能器
1—气阀 2—气囊 3—菌形阀

压蓄能器为气囊式液压蓄能器，在高压容器内有一内充有一定氮气压力的气囊，当液压系统压力升高时，气囊受压缩使高压油进入蓄能器，能量以液体压力能的形式得到储入；当液压系统压力降低时，气囊膨胀使高压油输出蓄能器，用以驱动液压马达，实现了能量的储入与输出。液压蓄能器同样存在提高能量密度的问题，目前已有应用高强度纤维材料制造液压蓄能器的实例，可在一定程度上减轻液压蓄能器的质量。

应用以液压泵和液压马达两种模式工作的双向变量液压马达和液压蓄能器等，可构成另一类混合驱动车辆，即混合动力液驱车。混合动力液驱车近年来也逐渐得到关注并处于研发中，呈现出良好的发展潜力与应用前景。

三、混合动力电动车串联形式的结构与特点

混合动力电动车的串联形式如图9-17所示。

由发动机输出的机械能首先通过发电机转化为电能。由于发动机的工况基本与车辆的工况无关，发动机与发电机通常可间歇工作在最佳（以经济性、排放特性或两者兼顾作为优化的目标函数）的工况下，这也是其经济性与排放性能得到明显提高的主要原因。

转化后的电能为电动机提供电能，进而驱动车辆。在大负荷下，由蓄电池来补充提供不足的需求；而在低负荷以及制动工况时，蓄电池被充入电能。

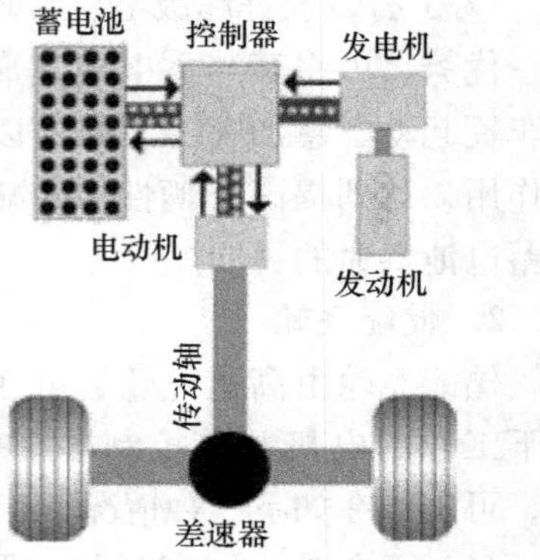

在混合动力电动车的串联形式中，能量传递是通过电能的形式完成的。因而串联形式的结构相对简单且便于布置，同时，一般不需要多档变速器且车辆短暂停车时不需要发动机怠速运转。

混合动力电动车的串联形式也可以看成是一种发动机起辅助作用的电动车，这种辅助作用主要是提高车辆的最大续驶里程。由于发动机不直接驱动车辆，因此，为保证车辆良好的动力性就需要大功率的电动机和大容量的蓄电池。

图9-17 混合动力电动车的串联形式

四、混合动力电动车并联形式的结构与特点

混合动力电动车的并联形式如图9-18所示。发动机提供的动力可以用来驱动车辆，也可以通过电机向蓄电池充电，蓄电池也可提供电能给电机，单独或与发动机共同驱动车辆。

混合动力电动车的并联形式可工作在多种模式下，包括：

1) 仅由发动机驱动车辆。
2) 仅由电机驱动车辆。
3) 由发动机和电机共同驱动车辆。

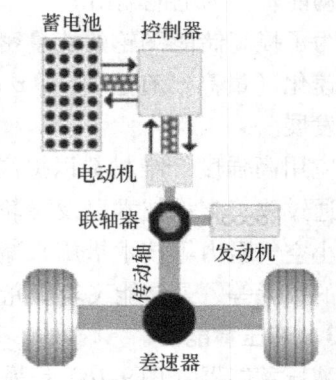

图9-18 混合动力电动车的并联形式

混合动力电动车的并联形式可以看成是一种电机起辅助作用的内燃机动力车,这种辅助作用主要是通过电机的调节改变发动机的工作点,有利于车辆改善经济性与降低有害排放。

由发动机和电机共同驱动车辆的特点使车辆的动力性,特别是加速性能可得到提高。此外,也存在着改配较小排量发动机以进一步改善经济性的可能性。

五、混合动力电动车的其他形式

混合动力电动车的技术发展历史还相对较短,串联形式与并联形式仅是众多技术方案中最基本的两种形式。各种形式的技术方案仍在研究、发展之中。各种形式的技术方案有着各自的特点,例如,串联形式与并联形式相比较,一般认为前者车辆经济性占优,而后者在汽车动力性方面较好。一般而言,较为复杂的形式虽然在制造成本等方面较为不利,但可能会带来较大的设计、控制的自由度,因而在性能上也会有所提高。

除了最基本的串联形式与并联形式以外,还有弱混合动力等不同的混合形式。

1. 弱混合动力

常规汽车发动机经局部改造后增加"发动机集成辅助电机系统"是混合动力车辆的一种形式,国外一般称为"弱混合动力(mild hybrid)"或"集成起动机/发电机系统(Integrated Starter/Generator, ISG 或 Integrated Starter/Alternator, ISA)"。从技术方案上来看,集成的辅助电机通常功率相对较小,有带传动式,也有电机与飞轮集成的方案,系统实现的主要功能描述如下:

1)作为起动电机,完成发动机起动的功能。
2)作为发电机,在需要时为蓄电池及汽车电器等提供电能。
3)在再生制动时,以发电机模式工作,回收制动能量。
4)在需要时(例如汽车急加速时)以电动机模式运转,提供汽车辅助动力。
5)若采用电机与飞轮集成的方案,则可取代原飞轮,实现改善发动机工作平稳性的功能。

"弱混合动力"也可算作是一种混合驱动的并联形式,但不能单独以电驱动模式运行。一般认为,发动机集成辅助电机系统的应用可提高车辆经济性至少10%~15%,同时具有对常规车辆的改动较小,所需蓄电池也较小,从而成本较低的优点。

2. 混合动力电动车的混联形式

混合动力电动车的混联形式(图9-19)在结构上综合了串联形式和并联形式的特点。与串联形式相比,它增加了机械动力的传递路线;而与并联形式相比,它又增加了电能的传递路线。虽然结构更为复杂且成本提高,但也带来性能上的进一步提高。

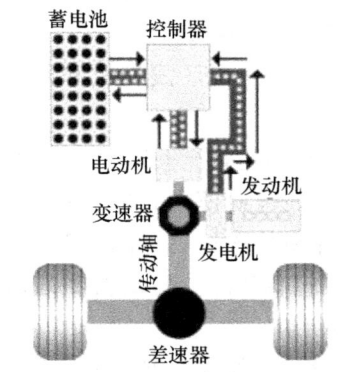

图9-19 混合动力电动车的混联形式

在实际的混合动力电动车中,还有着多种更复杂的结构形式。这类结构形式在设计与控制上均有着更大的难度，结构复杂性使成本也会有所提高；但另一方面设计与控制的自由度加大，也会带来更好的经济性等车辆性能。

（1）双轴复合式混合动力系统之一　如图9-20所示，前、后轴均为驱动轴，其中前轮由混合动力驱动，后轮由电动机驱动，该系统共有六种工作模式。

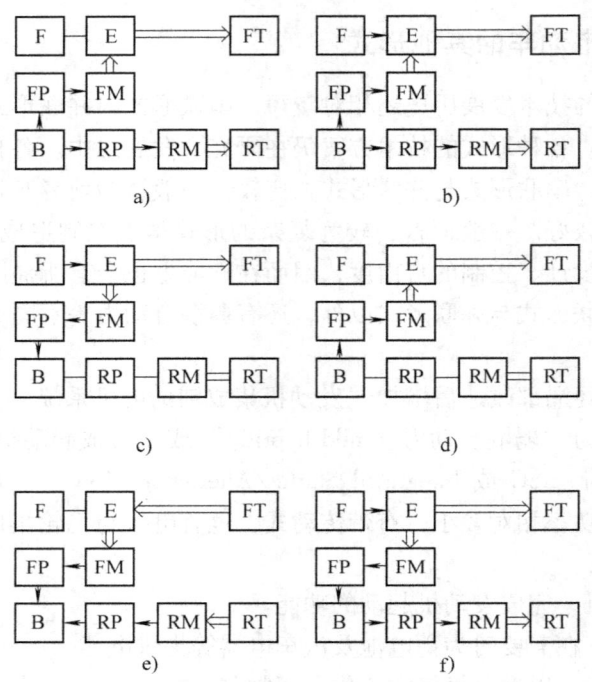

图9-20　双轴复合式混合动力系统之一
B—蓄电池　E—内燃机　F—油箱　M—电动机
P—功率转换器　T—变速器

1）起动工况。发动机关闭，由电池组分别向车辆前、后驱动轴的电动机供电并驱动前、后轴（图9-20a）。

2）加速工况。发动机和两个电动机同时工作，共同提供车辆行驶所需的功率（见图9-20b）。

3）车辆正常行驶工况。发动机发出的功率被分流，一部分用于驱动前轴，一部分通过工作于发电机模式的电动机给蓄电池充电，发动机与前轴的电动机、发动机与前轴可用行星齿轮机构连接（见图9-20c）。

4）轻载工况。发动机和后电动机关闭，由蓄电池供能给前轴电动机驱动前轴（见图9-20d）。

5）减速/制动工况。前、后电动机均以发电机模式工作，实现四个车轮同时再生制动（见图9-20e）。

6）轴间平衡工况。若前驱动轴打滑，与该驱动轴相连的电动机以发电机模式工作，吸收发动机输出的部分能量，并转化为电能输出到与后驱动轴相连的电动机，由电池组实现功率流之间的分配调整（见图9-20f）。

（2）双轴复合式混合动力系统之二 如图9-21所示，其中前轮由电动机驱动，后轮由混合动力驱动，该系统也共有六种工作模式。

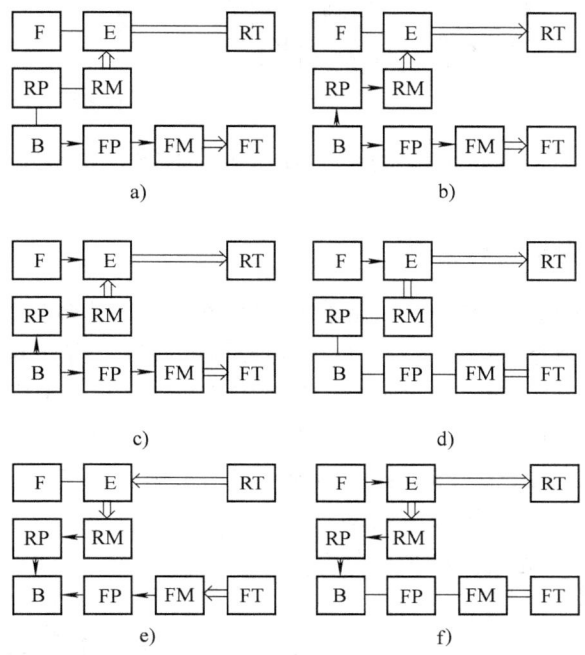

图9-21 双轴复合式混合动力系统之二
B—蓄电池 E—内燃机 F—油箱 M—电动机
P—功率转换器 T—变速器

1）起动工况。电池组只向车辆前电动机供电驱动前轴，而发动机和后电动机均关闭（见图9-21a）。

2）起动发动机工况。当车辆开始起步后，电池组也向后电动机供电使发动机加速运转，从而起动发动机（见图9-21b）。

3）加速工况。前电动机驱动前驱动轴，而后轴由发动机和后电动机一起驱动，这时共有三个驱动装置（一个发动机和两个电动机）一起驱动车辆（见图9-21c）。

4）车辆正常行驶工况。仅由发动机驱动后轴（见图9-21d）。

5）减速/制动工况。电动机以发电机模式工作，四个车轮同时再生制动（见图9-21e）。

6）行驶过程中给蓄电池充电。发动机发出的功率一部分用于驱动后轴，一部分通过发电机给蓄电池充电（见图9-21f）。

一种混合动力方案可在串联形式和并联形式之间进行转换，图9-22所示为其工作原理图。当离合器接合时，系统按并联形式工作；而当离合器分离时，系统按串联形式工作。据介绍这一方案在动力性和经济性方面都可以取得显著的更好效果。

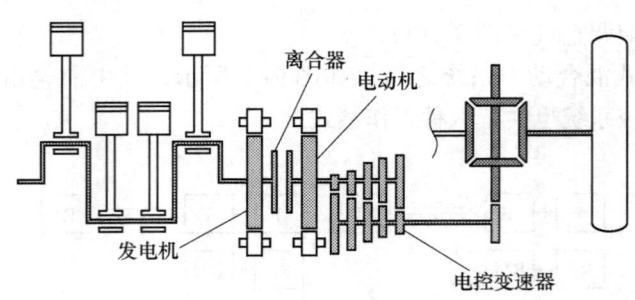

图 9-22 一种可在串联形式和并联形式之间转换的混合动力方案

六、Prius 的结构与工作原理

除了并联和串联的基本结构以外，混合动力车辆还存在着多种其他更为复杂的结构，日本丰田公司的 Prius 就是其中的一种。Prius 是最早进入汽车市场的混合动力车辆，也是销量最大的混合动力车辆，第一代 Prius 于 1997 年就开始在日本国内销售，至今已有多代的改进，累计销量超过 300 万辆。根据其 2013 年产品信息中的数据，Prius 城市工况、高速公路工况以及混合工况的百公里油耗分别为 4.6L、4.9L 和 4.7L。

Prius 的动力装置的核心部分由发动机、电机、行星轮系以及蓄电池构成，如图 9-23 所示。

发动机为 4 缸汽油机，排量为 1.798L（缸径×行程为 80.5mm×88.4mm），最大有效功率为 72kW（转速为 5200r/min 时）。发动机采用了 Atkinson 循环，其膨胀比为 13。

两台电机均为最大功率为 60kW 的永磁同步电机，最高工作电压为 650V，电

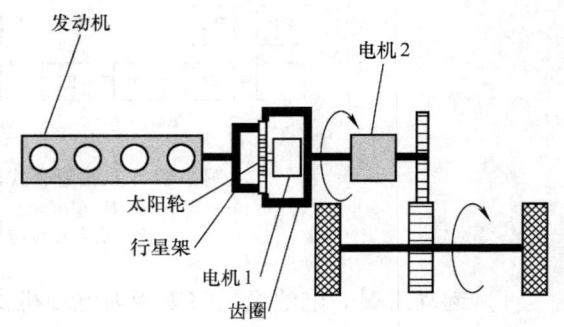

图 9-23 Prius 的动力装置

机既能以电动机也能以发电机的工作模式工作。电机 1 主要作为发电机工作，仅在车辆动力需求足够大时才作为电动机工作；而电机 2 主要作为电动机工作，仅在车辆减速或制动等情况下才作为发电机工作以实现再生制动。

Prius 在历年产品中使用过镍-氢蓄电池和锂离子蓄电池，根据其 2013 年产品信息中的数据，使用的为容量 6.5A·h，标准电压 201.6V 的镍-氢蓄电池。

行星轮系是动力传递和分配的中枢，由行星架、太阳轮和齿圈三个主要构件组成，分别连接发动机、电机 1 和电机 2。发动机和电机 1 提供的动力分别输入行星架和太阳轮，传递至齿圈，而齿圈作为行星轮系的输出端，通过差速器传递至车轮，电机 2 可与齿圈并联输出动力。

必须注意的是，从发动机和电机 1、电机 2 输入的转矩和转速并非是无限制、独立可调节的，而必须满足一定的关系。

行星架、太阳轮和齿圈 3 个构件须满足下面的运动学关系

$$n_s + \frac{z_r}{z_s}n_r - \left(1 + \frac{z_r}{z_s}\right)n_p = 0 \tag{9-2}$$

式中，n_s、n_r 和 n_p 分别为太阳轮、齿圈和行星架的转速；z_r 和 z_s 分别为齿圈和太阳轮的齿数。

在稳态工况和忽略损失的前提下，从行星架、太阳轮和齿圈3个构件输入功率的代数和（可规定为输入为正，输出为负）为零可以得到关系式

$$T_s n_s + T_r n_r + T_p n_p = 0 \tag{9-3}$$

式中，T_s、T_r 和 T_p 分别为太阳轮、齿圈和行星架的转矩。

Prius 在不同的工作模式下，通过获取车辆和道路的信息，控制器确定并调节各主要部件的工作状态和参数，以满足车辆动力性、经济性以及排放等方面的要求。

车辆不同的工作模式下，发动机和电机1、电机2的工作状态简述如下：

（1）停车　车辆处于停止状态时（见图9-24），若蓄电池不需由发动机提供动力充电，则发动机停止工作，此时电动的车载空调压缩机等附件均由蓄电池供电。若蓄电池电力不足并需要由发动机提供动力充电时，发动机自动起动工作。

（2）车辆起步　车辆起步时（见图9-25），若功率需求可以满足，则仅由电机2运转提供功率。发动机停止工作，而电机1受行星轮系运动学关系的约束，处于空载转动状态。

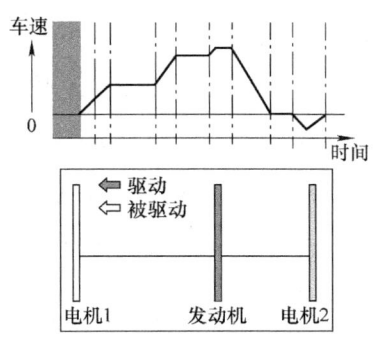
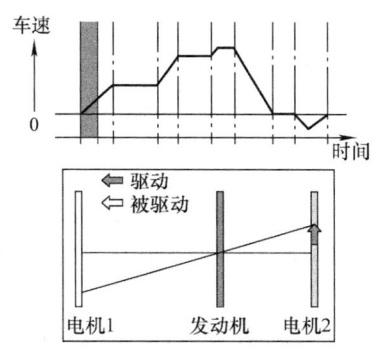

图 9-24　Prius 的运行模式 –（1）停车　　图 9-25　Prius 的运行模式 –（2）车辆起步

（3）发动机起动　当车速达到足够高时（约30km/h），由电机1提供动力，带动发动机起动，如图9-26所示。

（4）用发动机（低强度）加速　此时车辆对动力的需求相对较小，发动机提供动力驱动车辆，同时提供动力供电机1发电，如图9-27所示。在需要时，电机2也可提供动力辅助驱动车辆，此时，电机1输出的电能可等于电机2输入的电能。

（5）低速巡航　与用发动机（低强度）加速工况类似，如图9-28所示。

（6）急加速　车辆急加速时（见图9-29），发动机提供动力驱动车辆，并提供动力供电机1发电。电机2也提供动力驱动车辆，对于电机2，其电能的来源除电机1输出的电能外，还来自蓄电池，由蓄电池提供的电能大于电机1提供的电能。

（7）高速巡航　车辆高速巡航时（见图9-30），电机1被固定无转动，也没有电能的输入与输出。发动机与电机2共同提供动力驱动车辆。

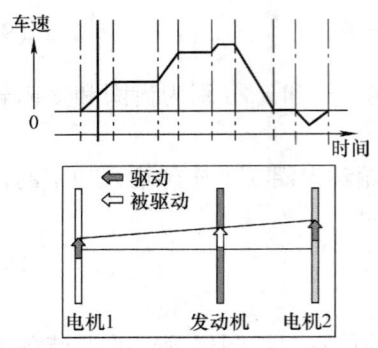

图 9-26 Prius 的运行模式 –（3）发动机起动

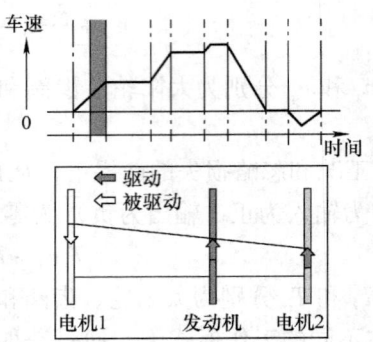

图 9-27 Prius 的运行模式 –（4）用发动机（低强度）加速

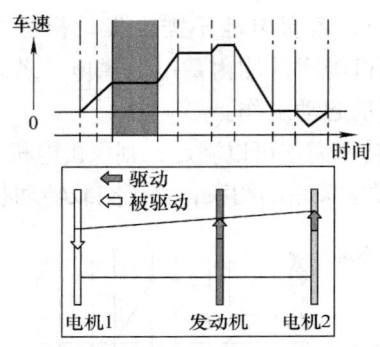

图 9-28 Prius 的运行模式 –（5）低速巡航

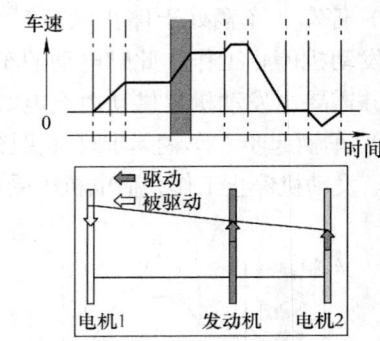

图 9-29 Prius 的运行模式 –（6）急加速

（8）最高车速　车辆处于最高车速时（见图 9-31），除发动机提供动力驱动车辆外，电机 1 和电机 2 均从蓄电池输入电能，共同提供动力驱动车辆。此时，电机 1 的转动方向是相反的。

（9）减速或制动　车辆减速或制动时（见图 9-32），发动机停止工作，而电机 2 作为发电机工作，即将车辆的动能转变为电能传输至蓄电池储存起来。

（10）倒车　车辆倒车时（见图 9-33），电机 2 反向转动并为车辆提供动力。发动机停止工作，而电机 1 处于空转状态。

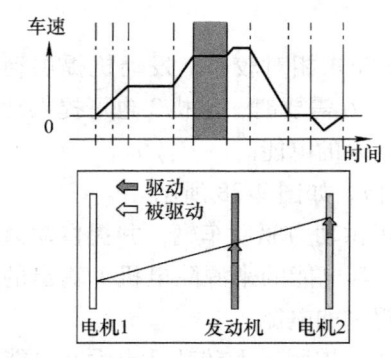

图 9-30 Prius 的运行模式 –（7）高速巡航

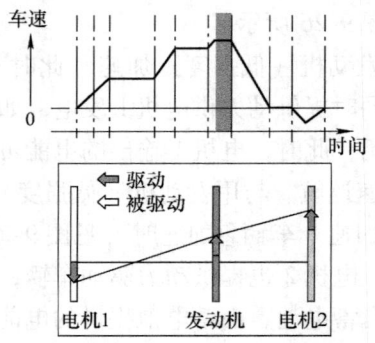

图 9-31 Prius 的运行模式 –（8）最高车速

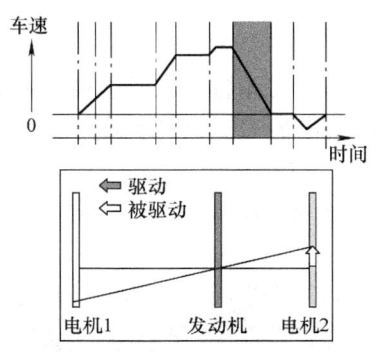

图 9-32　Prius 的运行模式 –（9）减速或制动

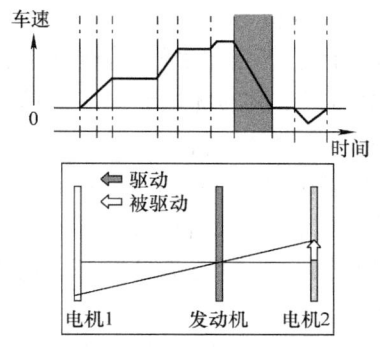

图 9-33　Prius 的运行模式 –（10）倒车

七、混合动力电动车的控制策略

应用合适的控制策略，实时地确定各部件的工作状态、各元件之间能量流的方向（流进与流出）与大小对于提高混合动力车的性能是至关重要的。

混合动力电动车的控制参数主要包括：发动机转矩、电机转矩、发动机起动、停车及燃油切断、减速时的再生制动、有变速器时变速器的换档规律等。

混合动力电动车的控制约束主要包括电压限制、电流限制、功率限制、发热量限制、SOC 限制和能量消耗等。

混合动力电动车的优化目标除燃油经济性、控制有害排放以外，还可考虑动力性、动态响应以及 NVH 特性等。

1. 确定控制策略的主要原则

由于混合动力电动车有着多种结构形式，因而其控制策略有所不同，但确定控制策略的主要原则应是相同的。这些原则有：

1) 以最佳的燃油经济性和最低的有害排放为目标，优化发动机的工作区域。

2) 尽可能地减少发动机起动与停车的次数，频繁地起动与停车不仅对经济性不利，而且也会增加有害排放，同时应尽可能地控制发动机在稳态下，即稳定的转速与输出功率的工况下工作。

3) 蓄电池的充电状态应保持在合适的水平上，若蓄电池的容量过低，则在车辆加速等工况下不能提供足够的功率，而蓄电池的容量过高，又不利于车辆在减速或下坡时回收制动能量。

4) 工作模式的选择，例如在某些特定的地域可能需要以纯电动的模式工作，可通过手动或自动方式进行选择。

下面分别介绍串联形式和并联形式中一些最基本和常见的控制策略。

2. 串联形式的控制策略

（1）"恒温器（Thermostat）"控制策略

1) 为保持蓄电池中有一定的电量，当蓄电池充电状态（SOC）达到其下限后，发动机起动并持续运转。

2）当 SOC 达到其上限后，发动机停止运转。

3）发动机间歇工作在最佳经济性的工况下。

从发动机运行工况的优化来看，"恒温器"控制策略是比较理想的，但这种控制策略对蓄电池的循环寿命是不利的，同时也未能更全面地考虑蓄电池的能量转换效率。

（2）"功率跟随器（Power Follower）"控制策略（见图 9-34）

1）如果蓄电池充电状态（SOC）值过高，则发动机停止运转。

2）如果车辆所需的功率足够高，则发动机起动并持续运转。

3）如果 SOC 值过低，则发动机起动并持续运转。

在发动机持续运转期间，其功率输出尽可能地跟随车辆所需的功率，即达到两者基本相等的工况，但同时考虑下列原则：

① 发动机持续运转期间的功率输出可根据 SOC 值进行适当调整，使其保持在工作范围的中间值附近。

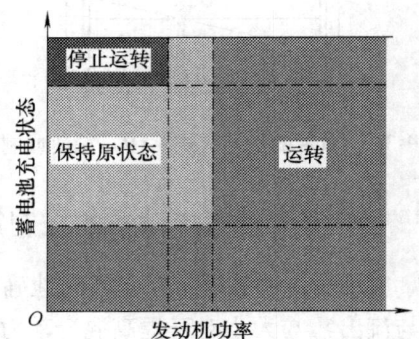

图 9-34　串联形式的"功率跟随器"控制策略

② 发动机持续运转期间的功率输出可保持在某一下限以上。

③ 除非 SOC 值过低，发动机持续运转期间的功率输出可保持在某一上限以下。

④ 发动机工况的改变速率不能过高，应保持在一定的限值之内。

3. 并联形式的控制策略

（1）"电辅助（Electric Assist）"控制策略　当蓄电池充电状态（SOC）值大于一定值时（见图 9-35a），则：

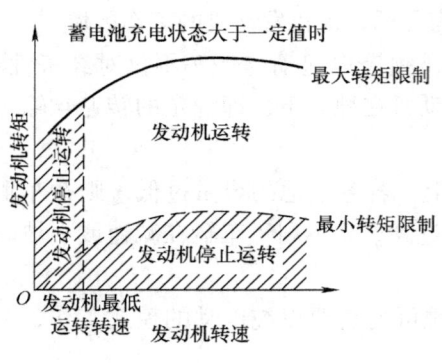

a)

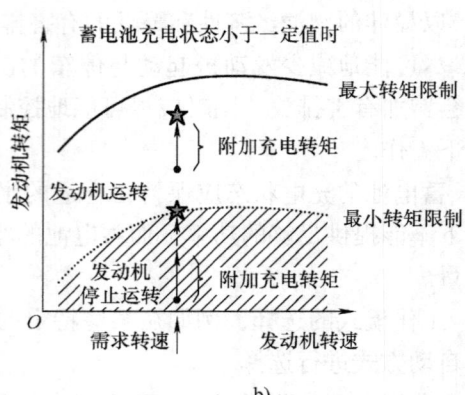

b)

图 9-35　并联形式的"电辅助"控制策略

1）当驱动转矩的需求低于一定限制时，仅由电动机工作传递能量。

2）当驱动转矩的需求大于发动机在工作转速下所能提供的转矩时，电动机工作，起到辅助作用。

3) 再生制动时, 电动机以发电机模式工作, 为蓄电池充电。

4) 当发动机可能工作在经济性很差的低转矩区域时, 关闭发动机并由电动机工作传递能量。

当 SOC 值过低时（见图 9-35b）, 由发动机提供额外的转矩用于为蓄电池充电。特别当此时的发动机工作点转矩低于最小转矩限制时, 则将发动机工作点移至最小转矩限制线上。

(2) 适应性（Adaptive）控制策略 在选择汽车动力装置工况点时, 同时考虑燃油经济性与排放（包括 NO_x、PM、HC 和 CO）的优化目标, 并由用户定义各分目标的相对权重, 以在每一个时间步长上优化电机与发动机的输出转矩分配。

适应性控制策略具有以下特征:

1) 在车辆优化中考虑了实时的发动机、排气后处理装置、电机以及蓄电池的效率。

2) 同时考虑其他的一些运行工况, 包括发动机、电机以及蓄电池的工作温度, 可利用的再生制动能量等。

3) 由用户定义的燃油经济性与排放的优化目标。

4) 对每一车辆运行点（如给定的发动机转速）, 在可能的运行范围之内计算寻求电机和发动机之间最佳的转矩分配以决定汽车动力装置的最佳运行点。

5) 燃油经济性与排放（包括 NO_x、PM、HC 和 CO）经过加权组合后构成优化的目标函数。

阅读材料

Bosch 公司的汽车动力装置未来技术
(Bosch powertrain: what will drive us in the future)

欧盟制定的法案要求到 2020 年, 各企业生产的汽车平均 CO_2 排放量要低于 95g/km。为了应对决定从 2020 年开始在欧洲执行的汽车 CO_2 排放限制法案, Bosch 公司在 2013 年举行的技术战略说明会上公布了正在推进的七大类技术开发项目。汽车动力装置的技术方案将越来越多样化, 根据车辆大小和用途区分使用这七类技术, 便可达到 2020 年的 CO_2 减排目标。这七类技术中主要包括:

1. 未来的缸内直喷汽油机动力总成的技术改进 (Efficiency from downsizing to turbo-charger)

以汽油机为动力的小型乘用车不需采用混合动力, 仅通过进一步的技术改进即可达到欧盟 2020 年的 CO_2 排放目标。未来的缸内直喷汽油机动力总成的技术改进措施有:

1) 低成本的手动变速器的自动化, 该技术可使燃油经济性提高 5% ~ 6%。

2) 通过减小发动机排量以提高负荷率, 应用增压保证功率不降低的小排量化技术 (Downsizing) 可节油 7% ~ 8%。将小排量化技术与直喷技术组合使用, 与进气道喷射汽油机相比, 将使节油效果达到 15% 以上。

3) 通过提高压缩比同时采用冷却废气再循环进行燃烧优化,能减少约10%的CO_2排放。

2. 液驱混合动力(Hydraulic hybrid: alternative powertrain with a wide range)

正与PSA共同研发的应用于乘用车的液驱混合动力系统,这一系统由常规的发动机(汽油机或柴油机)加上功率分流式变速器、液压泵、液压马达以及高、低压液压蓄能器等液压部件构成(见图9-36)。与电动的混合动力系统相比,该技术的成本更低,重量也更轻,计划到2016～2017年实现产品化。在市内交通工况下,液驱混合动力系统主要通过弥补发动机工作于非高效工况区域的缺陷以及高效地回收制动能量,可取得45%的节能效果。在普通的行驶工况下,可以减少30%左右的燃油消耗。

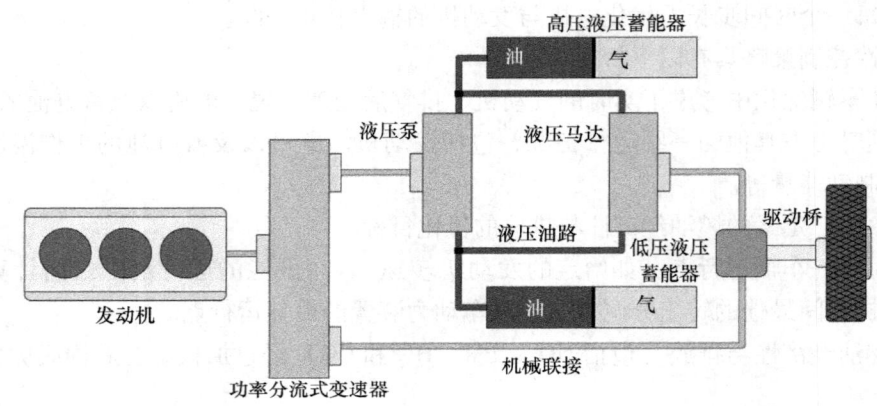

图9-36 液驱混合动力系统的构成

3. 辅助增力-能量回收系统(Boost-recuperation system and e-clutch: the link to the hybrid world)

常规的内燃机动力中应用快速起停技术已越来越多了,预计到2017年的西欧市场70%以上的乘用车中都会应用这一技术。辅助增力-动能回收系统(Boost-recuperation system,简称BRS)是在此基础之上进一步趋近混合动力的技术发展,也是Bosch公司的创新技术方案。与常规的快速起停技术相比较,辅助增力-动能回收系统可进一步降低最多达15%的燃油消耗。

由发动机和变速器、电机、电压分别为12V和48V的两组蓄电池组及两组蓄电池组之间的DC/DC变换器等构成了汽车动力装置,在传统的动力装置上增加的辅助增力-动能回收系统主要包括容量为0.25kW·h的48V锂离子蓄电池组、DC/DC变换器和电机等(见图9-37)。

系统主要集成了四项功能:

1) 能量回收。电机可以用于以发电机模式工作回收能量至48V蓄电池组,回收车辆制动减速过程中的动能。

2) 快速起停。在不需要发动机动力的情况下自动停机,在需要时电机以电动机模式工作快速起动发动机。

3) 辅助增力。电机还可以在车辆加速等工况下,额外提供最大功率为10kW的动力。

4）滑行（coasting）。滑行功能是快速起停技术的延伸，即不仅在停车时，而且可在车速为 120 km/h 以下时，均可实现发动机的快速起停。当加速和制动踏板均未踩下时，电控离合器就切断动力同时发动机停机，当踩下加速踏板时，发动机在电控离合器的辅助作用下迅速起动。

进一步的技术发展将使 BRS 和 GPS 车载导航技术相结合，通过车载导航仪了解后续道路的坡度、曲率、限速等信息，便于更准确地提前确定停止发动机的时间和输出功率等。

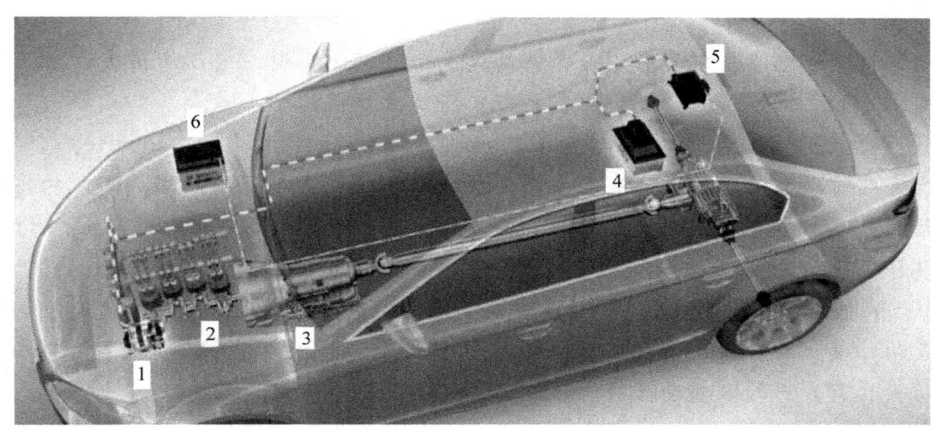

图 9-37　增加了辅助增力-动能回收系统的汽车动力装置
1—电机　2—发动机　3—变速器　4—48V 蓄电池组
5—DC/DC 变换器　6—12V 蓄电池组

4. 强混合动力（Strong hybrid：up to 25 percent lower consumption）

强混合动力系统的主要部件包括最大功率为 20~40kW 的电机、容量为 0.8~1.5kW·h 的锂离子蓄电池组和 DC/DC 转换器等。强混合动力系统能够在短距离内用纯电动工作模式行驶，其行驶距离的长短取决于所装用的蓄电池的容量。可以为各种不同规格的车辆动力提供强混合动力系统中的应用方案，这一代的强混合动力系统能够在新的欧洲行驶循环（NEDC）工况下减少 15%~25% 的燃油消耗，正在通过增加产量的途径来降低制造成本。

5. 插电式混合动力（Plug-in hybrid：the future of the premium class）

插电式混合动力是向汽车动力电动化方向进一步的发展，插电式混合动力具备可由外部对蓄电池充电的插口，已可提供的插电式混合动力主要部件还包括最大功率为 30~80kW 的电机、最大容量为 12kW·h 的锂离子蓄电池组等。

插电式混合动力车可在纯电动工作模式行驶 60km，最高车速可达 120km/h，在新的欧洲行驶循环（NEDC）工况下燃油消耗至少可以减少 50%。

排量越大的汽车，就越需要高的动力电动化程度，这表明了插电式混合动力在未来应用的重要性。大排量的汽车只有采用插电式混合动力系统，才有可能达到欧盟 2020 年的 CO_2 排放目标。

6. 纯电动汽车（Electromobility：Bosch offers single-source powertrain）

Bosch 公司能够独立提供电动动力装置的所有部件并在未来将持续、深入推动纯电动车发展。作为具体示例，Bosch 为纯电动车 Fiat 500e 提供了完整的动力装置。其中的主要部件包括：

1）SMG 180/120 永磁同步电机，可以输出 80kW 的最大功率和 196N·m 的最大转矩。

2）INVCON 2.3 逆变器转换器集成单元是电机和蓄电池之间的中央接口，也是动力装置的大脑。单元将储存在蓄电池中的直流电转换成电机使用的交流电，或将电机输出的交流电转换并存入蓄电池中。单元效率越高，车辆最大续驶里程也越大。

3）蓄电池组使 Fiat500e 能够持续行驶 140km，蓄电池容量为 24kW·h，并且能够在 4h 之内完成充电。

计划将锂离子电池技术发展到一个新的高度，目标是实现纯电动车最大续驶里程达到目前平均水平的 2 倍，并且每瓦时所需的成本降低至目前的一半。

7. 压缩天然气动力装置（CNG powertrains: an alternative to the alternative）

压缩天然气动力装置目前已有在城市公共汽车和轻型货车中的应用，不久的将来会进一步将天然气动力装置应用到乘用车和商用车中。Bosch 目前已提供压缩天然气燃料喷射系统（其中有体积最小和重量最轻的 CNG 喷嘴以及响应最快的温度传感器等）给 VW，GM，Fiat，and Tata 等多家公司，用于其汽车产品中。发动机的 CNG 工作模式还是汽油工作模式或两种模式的转换在汽车驾驶中很难被察觉到。系统也能够使用 CNG 工作模式进行冷起动，具有良好的冷起动性能。

天然气是一种容易获取、环境友好、成本也相对低廉的代用燃料，使用压缩天然气作为汽车燃料大约能够减少 25% 的 CO_2 排放。若采用生物质制气的方法，CO_2 排放还可降低更多。

习题与思考题

1. 什么是"可逆储能元件"？对可逆储能元件的要求有哪些？
2. 说明燃料电池的工作原理及特点。
3. 分析混合动力车辆节能的基本原理。
4. 针对如图 9-38 所示的由发动机、电机以及两个离合器等构成的混合动力系统，确定车辆各种运行工况下的控制策略。
5. 为电动车或混合动力车制定一通过再生制动回收车辆动能的控制策略，并说明考虑了哪些基本的准则。

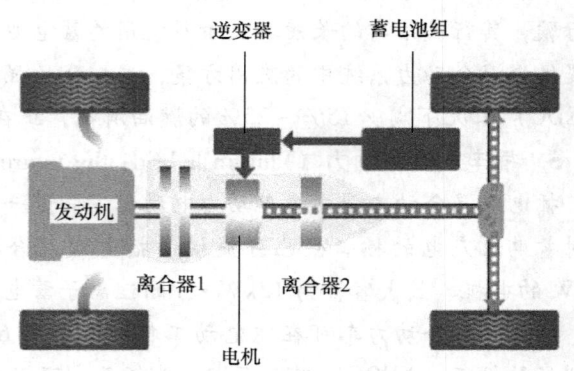

图 9-38 一种混合动力系统

附录　英文缩写词简表

BHP（Brake Horsepower）——有效功率
BMEP（Brake Mean Effective Pressure）——平均有效压力
BSFC（Brake Specific Fuel Consumption）——有效燃油消耗率
ICE（Internal Combustion Engine）——内燃机
ICEV（Internal Combustion Engine Vehicle）——内燃机汽车
SI（Spark Ignition）——点燃式
CI（Compressed Ignition）——压燃式
MPI（Multipoint Port Injection）——多点气道汽油喷射
GDI（Gasoline Direct Injection）——汽油直接喷射
HCCI（Homogeneous Charge Compression Ignition）——均质混合气压燃
BTDC（Before Top Dead Center）——上止点前
ATDC（After Top Dead Center）——上止点后
EGR（Exhaust Gas Recirculation）——废气再循环
CNG（Compressed Natural Gas）——压缩天然气
LPG（Liquefied Petroleum Gas）——液化石油气
PCV（Positive Crankcase Ventilation）——曲轴箱强制通风（系统）
TWC（3-Way Catalyst）——三元催化转化器
OBD（On-Board Diagnostics）——车载诊断系统
DPF（Diesel Particulate Filter）——柴油机颗粒物滤清器
VGT（Variable Geometry Turbocharger）——可变几何参数增压器
VVT（Variable Valve Timing）——可变配气定时
SOHC（Single Overhead Camshaft）——单顶置凸轮轴
DOHC（Dual Overhead Camshaft）——双顶置凸轮轴
AT（Automatic Transmission）——自动变速器
CVT（Continuously Variable Transmission）——无级变速器
AMT（Automatic Mechanical Transmission）——电控机械式自动变速器
DCT（Dual Clutch Transmission）——双离合器变速器
FC（Fuel Cell）——燃料电池
SOFC（Solid Oxide Fuel Cell）——固体氧化物燃料电池
PEMFC（Proton Exchange Membrane Fuel Cell）——质子交换膜燃料电池
BEV（Battery Electric Vehicle）——蓄电池电动车
HEV（Hybrid Electric Vehicle）——混合动力电动车
FCEV（Fuel Cell Electric Vehicle）——燃料电池电动车

参 考 文 献

[1] 董敬, 庄志, 常思勤. 汽车拖拉机发动机 [M]. 3 版. 北京: 机械工业出版社, 1996.

[2] 常思勤. 汽车动力装置 [M]. 北京: 机械工业出版社, 2006.

[3] 杨嘉林. 车用汽油发动机燃烧系统的开发 [M]. 北京: 机械工业出版社, 2009.

[4] 陈清泉, 孙逢春, 祝嘉光. 现代电动汽车技术 [M]. 北京: 北京理工大学出版社, 2002.

[5] 衣宝廉. 燃料电池——原理技术应用 [M]. 北京: 化学工业出版社, 2003.

[6] Konrad Reif. 汽车电子学 [M]. 3 版. 李裕华, 李航, 马慧敏, 译. 西安: 西安交通大学出版社, 2011.

[7] Harald Naunheimer, Bernd Bertsche, Joachim Ryborz, et al. Automotive Transmissions Fundamentals, Selection, Design and Application [M]. 2nd ed. Berlin: Springer Verlag, 2011.

[8] Richard van Basshuysen. Ottomotor mit Direkteinspritzung [M]. Mainz: Vieweg + Teubner Verlag, 2008.

[9] Rainer Golloch. Downsizing bei Verbrennungsmotoren [M]. Berlin: Springer Verlag, 2005.

[10] Mehrdad Ehsani, Yimin Gao, Ali Emadi. Modern Electric, Hybrid Electric, and Fuel Cell Vehicle [M]. Boca Raton: CRC Press, 2010.

[11] Combustion Engines & Fuels Group Organising Committee. 10th International Conference on Turbochargers and Turbocharging [C]. Cambrige: Woodhead Publishing, 2012.

[12] Behrooz Mashadi, David Crolla. VEHICLE POWERTRAIN SYSTEMS [M]. New York: John Wiley & Sons, Inc, 2012.

[13] Eduard Köhler, Rudolf Flierl. Verbrennungsmotoren [M]. Mainz: Vieweg + Teubner Verlag, 2011.

[14] 常思勤, 刘梁, 李子非, 等. 一种发动机电磁驱动配气机构的应用研究 [J]. 南京理工大学学报: 自然科学版, 2011, 35 (10): 585 – 589.

[15] 常思勤, 徐照平. 内燃 – 直线发电集成动力系统的概念设计 [J]. 南京理工大学学报, 2008, 32 (4): 449 – 452.

[16] 常思勤, 易纲. 一种新型电控液驱车辆的性能仿真与分析 [J]. 南京理工大学学报, 2004, 28 (2): 12 – 14.

[17] 魏英俊, 常思勤, 王蜀. 新型车用功率分流式自动变速器的研究 [J]. 中国机械工程, 2004, 15 (22): 2055 – 2059.